녹문집

한국고전번역원 한국문집번역총서

녹문집 5

鹿門集

임성주 지음
任聖周

이상현 옮김

일러두기

1. 이 책의 번역 대본은 한국고전번역원에서 간행한 한국문집총간 228집 《녹문집(鹿門集)》으로 하였다. 번역 대본의 원문 텍스트와 원문 이미지는 한국고전종합DB(http://db.itkc.or.kr)에서 확인할 수 있다.
2. 내용이 간단한 역주는 간주(間註)로, 긴 역주는 각주(脚註)로 처리하였다.
3. 한자는 필요한 경우 이해를 돕기 위하여 넣었으며, 운문(韻文)은 원문을 병기하였다.
4. 맞춤법과 띄어쓰기는 한글 맞춤법과 표준어 규정을 따랐다.
5. 이 책에서 사용한 부호는 다음과 같다.
   - : : 제시어와 내용 사이에, 각주에서 각주 표제어와 내용을 구분할 때 사용한다.
   - ( ) : 번역문과 음이 같은 한자, 이두, 외국어를 묶어서 보일 때 사용한다.
   - 〔 〕: 번역문과 뜻은 같으나 음이 다른 한자를 묶어서 보일 때 사용한다.
   - " " : 글 안에서 대화를 표시할 때, 남의 말이나 서책 또는 시문 등의 문장을 인용할 때 사용한다.
   - ' ' : " " 안의 재인용, 강조 부분을 나타낼 때 사용한다.
   - 「 」: ' ' 안의 재인용을 나타낼 때 사용한다.
   - 『 』: 「 」 안의 재인용을 나타낼 때 사용한다.
   - 《 》: 책명 및 각주의 전거(典據)를 나타낼 때 사용한다.
   - 〈 〉: 편명, 작품명, 논문 제목을 나타낼 때 사용한다.
   - ~ : 인명의 생년과 몰년 사이에 사용한다.
   - …… : 번역문에서 원문의 '云云'을 처리할 때, 각주에서 긴 인용문을 처리할 때, 각주 표제어가 네 어절 이상일 경우 생략되는 말을 처리할 때 사용한다.
   - \- - : 본문에서 소자(小字) 원문 주(註)의 처음과 끝에 사용한다.

차례

일러두기 • 4

녹문집 제17권

잡저 雜著

한천어록 寒泉語錄 • 11

옥류강록 玉溜講錄 • 34

서 序 • 34

경 經 • 35

전 3장 傳三章 • 49

전 5장 傳五章 • 50

전 6장 傳六章 • 58

전 7장 傳七章 • 66

전 9장 傳九章 • 69

전 10장 傳十章 • 72

녹문집 제18권

잡저 雜著

서연강의 書筵講義 • 83

녹문집 제19권

잡저 雜著

녹려잡지 기묘년, 경진년 鹿廬雜識 己卯庚辰 • 185

산록 무신년부터 갑진년까지 기록한 것이다. 散錄 自戊申至甲辰 • 254

녹문집 제20권

잡저 雜著

무신년 1월 초하루 새벽에 혼자 탄식하는 글 戊申正月朔曉自歎文 • 283

학문의 요체 신해년 爲學之要 辛亥 • 285

지나간 일을 서술하다 述舊 • 292

집에서 기거할 때의 예법 병진년 居家儀節 丙辰 • 296

정조와 동지와 삭망 때의 예법 正至朔望儀 • 296

생신 때의 예법 生朝儀 • 297

매일 행하는 다양한 예법 逐日雜儀 • 298

객을 대하는 예법 接賓客儀 • 299

임술년 12월에 여강에서 청협 옥화대이다. 으로 가서 머물 때의 과정
壬戌臘月自驪江往留淸峽 玉華臺 時課程 • 300
험천에서의 상례에 관한 설 險川禮說 • 301
인물성도 병설 신미년 人物性圖竝說 辛未 • 307
오공 희길의 사적 병자년 吳公希吉事蹟 丙子 • 320
임실현의 군자당에 현판을 걸고 제생에게 유시한 글 정축년
任實縣君子堂揭板諭諸生 丁丑 • 323
방생 석필에게 써 준 글 書贈房生錫弼 • 325
기해년의 공부 계획 己亥課程 • 327
한남당 원진 의 예설에 대한 변론 신축년 韓南塘 元震 禮說辨 辛丑 • 329
김유도의 일원분수설에 붙인 찌 병오년 2월
金幼道一原分殊說籤 丙午二月 • 365

서 序

자서 병오년 自序 丙午 • 371
이군 문서에게 주는 글 계축년 贈李君文西序 癸丑 • 377
사봉 연구의 서문 社峯聯句序 • 380
김군 효술에게 주는 글 정묘년 여름 贈金君孝述序 丁卯夏 • 384

기 記

불염재기 신해년 不厭齋記 辛亥 • 387
임실현의 사직단을 중수하고 지은 기문 무인년 5월
任實縣社稷壇重修記 戊寅五月 • 390

세한정기 정해년 歲寒亭記 丁亥 • 393

존존감기 存存龕記 • 397

녹문집

제17권

잡저 雜著

잡저 雜著

한천어록

寒泉語錄

경술년(1730, 영조6) 5월 2일 기사(己巳)에 도암(陶菴) 이 선생(李先生 이재(李縡))을 한천(寒泉 용인(龍仁))으로 찾아뵈었다. 선생이 이르기를,

"기억하건대 예전에 선존장(先尊丈)[1]이 매양 그대가 재주가 있다고 일컬었는데, 책은 얼마나 읽었는가?"

하기에, 내가 어릴 적에 읽었던 책을 차례로 열거하여 고하고는 손양(遜讓)하며 말하기를,

"권수는 많지만 모두 형식적으로 읽고 넘어간 것에 지나지 않는 만큼, 애당초 읽지 않은 것이나 거의 다름이 없으니 말할 것이 뭐가 있겠습니까."

하였다. 이에 선생이 이르기를,

"그렇다 해도 어린 시절에 읽었던 것이 바탕이 되는 것이다."

1 선존장(先尊丈) : 녹문의 부친인 임적(任適)을 말한다. 호는 노은(老隱)이고, 함흥부 판관(咸興府判官)을 지냈는데, 녹문은 그의 5남 2녀 중 둘째 아들이다. 녹문이 지은 행장(行狀)이 《녹문집》 권25에 있다.

하고는, 하문하기를,

"어렸을 때에 읽고 나서 다시 한번 정리한 것이 있는가?"

하기에, 내가 대답하기를,

"몇 년 전에 《대학》을 읽었고 지난해에는 《소학》을 읽었으며, 지금은 《논어》를 읽고 있는데 이제 겨우 1권을 끝냈습니다. 하지만 모두 기억이 가물가물하기만 합니다."

하였다. 선생이 이르기를,

"독서하는 것도 여러 가지인데, 그대가 지향하는 곳은 어디에 있는가?"

하기에, 내가 대답하기를,

"천성이 용졸하여 단지 본분에 맞게 공부해 나갈 따름인데, 외면의 화미(華靡)한 풍습에 대해서는 스스로 원치 않을 뿐만 아니라 그렇게 하려 해도 미치지 못하는 점이 있습니다. 그러나 본분에 맞게 공부한다는 것도 중간에 그만두기는 쉽고 계속 이어 나가기는 어려워서 마음속이 쾌활하지 못함을 절감하고 있습니다."

하니, 선생이 이르기를,

"이 일이 물론 어렵기는 하다. 그러나 줄곧 어렵다고만 말한다면 그것도 안 될 일이다. 주자가 일찍이 말하기를 '내가 15, 6세 때에 《맹자》를 읽다가 요순도 다른 사람과 동류라는 대목을 접하고는 기쁨을 말할 수가 없었는데, 만년에 와서야 그것이 쉽지 않다는 것을 비로소 깨달았다.'[2]라고 하였다. 대개 감수성이 예민한 소년 시절에

2 내가……깨달았다 : 도암 이재가 대강의 내용을 정리해서 말한 것인데, 《주자어류(朱子語類)》 권104 〈주자 1 자론위학공부(自論爲學工夫)〉에 나온다. 맹자의 말은 《맹자》 〈고자 상(告子上)〉에 나온다.

이런 어구를 보고는 자신의 마음에 곧장 '나도 성인의 경지에 이를 수 있겠다.'라고 여겨졌으므로, 그 기쁘고 즐거운 마음이 실로 형언할 수 없는 점이 있었는데, 만년에 이르러 스스로 자세히 겪어 본 뒤에는 점차 그 일이 쉽지 않음을 깨달았다는 말이다. 지금 그대는 묘년의 나이에 뜻이 예리하니 그야말로 '기쁨을 말할 수 없다.〔喜不可言〕'라고 한 그 의사를 가지고 스스로 분발하며 스스로 격려해야 마땅하지, 무턱대고 어렵다고 말하면서 성인이 될 뜻을 스스로 가로막으면 안 될 것이다."

하였다. 그러고는 '희불가언(喜不可言)' 네 글자를 풍송하면서 "어찌 좋지 않은가."라고 반복하여 찬탄하였다. 내가 말하기를,

"〈소학제사(小學題辭)〉의 '뿌리를 북돋우고 가지를 번게 하는 것〔培根達支〕'에 대한 쌍봉(雙峯)의 해설은 아무래도 온당하지 않은 것 같습니다.[3] 집설(集說)에서 소학과 대학으로 말한 것이 나은 것 같은데, 어떻게 생각하시는지 모르겠습니다."

하니, 선생이 이르기를,

"나는 쌍봉의 설을 옳게 여긴다. 상구(上句)에서 '학교를 세우고 스

3 소학제사(小學題辭)의……같습니다 : 〈소학제사〉는 주희가 지은 《소학》의 머리말이다. 송유(宋儒)인 쌍봉 요씨(雙峯饒氏), 즉 요로(饒魯)가 "성인이 자포자기하는 습성에 젖은 사람들을 안타까이 여겼으므로, 그들을 위해 학교를 세우고 스승을 세워 가르침으로써 그들로 하여금 인의예지의 성을 기르기를 마치 나무의 뿌리를 북돋우듯이 하고, 측은, 수오, 사양, 시비의 단서와 애친(愛親), 경형(敬兄), 충군(忠君), 제장(弟長)의 도리를 확충하기를 마치 나무의 가지를 번게 하듯 하였다."라고 해설하였다. 녹문은 집설의 해설에 동의하여 '배근'과 '달지'를 각각 소학과 대학에 소속시켰는데, 《녹문집》 권12 〈소학(小學) 제사(題辭)〉에 이 내용이 있다.

승을 세우는 것'을 말했고 보면 이미 소학과 대학의 뜻이 절로 분명해진 만큼, 다시 배근(培根)과 달지(達支)를 가지고 나누어 소속시킬 필요가 없다. 소학은 물론 뿌리라고 말할 수 있겠지만 대학을 어떻게 가지라고 말할 수 있겠는가."

하였다. 이에 내가 말하기를,

"만약 배근의 근(根)을 성(性)으로 해석한다면 성은 형체가 없는 것이니 이른바 북돋는다고 하는 것을 어떻게 힘쓰겠습니까."

하니, 선생이 이르기를,

"맹자가 '그 심을 보존하고 그 성을 기른다.'[4]라고 하였는데, 양성(養性)이 바로 배근의 뜻이니, 이렇게 말해도 되지 않겠는가. 그리고 이 편은 원래 성을 논한 문자이다. 따라서 반드시 배근과 달지를 가지고 분속한 뒤에야 비로소 맛이 더욱 있게 되니, 모름지기 다시 생각해 보아야 할 것이다."

하고, 또 이르기를,

"'확대하여 채운다.'라는 말이 바로 달(達) 자의 뜻이다."

하였다. 내가 말하기를,

"〈심경찬(心經贊)〉의 호요분치(好樂忿懥) 1구는 아무래도 병통이 있는 것 같습니다.[5] 칠정은 심(心)의 대용(大用)이니, 어떻게 전적

4 그 심을……기른다 : 《맹자》 〈진심 상(盡心上)〉에 "자기의 심을 다하면 자기의 성을 알게 되고, 자기의 성을 알면 천을 알게 된다. 그 심을 보존하고 그 성을 기르면 하늘을 제대로 섬길 수 있다."라고 하였다. 또 〈공손추 상(公孫丑上)〉에 맹자가 사단(四端)을 설명한 뒤에 "내 속에 들어 있는 이 사단을 모두 확대하여 채울 줄 알아야 한다.〔凡有四端於我者 知皆擴而充之矣〕"라고 하였다.

5 심경찬(心經贊)의……같습니다 : 〈심경찬〉은 서산 진덕수(眞德秀)가 성현의 격언

으로 인심(人心)에 소속시킬 수 있겠습니까. 어떤 붕우 한 사람이 이 단락을 해석하기를 '형기(形氣)에서 생겨났다고 말했고 보면 이목구비의 뜻이 이미 그 안에 들어 있다. 그런데 계속해서 유호유요(有好有樂)라고 말한 것은 형기에서 생겨나는 것 가운데에 좋아하는 것〔好〕도 있고 즐기는 것〔樂〕도 있다는 말이니, 이는 형기 쪽에서 호요와 분치를 가려 뽑아서 말한 것이다.……' 하였다. 이렇게 본다면 병통이 없을 것 같지만 너무 견강부회하는 것과 비슷하니, 서산(西山)의 본의가 꼭 이러하지는 않을 것입니다.

하니, 선생이 《심경》을 가져다가 한참 동안 말없이 연구하더니 이르기를,

"이와 같이 본다면 과연 병통이 없을 것도 같다마는, 서산의 본의는 아닐 듯싶다."

하였다. 내가 말하기를,

"《중용》의 비이은(費而隱)의 비(費) 자는 바로 광(廣) 자의 뜻인데,[6]

을 뽑아 《심경》을 만들고 그 앞에 붙인 찬(贊)인데, 거기에 "인심은 무엇인가 하면, 형기에서 생겨나는 것이니, 호요가 있고, 분치가 있다."라고 하였다. 이에 대해서 녹문은 '유호유요(有好有樂) 유분유치(有忿有懥)'라는 표현을 "귀라는 것과 눈이라는 것이요, 입이라는 것과 코라는 것이다."라고 고치거나 이목구비를 미(味), 색(色), 취(臭), 성(聲)으로 고치면 병통이 없어질 것이라고 하였는데, 《녹문집》 권12 〈심경찬〉에 이와 관련한 내용이 있다.

6 중용의……뜻인데 : "군자의 도는 비(費)하고 은(隱)하다."라는 《중용》의 경문에 대해서 주희는 "비는 용이 광대한 것이요, 은은 체가 은미한 것이다.〔費 用之廣也 隱 體之微也〕"라고 해설하였다. 그 대목의 소주에, 신안 진씨(新安陳氏), 즉 진력(陳櫟)이 '소저(昭著)'라는 표현을 써서 "이 도의 광대한 용(用)은 볼 수 있는 데에서 밝게 드러나지만, 용(用)의 가운데에 숨겨져 있는 그 체(體)는 은미해서 볼 수가 없다."라고 하였다.

선유(先儒)가 많이 이 비 자를 저(著) 자의 뜻으로 보았습니다. 이에 대해서 어떻게 생각하시는지 모르겠습니다."

하니, 선생이 이르기를,

"세상 사람들이 비 자를 기(器)의 뜻으로 보기도 한다마는, 이것은 대단히 잘못된 것이다."

하였다. 내가 말하기를,

"〈학이〉 수장(首章)의 정자의 하설(下說 강설(講說))에 대해서 혹자는 행(行)의 측면에서 설한 것이라고 하는데, 어떻게 생각하십니까?"

하니, 선생이 이르기를,

"아니다. 이미 '장차 그것을 행하려고 해서이다.'[7]라고 말했고 보면, 학(學)을 지(知)에 귀결시킨 것이 분명하다. 그러나 전적으로 지에만 귀결시키고 행의 한쪽을 빠뜨린다면 너무 고단하다는 느낌이 든다. 안자(顔子)가 '하나의 선(善)을 얻으면 간절히 가슴속에 간직하는 것'[8]은 행에 속하는 것이고, 〈우서(虞書)〉의 '오직 정밀하게 하는 것〔惟精〕'은 지에 속하지만 '오직 전일하게 하는 것〔惟一〕'은 행에 속하는 것이니,[9] 일을 행하는 데에 아직 이르지 않았다 하더라도

7 장차……해서이다 : 정이(程頤)의 "배우는 것은 장차 그것을 행하려 해서인데, 때로 익힌다면 배운 것이 내 안에 있게 되므로 기쁜 것이다."라는 해설에서 발췌하였다. 《二程外書 卷7》

8 하나의……것 : 《중용장구》 제8장에 "안회(顔回)의 사람됨으로 말하면, 중용을 택하여 하나의 선을 얻으면 간절히 가슴속에 간직하고서 잃지 않는다."라고 하였다.

9 우서(虞書)의……것이니 : 《서경》 〈대우모(大禹謨)〉의 "인심은 위태하고 도심은 미세하니, 오직 정밀하게 살피고 전일하게 행하여 그 중도(中道)를 진실로 잡아야 한다."라는 말에서 발췌하였다.

지켜서 잃지만 않는다면 그런 대목은 행이라고 해서 안 될 것이 없다. 이것을 용례로 삼는다면 '배운 것이 내 안에 있게 되는 것〔所學在我〕'은 비록 실천하는 단계에 이르지는 않았더라도 '내 안에 있게 된다.〔在我〕'라고 한 이상에는 행이라고 말해서 안 될 것이 없다. 이와 같이 해설한다면 조금 더 완비될 듯도 싶다."

하고는, 이어서 이르기를,

"성인이 성인이 된 소이는 하나의 숙(熟) 자에 불과할 따름이다. 이 숙 자를 깊이 음미하면 의미가 무궁할 것이니, 어찌 좋지 않은가."

하였다. 내가 말하기를,

"주자가 임택지(林擇之)에게 준 글에 '강자(腔子) 가득 측은지심인데, 강자의 밖은 무엇인가?……' 한 내용이 있는데,[10] 이 말에 대해서 뭐라고 답하시렵니까?"

하니, 선생이 이르기를,

"이 말이 《주자서절요》의 몇째 권에 나오는가?"

하기에, 내가 대답하기를,

"별집에 나옵니다."

10 주자가……있는데 : 《회암집(晦庵集)》 별집 권3 〈임택지〉에 "그때 마침 말이 나온 김에 '강자 가득 측은지심이다.'라는 말을 거론하였더니, 강민표가 '강자의 밖은 무엇인가?'라고 물었다. 그래서 제공에게 한마디씩 말해 보라고 청했더니, 각자 의견을 말하였다. 이제 다시 택지에게도 한 말씀 해 주시기를 청하노니, 편리한 때에 얼른 말해 주었으면 한다."라는 주희의 말이 있다. 강자는 사람의 가슴과 배 사이에 있는 빈 곳으로, 옛사람들이 심장 부근을 지칭하던 말인데, 우리 몸의 내면을 뜻하는 말로 쓰인다. 이 문제에 대한 주희의 의견은 《회암집》 권32 〈답장경부문목(答張敬夫問目)〉과 권43 〈답임택지(答林擇之)〉에 있는데, 도암 이재의 물음에 대답한 녹문의 설명도 대체로 이와 비슷하다.

하였다. 선생이 그 책을 가져다가 작은 목소리로 몇 차례 음영하고는 다시 나에게 묻기를,

"이에 대해서 의견을 내놓은 것이 있는가?"

하기에, 내가 대답하기를,

"천지가 만물을 내는 마음이 하늘과 땅 사이에 가득 차 있으니, 측은지심도 다른 물건이 아니라 만물을 내는 천지의 마음이 사람 속에 들어 있는 것뿐입니다. 그렇다면 강자의 안은 측은지심이라고 부르고, 강자의 밖은 생물지심이라고 부를 수 있을 것입니다. 그러나 이는 하늘에 있느냐 사람에게 있느냐에 따라 그 이름을 두 가지로 한 것일 뿐이요, 사실은 하나인 것입니다."

하였다. 선생이 잠시 생각해 보고는 이르기를,

"친근하고 적절한 설명이다마는 어맥의 사이에 조금 분명하지 못한 점이 있다. 만약 '강자의 안이나 밖이나 모두 측은이다.'라고 말한다면 더욱 확실하게 요령이 설 것이다."

하기에, 내가 말하기를,

"그 뜻은 다를 것이 없습니다."

하니, 선생이 이르기를,

"그렇다. 단지 말이 조금 더 명확하고 심절(深切)해질 따름이다."

하였다.

17일 갑신(甲申)에 서울에서 돌아오는 길에 다시 도암에게 들러 인사하였다. 선생이 나를 맞아 주며 이르기를,

"서울에 며칠 있는 동안 향리에 있을 때와 비교해서 생각이 어떠하였는가?"

하기에, 내가 대답하기를,

"매우 좋지 않다는 느낌을 받았습니다."

하니, 선생이 이르기를,

"그럴 것이다. 착실하게 공부하려면 시골 마을의 조용한 곳에 있어야지 분화(紛華)하고 파탕(波蕩 분경(紛競))한 곳에서 정신을 뺏기면 안 된다. 근래에 경화(京華)의 사자(士子)들 중에도 이 일에 뜻을 둔 자가 간혹 있지만, 끝까지 제대로 해내는 자가 드문 것은 서울의 폐해 때문이다."

하고는, 조정의 소식을 물어보며 이르기를,

"붕당은 예로부터 면할 수가 없다. 대개 음양이 있는 이상에는 사정(邪正)이 없을 수 없고, 사정이 있는 이상에는 붕당이 없을 수 없으니, 필연의 형세이다. 다만 세속에서 붕당이라는 두 글자를 편파적으로 논하는 것은 매우 좋지 않으니, 이 두 글자를 없애고 사정으로만 논해야 할 것이다. 주자가 이르기를 '옛날에 붕당을 미워해서 제거하려다가 남의 나라를 망하게 한 경우가 종종 있었다.'라고 하였다. 없애는 것도 물론 어렵지만 굳이 없앨 것이 뭐가 있겠는가. 다만 그 사정을 분간하여 거조를 밝게 하기만 하면 진정한 탕평을 자연히 볼 수 있게 될 것이다."

하고, 또 이르기를,

"현재 세상이 쇠퇴하고 도가 미약해졌으니, 지금이야말로 맹자와 주자의 글을 많이 읽어야 할 때이다. 우옹(尤翁 송시열(宋時烈))이 수립한 것과 같은 것도 더할 나위 없이 탁월하니, 더더욱 당세(當世)의 법이 되어야 하지 않겠는가."

하였다. 이어서 사자가 아첨하면서 남을 따르는 폐단을 지적하며 이르

기를,

"근래에 학문에 뜻을 둔 자들이 물론 많다. 다만 우리 도가 암담하게 막힌 것이 이미 극에 이르렀기 때문에 학자들이 이를 수치스러운 일처럼 간주하고는 남이 지목하기라도 하면 으레 숨기고 회피하느라 애쓴다. 그러고는 스스로 '밖으로 유속(流俗)에 거슬리지 않으면서 안으로 나 홀로 심신을 살피련다.'라고 하지만, 외면으로 핑계 대고 내빼면서 내면으로 견고히 지켜 내는 경우가 어디에 있겠는가. 이 때문에 마침내 나누어 흩어지고 지리멸렬해져서 수습할 수 없는 지경에 이르고 마는데, 온 세상이 모두 이와 같으니 참으로 탄식할 일이다. 대저 사자가 학문을 이야기하는 것은 농부가 밭갈이를 이야기하는 것과 같으니, 도대체 수치스럽게 여길 것이 뭐가 있단 말인가. 남이 비록 조롱하며 비웃더라도 그 사람 자신이 잘못된 것일 뿐이니, 나와 무슨 상관이 있겠는가. 이와 같이 뜻을 세우고서 굳게 지키며 흔들리지 않아야만 비로소 성취할 수 있을 것이다."

하고, 또 이르기를,

"학자는 먼저 뜻을 세워야 하니, 뜻이 세워져야만 공이 이루어지는 것이다. 만약 뜻이 세워지지 않은 상태에서 억지로 해 나간다면 그런 뜻이 있었더라도 끝내는 풀어져 없어지고 말 것이다. 조금 전에 말한 학자의 병폐와 같은 것도 뜻이 세워지지 않은 데에 이유가 있으니, 뜻이 참으로 세워지기만 한다면 어찌 이런 병폐가 있겠는가."

하였다. 이어서 하문하기를,

"그대의 여러 종형제 중에 학문에 뜻을 둔 자가 있는가?"

하기에, 내가 대답하기를,

"한두 사람 있지만, 그들 역시 과거 공부에 매여서 착실하게 공부하지 못합니다."

하였다. 선생이 또 이르기를,

"존종씨(尊從氏)인 임면주(任冕周)도 이 일에 뜻이 있는가? 그의 기질을 살펴보니 재기가 있는 것 같던데, 그렇지 않은가?"

하기에, 내가 대답하기를,

"재기는 부족하고 그저 종용할 따름입니다."

하였다. 선생이 이르기를,

"종용한 것이 물론 좋긴 하다마는 근래의 폐단은 종용한 데에서 많이 나오니, 이는 매우 안타까운 일이다. 그대는 기질이 어떻다고 스스로 생각하는가? 나의 소견으로는 영민한 측면이 강한 것 같으니, 더욱 《소학》과 《대학》을 읽는 것이 타당할 것 같다."

하기에, 내가 대답하기를,

"저는 기질이 유약해서 진작하는 힘이 부족하니, 이 점이 안타깝습니다."

하고는, 이어서 말하기를,

"근래에 강의(剛毅)하고 과단성 있는 자가 매우 적은 이런 현상은 기운의 구박을 받아서 그런 것 같은데, 도가 밝혀지지 않고 행해지지 않는 이유도 여기에 있는 듯싶습니다."

하였다. 선생이 이르기를,

"참으로 그렇다. 그런데 사색은 어떻게 하는가?"

하기에, 내가 대답하기를,

"심력이 매우 약한 탓으로 궁구하기 어려운 의리를 만나서 조금만 실마리를 찾아 사색하면 심력이 금세 소진되어 곧장 밑바닥까지 캐내지를 못하니, 이 점이 가장 안타깝습니다."

하였다. 선생이 이르기를,

"이 말을 통해서 그동안 사색하느라 애쓴 것을 알 수 있겠다. 이와 같은 때에 줄곧 쉬지 않고 나아가면 으레 병이 나게 마련이니, 건강에 유의하며 조절해 나가야지 지나치게 심신을 괴롭히면 안 될 것이다. 송명흠(宋明欽)[11]과 그대는 이종형제 간인가?"

하기에, 내가 대답하기를,

"그렇습니다."

하였다. 선생이 이르기를,

"이 사람은 나이가 어려도 매우 어른스러운데, 그의 아우는 시문에 너무 힘을 허비하니 매우 안타깝다. 이것도 큰 것을 아직 보지 못해서 그런 것일 뿐이다.[12] 큰 것을 본다면 어찌 이런 구구한 것을 일삼겠는가."

하고는, 이어 하문하기를,

"그대는 이런 폐단을 면할 수 있는가?"

하기에, 내가 대답하기를,

"어렸을 적에는 저도 좋아하였습니다. 지금은 거의 대부분 근절되었다고 스스로 생각하고 있습니다만, 다시 싹트지 않으리라고 어떻게

11 송명흠(宋明欽) : 1705~1768. 자는 회가(晦可), 호는 역천(櫟泉), 시호는 문원(文元)이다. 송준길(宋浚吉)의 현손이며, 녹문과는 이종사촌 간이다.

12 큰……뿐이다 : 《맹자》 〈고자 상〉에 "작은 것 때문에 큰 것을 해치지 말며, 천한 것 때문에 귀한 것을 해치지 말아야 하니, 작은 것을 기르는 자는 소인이고, 큰 것을 기르는 자는 대인이다.〔無以小害大 無以賤害貴 養其小者爲小人 養其大者爲大人〕"라고 하였고 "먼저 큰 것을 확립하면 작은 것이 빼앗지 못하니, 이렇게 하는 사람이 대인이다.〔先立乎其大者 則其小者不能奪也 此爲大人而已矣〕"라고 하였다.

보장하겠습니까."

하였다. 선생이 이르기를,

"시문도 명자(名字)에서 나오는 것이다. 이름에 대한 욕심을 다스리기가 가장 어려운데, 그대는 어떠한가?"

하기에, 내가 대답하기를,

"이것은 참으로 다스리기 어려우니, 어찌 감히 이런 일이 없다고 스스로 말하겠습니까. 다만 기질이 비루하고 협소한 까닭에 자연히 외물의 분화(紛華)로 향하는 정도가 비교적 경미해서 심한 지경에는 이르지 않습니다."

하였다. 선생이 이르기를,

"내가 물어본 것은 이런 일을 가리킨 것이 아니고, 지금 사람들이 학문하는 목적이 완전히 이름을 위하는 것과 같은 경우를 말한다. 왕년에 상(上 숙종)이 온양(溫陽)에 행행할 적에 황강(黃江 권상하(權尙夏))이 소명을 받았는데, 그때 조정의 논의를 들어 보면 '소명에 응하는 것이 옳다.'라고 말하는 사람도 있고, '응해야 할 긴요한 일이 아니다.'라고 하기도 하였다. 지금의 영상(領相 홍치중(洪致中))도 그 자리에 있었는데, 그들의 말을 이어서 말하기를 '사람이 학문하려면 먼저 반드시 관상을 물어보고 그다음에 팔자를 물어본 뒤에 하는 것이 좋다.'라고 하였다. 사람들이 그 까닭을 물으니, 대답하기를 '황강 어른과 같은 경우는 덕이 물론 높지만 역시 그 관상이 매우 좋기 때문에 이와 같이 큰 이름을 얻게 된 것이다. 그런데 이 세마(李洗馬)와 같은 경우는 근고(勤苦)하고 독실한 것을 사람들이 모두 아는 바이지만, 관상이 매우 좋지 않은 까닭에 노년에 이르도록 겨우 일명(一命 가장 낮은 관계(官階)인 9품)을 얻었을 뿐이니, 이것이 어찌 명백한 증거가 아니겠는가.'라고 하였다. 이에 내가 웃으면서 말하기를 '지금 공의 학문이야말로 이른바 공리(功利)의 학문이라는 것이다.'라고 하니, 자리에 있는 사람들이 모두 크게 웃었다. 홍공(洪公)의 말이 물론 세속에서 우스개로 하는 이야기이긴 하지만, 학자의 가슴속에 조금이라도 이런 의사가 있다면 도에 크게 해가 되지 않겠는가."

하기에, 내가 대답하기를,

"이런 요소가 물론 없다고 보장하기는 어렵습니다만, 또한 어찌 전체가 이와 같은 지경에 이르기야 하겠습니까."

하니, 선생이 이르기를,

"그대의 자질이 매우 아름답다마는 내가 더 원하는 것은 착실히 노력했으면 하는 것이다. 나의 종제(從弟)인 이유(李維)는 뜻이 너무도 질박하지 못한 까닭에 언제나 공명에 대한 미련을 버리지 못하고 있으므로 내가 매양 희롱하면서 그를 경계하곤 한다."

하였다. 내가 말하기를,

"주자가 명검(名檢)을 천시한다고 소씨(蘇氏)를 배척하였는데,[13] 명검의 명(名)이 무슨 명인지 모르겠습니다."

하니, 선생이 이르기를

"이 명(名) 자의 자의는 명교(名教)의 명(名)으로 보는 것이 좋을 것 같다."

13 주자가……배척하였는데 : 주희가 소식(蘇軾)의 글을 읽고 경모하게 되었다는 정윤부(程允夫)에게 답하면서 "소씨는 부화(浮華)를 과시하고 본실을 망각하였으며, 통달을 중시하고 명검을 천시하였다."라고 하였다. 《晦庵集 卷41 答程允夫》

하고는, 이어서 이르기를,

"《논어》 20편은 '위기(爲己)'라는 두 글자로 정리할 수 있다. 그대가 한번 점검해 보면 한 대문도 '위기'의 의사 아닌 것이 없을 것이다."

하면서 찬탄해 마지않았다. 내가 말하기를,

"《논어》 제1권을 읽은 것이 거의 반년 가까이 되었습니다. 주자의 독서법에 비추어 본다면 잘못된 것은 아니라고 할지라도, 세월이 유한한 것이 마음에 걸립니다. 이와 같이 지체한다면 일생 동안 몇 권이나 글을 읽을 수 있겠습니까."

하니, 선생이 웃으면서 이르기를,

"그대가 말한 뜻을 살펴보건대 예답(泄沓)[14]의 의사가 있는 것 같다. 만약 글을 깊이 음미하여 그 뜻을 터득할 수 있게 된다면 차마 그만두지 못하는 의사가 저절로 생길 것이요, 차마 그만두지 못하는 의사가 생길 수만 있다면 억지로 대충 읽고 넘어가려 해도 자연히 그렇게 할 수 없는 점이 있게 될 것이다. 지금 그대에게 예답의 의사가 없을 수 없는 것은 차마 그만두지 못하는 재미를 느낄 만큼 완전히 저작(咀嚼)하지 못해서 그런 듯하다. 그러나 스스로 '유유자적하며 진수를 만끽한다.'라고 말하면서 결국에는 점점 완게(玩愒)[15]하는 쪽으로 빠져드는 것도 근래의 공통적인 병폐이니, 이런 점에 대해서는 심각하게 반성하지 않으면 안 될 것이다."

14 예답(泄沓) : 예예답답(泄泄沓沓)의 준말로, 마음이 느슨해져서 게으름 피우며 지체하는 것을 말한다. 《孟子 離婁上》 대본에는 '世沓'으로 되어 있는데, 《시경》 〈대아(大雅) 판(板)〉에 근거하여 '世'를 '泄'로 바로잡아 번역하였다.

15 완게(玩愒) : 완세게일(玩歲愒日)의 준말로, 안일한 일상에 빠져 세월을 허비하는 것이다.

하였다. 내가 말하기를,

"선생께서 그동안 글을 읽은 순서를 듣고 싶습니다. 몇 년 걸려서 경서 공부를 마치셨습니까?"

하니, 선생이 이르기를,

"오래된 일이라서 자세히 기억하지는 못하겠다. 다만 요즈음 생각해 보니 돌아가며 번갈아 읽는 것보다는 하나씩 철저히 읽는 것이 훨씬 낫다고 여겨진다. 가령 하나의 경서를 읽을 적에 먼저 제1권을 익숙해질 때까지 무수히 반복해서 그 의의와 맥락이 두루 빠짐없이 관통하여 더 읽을 것이 없게 한 뒤에 제2권으로 넘어갈 것이요, 이렇게 하나의 경서를 완전히 독파한 뒤에 다른 경서로 바꿔야 할 것이다. 이와 같이 한다면 대단히 힘이 생기게 될 것이니, 돌아가며 읽고 나서도 여전히 여지를 남기는 것보다는 나을 것 같다."

하였다. 작별할 무렵 선생이 나에게 이르기를,

"경화의 사자 중에 이 일에 뜻을 둔 자를 많이 보았다마는 그대처럼 연소하면서 박학한 자는 많이 얻기가 쉽지 않다. 다만 장점이 거꾸로 병통을 이루기도 쉬운 법이니, 글을 읽을 때에는 마음을 비우고 기운을 평온히 해야만 성인의 본의를 터득할 수가 있다. 만약 전일에 알았던 것으로 먼저 흉중에 가로걸리게 하여 글을 볼 때마다 이를 위주로 한다면 그 폐단이 필시 성인의 말씀을 몰아서 자기의 뜻을 따르게 하는 지경에 이르고 말 것이다. 마치 어려서 처음 배우는 후생처럼 부디 전일에 알고 있던 것을 죄다 잊어버리고서 흉중에 아무것도 없이 텅 비게 한 뒤에야 비로소 본의를 터득할 수 있게 될 것이다."

하고, 이어서 정자의 "자족하면 안 된다."라는 말을 거론하면서 이르기를,

"이 말이 매우 좋다. 안자와 같은 성인에 대해서도 증자는 오히려 '있어도 없는 것처럼 하고, 찼어도 빈 것처럼 한다.'[16]라고 일컬었으니, 그 덕량이 굉대함을 알 수가 있다. 그러나 있다고 하고 찼다고 하는 것도 증자가 안자를 일컬었기 때문에 그렇게 말한 것이지, 안자 자신의 마음으로 말하면 스스로 없다는 것만 알고 빈 것만 알 따름인 것이다. 성인도 그러한데 더군다나 후생인 초학이 자기 재능을 자긍하여 무턱대고 자족하는 마음을 내어서야 되겠는가. 모쪼록 더욱 노력하여 조금이라도 이런 마음을 내지 말고 반드시 제일등인(第一等人)이 되겠다고 스스로 기약하여 구구하게 바라는 나의 뜻을 저버리지 말도록 하라."

하고, 또 이르기를,

"내가 꼭 이런 말로 충고하는 뜻이 우연한 것이 아니니, 더 노력하여 오늘의 말을 잊지 않도록 하라."

하였다. 내가 사례하며 말하기를,

"감히 아침저녁으로 명심하지 않겠습니까."

하니, 선생이 이르기를,

"《근사록》의 '성선(性善)을 알고 충신(忠信)을 근본으로 삼으면 이것이 먼저 그 큰 것을 확립하는 것이다.'[17]라는 정자의 말이 매우

16 있어도……한다 : 《논어》 〈태백(太伯)〉에 "유능하면서도 무능한 자에게 물어보고 박학다식하면서도 천학과문(淺學寡聞)한 자에게 물어보며 있어도 없는 것처럼 하고 찼어도 빈 것처럼 하고 누가 덤벼들어도 따지지 않는 이런 태도를 옛날에 우리 벗은 지니고 있었다."라고 하였다.

17 성선(性善)을……것이다 : 정호(程顥)의 말이다. 《근사록》 권2 〈위학(爲學)〉에 나온다.

좋으니, 깊이 체득해야 할 것이다."
하였다.

갑인년(1734) 8월에 한천(寒泉)에 가서 선생을 배알하였다. 선생이 하문하기를,

"《중용》의 주에 '자취가 비록 나타나지 않았으나 기미가 이미 동하였다.〔迹雖未形 幾則已動〕'라고 한 것은 '은보다 드러남이 없다.〔莫見乎隱〕'를 해석한 것이고, '남은 알지 못하더라도 자기는 홀로 알고 있다.〔人雖不知 己獨知之〕'라고 한 것은 '미보다 나타남이 없다.〔莫顯乎微〕'를 해석한 것으로 여겨지는데, 그대도 이렇게 보는가?"

하기에, 내가 대답하기를,

"상문에서 독(獨) 자를 해석하면서 '남은 미처 알지 못하고, 자기만 홀로 아는 곳'이라고 하였는데, 은(隱)과 미(微) 모두가 독(獨)입니다. 따라서 지금 말씀하신 대로 나누어서 해석하면 상문과 상응하지 않으니, 제 생각으로는 통틀어 해석한 것으로 보는 것이 옳을 듯싶습니다."

하니, 선생이 한참 동안 깊이 생각하고 나서 이르기를,

"그대의 말이 옳다. '자취가 비록 나타나지 않았으나'라고 한 것이 사(事) 자[18]에 방애되는 점이 있는 것 같기에 나누어 보면 어떨까 했던 것인데, 잘 살펴보면 그 자체로 방애되는 점이 없다."

하였다. 다시 이르기를,

18 사(事) 자 : 《중용장구》 제1장에 "미는 작은 일이다.〔微 細事也〕"라고 한 주석의 사 자를 말한다.

"'신이 내림한다.〔神之格思〕'의 이 신(神) 자는 제사 때의 귀신만을 가지고 말한 것인가, 아니면 모든 귀신을 통틀어 가리킨 것인가?"

하기에, 내가 대답하기를,

"위의 구절을 이어서 말한 것이니, 전적으로 제사 때의 귀신을 가리키는 것 같습니다."

하니, 선생이 이르기를,

"나는 통틀어 말한 것이라고 생각한다. 시의 본의도 이와 같은 것 같다."－살펴보건대 시의 주에 '귀신의 묘한 요소가 물마다 근간이 되지 않음이 없으니, 여기에 내림하는 것을 헤아릴 수 없는 점이 있다.……' 하였으니 도암의 설이 옳은 듯싶다. 〈주송(周頌) 경지(敬之)〉에 '공경하고 공경하라. 하늘의 도가 밝아 천명을 보전하기 쉽지 않으니라. 드높이 위에 있어 살피지 못할 것이라고 말하지 말라. 오르내리면서 우리의 일을 살피고, 매일 감시하고 계시느니라.'라고 하였는데, 그 뜻도 이 시와 동일하다.－

하였다. 내가 말하기를,

"유정부(游定夫)가 〈서명(西銘)〉을 읽고는 얼음이 풀리듯 마음에 거슬리는 것이 없어져서 말하기를 '이것은 《중용》의 이치이다.'라고 하였는데,[19] 〈서명〉과 《중용》이 같다는 것에 대한 그 설을 듣고 싶습니다."

하니, 선생이 이르기를,

"《중용》의 수절(首節)만 보아도 벌써 뜻이 자연히 분명해진다. '하늘이 명한 것을 성이라 하고, 성에 따르는 것을 도라 하고, 도를 닦는

19 유정부(游定夫)가……하였는데 : 정부는 정이의 문하생인 유작(游酢)의 자이다. 《근사록집해(近思錄集解)》 권2 〈위학(爲學)〉에 그의 발언에 대한 내용이 나온다.

것을 교라고 한다.'라고 하였으니, 천인, 상하가 단지 하나의 이치일 뿐이다. 〈서명〉에서 '천지 사이에 가득한 기가 나의 형체가 되고, 천지의 장수인 이가 나의 성이 되었다.'라고 말한 것도 이 뜻이다. 이것을 미루어 나아가면 모두 그렇지 않은 것이 없으니, 유씨(游氏)와 같은 자는 글을 잘 읽는다고 말할 수 있겠다."

하였다. 내가 말하기를,

"연비어약(鳶飛魚躍)에 대해서 정자(程子)가 '유사물정(有事勿正)의 뜻과 활발발한 경지가 같다.'라고 하였는데,[20] 이에 대한 설을 듣고 싶습니다."

하니, 선생이 이르기를,

"솔개가 되어 반드시 하늘에 이르고 물고기가 되어 반드시 못에서 뛰는 것이야말로 인위를 용납하지 않고서 천리가 자연히 유행하는 묘도인데, '일삼는 것이 있되 미리 기대하지 않는〔有事勿正〕' 그 사이

20 연비어약(鳶飛魚躍)에……하였는데 : 정호가 《중용장구》 제12장의 "《시경》에 이르기를 '솔개는 날아서 하늘에 이르고, 물고기는 못에서 뛴다.'라고 하였으니, 이는 천지의 도가 높은 하늘이나 낮은 못이나 모두 똑같이 행해지고 있음을 말한 것이다.〔詩云 鳶飛戾天 魚躍于淵 言其上下察也〕"라는 말에 대해서 《이정유서(二程遺書)》 권3 〈사현도기억평일어(謝顯道記憶平日語)〉에 "이 한 단락은 자사가 긴요하게 사람을 위해 말해 준 것으로, '반드시 일삼는 것이 있어야 하지만 미리 효과를 기대하지 말고서 마음속으로 잊지도 말고 억지로 조장하지도 말아야 한다.'는 뜻과 활발발한 경지가 같은 것인데, 이런 도리를 체득할 때에는 활발발해지겠지만, 체득하지 못할 때에는 그저 정신만 수고롭게 할 것이다."라고 하였다. 유사물정은 필유사언이물정심(必有事焉而勿正心)의 준말로, 《맹자》 〈공손추 상(公孫丑上)〉의 "반드시 호연지기를 기르는 것을 일삼되 미리 마음속으로 기한을 정하지 말고서 잊지도 말고 억지로 조장하지도 말아야 한다."라는 말을 발췌하였다. 활발발은 생기가 충만한 것을 말한다.

역시 털끝만큼의 사의(私意)를 용납하지 않고서 천리가 자연히 유행하는 것이 바로 이와 같다. 그러나 이런 설에 대해서는 그저 묵회해야 마땅하니, 언어를 가지고 구할 수는 없는 것이다."

하였다. 내가 말하기를,

"주자는 말하기를 '연비어약은 선가(禪家)의 녹죽황화(綠竹黃花)의 설과 같다.'[21]라고 하였습니다."

하니, 선생이 이르기를,

"물론 그렇긴 하다. 그러나 솔개와 물고기는 활동하는 생물이니, 꽃이나 대나무에 비해서 훨씬 보기가 좋다."

하였다. 내가 말하기를,

"《중용》 18장 주의 '자기 마음을 미루어 남에게 미친다.〔推己以及人〕'에 대해서 우옹이 농암(農巖 김창협(金昌協))에게 답한 글을 보면 '전적으로 부모의 상을 가리킨 것으로서, 위와 아래가 똑같게 한 것이다.'라고 하였는데, 이 말이 어떠합니까?"

하니, 선생이 이르기를,

"나도 이와 같이 보았다."

하였다. 이에 내가 말하기를,

"저의 생각에는 그렇지 않을 듯싶습니다. 대개 그 문세를 상세히 살펴보건대 '추기급인(推己及人)'이라고 하는 것은 바로 상문을 종

21 연비어약은……같다 : 《주자어류》 권63 〈중용(中庸)〉에 주희가 연비어약에 대한 질문을 받고는 "이는 선가의 '푸르른 녹죽은 진여 아님이 없고, 선명한 황화는 반야 아님이 없다.〔青青綠竹 莫匪眞如 粲粲黃花 無非般若之語〕'라는 말과 흡사하다."라고 하였다.

합해서 마무리한 것이니, 지금 만약 '전적으로 부모의 상을 가리킨 것'이라고 하면 의리를 굳이 따질 것도 없이 문세가 이루어지지 않을 것 같습니다."

하고는, 나의 생각을 설명하고 나서-《중용의의(中庸疑義)》 10장에 보인다.- 말하기를,

"이와 같이 보면 좋을 것 같은데, 어떻게 생각하실지 모르겠습니다."

하니, 선생이 급히 이르기를,

"이 설이 매우 좋다. 이전의 견해는 정말로 의심할 것 없이 잘못되었다."

하였다. 내가 삼지(三知)와 삼행(三行)과 삼근(三近)[22]의 높고 낮음과 깊고 얕음에 대한 설을 묻고 나서 나의 의견을 설명하자,-《중용의의》 20장에 보인다.- 선생이 이르기를,

"의견이 타당하다. 그런데 '이것을 행하게 하는 것은 하나이다.〔行之者一〕'의 이 일(一) 자를 일이(一二)의 일(一)로 보기도 하고, 순일

22 삼지(三知)와 삼행(三行)과 삼근(三近) : 《중용장구》 제20장에 "어떤 사람은 태어나면서부터 도를 알고, 어떤 사람은 배워서 알고, 어떤 사람은 곤고해져서야 알지만, 그 도를 아는 점에서는 똑같다. 어떤 사람은 편하게 느끼면서 도를 행하고, 어떤 이는 이롭게 생각해서 행하고, 어떤 사람은 억지로 힘써서 행하지만, 공을 이루는 점에서는 똑같다. 학을 좋아하는 것은 지에 가깝고, 힘써 행하는 것은 인에 가깝고, 부끄러움을 아는 것은 용에 가깝다."라고 하였는데, 삼지는 생이지지(生而知之), 학이지지(學而知之), 곤이지지(困而知之)를 말하고, 삼행은 안이행지(安而行之), 이이행지(利而行之), 면강이행지(勉强而行之)를 말하고, 삼근은 호학(好學)으로부터 근호용(近乎勇)까지를 말한다. 그리고 이 말 앞에 천하의 달도 다섯 가지와 달덕 세 가지를 열거하고 나서 "이것을 행하게 하는 것은 하나일 뿐이다.〔所以行之者 一也〕"라고 결론짓는 말이 나온다. 정이는 이 일(一)을 성(誠)으로 해석하였다. 달도는 오륜(五倫), 달덕은 지인용(知仁勇)을 말한다.

(純一)의 일(一)로 보기도 하는데, 그대는 어떻게 생각하는가?"

하기에, 내가 대답하기를,

"상문의 '다섯 가지 달도(達道)와 세 가지 달덕(達德)'을 이어받아 말한 것을 감안한다면, '일이'의 일로 보는 것이 타당할 듯싶습니다.[23]"

하였다. 선생이 또 하문하기를,

"종용중도(從容中道)와 불면이중(不勉而中)[24]은 뜻이 중첩되지 않는가?"

하기에, 내가 대답하기를,

"장구의 '생각하는 것과 힘쓰는 것을 기다리지 않고도 자연히 도에 맞게 된다.〔不待思勉 而從容中道〕'라는 해석에 의거하면 종용중도의 1구는 불면(不勉)과 불사(不思)의 양구(兩句)를 총괄하여 설한 것입니다. 옛사람의 문자에는 이와 같은 것들이 많으니, 굳이 의심할 것은 없을 듯합니다."

하니, 선생이 이르기를,

"그렇다."

하였다.

23 타당할 듯싶습니다 : 대본에는 '恐常'으로 되어 있는데, 문맥에 근거하여 '常'을 '當'으로 바로잡아 번역하였다.

24 종용중도(從容中道)와 불면이중(不勉而中) : 《중용장구》 제20장에 "성의 경지에 이르면 억지로 힘을 쓰지 않아도 중용에 합치하고 굳이 생각하지 않아도 터득을 해서 자연히 도에 맞게 되는데, 이런 분이 바로 성인이시다."라고 하였다.

옥류강록

玉溜講錄

서 序

송익흠(宋益欽)[25]이 묻기를,

"'대학의 밝은 법을 드러내었다.〔著大學之明法〕'[26]의 구절을 위의 '소학의 성공을 인하여〔因小學之成功〕'의 1구와 연결해서 읽으면 아무래도 뜻이 도치되어 말이 안 된다는 느낌이 든다. 그래서 '이 책에 기재한 법은 옛날 사람을 가르칠 적에 소학의 성공을 인하여 대학의 밝은 법을 드러낸 것이다.……'의 뜻으로 보고 싶은데, 이 저(著)자를 '가르치는 자가 배우는 자에게 교시(敎示)하는' 뜻으로 보는 것이 어떻겠는가?"

하기에, 내가 말하기를,

"인(因)은 이어받는다는 뜻이다. 대개 사람을 가르치는 온전한 법으로 말하면 먼저 함양(涵養)의 의사(意思)를 말해야 하고, 그다음에 격물치지(格物致知)와 성의정심(誠意正心)을 말해야 차제를 이루게 된다. 그런데 지금 이 책은 바로 단호하게 격치에서부터 시작하였

25 송익흠(宋益欽) : 1708～1757. 자는 시해(時偕)이다. 김창협(金昌協)의 문인으로, 송명흠(宋明欽)의 재종제(再從弟)이다.

26 대학(大學)의……드러내었다 : 주희(朱熹)의 〈대학장구서(大學章句序)〉에 "이 책으로 말하면 소학의 성공을 인하여 대학의 밝은 법을 드러내었으니, 밖으로는 그 규모의 광대함을 다한 점이 있고 안으로는 그 절목의 상세함을 다한 점이 있다."라고 하였다.

고 함양에 대해서는 말하지 않았는데, 소학의 가르침을 이어받아서 그런 것이다. 그리고 성공(成功)이라는 두 글자에 꼭 구애받을 것은 없다. 만약 '가르치는 자가 교시하는' 뜻으로 해석한다면 통할 수 있는 것 같기는 하지만 아무래도 타당하지 못하다는 느낌이 든다. 가르치는 자의 일을 상문에서 상세히 말하였는데, 여기에서 또 중복해서 말한다면 군더더기가 되지 않겠는가."

하였다.

경 經

내가 묻기를,

"'대학의 도〔大學之道〕'의 도(道) 자는 법(法) 자의 뜻으로 보는 것이 타당할 듯싶다. 이것은 학(學)의 도에 불과한 것으로서, 도체(道體)의 도와는 원래 구별되는 것이다. 말장의 '군자에게는 큰 도가 있다.〔君子有大道〕'라는 전문(傳文)에 대해서 주자가 '자신을 닦고 남을 다스리는 방법〔修己治人之術〕'이라고 해석한 것을 보아도 알 수가 있다. 《혹문》에서 '그 도는 하나일 뿐이다.〔其道則一而已〕'라고 말한 이 도 자는 대학과 소학의 이치가 하나라는 뜻을 범범하게 말한 것일 뿐이니, 이 말을 인용해서 이것을 증명할 수 없음이 분명하다. 다만 '즉근도의(則近道矣)'[27]의 도는 장 첫머리의 도 자와 조응하는 것 같

27 즉근도의(則近道矣) : 《대학장구》 경(經) 1장에 "물에는 본과 말이 있고 일에는 종과 시가 있으니, 먼저 하고 뒤에 할 것을 알면 도에 가까울 것이다."라는 경문에서 인용한 것이다.

은데, 법의 뜻과는 같지 않다고 느껴진다. 이것을 어떻게 보아야 할지 모르겠다."

하니, 송문흠(宋文欽)[28]이 말하기를,

"'대학지도(大學之道)'는 그 중점이 대학의 위에 있고 도 자는 부대(附帶)한 말인 만큼, 방(方) 자나 술(術) 자의 뜻으로 보는 것이 타당할 듯싶다. 그렇다면 '근도(近道)'의 도 자는 단독으로 도 자를 거론한 것이라고 할 것이다. 그리고 《혹문》의 뜻이 이와 같다면 도의 글자 본래의 뜻으로 보아야 하니, 굳이 조응하는 데에 구애받을 것은 없을 듯싶다."

하기에, 내가 말하기를,

"'근도'의 도는 아무래도 이 책 첫머리의 도 자와는 상통하기 어려우니, 굳이 조응하는 데에 구애받을 것이 없다고 말한 것이 참으로 옳다."

하였다.

송문흠이 묻기를,

"삼강령(三綱領)을 말했으면 곧바로 팔조목(八條目)을 설파해야 마땅할 것 같은데, 그 중간에 '머물 데를 안다.〔知止〕'의 한 단락을 먼저 말한 것은 어째서인가?"

하기에, 내가 말하기를,

28 송문흠(宋文欽) : 1710~1752. 자는 사행(士行)이다. 녹문과 이종사촌 간이다. 이재(李縡)의 문인으로, 형 송명흠과 함께 인물성구동(人物性俱同)의 낙론(洛論)을 지지하였다.

“《대학》의 큰 간가(間架)에는 두 개가 있으니, 명덕(明德)과 신민(新民)은 체(體)와 용(用)을 간가로 삼은 것이고, 지지(知止)와 능득(能得)은 지(知)와 행(行)을 간가로 삼은 것이다. 명덕과 신민은 경(經)이 되고 지지와 능득은 위(緯)가 되니, 이 두 가지가 갖춰져야 학문하는 대강이 마련되는 것이다. 그래서 그 아래에서 곧장 본말(本末)과 시종(始終)이라는 말로 마무리 지은 것인데, 이렇게 되면 1부의 《대학》이 이루어진 것이니, 8개의 조목은 그 안에 나아가서 상세히 설명한 것에 지나지 않을 뿐이다. 그렇기 때문에 《장구》에서 팔조목을 해석할 때면 반드시 명덕, 신민과 지지와 능득의 양쪽을 거론하여 말하였으니, 이를 통해서도 그 뜻을 알 수가 있다. 지금 맨 처음의 3구만 말하고 지지의 한 단락을 생략한다면 명덕과 신민이 지선(至善)에 머무는 이유를 보여 줄 수가 없다. 이는 강령을 제시하는 방법이 되지 못할뿐더러 처음 시작하며 단서를 보여 주는 뜻과 격물치지(格物致知)하는 설도 유래가 없게 되고 말 것이다. 대저 성인의 설화를 보면, 안배하려고 힘쓰지 않아도 자연히 친절하고 원확(圓確)하며 위곡(委曲)하고 정명(精明)한 것이 대체로 이와 같으니, 익숙히 반복하며 상세히 완미하면 그 의미가 무궁해질 것이다. 반면에 삼강령 뒤를 팔조목의 내용으로 이을 경우에는 어의(語意)와 기미(氣味)가 대단히 어색해지고 말 것이다.”

하였다.

내가 묻기를,

“명덕과 심(心)에도 분별해야 할 점이 있는가? 그런데 명덕의 주에서 ‘텅 비고 신령스러우며 어둡지 않아서 모든 이치를 갖추고 온갖 일에 대응한다.'라고 하였고, 《맹자》의 주에서 심 자를 해석할 때에 도 '사람의 신명이니, 모든 이치를 갖추고서 온갖 일에 대응하는 것이다.'[29]라고 하였다. 이 두 가지의 해석을 보면 다른 점이 없는 것 같기도 하다. 이에 대해서 어떻게 생각하는가?"

하니, 송명흠이 말하기를,

"심에는 물론 편언(偏言)[30]하는 것도 있지만 명덕과 같은 경우는 이기의 전체를 합해서 말한 것으로, 양심이나 본심이나 인의지심(仁義之心)이라고 말하는 것과 같으니, 전적으로 한쪽에만 소속시키면 안 된다. 지금 먼저 본심과 편언한 심이 같은지 다른지를 규명하면 명덕과 심의 관계에 대해서 자연히 묵회할 수 있을 것이다. 중사(仲思 임성주(任聖周))는 《맹자》의 심을 훈석한 말과 《대학》의 명덕을 훈석한 말을 가지고 서로 같다는 것을 증명하려고 하지만, 《맹자》 진심(盡心)의 훈석은 모든 이치를 갖추고 온갖 일에 대응하게 하는 능(能 양능(良能))을 편언한 것이고, -그 아래에 곧장 '성은 심에 갖추어진 이이다.〔性其所具之理〕'라고 말했고 보면 그것이 편언한 심이라는 것을 알 수 있다.- 《대학》의 명덕의 훈석은 모든 이치를 갖추고 온갖 일에 대응하는 실(實 실덕(實德))을 겸하여 말한 것이니, 말은 비록 같더라도 가리키

29 사람의……것이다 : 《맹자》 〈진심 상(盡心上)〉의 제1장에서 심을 풀이한 주희의 해설에 보인다.

30 편언(偏言) : 전체에서 한쪽만 따로 떼어 내어 협의의 개념으로 말하는 것인데, 여기서는 심을 성(性)과 상대되는 개념으로 분리해서 말하는 것을 가리킨다. 단언(單言)이라고도 한다. 반면에 심을 성과 합해서 말하는 것처럼 하나로 포괄해서 광의의 개념으로 말하는 것을 합언(合言), 전언(全言), 전언(專言), 겸언(兼言), 통언(統言) 등으로 칭한다.

는 바는 자별하다고 하겠다."

하였다. 이에 내가 말하기를,

"다시 고인이 심을 말한 것을 살펴보건대 이기를 합하여 전덕(全德)으로 말한 것이 있으니, 본심이라든가 '인은 사람의 심이다.'와 같은 종류가 이것이요, 기만을 단독으로 가리켜 성을 상대로 말한 것이 있으니, '신령한 것이 심이고, 성실한 것이 성이다.'와 같은 종류가 이것이다. 대개 심 자가 차지하는 범위가 넓으니, 전언을 하거나 단언을 하거나 모두 심이라고 말할 수 있다. 그런데 명덕의 경우는 처음에 이름을 세운 본래의 뜻이 전덕을 가리킨 것이니, 기만 뽑아서 단언하는 경우는 명덕이라고 말할 수가 없다. 내가 예전에는 심과 성을 이기로 나눌 수 있다는 것만 알았지, 이기로 나눌 수 있는 것은 바로 단언의 심일 뿐이요 전언할 때에는 기에 분속할 수 없다는 것은 알지 못하였다.-지금 본심을 기라고 하면 말이 되지 않는다.- 그리고 명덕이 심이라는 것만 알았지, 단언의 심은 명덕이라고 말할 수 없다는 것은 알지 못하였다.-만약 명덕은 기이고 성은 이라고 한다면 이것도 말이 되지 않는다.- 이 때문에 명덕을 분속하기 어렵다는 것을 모르지 않으면서도 서로를 관련시킨 채 끝내 명백하게 구처하지를 못하였는데, 이제 상세히 강설하는 기회에 몇 년에 걸친 답답한 의심 덩어리를 제거할 수 있게 되었으니, 크게 다행스러운 심정을 어찌 가눌 수 있겠는가. 다만 진심의 심은 그 전체와 대용(大用)을 통틀어 말한 것이기 때문에,-《대학》 지지장(知至章)에서 '나의 심의 전체와 대용이 밝지 않음이 없다.'라고 말하였는데, 진심의 뜻도 바로 이와 같다.- 집주(集註)에서 또한 '중리를 갖추어 만사에 응한다.〔具衆理 應萬事〕'로 해석한 것이다. 그리고 거기에서 '성은 심에 갖추어진 이이다.'라고 말한 것은 이른바 성이라는 것은 다른 것이 아니라 바로 심 안에 갖추어진 이(理)라는 뜻으로 말한 것으로, 그 전체의 안에서 끄집어내어 말한 것일 뿐이다. 이것을 가지고 진심의 심도 성에 상대하는 심이라고 의심하면 안 될 것이다. 또 위에서 공(公)이 능과 실로 나누어 운운하였는데, 견강부회한 것 같다. 이에 대해서 어떻게 생각하는가?"

하니, 송능상(宋能相)[31]이 말하기를,

"두 분의 논설을 들어 보건대 심과 명덕의 편(偏)과 전(全)의 관계에 대해서 궁구한 것이 명확하게 변론되었다고 말해도 좋겠다. 그런데 진심의 심으로 말하면, 단지 《맹자》의 '그 심을 다한다.'라는 말만 살펴보더라도, 그 심이 성에 상대하여 편언한 물사(物事)가 아님을 알 수 있다."

하고, 송명흠이 말하기를,

"성과 지각이 본래 혼융하여 간격이 없기 때문에, 심의 체용을 말하면서 성정을 그 안에 포함했던 것이고 이의 체용을 말하면서 심에서 분리하지 않았던 것이다. 그러나 치지에 대하여 《혹문》에서 '중리를 묘하게 운용하여 만물을 주재하는 것이다.'라고 해석한 것은 지각의 양능을 위주로 해서 말한 것이고, 명덕에 대하여 《장구》에서 '중리를 갖추어 만사에 응한다.'라고 해석한 것은 성정의 실덕을 포괄하여 말한 것이다. 그것이 전체요 대용인 점에서는 동일하지만, 가리키는 바는 각각 다르다고 할 것이다. 진심도 지지(知至)의 별명이라고 의심했기 때문에 지각을 위주로 해서 말해 보려 했던 것인데, 지금

31 송능상(宋能相) : 1710～1758. 자는 사능(士能), 호는 운평(雲坪)·동해자(東海子)이다. 송시열(宋時烈)의 현손이며, 한원진(韓元震)의 문인이다.

본문의 '심을 보존한다.〔存心〕'라는 말로써 유추해 보건대 한쪽에만 속하는 심이 되면 안 되는 것이 분명하다고 하겠다."

하였다.

내가 묻기를,

"사능(士能 송능상)은 매양 말하기를 '심의 본체에는 청탁(淸濁)과 수박(粹駁)이 있고, 명덕에는 분수가 없다. 미발(未發)의 측면에서 말한다면 허명한 기상은 성인과 범부가 모두 같지만, 심기(心氣)의 본색은 성인과 범부가 완전히 다르다.'라고 한다. 실제로 이 설과 같다고 한다면 이는 이른바 명덕이라는 것이 미발할 때의 희미한 광영(光景)에 불과할 뿐으로, 이 심의 실체와 실용 모두가 명덕과는 관계가 없다는 말인가, 아니면 분수가 없다고 말한 것은 명덕의 기상만을 가리킨 것으로, 명덕의 실체에는 만 가지로 같지 않은 점이 있다는 말인가? 그렇다면 《장구》에서 '그 원초의 상태를 회복한다.'라고 말한 것은 그 광영이나 기상만을 보존하고자 한 것인가? 그 설을 상세히 듣고 싶다."

하니, 송능상이 말하기를,

"그동안의 소견으로 말하면, 《장구》에 나오는 명덕에 대한 훈석을 잘 몰라서가 아니라 단지 기질이라는 두 글자를 제대로 구처할 줄 몰랐던 탓으로, 심의 본체도 선과 악을 아울러 포함한 물사라고 오인해서 그런 것이었다. 지금 강론하며 질정하는 인연 덕분에 크게 더 이해하게 된 결과, 이른바 기의 정상(精爽)이라는 것은 본래 탁박(濁駁)과 관계가 없고, 천지의 귀신과 매우 비슷하다는 것을 비로소 알았다. 그러고 나서 바로 천고의 성현이 심을 논한 설들은 대부분

용(用)의 측면에서 말한 것이기 때문에 자연히 같지 않은 점이 있게 된 것인데, 같지 않은 것은 기질일 뿐이지 정상의 본색이 아님을 알게 되었다. 참으로 이와 같고 보면 명덕의 체단(體段)도 통연하여 명(名)과 실(實)에 다름이 없고 체와 용이 모두 같다는 것을 더욱 깨닫게 되었으니, 티끌만큼이라도 의심되고 막히는 것이 있겠는가. 비록 그렇지만 끝내 융해하고 관통하는 의사는 아직 보지 못했으니, 요컨대는 주자의 글을 죄다 읽어 보고 나서야 정견(定見)을 세울 수 있겠다."

하였다. 송익흠이 말하기를,

"송사능의 견해는 정말 잘 바꾸었다고 말할 만하다. 그런데 기질을 구처하는 대목에 대해서는 여전히 의견을 제시하지 않았으니, 내가 다시 물어보고자 한다. '심은 기의 정상이라서 기질의 추(粗)한 것을 따르지 않는다.'라고 말했지만 그래도 청탁이 같지 않은 것이 있다면 그 용의 측면에서 같지 않음이 있는 것인데, 어떻게 설명할 것인가? 그 용이 기질의 부정적인 영향을 면치 못해서 같지 않음이 있게 되었다면, 그 체만 홀로 그렇지 않으리라는 것을 어떻게 알겠는가. 이 점에 대해서 일전어(一轉語 정신이 번쩍 들 한마디 말)를 내려 주었으면 한다."

하기에, 내가 말하기를,

"심이 허령한 것이 비록 기질에 구애받지 않는다고 하더라도 기질을 놔두고는 또 달리 허령을 찾아볼 곳이 없고, 심은 기질의 정영(精英)일 뿐이니 당초에 두 개의 물건이 있는 것이 아니다. 오직 기에 구애받지 않는 그 점 때문에 고요한 때를 당하여 만념이 모두 잠잠해지고 혼산(昏散)이 죄다 가라앉으면 이 심의 진체가 환히 밝게 드러나서 기의 탁박이 자연히 그 안을 침범하지 못하게 되는 것이요, 오직 두 개의 물건이 있는 것이 아니라는 그 점 때문에 작동이 시작되기만 하면 그 순간에 벌써 기가 용사하여 이 심의 본체가 곧바로 엄폐된 나머지 악탁(惡濁)과 사예(邪穢)가 이르지 않음이 없게 되는 것이다. 이 두 가지 단락에 대해서 명확하게 안목을 갖추면, 동정과 체용에 모두 막히는 일이 없어서 어느 한쪽에만 응체하는 폐단이 없어질 것인데, 여러분은 어떻게 생각하는가?"

하니, 송능상이 말하기를,

"심과 기질을 구분하는 이 문제는 설명하기가 지극히 어려우니, 이것이 바로 중사가 비록 필력이 있어도 속에 쌓은 실력을 다 발휘하지 못하는 소이이다. 대개 심이라는 것은 단지 기질 안에 있는 빈 공간일 따름이다. 가령 오장을 가지고 말하면, 간은 혼을 주관하고 폐는 백을 주관하며 비(脾)는 의(意)를 주관하고 신(腎)은 정(精)을 주관하는데, 이들을 총괄하는 지두(地頭 당처(當處))는 심에 있다. 이 심은 그 안이 텅 빈 것이 직경 1촌인데, 신명이 여기에 자리를 잡고 만변을 주재하니, 일기(一氣)가 상통하며 칠정이 여기에서 운용된다.-예컨대 노기(怒氣)는 간에 속하고 비기(悲氣)는 폐에 속하지만, 노하는 것과 슬퍼하는 것은 모두가 심의 일이다. 눈이 보고 귀가 들으며 손이 만지고 발이 걷는 것도 모두 이와 마찬가지이다.- 심은 기질을 가지고 운용하고, 기질은 심을 가지고 지각하니, 이들은 하나이면서 둘이고 둘이면서 하나인 것이다. 그러므로 그 본체가 밝고 맑을 때에는 기질은 기질이고 허령은 허령으로 그 경계와 부위를 각각 찾아낼 수가 있지만, 한번 외물이 감촉하는 일이 있으면 기의 기능이 곧장 발동하면서 서로 의존하게 된 나머지 마침내 엄폐되고 구애되는 환란이 없을 수 없게 되는 것이다. 그렇기 때문에 군자가 성찰하고 극치(克治)하는 공부를 잠시라도 중단해서는 안 되는 것인데, 그 본체의 밝음을 회복하는 요체는 단지 기질을 변화시키는 데에 있으니, 모든 우리 동지들은 어찌 서로 더불어 노력해야 하지 않겠는가."

하고, 송문흠은 말하기를,

"백해(百骸 각종 골격(骨格))는 기질 중에서 추(麤)한 것이고, 오장은 그중에서 약간 정(精)한 것이며, 혼백은 또 그중에서 더욱 정한 것이고, 심은 또 그중에서 지극히 영상(靈爽 신령하고 청명(淸明)함)하여 활화생생(活化生生 계속 생동하고 변화함)하는 것을 단독으로 가리켜 이름 지은 것이다. 이 정(精)하고 상(爽)하고 활화하는 것들은 사람이 이를 통해 살아가는 것들로 본디 몸 전체에 있지 않은 곳이 없지만, 유독 이 심장의 기질이 화(火)의 정기를 품수하여 환히 비춰주기 때문에 영상, 활화하는 체가 이에 분명히 드러나서 이것을 심이라고 말하는 것이고, 신명과 지각과 허령이라는 칭호도 이렇게 해서 나오게 된 것이다. 따라서 기질이라는 것은 동정의 도구이고, 심이라는 것은 동정의 기틀을 묘하게 운용하는 것이다. 사람의 한 몸은 기질이 교대로 작동하고 오행이 복잡하게 뒤섞이면서 등도(騰倒)하고 유전하는 것을 한순간이라도 혹 정지하는 때가 없는데, 신명이 그 안에 포함되어 있다가 외물이 감촉하기만 하면 신(神)이 그 기틀을 발동하게 되는 것이다. 이에 동탕(動盪)하고 분주하는 과정에서 청탁과 수박에 따라 그 기틀에 응험하는 것이 각각 달라지면서 그 본색이 갖가지로 드러나게 된다. 그리하여 어떤 때는 선하게 되고 어떤 때는 악하게 되며 희(喜)에 치우치기도 하고 노(怒)에 치우치기도 하는 등 온갖 변화가 끝없이 펼쳐지는데, 그중에서 선악과 희로의 기는 기질이지 심은 아니며, 능선능악(能善能惡)하고 능희능로

(能喜能怒)하는 것은 심이지 기질은 아니다. 그러다가 사물에 대응하는 일이 지나가서 기의 기능이 한번 멈추게 되면 용을 수렴하고 체로 복귀하면서 기질은 각기 그 기질로 돌아가는데, 신명이 존재하는 곳은 다만 소소영령(昭昭靈靈)하며 능지능각(能知能覺)하는 체가 이(理)와 더불어 합일할 따름이니, 이것이 바로 심과 기질이 구분되는 점이다. 분노하는 하나의 일을 가지고 설명해 보건대 분노할 일을 보고서 분노를 느끼는 것은 심이고, 분노하는 기는 기질이며, 이를 말미암아 분개하고 원망하며 질책하고 매도하는 것은 모두 기질의 작용이다. 이렇게 본다면 심 안에 어찌 분노하게 되는 법칙이 없겠는가마는 그 법칙을 알지 못하는 관계로 기와 이가 둘로 나뉘어서 이 지경에까지 이르게 되는 것이다. 그러므로 명철한 자가 그런 줄을 알고서 먼저 그 이를 밝힘으로써 분노하게 되는 법칙에 맞춰서 분노하는 그 기를 다스리면 이가 각각 그 기에 달라붙어서 마침내 지휘할 수 있게 되므로 발동할 때마다 절도에 맞는 그 경지를 기약할 수 있게 되는 것이다. 그러나 이는 약하고 기는 강하기 때문에 발동할 때에 반드시 성찰의 공부를 가해야 하고, 조금이라도 차질을 빚을 경우에는 즉시 결단하여 통렬히 함께 이겨 나가면서 심중에서 단속해야 할 것이니, 이렇게 하면 이 기질이 뒷날 폐해를 끼치는 것이 점차 그 분수를 줄여 나갈 수 있을 것이다. 그러므로 성인이 발동할 때마다 모두 절도에 맞게 되는 것도 의연(依然)히 그의 기질이 선해진 데에 말미암은 것일 뿐이요 이 심의 전체 대용은 이에 연루된 것이 없으니, 이것이 기질을 변화시키는 것에 대한 설이다. 심의 작용 중에 발양하고 비주(飛走)하는 병통이 가장 많은데, 신명의 본체가 이와 같아서가 아니라, 심장의 기질의 작용이 그런 것이다. 그러므로

심의 본색과 매우 흡사해서 제압하기가 가장 어려운 것이다."
하였다. 이에 내가 말하기를,

"이 주장이 지극히 정채(精采)가 있으니, 이렇게까지 설명하는 것도 쉽지 않은 일이다. 다만 이 심의 본체가 초탈하여 주재하는 대목에 대해서는 완전히 드러내 밝히지 못하였다. 그래서 '혹은 선하고 혹은 악한 것이 심의 본색이기 때문에 자연히 그렇다.'라는 것처럼 말하였는데, 설명할 때의 병통에 관계되는 것이더라도 다시 더 이회(理會)하지 않으면 안 될 것이다. 대개 심의 본체는 허령하고 지각하는 것일 따름이다. 그것이 기질의 안에 두루 포함되어 있더라도, 실제로는 기질이 한계 지을 수 있는 성격의 것이 아니다. 그러므로 기질이 탁하더라도 심은 명(明)하고, 기질이 박(駁)하더라도 심은 정(精)하며, 기질의 영핍(羸乏), 후박(厚薄)한 것이 비록 만 가지로 같지 않은 점이 있다고 하더라도 심은 단지 하나의 허령, 지각일 따름이다. 이는 옛날이나 지금이나 차이가 있는 것이 아니고, 성인이나 범부나 차별이 있는 것이 아니니, 이것이 바로 신명하고 활화하여 일신을 주재하면서 만 가지 변화를 만들어 내고 만 가지 변화를 묘하게 운용하는 소이인 것이다. 그러나 심체(心體)는 형체가 없고 형기(形氣)는 자취가 있는데, 형체가 없는 것은 항상 약하고 자취가 있는 것은 항상 강한 법이다. 그렇기 때문에 사물이 한번 접촉하여 기기(氣機)가 등양(騰揚)하면 이 심의 본체가 문득 부정적인 영향을 받으면서 분욕탐포(忿慾貪暴)가 한결같이 기질을 따른 나머지 그 주재를 잃어버리게 되는 것이다. 그런데 그 주재를 잃어버리는 이런 현상은 바로 형세상 당연한 일로 물론 이것 역시 심이라고 말하지 않을 수 없다고 하더라도 사실은 심이 '본래 그런 것〔本然〕'은 아니다.-비록 분욕탐포가 심이 아니면 또한 작동할 수 없기 때문에 심이라고 말하지 않을 수 없다고 하더라도, 사실 분욕탐포는 기질이 작용한 것이고 심은 그 부정적인 영향을 받은 것일 뿐이다. 따라서 그것을 심의 본연이라고 말하면 안 된다.- 이를 비유하자면 성은 본래 순선(純善)하지만 기에 엄폐되어 악으로 흘러가는데, 악으로 흘러가는 것을 성이라고 말하지 않을 수도 없지만 사실 성의 본연은 아닌 것과 같다. 지금 이 점을 이해하지 못한 채, 그 주재를 잃어버렸다는 이유로 그냥 기질의 탓으로만 돌리면서 심에서 나오지 않았다고 말한다면 심과 기질이 완전히 나뉘어 두 개의 물건이 되니 말이 되지 않을 것이요, 이와 반대로 이런 점에 경계하여 마침내 분욕탐포가 심의 본색이기 때문에 자연히 이런 것이라고 말한다면 심과 기질이 전혀 분별이 없게 되어 명덕 자체가 선악이 미분된 물건이 되고 말 것이다. 따라서 이합의 관계에 대해서 분명히 안목을 세워야만 비로소 의심이 없을 수 있으니, 다시 이런 내용으로 보충한다면 더욱 완비될 것 같다."

하고, 또 말하기를,

"심이 비록 기에 엄폐되어 그 주재를 잃어버린다고 해도, 지허지령(至虛至靈)하고 능지능각(能知能覺)하는 그 본체는 그 때문에 어두워질 수 없다. 그렇기 때문에 비록 넘어지고 뒤집히는 극단의 상황이라고 할지라도 선의 단서가 미상불 발현하게 되는데, 이 선단이 발현함에 미쳐서는 그 본체가 이미 환히 밝아진다. 그러므로 학자는 마땅히 이 빈틈을 계기로 해서 환기(喚起)하고 수렴함으로써 스스로 그 주재를 세우고 함양하며 성찰해야 할 것이요, 사리를 밝게 살피고 사욕을 극복함으로써 그 기질을 변화시키고 그 본체의 온전함을 회복해야 할 것이다. 가령 이 심이 선악에 대해서 분별하지 못한 채 오로지 그 동정의 기틀만 돌아볼 뿐이라면 그 본체에 이른바 주재하는 것이 이미 없는 것이니, 어떻게 무턱대고 기질을 변화시키는 바탕으로 삼을 수가 있겠는가. 대저 허령이 기질에 구애받지도 않지만 허령과 기질은 단지 하나의 물건일 뿐이라는 이 두 구절에 대해서 정론을 세울 수 있으면 거의 차질이 없게 될 것이다. 정(靜)할 때에 본체가 환히 밝은 것은 허령이 기에 구애받지 않기 때문이고, 동(動)할 때에 기에 엄폐되는 것은 허령과 기질이 단지 하나의 물건이기 때문이며, 동할 때에 본체가 이따금 발현하는 것과 그 발현함에 힘입어서 마침내 환히 밝힐 수 있는 소이는 여전히 기에 구애받지 않기 때문이다."

하였다.

송익흠이 묻기를,

"《혹문》에서 인용하여 논한 경(敬)의 사종설(四種說)[32]은 각각 하나의 뜻을 밝힌 것일 텐데, 주일무적과 기심수렴 불용일물(其心收斂不容一物)의 사이에도 같지 않은 점이 있는 것인가?"

하기에, 내가 말하기를,

32 경(敬)의 사종설(四種說) : 정이(程頤)의 주일무적(主一無適)과 정제엄숙(整齊嚴肅), 사양좌(謝良佐)의 상성성법(常惺惺法), 윤돈(尹焞)의 마음을 수렴하여 한 물건도 용납하지 않는 것〔其心收斂 不容一物〕을 가리킨다. 주일무적과 정제엄숙은 안으로는 마음을 전일하게 하여 다른 잡념이 생기지 않게 하고, 밖으로는 몸가짐을 정돈하여 바르게 하는 것을 말한다. 주일은 하나를 위주로 한다는 뜻으로 마음을 전일하게 하는 것이고, 무적은 다른 곳으로 옮겨 감이 없는 것으로, 정이가 경(敬)을 설명하기 위해 처음으로 제시한 명제이다.《二程粹言 卷上 論道篇》 상성성(常惺惺)은 항상 마음이 깨어 있게 한다는 뜻으로, 원래 선불교의 용어인데 사씨가 경을 설명하기 위해서 차용한 것이다.

"'기심수렴'을 요약해서 말하면 물론 '주일(主一)'이라는 두 글자를 벗어나지 않지만, 의상(意象)과 기미(氣味) 면에서는 약간 같지 않은 점이 있다. 주일의 공부가 간요하면서 평실(平實)한 점이 있다고 한다면, '수렴'의 의사(意思)는 친절하면서 경발(警發 각성(覺醒) 계발(啓發))하는 점이 있다고 하겠다."

라고 하였다.

전 3장 傳三章

내가 묻기를,

"영탄음일(詠歎淫泆)과 관련하여 소주(小註)에서 인용한 〈악기(樂記)〉의 내용에 의거하면 '일(泆)'을 '액(液)'으로 썼어야 마땅하다.[33] 근세의 여러 선유도 많이 이렇게 보았지만 명백한 증거가 아직 있지 않고, 소주에서도 아무렇지 않게 '일'로 기록하였는데, 그 이유가 무엇인지 알지 못하겠다."

하니, 송능상이 말하기를,

33 영탄음일(詠歎淫泆)과……마땅하다 : 《대학장구》 전 3장 말미에 "이 두 절은 영탄하고 음일한 그 시의 의미가 깊고 함축적이니, 익숙하게 완미해야 마땅하다."라는 주희의 해설이 나오는데, 그 소주에 "《예기》 〈악기〉에 '영탄하고 음일한다.'라고 하였다."라고 하였다. 그런데 《예기》 〈악기〉에 공자가 악사(樂師)인 빈모가(賓牟賈)를 상대로 하여 주 무왕(周武王)을 주제로 한 무악(舞樂)인 〈대무(大武)〉에 대해 논하면서 "〈대무〉의 곡이 영탄하고 음액(淫液)하는 것은 무엇 때문인가?"라고 하였는데, 정현(鄭玄)의 주(注)와 공영달(孔穎達)의 소(疏)에 의하면, 영탄은 길게 늘여서 노래하는 것이고, 음액은 음이 끊어지지 않고 계속 가늘게 이어지는 것이라고 하였다.

"주자가 고문을 인용하면서 한 글자도 착란한 것이 일찍이 있지 않았으니, 무슨 까닭으로 여기에서만 정밀하게 살피지 않았겠으며, 강의(講義)와 주어(奏御)의 글에서 다시 한번 더 점검하지 않았겠는가. 대개 영가(詠歌)를 하고 차탄(嗟歎)을 한 그 시의 의미가 언사의 밖에 흘러넘친다는 말이니, 꼭 〈악기〉의 내용에 끌어다 붙여야만 옳게 되는 것은 아닐 것이다."

하였다.

전 5장 傳五章

내가 묻기를,

"'사람의 심은 신령하여 앎이 있지 않음이 없다.〔人心之靈 莫不有知〕'의 이 지(知) 자는 지각(知覺)의 전체(全體), 대용(大用)을 가리키고, '이미 알고 있는 이를 인한다.〔因其已知之理〕'의 이 지 자는 현재 알고 있는 것을 가리키니, 이 두 개의 '지' 자는 같지 않은 것 같다. 사계(沙溪)와 우옹(尤翁)이 모두 소주(小註)의 해석[34]을 잘못이라고 하였는데, 그들의 뜻도 혹시 이와 같은 것인가?"

하니, 송문흠이 말하기를,

"예전에 경문의 주에 나오는 '지는 식(識)과 같으니, 나의 지식을 궁극

34 소주(小註)의 해석 : "이지는 상문의 '인심지령막불유지'의 지이다.〔已知 卽上文人心之靈 莫不有知之知〕"라는 해석을 말한다. 《사계전서(沙溪全書)》 권11 〈경서변의(經書辨疑)〉 대학 전 5장 보망(補亡)과 《송자대전(宋子大全)》 권104 〈답김직경(答金直卿)〉, 〈답이군보(答李君輔)〉에 이 소주가 잘못되었다고 비판한 내용이 나온다.

에까지 미루어 나가는 것이다.'라는 등의 말을 읽을 적에 모두 '이미 알고 있는 이(理)를 인하여 더욱 궁구한다.'의 지로 간주하였는데, 혹시 내가 잘못 본 것이 아닌가. 그러나 지의 쓰임으로 말하면 능지능식(能知能識)을 그 묘용(妙用)으로 삼는 것이니, 그렇다면 대소, 체용을 가지고 말할 필요는 없을 것이다. 이는 마치 '이 빈틈의 안에 나아가서는 그 본체가 벌써 환히 밝아진 것이다.'라고 말한 것을 구분하여, 이것은 작은 명덕(明德)에 해당한다고 말할 수 없는 것과 같다고 하겠다. 지의 묘용은 같지 않은 것이 없는데, 글자만 보고 억지로 해석하는 탓으로 같지 않은 것처럼 보일 따름이다. 이에 대해서 어떻게 생각하는가?"

하기에, 내가 말하기를,

"《장구》에서 치지(致知)를 훈석할 때에는 간략하게 그 문의만 새겼을 뿐이고, 《혹문》에서 비로소 이에 대하여 본격적으로 말하였다. 《혹문》에서 '지는 심(心)[35]의 신명이니, 중리(衆理)를 묘하게 운용하며 만물을 주재하는 것이다."라고 말한 것은 지 자를 해석한 것이고, '그 안과 밖이 환히 밝아서 미진한 점이 없게 하지 못할 경우에는'이라고 말한 것은 치지의 공(功)을 설명한 것으로, 그 뜻이 명백하여 의심할 것이 없다. 지금 치지의 지를 현재의 지로 간주한다면 《혹문》의 이 단락은 아예 무시해 버릴 것인가? 대저 치(致)는 미루어서 극처에까지 나아가는 것〔推而極之〕이다. 지는 원래 이 극처에 있는 것인데 엄폐되어 미진한 점이 있기 때문에 학자가 이를 미루어 밝혀

35 심(心) : 대본에는 '人'으로 되어 있는데, 《사서혹문》 〈대학〉에 근거하여 '心'으로 바로잡아 번역하였다.

서 그 극처에까지 이르러야 하니, 이른바 '이미 알고 있는 것을 인한다.……' 한 것은 바로 '추이극지(推而極之)'의 공을 말한 것이다. 《중용》의 '치중화(致中和)'도 그 뜻이 정녕 이와 같으니, 이들 상호 간에서 이 점을 발명할 수가 있을 것이다. 보망장(補亡章)은 수미가 서로 호응하는 등 지극히 정제(整齊)되어 있어서 물을 담아도 새지 않을 정도이니, 바로 이 점에 분명히 착안해야 마땅할 것이다. '인심지령(人心之靈)'의 1구는 사람마다 각기 지각의 전체를 가지고 있음을 말한 것으로서 지 자를 해석한 것이고, '천하지물(天下之物)'의 1구는 물(物)마다 각기 소당연(所當然)의 법칙을 가지고 있음을 말한 것으로 물 자를 해석한 것이다. '유어리(惟於理)'에서 '유부진(有不盡)'까지는 물에 대해 미처 궁리하지 못하여 지에 엄폐됨이 있음을 말한 것이고, '막불인기이지(莫不因其已知)'에서 '이구지호기극(以求至乎其極)'까지는 상문을 이어받아 추치(推致 추이극지)와 궁지(窮至 철저히 궁리하는 것)의 뜻을 말한 것으로서 격치(格致)의 두 글자를 해석한 것이다.-'이지지리(已知之理)' 네 글자를 정말 자세히 완미하여 지와 이가 묘하게 합하는 곳을 보아야 할 것이다.- '중물지표리정추(衆物之表裏精粗)'는 위의 '천하지물'에 호응하여 재차 물 자를 해석한 것이고, '오심지전체대용(吾心之全體大用)'은 위의 '인심지령'에 호응하여 재차 지 자를 해석한 것이다. 또 '무부도(無不到)'는 물격(物格)의 격 자를 해석한 것이고, '무불명(無不明)'은 지지(知至)의 지(至) 자를 해석한 것이다. 이처럼 그 자의(字義)의 이취(理趣)와 시종(始終)의 위치가 털끝만큼도 착오가 없는데, 지금 '막불유지(莫不有知)'의 지를 전체의 지가 아니라고 한다면 하구(下句)와의 대우(對偶)가 정확하지 못하게 되고,-'막불유리(莫不有理)'를 전체가 아니라고 말할 수는 없다.- 또 하문의 '전체대용'과도 상응하지 않게 되어, '치지(致知)'의 지(知)와 '지지(知至)'의 지(知)가 판연히 다른 두 개의 뜻이 되고 말 것이니, 이것이 어찌 주자의 뜻이라고 하겠는가. '즉차공극(卽此空隙) 본체통연(本體洞然)'이라고 한 것은 이 선단(善端)이 발현하는 데에서 본체가 드러난다는 말이지, 이 심의 전체, 대용이 단지 이것일 뿐이라는 말은 아니다. 참으로 그 대소의 실상을 상세히 연구해 보지도 않고서 동(動)과 부동(不動)에 대하여 모두 같은 글자로 설명한다면 골륜탄조(鶻圇呑棗)[36]와 비슷하게 되지 않겠는가. 대저 이 편(篇)의 '치지'와 '지지'와 '막불유지' 등의 지 자는 모두 전체를 가리키고 오직 '인기이지(因其已知)'의 지만 현재의 지일 뿐인데, 사계와 우옹 두 분 선생은 치지의 지를 용으로 삼고 막불유지의 지를 체로 삼고 이지(已知)의 지를 치지의 지로 삼았으니, 나로서는 그 설이 과연 옳은 것인지 감히 알지 못할 점이 있다."

하였다.

송익흠이 묻기를,

"《혹문》의 '거세상함(巨細相涵)'은 무엇을 말하는 것인가?"

하기에, 내가 말하기를,

36 골륜탄조(鶻圇呑棗) : 새가 대추를 씹지 않고 그냥 삼키는 것처럼, 논리를 철저히 분석하여 충분히 소화하지 못한 채 그냥 대충 파악하여 애매모호하게 넘어가는 것을 말한다. 혼륜탄조(渾崙呑棗), 홀륜탄조(囫圇呑棗)라고도 한다. 《벽암록(碧巖錄)》 30칙(則) 〈진주나복(鎭州蘿蔔) 평창(評唱)〉에 "만약 그 말 속에 뭔가 있음을 아는 사람이라면 잘 씹어서 삼키겠지만, 뭔가 있음을 모르는 사람이라면 대추를 통째로 삼키는 것과 똑같을 것이다."라는 말이 나온다.

“거(巨)는 심(心)을 의미하고 세(細)는 이(理)를 의미하니, 심과 이가 상함(相涵)[37]한다는 말인데, 이는 상하의 어의를 살펴보면 알 수 있다.”

하였다.

송익흠이 묻기를,

“《혹문》에 ‘점진적으로 쌓아 나가는 공부를 멈추지 않고 나서, 이른바 활연관통하게 되는 그것은 또 견문과 사려가 미칠 수 있는 바가 아니다.〔旣不捨其積累之漸 而其所謂豁然貫通者 又非見聞思慮之可及也〕’라고 하였는데, 이 두 단락의 말은 상하의 호응이 명확하지 못한 것 같으니, 이에 대한 의견을 들어 보았으면 한다. 내 생각에는, ‘점진적으로 쌓아 나가는 공부를 멈추지 않는 것’은 위의 ‘그 작은 것을 간략히 하지 않는다.〔不略其小〕’와 ‘그 추한 것을 소홀히 하지 않는다.〔不忽其粗〕’의 두 구절에 호응하고, ‘활연관통하게 되는 그것은 또 견문과 사려가 미칠 수 있는 바가 아니다.’는 위의 ‘그 큰 것을 지극히 한다.〔極其大〕’와 ‘그 정한 것을 추구한다.〔究其精〕’의 두 구절에 상응하는 것으로 여겨진다. 대개 ‘박을 힘쓰다가〔旣不務博〕’에서부터 ‘광망에 휩쓸리지 않을 것이다.〔流於狂妄〕’까지의 두 단락을 보아도 위의 ‘자기에게 절실하면서〔切於己〕’에서부터 ‘문자의 공부도 무시하지 않는다.〔文字之功〕’까지의 두 단락에 상응하는 것 같기

37 상함(相涵) : 물에 잠겨서 흠뻑 젖는 것처럼 서로 분리되지 않고 융해되어 한 덩어리가 되는 것을 말한다. 여기서는 존심(存心) 궁리(窮理)의 공부를 오래 하면 심과 이가 둘이 아닌 하나로 융합된다는 뜻이다.

때문에, 이것 역시 같은 예(例)로 간주해서 보고 싶은데, 이 생각이 어떨는지 모르겠다."

하니, 송명흠이 말하기를,

"이 단락의 뜻을 알기 위해서는 정자의 구조설(九條說)[38]에서 대소정추(大小精粗) 등의 글자가 어디에서 왔는지를 연구해야만 서로 호응하는 것과 마무리한 것에 모두 낙착(落着)하는 바가 있을 것이다. 대개 기물사문(己物事文)[39]에서 이미 이(理)의 전체에 대해서 죄다 설명해 놓았으니, 정추대소(精粗大小)는 그 위에다 착종해 놓은 것일 뿐이다. 그래서 아래쪽에서 박약(博約)의 두 구절로 이 뜻을 종합적으로 결론을 짓고는, 그 말을 이어서 '점진적으로 쌓아 나가는 공부를 이와 같이 하고 나서 하루아침에 개오하는 바가 있게 되면 이른바 활연히 깨닫게 되는 그 묘한 경지는-이것도 정자의 설을 가리킨다.- 견문과 사려가 미칠 바가 아닌 점이 있다.'라고 말한 것이니, 대개 그 묘한 점을 극대화하여 말한 것이다. 지금 대(大) 자는 관통의 구절에 호응하고 정(精) 자는 견문의 구절에 호응한다고 하면, 대소정추의 본의를 잃을 뿐만이 아니라 문세와 어맥에도 원만하게 융화되지 못하는 점이 있을 듯싶다."

하였다. 이에 내가 말하기를,

38 정자의 구조설(九條說) : 정이(程頤)가 격물치지에 대하여 9조목으로 나누어 상세히 논한 것을 말하는데, 주희가 이 내용을 《대학혹문》에 인용하면서 "이 아홉 조목은 모두 격물치지와 관련하여 힘써야 할 곳과 그 차제의 공정을 말한 것이다."라고 하였다.

39 기물사문(己物事文) : 《대학혹문》의 '切於己 而不遺於物 本於行事之實 而不廢文字之功'의 내용을 말한다. 하문의 정추대소는 '極其大而不略其小 究其精而不忽其粗'에서 뽑은 것이고, 박약의 두 구절은 '旣不務博而陷於支離 亦不徑約而流於狂妄'을 말한다.

"이 설이 매우 좋긴 하지만 상세히 갖추지 못한 점이 있다. 대개 자기에게 절실한 것은 사단(四端), 정성(情性)과 같은 것들이고, 사물에 대해 빠뜨림이 없는 것은 천지, 초목과 같은 것들이고, 행사의 실제는 정성(定省), 온청(溫凊)과 같은 것들이고, 문자의 공부는 독서, 강명(講明)과 같은 것들인데, 이 네 가지 안에 들어 있는 대(大)한 것, 소(小)한 것과 정(精)한 것, 추(粗)한 것에 대하여 일제히 이회하여 혹시라도 빠뜨리는 때가 없게 해야 한다. 그것이 자기에게 절실하고 행사에 근본이 되는 까닭에 박(博)을 힘쓰다가 지리(支離)에 빠지지 않는 것이요, 사물에 대해 빠뜨림이 없고 문자를 무시하지 않는 까닭에 약(約)의 샛길을 찾다가 광망에 휩쓸리지도 않는 것이다. 대소정추에 대하여 일제히 이회하여 박과 약 양쪽 모두에 지극해지는 것은 물론 점진적으로 쌓아 나가는 평이하고 비근한 법정(法程)을 멈추지 않은 덕분이지만, 이른바 활연관통한다는 경지로 말하면 또 견문과 사려로 미칠 수 있는 바가 아니요, 지극히 높고 지극히 묘한 어떤 것이 여기에 존재하는 것이다. 이것이 바로 이 설이 정밀하고 은미한 것을 완전히 파악하고 넓고 큰 것을 끝까지 추구하여 천근한 것은 땅과 같고 심원한 것은 하늘과 같이 해서[40] 털끝만큼도

40 정밀하고……해서 : 《중용장구》 제27장에 "군자는 덕성을 존숭하고 학문을 연구한다. 넓고 큰 것을 끝까지 추구하면서 정밀하고 은미한 것을 완전히 파악하고, 높고 밝은 최고의 경지를 이루면서 중용의 길을 걷는다."라고 하였고, 《이정전서(二程全書)》 권25에 정이가 "성인의 말씀으로 말하면, 심원한 것은 하늘과 같고 천근한 것은 땅과 같으니, 심원한 그것은 미칠 수 없을 것 같기도 하지만, 천근한 그것은 그래도 행할 수가 있다. 양자는 '성인의 말씀은 심원함이 하늘과 같고, 현인의 말씀은 천근함이 땅과 같다.'라고 하였는데, 이는 잘못이다."라고 하였다.

갖춰지지 않은 것이 없게 한 소이이니, 이와 같이 해석하면 지극히 분명해질 것도 같다. 대개 활연관통이라고 하는 것은 단지 공부가 도저(到底)한 뒤에 자연히 이루어지는 공효로서 언어로 형용할 수 있는 것이 아닌데, 위의 글에서 사람들에게 하수(下手)할 곳을 가르쳐 주는 것을 논하는 대목에서 대뜸 이 말을 인용할 수 없는 점이 있기 때문에, 이 대목과 구별하여 아래에 내놓고 날렵하게 결론을 지음으로써 그 규모와 의론의 지극함을 보여 준 것일 뿐이니, '기소위(其所謂)'라는 세 글자를 보더라도 위의 글과 구별되는 것임을 알 수가 있다. 지금 만약 대(大)와 정(精)을 관통의 일이라고 한다면 문세가 격동하여 불안할 뿐만 아니라, 학자로 하여금 전적으로 추(粗)하고 소(小)한 것에만 마음을 쓰게 하여 '격물치지의 공부는 이것으로 끝난다.'라고 말하면서 정(精)하고 대(大)한 것은 측지(測知)할 수 없는 영역으로 팽개쳐 두게 할 것이니 어찌 될 일이겠는가."
하였다.

송문흠이 묻기를,
"《혹문》에 '귀신에 대해서는, 내가 그것이 유하고 현하다는 것을 안다.〔鬼神 吾知其幽且顯〕'라는 정자(程子)의 설이 있는데, 귀(鬼)는 유(幽)하고 신(神)은 현(顯)하다는 말인가?"
하기에, 내가 말하기를,
"살펴보건대 《대전(大全)》의 〈답오공제서(答吳公濟書)〉에 '귀신은 조화의 자취이고 이기(二氣 음양(陰陽))의 양능이니, 어두운 곳에서만 보이는 것이 아니다.[41]-어둠의 세계에 귀신이 있다고 한 것은 예악을 상대로 해서 말한 것이다.[42]-'라고 하였으니, 이에 의거하면 귀와 신을 나누어 소속시킬 필요는 없을 것 같다. 그러나 음양의 대분(大分)으로 말하면, 귀를 유(幽)에 소속시키고 신을 명(明)에 소속시켜도 뜻이 통하니, 요컨대 양쪽의 견해를 모두 감안하여 착종해서 보아야 할 것이다."

하였다.

전 6장 傳六章

내가 묻기를,

"자기(自欺)의 뜻과 관련하여 《어류》의 여러 설에 다른 점이 많다. 그중에서 이경자(李敬子)와 문답한 것[43]이 가장 정론일 것 같은데, 《장구》의 내용과 완전히 합치하지 않는 점이 있는 것 같으니, 그 구극(究極)의 변론을 상세히 들어 보고 싶다. 그리고 《혹문》의 해설은 《장구》와 차이가 없는 것인가?"

하니, 송익흠이 말하기를,

"주자가 자기를 해석하면서 누차 그 설을 변경하였다. 그런데 내

41 귀신은……아니다 : 《주자전서》 권51과 《회암집》 권43에 보인다. '귀신은 조화의 자취이고' 아래와 '바로 이기의 양능이니' 아래에 각각 "정이의 말이다."와 "장재(張載)의 말이다."라는 소주가 있다.

42 어둠의……것이다 : 대본에는 대자로 되어 있는데, 《주자전서》와 《회암집》에 근거하여 소자로 바로잡아 번역하였다. 《예기》 〈악기〉에 "밝은 세계에는 예악이 있고, 어두운 세계에는 귀신이 있다.〔明則有禮樂 幽則有鬼神〕"라는 말이 나온다.

43 이경자(李敬子)와 문답한 것 : 《대학》 성의장(誠意章)을 중심으로 주희가 문인인 이경자와 3일간에 걸쳐 문답한 것을 말하는데, 《주자어류》 권16에 그 내용이 있다. 경자는 이번(李燔)의 자이다.

생각에는 지금 전하는 《장구》가 그중에서 가장 진선(盡善)하다고 여겨지니, 이것이 필시 만년의 정론일 것이고, 그 밖에 《어류》나 《혹문》 등 여러 설은 모두 《장구》만 못하다고 여겨진다. 지금 《장구》에 의거하여 나름대로 전문(傳文)의 뜻을 살펴보건대 거기에서 '악취를 미워하는 것처럼 하고 호색을 좋아하는 것처럼 한다.〔如惡惡臭 如好好色〕'라고 한 두 구절은 본래 분수를 관점(寬占)하여[44] '힘써 악을 제거하고 선을 구해 얻는〔務去求得〕' 뜻도 그 안에 포괄하여 담고 있으므로, 뜻을 성실하게 하는 공부가 될 수 있는 것이다. 그렇지 않다면 호오는 정(情)인데 정이 성실하지 않은 것을 어떻게 억지로 성실하게 만들 수 있겠으며, 또 그렇게 하는 것이 어떻게 이른바 성의라는 것이 될 수 있겠는가. 그러므로 《장구》에서 자기를 훈석할 적에 '선을 좋아하고 악을 미워할 줄 안다.'라고 하지 않고 '선을 행하고 악을 제거할 줄 안다.'라고 하였으며, 무자기(毋自欺)를 훈석할 적에 '악취를 미워하는 것처럼 하고, 호색을 좋아하는 것처럼 한다.'라고만 하지 않고 다시 '힘써 결단하여 제거하고, 구하여 반드시 얻는다.'라고 하였으니, '선을 행하고 악을 제거하는 것'과 '힘써 제거하고 구하여 얻는 것'이 바로 이른바 '의(意)'라고 하는 것으로서 좌우하는 것이 자기에게 달려 있는 것이다. 전문의 본의를 분석해 드러냄으로써 사람들에게 착수할 곳을 알도록 해 준 것이 바로 여기에 있으니, 이것이 바꿀 수 없는 정훈(定訓)이 되는 소이라고 하겠다. 대개 악취를 미워하는 것처럼 하는데도 힘써 결단하여 제거하지 못하는

44 분수를 관점(寬占)하여 : 범위를 넓게 차지한다는 뜻으로, 다른 시각으로 해석할 수 있는 여지가 있다는 말이다.

경우는 없고, 호색을 좋아하는 것처럼 하는데도 구하여 반드시 얻지 못하는 경우는 없기 때문에, '이것을 자겸(自慊)이라고 이른다.'라고 한 것이다. 만약 좋아하기만 하고 미워하기만 할 뿐이라면 그것이 어떻게 쾌족(快足)하게 해 주는 도리가 되겠는가. 내 생각에는, 선생이 초년에 이 대목에 대해서 우연히 검토를 잘못한 나머지, 성의를 논할 적에 호오 두 글자만을 가지고 끝내려 했기 때문에 치지(致知)와 구별하려 했어도 자연히 그 경계를 침범하는 일을 면치 못하게 되지 않았나 싶다. 지(知)와 호오 사이에 어떤 분별도 없게 된 상황에서는 호오를 아는 것은 그저 호오일 따름이니, 호오가 진실하지 못하더라도 지가 지극하지 못한 것을 책망할 수 있을 뿐, 어떻게 그 의(意)를 책망할 수 있겠는가. 《어류》에 실린 이경자에게 답한 제1설과 그 이전의 여러 설은 모두 '어떻게 해 볼 수 없다고 포기하는 것'을 자기라고 하였는데, 이는 자기의 뿌리일 뿐이지 자기는 아니다. 이경자에게 답한 제2설에서 '불선을 용납하면서 자기가 옳다고 고집하여 말한다.'라고 말한 것은 남을 속이는 것에 가깝지 자기에 심절(甚切)한 것은 아니다. 스스로 불선인 줄 알면서도 그것을 용납하면 이것이 자기인 것이니, 어찌 자기가 옳다고 고집하여 말해야만 비로소 자기가 되는 것이겠는가. 그런데 그 제3설에서는 곧장 '불선을 용납하는 것〔容著不善〕'을 자기라고 하였으니, 참으로 직절(直截)하고 정당(停當)하다고 말할 수 있을 것도 같은데, 그러면서도 '힘써 악을 제거하고 선을 구하여 얻는' 뜻을 발휘한 것은 보지 못하겠기에, 《장구》가 진선한 것만은 못하다고 말한 것이다. 《혹문》이 전적으로 호오를 가지고 설명한 것도 《어류》의 여러 설과 다름이 없으니, 이것도 미처 개정하지 못한 것이라고 하겠다."

하였다. 이에 송명흠이 말하기를,

"지금 이렇게 자기의 본색과 주자의 정론을 논한 것은 모두 지극히 정절(精切)하여 《장구》의 뜻을 드러내 밝힌 공이 크다고 하겠다. 다만 정의(情意), 호오, 치지, 성의의 관계에 대해서는 조금쯤 치우쳐 응체됨이 없을 수 없을 것 같은 의심이 드니, 내가 이 문제와 관련하여 질문해 보고자 한다. 대저 정(情)은 천성의 고유함에서 발하는 것으로 그 용(用)은 절로 그렇게 되는 것이요, 의(意)는 인심의 유위(有爲 작위(作爲)가 있는 것)에서 발한 것으로 그 용은 경영하는 것이니, 이 정과 의 두 가지는 명색과 의상(意象)이 같지 않은 것이다.[45] 지금 같지 않다고 하는 측면에서 말해 본다면, 호오를 아는 것은 지(知)이고, 호오하는 것은 정이다. 그리고 이 호오하는 정을 인하여 좋아하고 싫어하는 것은 의이지 정이 아니니며,-주자도 '호색을 좋아하고 악취를 미워하는 것은 의이다.'라고 하였다.- 좋아하고 싫어하는 바의 그 일은 일〔事〕이지 의가 아니다. 오직 그 정은 날줄이 되고 의는 씨줄이 되어 서로 인의(因依)하는 것이지만,[46] 내가 위에서 한 말은 그 명색과 의상이 어떠한지 살펴본 것일 따름이요, 반드시 정이 앞에서 발하고 의가 뒤에서 따른다거나 정에 호오가 있고 의는 호오의 밖에서 행해진다는 것은 아니다. 그래서 주자가 성의를 논할 적에 호오라는 두 글자를 떼어 놓지 않은 것이니, 바로 이런 점을 융통성

45 대저……것이다 : 《역천집(櫟泉集)》 권12 〈옥류강록(玉溜講錄)〉에는 이 말 뒤에 "그러나 심과 성이 둘이면서 하나이고 보면, 정과 의의 두 용어 역시 서로 보완하는 의미로 사용할 수 있을 것이다."라는 말이 이어진다.

46 오직……것이지만 : 《역천집》 권12 〈옥류강록〉에는 이 말 뒤에 "한 생각이 일어날 적에, 정(情)과 의(意)는 서로 떠나지 않는다."라는 말이 이어진다.

있게 간파해야 할 것이다. 따라서 지금 '힘써 결단하여 제거하고, 구하여 반드시 얻는다.〔務決去求必得〕'라는 1구를 가지고 단안을 내리면서 호오의 여러 설을 죄다 무시한다면 과오를 범하는 것이 될 것이다.-대개 힘쓰고 구하려는 뜻은 뜻〔意〕인 것이고, 결단하여 제거하고 반드시 얻는 일은 일〔事〕인 것이다.- 그리고 성의의 공부를 논한 것에도 상량해야 할 점이 있다. 가령 명도(明道)가 사냥을 좋아한 것[47]으로 말하면, 물론 평일에 사냥을 싫어하는 그의 마음이 참으로 악취를 싫어하는 것처럼 되지 못했기 때문에 갑자기 그 상황을 만났을 적에 자신도 모르게 기뻐하는 마음이 일어난 것이긴 하다. 그렇긴 하지만 그런 가운데서도 미워할 줄 아는 것이 이미 구분(九分)의 수준에 이르렀기 때문에 바로 그 순간에 맹성(猛省)하여 분기(奮起)하면서 사냥은 십분 미워해야 한다는 사실을 곧장 깨달았으니, 사냥에 대한 이 의는 안으로부터 밖에 이르기까지 더 이상 털끝만큼도 미워하지 않는 요소가 뒤섞임이 없는 것이다. 이렇게 본다면 깨달은 것은 엄연히 지이고 당체(當體)가 성실한 것은 엄연히 의이니, 이런 점에서도 치지와 성의를 혼동해서 보면 안 될 것이다. 대개 치지를 하고 난 뒤에 의에

47 명도(明道)가……것 : 정호(程顥)의 모귀희렵(暮歸喜獵)의 고사를 말한다. 《심경부주(心經附註)》 권1 〈천선개과장(遷善改過章)〉에 "나는 나이 16, 7세 때에 사냥을 좋아하였다. 그러다가 얼마 뒤에 자신 있게 말하기를 '이제는 이 버릇이 없어졌다.'라고 하였더니, 주무숙이 이르기를 '어찌 말을 그렇게 쉽게 하는가. 그 마음이 밑에 숨어서 발하지 않을 뿐이니, 어느 날 싹터서 일어나면 다시 처음처럼 될 것이다.'라고 하였다. 그로부터 12년이 지난 뒤에 저녁에 돌아오다가 전야 사이에서 사냥하는 자를 보고는 나도 모르게 기뻐하는 마음이 일어났으니, 과연 아직도 그렇지 않다는 것을 그때 비로소 알았다."라고 하였다.

성실하지 못한 요소가 있다면 그 즉시로 엄밀히 해야 하는 공부에 미진한 점이 있음을 성찰하면 되니, 전적으로 지에 그 책임을 돌리면 안 되는 것이다. 그래서 《장구》에서는 모두 지 자를 먼저 말하는데, 지금의 경우도 지로부터 설명을 시작하고 나서 '무슨 일을 하든지 아는 것처럼 하지 못한다면 그것은 모두 자기(自欺)인 것'이라고 해설하고 있는 것이다. 자기라는 두 글자는 해석의 여지가 많아서 정미한 것이나 심대(甚大)한 것이나 모두 그 안에 포함되지만, 이른바 어떻게 해 볼 수 없다고 포기하는 것은 치지의 경계에 귀속된다고 할 것이다. 내 생각에는, 주자의 만년의 정론은 단지 이런 뜻일 뿐이고, 꼭 정의, 호오, 치지, 성의의 사이에 대단하게 의견을 바꾼 것은 아닐 듯싶은데, 어떻게 생각할는지 모르겠다."

하고, 송능상이 말하기를,

"시해(時偕 송익흠)의 논설이 《장구》의 취지를 깊이 얻었고 설명해 준 내용 역시 분명하고 정확하다. 그러나 《혹문》의 호오의 설에 대해서는 너무나도 재빠르게 단안을 내렸는데, 이는 전(傳)의 본문도 원래 호오 두 글자를 가지고 선을 행하고 악을 제거하는 뜻을 밝혔음을 전혀 살피지 못한 것이다. '악취를 미워하는 것처럼 하고, 호색을 좋아하는 것처럼 한다.'라고 말했고 보면, 반드시 선을 행해야 하고, 반드시 악을 제거해야 하는 그 뜻이 이 안에 포함되어 있기 때문에 《장구》에서 이런 뜻을 매우 상세히 유추하여 밝혀 놓은 것이다. 그런데 《혹문》의 경우는 《장구》에서 이미 밝혀 놓았기 때문에 그냥 거꾸로 자기의 뿌리가 되는 측면에서부터 점진적으로 확대하여 설명해 나간 것인데, 이것이 비록 곡절이 부족하여 친절하지 못한 면이 있는 것처럼 보이기도 하지만 사실은 서로 통할 수가 있으니, 회가

(晦可 송명흠)의 정정(訂正)이 어찌 없을 수 있겠는가. 그리고 이경자와 문답한 제3조에서 '불선을 용납하는 것이 자기이다.'라고 말한 것에 대해서는 아무래도 다시 상량해야 할 점이 있다. '어젯밤에 설명한 것이 미진하였다.'라고 말한 것은 용납하며 덮어서 가리는 것에 대한 전일의 설이 반드시 정당한 것은 아니라고 여겨서 그런 것 같다. '가령 선을 행할 적에 만약 조금이라도 불선의 요소가 있어서 스스로 속이게 될 때에는 곧장 그 뿌리를 잘라 없애 버려야 한다. 이것이 참으로 악취를 미워하는 것과 같이 한다는 것이니, 이렇게 해야만 비로소 제대로 되는 것이다.'라고 한 것은, '선을 행하고 악을 제거할 즈음에 털끝만큼이라도 성실하지 못한 점이 있으면 이것만으로도 바로 자기가 되는 만큼 그 즉시 뿌리를 잘라 버려야 제대로 된다.'라고 하는 의미이니, 어찌 꼭 다시 '덮어 가리고서 악을 행하는 것〔蓋庇爲之〕'을 기다린 뒤에야-용납〔容著〕의 뜻을 주자는 이 네 글자로 표현하였다.- 비로소 자기가 되는 것이겠는가. 이는 《장구》를 참조해 보면 자연히 알 수 있는 일이다."

하니, 송익흠이 말하기를,

"나의 의견도 어찌 감히 호오의 여러 설이 이치에 맞지 않는다고 생각하여 모조리 쓸어버리려고 하는 것이겠는가. 다만 호오의 여러 설을 보면, 모두 '어떻게 해 볼 수 없다고 포기하는 것'을 가지고 자기를 설명할 때의 소재로 삼다가 이경자와 문답한 이후에 와서 그 이전의 견해를 개정하였고 보면, 지금 다시 미진한 당초의 설을 고수하면서 개정한 주해가 진선한 것을 알지 못하면 안 되겠기에 그렇게 말한 것일 뿐이다. 대개 지와 호오는 전혀 층위가 없어서 호오를 알면 그것이 바로 호오인 것이니, 다시 선을 좋아하고 악을 미워하는 공(功)을 더해야만 제대로 호오를 하는 것이 아니다. 설령 호오를 하는 것이 실제로 완전함을 얻었다고 하더라도 여전히 치지의 극공(極功)에서 벗어나는 것이 아닌 만큼, 미워하는 것을 힘써 제거하고 좋아하는 것을 구하여 얻는 것은 그 공부가 원래 여기에 있는 것이니, 이것이 바로 성의라고 하는 것이다. 만약 호오만으로 성의의 해석을 끝내 버린다면, 이른바 성의라는 것이 치지의 그림자나 메아리에 지나지 않아서 착수할 수 있는 별도의 공부가 전혀 있지 않게 되니, 이것이 어찌 될 말이겠는가. 호오의 여러 설에 달리 해석할 여지가 있다고 하더라도, 달리 해석하여 치지와 혼동하기 쉽게 하기보다는, 두 가지를 따로 끄집어내어 각각 공부하게 하는 것이 낫지 않겠는가. 이것이 바로 내가 취사(取舍)하지 않을 수 없었던 이유이다. 그리고 사능(士能 송능상)이 《혹문》을 미진한 점이 없다고 한 것에 대해서 말해 본다면, 《혹문》에서 발명한 것은 모두 구주(舊註)의 '겉으로는 선을 행하지만 내면으로는 실제로 불선이 뒤섞인 것을 면하지 못하는 것이다.'[48]라는 뜻을 벗어나지 않은 것 같고, 이 주는 바로 이경자의 설에 의거한 것인 만큼, 스스로 생각하기에 주자가 보위(步位)를 옮겨서 개정한 것이라고 여겨지니, 그렇다면

48 겉으로는……것이다 : 이경자가 주희에게 "'이른바 그 뜻을 성실히 한다는 것은 스스로 속이지 않는 것이다.'의 주에서 '겉으로는 선을 행하지만 내면으로는 실제로 불선이 뒤섞인 것을 면하지 못하는 것이다.'라고 해설하셨습니다만, 제 생각으로는 '겉으로는 선을 행하지만 내면으로는 실제로 불선이 뒤섞인 것을 용납하는 것이다.'라고 고치고 싶은데, 어떻겠습니까? 대개 불선이 뒤섞인다고 하는 것은 알지 못하는 것이 아니라, 알기는 해도 이를 마음속에 용납하는 것이니, 이것을 일러 자기라고 해야 할 것입니다."라고 질문한 내용 중에서 발췌한 것이다. 《朱子語類 卷16 大學3》

지금 존재하는 《장구》와 혼동해서 보면 안 될 것 같다."

하였다.

전 7장 傳七章

내가 묻기를,

"유소(有所)[49]의 뜻에 대해서, 주자 이후에 여러 노선생이 계착(係著)[50]의 뜻으로 보지 않은 경우가 없었는데, 그 뒤에 김포음(金圃陰 김창집(金昌緝))에 이르러서 비로소 '유(有) 자를 꼭 병통으로 간주해서 볼 것이 없다. 경문의 뜻은 단지 분치(忿懥)가 있으면 그 바름을 얻지 못하기 쉽다는 말일 뿐이다. 《장구》와 《혹문》을 보아도 모두 계착의 뜻을 발견할 수 없다.……'라는 해석이 나왔다.-대체적인 의견이 이와 같다.- 여러분은 이를 어떻게 처리하고 있는가?"

하니, 송명흠이 말하기를,

"《장구》와 《혹문》을 보면 한마디도 계착의 뜻으로 분명히 해석한 것이 없다. 가령 유소라는 두 글자가 '계착'의 뜻을 담고 있다면 주자

49 유소(有所) : 《대학장구》 전(傳) 7장 정심장(正心章)에 나오는 "몸을 닦는 것은 마음을 바르게 함에 있다는 말의 뜻은 무엇인가? 마음이 분노하는 감정의 영향을 받으면 그 바름을 얻지 못하고, 두려워하는 감정의 영향을 받으면 그 바름을 얻지 못하고, 좋아하는 감정의 영향을 받으면 그 바름을 얻지 못하고, 걱정하는 감정의 영향을 받으면 그 바름을 얻지 못한다는 말이다.〔所謂修身在正其心者 心有所忿懥 則不得其正 有所恐懼 則不得其正 有所好樂 則不得其正 有所憂患 則不得其正〕"의 유소를 말한다.

50 계착(係著) : 얽매인다는 뜻으로, 여기서는 하나의 감정이 오래도록 사라지지 않고 마음속에 계속 머물러 정확한 판단을 흐리게 하는 것을 말한다. 유착(留著)이라고도 한다.

가 해석하면서 이처럼 모호하게 하지 않았을 것이 분명하다. 또 더군다나 전문(傳文)을 지은 자가 입언하는 체재를 보더라도, 당초에 어찌 이처럼 유심(幽深)하게 하였겠는가. 익숙히 완미하고 상세히 입증하면 포옹(圃翁)의 설이 믿음직한 것을 더욱 알 만하다. 다만 《어류》에 기록된 내용 모두가 꼭 잘못되었다고 할 수는 없으니, 어쩌면 주자 만년에 자기(自欺)의 설처럼 따로 정론(定論)이 있었는데도 문인이 미처 기록하지 못해서 그럴지도 모르겠다."

하고, 송문흠이 말하기를,

"의강(義剛)이 기록한 구주의 '제대로 마음을 보존하지 못하면 네 가지 감정이 일어났을 적에 거꾸로 그 마음을 동요시킨다.'라는 내용이 비록 금주(今註)와 같지 않다 하더라도, 그 사지(辭旨)를 상세히 완미해 보면 이것만으로도 벌써 계착의 뜻이 아님을 알 수 있는데, '네 가지 감정이 일어났을 적에는 곧 자리를 들썩이게 할 정도일 뿐이다.'와 같은 내용을 보노라면 더욱 분명하다는 것이 느껴진다. 그러나 이 장을 다룬 《어류》 중에서 무신년(1188)에서 을묘년(1195)까지 8년 동안 기록한 것은 모두 계착의 뜻으로 되어 있는데, 의강의 기록은 계축년(1193) 이후의 일을 말했고 보면, 몇 년에 해당하는지는 잘 모르겠지만 을묘년 이후에 개정한 것이 아닐까 하는 생각이 든다."

하였다.

송익흠이 묻기를,

"'욕이 발동하고 정이 우세해진다.〔欲動情勝〕'의 욕(欲)은 무슨 뜻으로 보아야 하는가?"

하기에, 내가 말하기를,

“〈악기〉의 ‘성지욕(性之欲)’과 장자의 ‘기지욕(氣之欲)’[51]의 욕으로 본 것이 아닌가 싶은데, 요컨대 정(情) 자와 같은 뜻이라고 하겠다.”

하였다.

송능상이 묻기를,

“8장의 결어(結語)와 9장의 시작 부분에 대해서, 권길창(權吉昌 권근(權近))이 말하기를 ‘경문의 결어[52]를 이어받아 본말과 후박을 나누어 말한 것이니, 경에서 「천자로부터……」 하였으므로 전에서 이를 이어받아 「이것을 일러 몸이 닦여지지 않으면……」 한 것이고, 경에서 「후하게 해야 할 것을 박하게 하고서……」 하였으므로 전에서 이를 이어받아 「나라를 다스리려면 반드시 먼저 집안을 가지런히 해야 한다.……」 한 것이다.’라고 하였는데, 이 말이 옳긴 하다. 그러나 전문(傳文)을 지은 자의 뜻이 꼭 간절하게 경문을 이어받으려고 힘썼다기보다는, 단지 공리(公理)와 정의(正義)에 따르다 보면 본래 이처럼 되는 것이기 때문에, 경문으로 보여 준 곳과 전문으로 해설한

51 악기의……기지욕(氣之欲) : 《예기》〈악기〉에 “사람이 태어나서 아직 고요한 상태에 있는 것은 하늘의 성이요, 외물에 접촉해서 작동하는 것은 성의 욕이다.”라는 말이 나오고, 장재(張載)의 《정몽(正蒙)》〈성명편(誠明篇)〉에 “담일(湛一)한 것이 기의 본이고, 공취(攻取)하는 것이 기의 욕이다.”라는 말이 나온다.

52 경문의 결어 : 《대학장구》 경 1장의 “천자로부터 서인에 이르기까지 하나같이 모두 수신을 근본으로 삼는다. 그 근본이 혼란하고서 말단이 다스려지는 경우는 없으며, 후하게 해야 할 것을 박하게 하고서 박하게 할 것에 후하게 하는 경우는 있지 않다.”라는 내용을 말한다.

곳이 우연히 일치하지 않을 수 없었던 것이다. 대개 수신은 명덕의 공(功)을 이루는 것이고 제가는 신민(新民)의 일이 시작되는 것이니, 수신하지 못하고서 제가를 잘하는 경우는 없고, 제가하지 못하고서 치국하려고 해도 안 된다. 이것이 바로 성경(聖經) 현전(賢傳)에서 반드시 모두 분석해 드러내며 거듭 언급해서 밝힌 소이라고 하겠다. 그런데 혹자는 말하기를 '여러 전문의 의례(義例)를 보면 원래 일정한 것이 없으니, 하나의 의례에 구애되어 한쪽으로만 보면 안 된다.'라고 하는데, 이에 대해서 어떻게 생각하는가."

하기에, 내가 말하기를,

"권근의 설이 《경서변의(經書辨疑)》에 수록되어 있는데, 너무 견강부회한 혐의가 있기에 매양 병통으로 여겨 왔다. 그런데 지금 자연히 암합한 것이라는 말을 듣고 보니, 기분이 매우 쾌활해짐을 느끼겠다."

하였다.

전 9장 傳九章

나는 말한다.

제치장(齊治章)은 전적으로 감화를 설명한 것이다. 그런데 사람들이 많이 《장구》의 "그 단서를 알아서 미루어 넓혀 나간다."라는 말을 잘못 보고서 "적자를 보호하듯이 한다."라는 1절을 '미루어 행하는〔推行〕' 일로 여기는데, 김인산(金仁山)[53]부터 이런 잘못을 면하지 못하였다.

지금 제1절 말미의 3구[54]를 살펴보건대 이는 가정하여 도리를 설한

53 김인산(金仁山) : 남송(南宋) 말 원(元) 초의 학자 김이상(金履祥)을 가리킨다.

것이니 "나 자신이 집안에서 행하면 교화(敎化)가 나라에 절로 이루어지는 것은 무엇 때문인가? 바로 국가가 임금을 섬기는 것은 효(孝)에서 시작하여 미루어 나가는 것에 불과하기 때문에-이것이 가정하여 설한 것이다.- 내가 집안에서 효를 행하면 사람들이 본받아서 이를 미루어 나가 임금을 섬기는 것이요,-이것이 언외의 뜻이다. 아래의 글도 모두 이와 같다.- 국가가 장관을 섬기는 것은 제(弟)에서 시작하여 미루어 나가는 것에 불과하기 때문에 내가 집안에서 제를 하면 사람들이 본받아서 이를 미루어 나가 장관을 섬기는 것이요, 국가가 대중을 부리는 것은 자(慈)에서 시작하여 미루어 나가는 것에 불과하기 때문에 내가 집안에서 자를 하면 사람들이 본받아서 이를 미루어 나가 대중을 부리는 것이다."라고 말하는 것과 같다.

'여보적자(如保赤子)' 역시 위의 "자는 대중을 부리는 것이다."라는 말을 이어받아 가정하여 도리를 설함으로써 위에서 행하면 아래에서 본받는 것이 그림자나 메아리보다 빠른 이유를 설명한 것이니 "나 자신이 집안에서 효와 제와 자를 하면 사람들이 본받아서 사군(事君), 사장(事長), 사중(使衆)하는 데에 미치는 것은 무엇 때문인가? 이른바 효제자(孝弟慈)라고 하는 것은 천리에 근원하고 인심에 뿌리를 둔 것으로서 외력에 말미암지 않고 억지로 행할 필요 없이 사람마다 똑같이 품수한 것이기 때문에, 나 자신이 위에서 먼저 창도하면 천하 사람들이

54 제1절 말미의 3구 : "효는 임금을 섬기는 것이요, 제는 장관을 섬기는 것이요, 자는 대중을 부리는 것이다.〔孝者所以事君也 弟者所以事長也 慈者所以使衆也〕"라는 내용을 말한다. 효는 부모에게 효순(孝順)하는 것이고, 제는 형장(兄長)을 경애(敬愛)하는 것이고, 자는 부모가 자녀를 사랑하는 것이다.

모두 그 고유의 선심을 흥기하여 각자 자기의 어버이에게 효하고 자기의 형에게 제하고 자기의 어린아이에게 자하는 것이니, 사군, 사장, 사중하는 데에 이르는 것은 단지 여기에서부터 미루어 넓혀 나가는 것일 뿐이다."라고 말하는 것과 같다.-'단서를 알아 미루어 넓혀 나간다.〔識端推廣〕'라는 말도 가정하여 설한 것이다.- 이것이 바로 위에서 제가를 이루기만 하면 교화가 곧 아래에서 이루어지는 소이이다.

《장구》의 '교화를 세우는 근본'이라는 말은 바로 효제자를 가리킨다. 이는 대개 입교(立教)의 근본은 효제자에 있는데, 효제자는 또 억지로 하는 것이 아니라는 말이니, '입교'라는 글자에 집착하여 이것을 위에 있는 자의 일로 여기면 안 될 것이다. 그리고 효제를 말하지 않은 것은 우선 사람들이 이해하기 쉬운 것을 가지고 설명한 것이니, 자만 말해도 그 안에 효제가 들어 있는 것이다.

《장구》만으로도 물론 그 해석이 이미 정밀하고 친절하다고 하겠지만, 《혹문》은 더욱 명백하여 음미할 여지가 있다. 그리고 《어류》의 경우는 우(寓)의 기록이 그중에서 가장 상세히 갖추어졌고, 그 밖에 개경(蓋卿)과 호영(胡泳)과 장조(壯祖)가 기록한 것들을 통해서도 모두 증명할 수가 있다. 사옹(沙翁 김장생(金長生))이 임은(林隱)의 설을 인용하여 《장구》와 《혹문》의 해석이 같지 않다고 하면서 "《혹문》은 단지 자의 단서만을 말하여 효제로 미루어 나갔다.……" 하였는데, 지금 《혹문》을 상고해 보아도 이런 내용이 없이 《장구》와 조금도 차이를 보이지 않으니,-《혹문》에서 "대중을 부리는 도리는 어린아이를 사랑하는 것에서부터 미루어 나가는 것에 불과하다."라고 말한 것은 《장구》의 '그 단서를 알아서 미루어 넓혀 나간다.'라는 뜻이다.- 내 생각에는 사옹이 우연히 검토를 잘못하지 않았나 싶다.

전 10장 傳十章

송능상이 묻기를,

"혈구(絜矩)라는 두 글자에 대해서 《장구》와 《혹문》에서는 분명히 혈(絜)의 뜻을 먼저 해석하고 구(矩)의 뜻을 뒤에 해석하였다. 그런데 선유가 대부분 이를 살피지 않고서 단지 《어록》의 '구는 심이다.〔矩者心也〕'[55]라는 한 단락을 보고서는 곧장 '곡척으로 재는 것〔絜之以矩〕'으로 인식하였는데, 이것은 주자가 일찍이 강덕공(江德功)의 말에 대해서 기롱했던 것이다. 그런데 《어류》의 인걸록(人傑錄)은 무슨 까닭에 다른 기록들과 다르게 되었는지 모르겠으니, 이 점이 의심스럽다."

하기에, 내가 말하기를,

"강서(江書 〈답강덕공서(答江德功書)〉)에서 이미 '사물을 구로 잰다.'라는 설을 분명히 배척하였고, 《장구》와 《혹문》에서 '고르게 되고 방정해진다.'라고 말한 것과 '방정하지 않음이 없다.'라고 말한 것을 보아도 구 자를 해석한 것이 강서와 완전히 부합해서 더 이상 의심할 것이 없다. 주자 이후의 제현 중에 그 누구도 《대전》을 읽지 않은 사람은 없을 터인데, 이에 대해서 모두 착오를 면치 못하는 것을 내가 매양 괴이하게 여기면서, 어쩌면 《어록》의 '구자심야(矩者心也)'라는 1구에 현혹된 나머지 다시 밝게 살피지 못해서 그런 것인지도 모르겠다고 생각하였다. 그런데 지금 사능(士能)이 명백하게 변

55 구(矩)는 심(心)이다 : 《주자어류》 권16 〈대학 3〉의 인걸록, 즉 만인걸(萬人傑)이 기록한 내용에 나온다.

파(辨破)하는 것을 듣고 보니 나의 뜻과 깊이 합치한다. 이는 《어류》의 영록(泳錄 호영(胡泳)의 기록)에서 '곡척을 사용하여 네모를 만드는 것과 같다.……'라고 한 한 단락을 보아도 자못 분명한 것 같고, 다른 곳에서도 구를 심(心)으로 해석한 것을 볼 수 없는데, 유독 만인걸이 기록한 것만 이와 같으니, 분명히 잘못 기록한 것이다.-〈답강덕공서〉에 "혈구는 사물을 헤아려 방정함을 얻는 것이니, 하문을 가지고 구하면 그 해답을 알 수 있다. 지금 '곡척으로 사물을 헤아리는 것이다.'라고 말하려면 구혈(矩絜)이라고 해야만 그 뜻대로 될 것이다."라고 하였고, 또 도(圖)도 있는데, 《대전》 44권 62판에 보인다. ○다시 살펴보건대 《대전》의 〈답주순필서(答周舜弼書)〉에 "혈구라는 두 글자의 문의는 대개 곡척으로 재어서 그 방정함을 취하는 것이다."라고 하였는데, 강서와 같지 않으니, 어쩌면 주자의 초년과 만년의 설에 차이가 있어서 그런 것인지 의아하게 여겨진다. 이 내용은 《대전》 제50권 54판에 보인다. ○뒤에는 〈답주순필서〉에서 "곡척으로 잰다."라고 한 설을 따랐는데, 그 내용이 대학의(大學義)에 보인다.-

송문흠이 묻기를,

"'피아간에 각각 분수와 소원을 얻게 한다.〔使彼我之間各得分願〕'[56] 라는 것은 상하 사방의 사람들을 가리켜서 피(彼)라고 한 것 같으니, 피아간에 장단과 광협을 각각 그 분수대로 얻는다는 의미일 것이다. 대개 하문에서 혈구의 뜻에 대하여 반복해서 해석한 뜻을 여기에서

56 피아간(彼我間)에……한다 : 《대학장구》 전(傳) 10장의 "이 때문에 군자는 반드시 그 같은 바를 인하여 미루어 남을 헤아려서 피아간에 각각 분수와 소원을 얻게 해야 한다. 이렇게 하면 상하와 사방이 고르게 되고 방정해져서 평천하가 될 것이다."라는 말에서 추출한 것이다.

훈석한 것이니, 단지 혈구의 양태를 형용한 것일 뿐이다. 혹자는 각득분원(各得分願)을 '백성들이 각자 살 곳을 얻게 하는'[57] 뜻으로 간주하는데, 장구에서 이런 것을 설명하지는 않은 것 같다. 이에 대해서 어떻게 생각하는가?"

하기에, 내가 말하기를,

"이 설명이 타당하다. 대개 '각각 분수와 소원을 얻는다.'라는 말은 주자가 제시한 세 단계의 설에 의거해야만 그 뜻을 알 수 있다. 인군을 예로 들어 말하면, 인군이 자기 위에 하나의 자리를 가설해 놓고는 '나의 위에 어떤 인군이 있어서 나를 불인하게 대한다면 나의 마음은 어떠할까?'라고 생각해 보고 나서, 이런 마음을 가지고 아랫사람들의 마음을 헤아리면서 감히 불인한 언행을 그들에게 가하지 않는다면 내가 윗사람에게 구하는 것과 아랫사람을 부리는 것에 있어서 장단과 광협이 하나같이 고르게 될 것이니, 이것이 바로 '각각 분수와 소원을 얻는다.'라고 하는 것이다. '피아지간(彼我之間)'을 단지 임금과 백성의 관계로만 국한한다면 하단의 설명이 불가능해질 것이니, 주자의 뜻이 아니다."

하였다.

내가 묻기를,

"이 편이 신민(新民)을 강(綱)으로 삼은 이상에는 평천하장(平天下

57 백성들이……하는 : 《맹자》 〈양혜왕 하(梁惠王下)〉의 "백성과 더불어 즐거움을 함께한다는 것은 음악을 좋아하는 마음을 미루어 인정을 행함으로써 백성들이 각자 살 곳을 얻게 하는 것이다."라는 말에서 추출한 것이다.

章)에서 바로 예악과 학교에 대한 내용을 배열해서 '백성을 새롭게 하는 도리'를 밝혀야 옳을 터인데, 이에 대해서는 한마디도 언급한 것이 없이 단지 인재 임용과 재물 사용의 측면에 나아가서 그 인애(仁愛)의 뜻을 미루어 말했을 뿐이니, 이른바 '천하에 명덕을 밝힌다.'라는 것과 조금도 서로 부합하지 않는다. 그리고 9장에서 감화의 일을 말한 것은 바로 2장의 이른바 '스스로 새로워지는 백성〔自新之民〕'[58]이 그 대상인데, 이른바 '고무하고 진작하는 뜻'에 대해서는 끝내 설파한 곳이 없으니, 경과 전의 강(綱)과 조(條)가 서로 어긋난다는 느낌이 짙게 든다. 지금 양명의 학설을 주장하는 자가 이를 문제 삼으면서 친(親) 자를 바꾸면 안 되는 증거로 내세운다면[59] 여러분은 이 주장을 어떻게 꺾을 것인가?"

하니, 송문흠이 말하기를,

"《대학》은 전적으로 심법만을 논하고 사위(事爲 정사(政事))의 측면은 언급하지 않았다. 그러므로 수신, 제가를 논하는 곳에서 단지

58 스스로 새로워지는 백성 : 《대학장구》 전 2장의 장구에서 주희가 〈강고(康誥)〉의 '작신민(作新民)'을 해석하면서 "북 치고 춤추게 하는 것을 작이라고 이르니, 스스로 새로워지는 백성을 진작함을 말한 것이다.〔鼓之舞之之謂作 言振起其自新之民也〕"라고 말한 것에서 추출한 것이다.

59 양명의……내세운다면 : 원래 고본(古本) 《대학》에는 재친민(在親民)으로 되어 있는 것을 정이가 재신민(在新民)으로 바꾸었고 주희 역시 육구연(陸九淵)과 달리 정이의 설을 그대로 따라 《대학장구》를 완성하였다. 그 뒤에 명나라의 양명 선생 왕수인(王守仁)이 《맹자》의 '친친인민(親親仁民)' 등의 설을 근거하여 고본의 친민이 타당하다는 설을 주장한 이래로 정주학과 양명학 사이에 치열한 논쟁이 전개되었는데, 녹문이 의문을 제기한 대로 평천하의 혈구장(絜矩章)에서 신민의 뜻을 제대로 밝히지 못하고 있다는 점도 논쟁의 주제 중의 하나로 대두되곤 하였다.

사부정(四不正)과 오벽(五辟)[60]의 병폐만을 설명했을 뿐, 위의(威儀), 동작(動作)이나 정륜(正倫), 독의(篤義) 등의 일은 하나도 설명하지 않았다. 이는 대개 이 마음을 보존하여 편벽되거나 방일하지 않게 하려는 것으로, 허다한 절목들이 자연히 성현의 법도에 의거하여 행해질 수 있기 때문이니, 치평장(治平章)의 대의도 원래 이와 같은 것이다. 대개 호오를 결정할 때에 자기 한 사람의 편벽된 감정에 내맡기는 것과 재리(財利)를 처리할 때에 자기 한 사람의 욕망이 내키는 대로 행하는 것이야말로 천고에 걸쳐 인상(人上 최고 통치자)이 된 자에 있어서 심술상의 큰 병통이다. 이런 마음을 제거하지 않으면 예악, 형정을 도무지 쓸 데가 없게 되겠지만, 참으로 이런 마음을 제대로 제거하고서 혈구의 도리를 구하기만 한다면 이런 조목들은 거행해서 조치하기만 하면 된다. 이것이 이른바 '먼저 임금의 잘못된 마음을 바로잡는다.'라고 하는 것인데, 맹자가 왕정을 논한 것을 보아도 하나하나가 모두 이와 같으니, 바로 성현이 서로 전한 심법이다. 만약 그런 것이 아니라고 한다면 재계하고 정결히 하며 성장을 하여 예(禮)가 아니면 동(動)하지 않는 것[61]이 자기 몸을 닦는 법칙이고, 동용하고 주선하매 예에 맞지 않음이 없는 것[62]이 명명

60 사부정(四不正)과 오벽(五辟) : 사부정은 《대학장구》 전 7장에 네 번 나오는 "그 바름을 얻지 못한다.〔不得其正〕"라는 말을 말하는데, 66쪽 주49 참조. 오벽은 《대학장구》 전 8장에 다섯 번 나오는 '편벽됨〔辟〕'이라는 말을 말하는데, 구체적으로는 수신에 방해가 되는 친애(親愛), 천오(賤惡), 외경(畏敬), 애긍(哀矜), 오타(敖惰)의 다섯 가지 감정을 말한다.

61 재계하고……것 : 《중용장구》 제20장에 나온다.

62 동용하고……것 : 《맹자》 〈진심 하(盡心下)〉에 "동용하고 주선함에 예에 맞는 것은 성덕이 지극한 것이다.〔動容周旋中禮者 盛德之至也〕"라고 하였다.

덕의 지선이며, 예악과 형정이 남을 다스리는 도구이고, 수래동화(綏來動和)하고 오변시옹(於變時雍)하는 것[63]이 신민의 지선임에도 불구하고, 수신 평치의 전(傳) 가운데에 한마디도 이에 대한 언급이 없는 것이야말로 어찌 대단한 결함이 되지 않겠는가. 대개 수제(修齊) 치평 등의 전(傳)으로 말하면, 각각 조목 중에서 그 심술의 병폐 가운데 가장 긴요한 곳을 거론하여 힘쓰는 방법을 가리켜 보여 준 것으로, 이것이 명덕을 밝히고 백성을 새롭게 하는 요체이니, 이를 밝히고 새롭게 하는 그 대의에 대해서는 각각 강령의 전에서 구해 보아야 할 것이다."

하였다.

병진년(1736, 영조12) 11월 정미일에 내가 옥화(玉華)에서 출발하여 송씨의 제현을 회천(懷川)에서 만났다. 그리고 10일 지난 병진일에 회가(晦可 송명흠(宋明欽)) 형과 함께 《대학》을 손에 들고 비래암(飛來庵)으로 올라갔는데, 며칠 지나서 사능이 대포(大圃)에서 여기로 왔고, 또 며칠이 지나서 시해(時偕 송익흠)와 사행(士行 송문흠) 형이 송촌(宋村 송씨네 마을)에서 왔다. 이때 회형(晦兄 송명흠)에게 배우는 네 명의 소년도 같이 왔는데, 구연(九淵) 원진(元進)이라는

63 수래동화(綏來動和)하고 오변시옹(於變時雍)하는 것 : 백성들이 성군의 덕에 크게 감화되어 온 누리에 화기가 감도는 것을 말한다. 수래동화는 《논어》 〈자장(子張)〉의 "편안하게 해 주매 사람들이 따라오고, 고무하매 사람들이 화기롭게 된다.〔綏之斯來動之斯和〕"라고 공자를 찬양한 자공의 말에서 나온 것이고, 오변시옹은 《서경》 〈요전(堯典)〉의 "백성들이 성군의 덕에 크게 감화된 나머지 온 누리에 화평한 기운이 감돌았다.〔黎民於變時雍〕"라는 말에서 나온 것이다.

자는 그의 종형의 아들이었고, 휘상(徽相) 경회(景晦)와 문연(文淵)이라는 자는 모두 그의 종중 사람이었으며, 정응(丁應)이라고 하는 자는 시해의 아들이었다. 소년들은 각각 자기들의 학업을 진행하도록 놔두고, 우리 다섯 사람은 모두 《대학》을 가지고 종사하였다.

금일의 모임은 원래 내가 경영(經營)해서 이루어진 것인데, 이렇게까지 원만하게 갖추어지리라고는 생각하지 못하였다. 독서하는 것도 각자 좋아하는 것을 따르지 않고 오로지 하나의 책을 골라 공부하면서 정신을 한데 모아 융해하고 화합하는 것이 마치 궁성(宮聲)과 상성(商聲)이 서로 응하여 울려 퍼지는 것과 같으니, 이 어찌 즐거운 일이 아니겠는가.

내가 맨 먼저 나서서 건의하여 말하기를 "독서는 원래 강하는 것을 귀하게 여긴다. 그런데 강하더라도 기록해 두지 않으면, 바로 장자가 말한 대로 '잊어버리면 막힌다.'[64]라는 격이 되고 말 것이니, 어찌 잊어버리지 않을 방도를 강구하지 않을 수 있겠는가."라고 하였다.

64 잊어버리면 막힌다 : 녹문이 장재(張載)의 "의리상에 의심스러운 점이 있으면 예전의 소견을 씻어 버려 새로운 생각이 움트게 해야 한다. 그리고 마음속으로 깨달아지는 점이 있으면 즉시 기록해 두어야 하니, 생각이 나지 않으면 도로 막힐 것이기 때문이다. 이와 함께 붕우의 도움을 얻는 것이 필요하니, 하루만 도움을 받아도 의사가 각별해질 것이다. 모름지기 날마다 이처럼 강론해야 하니, 오래되면 저절로 진전됨을 느낄 것이다."라는 말을 요약해서 인용한 것이다. 《張子全書 卷7 學大原下》《근사록》〈치지(致知)〉에도 나온다. 실제로 장재는 밤에 자리에 누워 있다가도 의리에 대해서 새로 깨달아지는 점이 있으면 바로 일어나서 붓으로 얼른 기록해 두곤 했다는데, 주희가 지은 〈횡거선생찬(橫渠先生贊)〉에 "정밀하게 사색하고 힘껏 실천하며, 묘하게 계합할 때마다 얼른 기록해 두었다네.〔精思力踐 妙契疾書〕"라는 구절이 《회암집》 권6 〈육선생화상찬(六先生畫像贊)〉에 나온다.

그리하여 작은 책자를 비치하고 주희, 장식(張栻), 여조겸(呂祖謙) 세 분 선생이 〈지언의의(知言疑義)〉에 대해서 토의했던 고사[65]에 의거하여 의심나는 점이 있으면 기록하고 터득한 점이 있으면 기록하되, 정밀하고 요약적으로 하는 것을 요구하지 않고 오직 상세하게 모든 내용을 수록하려고 애쓰면서, 서로 번갈아 질의응답을 하다 보니 어느새 하나의 거편(巨編)이 되었다.

하나의 편이 그런대로 완성되자마자 시해가 먼저 사정이 있어서 그만두고 돌아갔고, 나도 지금 떠나게 되었으며, 제현도 뒤를 이어 사방으로 나누어 흩어지고 말 것이다. 아, 우리들이 거하는 곳이 100여 리도 떨어져 있지 않은데, 한번 모임이 이루어지려면 매양 몇 년을 상의해야 하고, 모였다고 해도 오래 지속할 수가 없어서 1편의 문자를 깔끔하게 다듬는 일도 끝내지를 못하는 실정이다. 내년 봄에는 내가 또 가족을 죄다 이끌고 북쪽 지방으로 갈 예정이니, 앞으로 또 몇 년을 기다려야 이런 모임을 갖게 될지 모를 일이다. 거듭 개연한 심정이 들지 않을 수 있겠으며, 제현에게 당부하는 한마디 말을 잊을 수가 있겠는가.

대저 우리가 여기에 뜻을 둔 것이 오래되었는데도 아직까지 조금이라도 진보하는 것이 없는 것은, 구습을 답습하여 게을러빠진 채

65 주희……고사 : 주희가 호굉(胡宏)의 저술인 《지언(至言)》 중에서 의심나는 부분에 대하여 자신의 논평을 붙여서 〈지언의의〉라는 글을 지은 뒤에 장식, 여조겸과 서신으로 문답하며 토론한 것을 말한다. 《晦庵集 卷73 胡子知言疑義》《東萊集 別集 卷7 與朱侍講 元晦》《南軒集 卷20~21 答朱元晦秘書》 호굉은 호안국(胡安國)의 아들로, 장식의 스승이기도 한데, 장식이 스승의 학설이라고 하여 무조건 따르지 않고 공도(公道)에 입각해서 주희의 비평을 일부 수용한 것이 후대에 많은 사람들의 입에 오르내렸다.

뜻을 세우지 못하고 실행에 힘쓰지 않아서 그런 것이 아니겠는가. 만약 이런 식으로 계속 흘러가서 끝내 성취하는 것이 없게 된다면, 뒤에 이 편을 보는 자들이 기껏해야 시골 학구(學究 부유(腐儒))들의 진부한 이야기 정도로 치부하고 말 것이다. 그렇게 된다면 설사 일년 내내 모여서 독서한다고 하더라도 그저 수욕(羞辱)만 늘어날 것이니, 무슨 유익함이 있다고 하겠는가.

지금 멀리 헤어지는 마당에 내가 감히 '입지(立志) 역행(力行) 급급황황(汲汲皇皇)[66]'이라는 여덟 글자를 제현에게 절하고 바치노니, 제현도 모름지기 한마디씩 당부하는 말을 하여 서로 더불어 책려해야 할 것이다. 그리하여 격물치지, 성의정심의 도에 나아가되, 다시는 예전처럼 미루적거리지 말아서, 뒷날 다시 만날 때를 기다려 각자 당부한 말과 서로 부합하는지 따져 보아야 할 것이요, 만약 진보한 것이 없을 경우에는 더 이상 붕우의 도로 대우하지 않기로 한다면, 금일의 강(講)도 공언으로 돌아가지 않게 될 것이요, 기왕의 취산을 다시 깊이 개의할 것도 없을 것이다. 연소한 여러 벗들도 나이가 젊다고 하여 스스로 게을리하지 말고 우리에게서 경계할 점을 배워서 일찍부터 스스로 분발하기를 더욱 바라는 바이다.

병진년 12월 병진일에 임성주(任聖周)가 쓰다.

66 급급황황(汲汲皇皇) : 잠시도 쉴 틈 없이 열심히 의미 있는 일에 종사하는 모습을 형용한 것이다. 한(漢)나라 양웅(揚雄)이 지은 《법언(法言)》〈학행(學行)〉에 "요, 순, 우, 탕, 문왕, 무왕은 급급하였고, 공자는 황황하였다."라는 말이 나온다. 급급황황(汲汲遑遑)이라고도 한다.

녹문집

제18권

잡저 雜著

잡저 雜著

서연강의[1]

書筵講義

영조 26년 경오년(1750) 12월 무자일에 익위사 세마(翊衛司洗馬)에 제수되었고 병신일에 배명하였다.

신미년(1751, 영조27) 1월 임인일에 문학(文學) 이양천(李亮天), 사서(司書) 권기언(權基彦)과 함께 덕성합(德成閤)에서 소대(召對)할 적에 입시하였다. 세자가 전수음(前受音)[2]의 내용인-《서경》〈열명(說命)〉이다.- '선왕이 이루어 놓은 법을 살펴보시어〔監于先王成憲〕'에서 종편(終篇)까지 송(誦)하였다.-이 송은 '송독을 연습하는 것'이라고 한다.- 춘방(春坊)의 상번과 하번이 각각 문의(文義)를 진달하는 일을 마치자, 세자가 이르기를,

1 서연강의(書筵講義) : 녹문이 1751년 1월부터 1753년 8월까지 세자익위사(世子翊衛司)의 세마(洗馬)와 시직(侍直)의 신분으로 서연에 입시하여 강의한 내용을 적은 기록이다. 세자는 사도세자(思悼世子)이다.

2 전수음(前受音) : 전에 배운 음이라는 뜻으로, 왕이나 세자가 전일의 경연(經筵)이나 서연(書筵)에서 강관(講官)에게 음독(音讀)하는 법을 배운 것〔受音〕을 말한다. 당일에 수업받는 것은 신수음(新受音)이라고 한다.

"계방(桂坊)[3]이 처음 들어왔으니, 진달할 것이 있으면 진달하라." 하였다. 내가 기복(起伏)[4]하여 '옛날 선정인 보형은〔昔先正保衡〕'에서 '한 지아비라도 살 곳을 얻지 못하면 이르기를 「이는 나의 잘못이다.」 라고 하였다.〔一夫不獲則曰時予之辜〕'까지의 한 단락[5]을 거론하여 아뢰기를,

"이 단락이 지극히 좋습니다. 이윤(伊尹)이 필부의 신분으로 견묘(畎畝 민간)에 거하면서도 그 뜻이 오히려 이와 같았는데, 더군다나 인군은 숭고한 지위에 거하여 '온 누리를 한 집안으로 만들고 중국을 한 사람의 몸처럼 만드는 것〔四海爲一家 中國爲一人〕'[6]이 본분의 일이니, 이것을 뜻으로 삼지 않아서야 되겠습니까. 이 단락에 대해서 진서산(眞西山 진덕수(眞德秀))이 '학자는 입으로 이 말을 하루라도

3 계방(桂坊) : 세자익위사의 별칭이다. 세자시강원(世子侍講院)인 춘방(春坊)과 함께 보통 춘계방(春桂坊)으로 칭해진다. 여기서는 익위사의 관원인 녹문을 가리키는 말로 쓰였다.

4 기복(起伏) : 신하가 임금에게 기립했다가 다시 부복(俯伏)하는 것을 말한다. 부복하지 않고 그대로 기립해 있는 것은 평립(平立)이라고 하는데, 삼공(三公)은 평립을 하고 육경(六卿) 이하는 기복하는 것이 조정의 의례(儀禮)이다.

5 옛날……단락 : 《서경》 〈열명 하(說命下)〉에서 은 고종(殷高宗)이 부열(傅說)에게 "옛날 선정인 보형은 우리 선왕을 진작하며 이르기를 '내가 임금으로 하여금 요순과 같은 임금이 되게 하지 못한다면 마음속으로 부끄러워하며 시장에서 종아리를 맞는 듯이 여길 것이다.'라고 하였으며, 한 지아비라도 살 곳을 얻지 못하면 이르기를 '이는 나의 잘못이다.'라고 하였다."라고 말한 내용이다.

6 온……것 : 《예기》 〈예운(禮運)〉의 "성인이 천하를 한집안으로 만들고, 중국을 한 사람의 몸처럼 만들 수 있는 것은 의식적으로 그렇게 하려고 해서가 아니다. 반드시 사람의 마음을 알아서 옳은 방향으로 인도하고, 이롭고 해로운 것에 통달한 뒤에야 그렇게 할 수 있는 것이다."라는 말에서 발췌한 것이다.

외우지 않으면 안 될 것이요, 마음속에 이 생각을 하루라도 보존하지 않으면 안 될 것이다.'라고 말한 것이 음미할 만합니다.-소주에 보인다.- 학자도 이러한데, 하물며 인군이겠습니까. 바라건대 유념해 주소서."

하니, 세자가 이르기를,

"알았다."

하였다. 이양천이 《통감(通鑑)》을 펼쳐 놓고-《통감》은 소대에서 강독하는 것이고, 《상서尙書)》는 서연(書筵)에서 수업하는 것이다.- '상이 두려워하여 재상을 불러서 상의하자〔上懼召宰相謀之〕'에서 '위로하여 타일러 보냈다.〔慰諭而遣之〕'[7]까지 읽고, 권기언이 그 뒤를 이어 '마외역에 이르니〔至馬嵬驛〕'에서 '비로소 대오(隊伍)를 정돈하여 떠나갈 계책을 세웠다.〔始整部伍爲行計〕'[8]까지 읽자,-당 명황(唐明皇) 천보(天寶) 15년(756)이다.- 세자가 즉시 배운 대로 읽었다.-강할 때마다 문의를 춘방이 먼저 진달하고 계방이 이어서 진달하는 것이 바로 구례(舊例)이다. 그러므로 이 뒤로는 기록할 만한 것

7 상이……보냈다 : 명황(明皇)이 안녹산(安祿山)의 난을 피해 촉(蜀)으로 파천할 때의 사적(史蹟)인데, 명황이 가서한(哥舒翰)의 항복 소식을 듣고 두려워했다는 내용과, 초야의 노부(老父) 곽종근(郭從謹)의 충언을 듣고 명황이 자책하며 위로해 보냈다는 내용으로 되어 있다. 여기서 말하는 《통감》은 사마광(司馬光)이 편찬한 《자치통감(資治通鑑)》이 아니라 강지(江贄)의 《통감절요(通鑑節要)》이다. 명황은 당 현종(唐玄宗)의 별칭으로, 그의 시호(諡號)인 지도대성대명효황제(至道大聖大明孝皇帝)를 줄인 말이다.

8 마외역(馬嵬驛)에……세웠다 : 마외역에 이르렀을 때에 명황이 군사들의 분노를 가라앉히기 위해 고역사(高力士)를 시켜서 양 귀비(楊貴妃)를 불당(佛堂)으로 유인하여 죽이게 한 뒤에 그 시신을 진현례(陳玄禮) 등에게 보여 주자 그때서야 비로소 그들이 길 떠날 계책을 세웠다는 내용이다.

이외에는 모두 다시 기록하지 않고 곧장 '내가 아뢰기를〔臣曰〕'이라는 말로 연결하였다.- 내가 아뢰기를,

"명황이 초년에는 요숭(姚崇)과 송경(宋璟)을 재상으로 삼고 충량(忠良)한 인재들에게 자문을 구하여 좋은 말이 숨어 있지 않게 하였으므로, 개원(開元)의 정치가 정관(貞觀)의 융성함과 비등하였습니다. 그러다가 천보 이후로 교만한 마음이 한번 생겨 이임보(李林甫)[9] 만을 신임하며 언로를 막아 버려 하정(下情)이 상달될 길이 없게 되면서 점점 난망(亂亡)의 지경으로 빠져들었으니, 한 사람의 몸이 다른 두 사람처럼 판연히 나뉘고 말았습니다. 대개 국가의 치란은 전적으로 언로의 통색(通塞)에 달려 있는데, 언로의 통색은 또 재상의 충사(忠邪)에 달려 있고, 재상의 충사는 또 임금의 심술 사이의 호오가 어떠한지에 근본을 하니, 이는 실로 후세의 임금이 십분 감계해야 할 대목입니다."

하니, 세자가 이르기를,

"알았다."

하였다.

○ 계묘일에 소대에 입시하였다. '상이 장차 마외역을 출발하려 하자〔上將發馬嵬〕'에서 '숙과 담은 모두 태자의 아들이다.〔俶倓皆太子之子也〕'[10]까지 읽었다. 내가 기복하여 아뢰기를,

9 이임보(李林甫) : 당 현종 때의 권간(權姦)으로, 환관 및 비빈(妃嬪)과 결탁하여 황제의 동정을 살피면서 아첨하여 총애를 얻은 뒤에, 19년 동안이나 제멋대로 권세를 휘둘러 나중에 안녹산의 난이 일어나게 하는 빌미를 제공하였다.

10 상이……아들이다 : 태자가 처음에 현종을 따라서 서촉(西蜀)으로 함께 떠나려 하였으나, 부로(父老)들의 간청과 숙(俶)과 담(倓)의 건의를 듣고 뒤에 머물러 있었는

"당시에 만약 명황의 명이 없었다면, 태자는 함께 떠나는 것과 뒤에 머물러 있는 것 중에서 어떻게 해야 옳았겠습니까?"

하니, 답하기를,

"아직 깊이 생각해 보지 못하였다. 설명해 보라."

하였다. 이에 내가 아뢰기를,

"효에는 대소와 본말이 있으니, 정성온청(定省溫凊)[11]은 소이고 말이며, 토적(討賊)하고 흥복(興復)하는 것은 대이고 본입니다. 설사 유망(流亡)하여 옮겨 다니는 와중에서 그런 명을 내릴 틈이 없었다고 하더라도, 태자의 도리로 보아 어찌 사소한 의절(儀節)에 구애된 나머지 그 대계(大計)를 망각해서야 되겠습니까. 선정신인 이이(李珥)의 말 중에 '준수해야 해서 준수하는 것도 물론 계술이지만, 변통해야 해서 변통하는 것도 계술이다.〔當遵守而遵守 固繼述也 當變通而變通 亦繼述也〕'[12]라는 내용이 있습니다."

데, 현종이 그 사정을 들어서 알고는 태자에게 그대로 머물러 중원을 회복하도록 명했다는 내용이다. 그때 담이 충언한 내용 중에 "동쪽으로 역적을 토벌하여 장안과 낙양의 두 서울을 수복하고 사해를 평정하여 지존을 영접하는 것이 어찌 효도 중에 큰 것이 아니겠습니까. 하필 구구하게 아녀자처럼 미련을 두어 온청의 작은 효도만 할 것이 있겠습니까."라는 말이 있다. 《通鑑節要 卷42 唐紀》

11 정성온청(定省溫凊) : 《예기》 〈곡례 상(曲禮上)〉에 나오는 말로, 평소에 어버이를 정성껏 모시는 것을 말한다.

12 준수(遵守)해야……계술(繼述)이다 : 진덕수의 말을 이이가 인용해서 말한 것으로, 《성학집요(聖學輯要)》 〈성현도통(聖賢道統)〉에 실려 있으며, 소차(疏箚)를 올릴 때에도 이 말을 즐겨 인용하곤 하였다. 대본과 달리 《성학집요》에는 '遵守'의 '遵'이 '持'로 되어 있는데, 세자의 이해를 돕기 위하여 녹문이 일부러 문자를 바꾸어 진달한 듯하여 대본대로 번역하였다.

하니, 세자가 이르기를,

"알았다."

하였다. 책을 일단 덮고 나서 이양천이 아뢰기를,

"이 계방은 바로 경학을 전공한 선비이니, 문의 이외에 학문을 하는 공부에 대해서 특별히 진달하게 하는 것이 어떻겠습니까?"

하니, 세자가 이르기를,

"진달하라."

하였다. 내가 기복하여 아뢰기를,

"초학이 입문하는 곳은 '뜻을 세우는 것〔立志〕'보다 우선하는 것이 없습니다. 뜻을 세운 뒤에야 격물치지, 성의정심의 공이 비로소 펼쳐질 수 있는 것이니, 뜻이 세워져 있지 않으면 성현의 허다한 설화가 모두 귀착할 곳이 없게 됩니다. 작일에 진달한 이윤의 말과 같은 것이 바로 입지의 일에 해당합니다.-진달한 대의를 정리하면 이와 같다.-"

하고, 또 이어서 아뢰기를,

"입지에는 여러 가지가 있습니다. 학자를 대상으로 말하면, 탈연(脫然 초연(超然))히 성인이 되겠다고 스스로 기대하는 자도 있고, 글을 읽고 몸을 단속하여 뚜렷한 과우(過尤)가 없게 하려는 자도 있으며 문장을 지으려고 원하는 자도 있습니다. 인군을 대상으로 말하면 당우(唐虞)의 삼대를 회복하겠다고 스스로 기대하는 자도 있고, 한나라나 당나라의 중주(中主 중간 수준의 임금) 정도로 스스로 기대하는 자도 있는데, 저하는 어디에다 뜻을 두고 계십니까?"

하니, 세자가 이르기를,

"아직 점검해 보지 못하였다."

하였다. 이양천이 아뢰기를,

"이는 점검해야만 아는 것이 아닙니다. 삼가 생각건대 저하께서는 처음부터 분명히 뜻을 세운 곳이 없으신 듯합니다."

하니, 답하기를,

"요순이 좋다는 것이야 누가 모르겠느냐마는, 무턱대고 요순을 담당할 수는 없기 때문에 그렇게 말한 것이다."

하였다. 내가 아뢰기를,

"입지와 공부의 조예는 같지 않습니다. 지금 나의 공부가 이미 요순의 지위에 도달했다고 말한다면 물론 잘못이라고 하겠습니다만, 뜻을 세우는 것으로 말하면 단지 뜻하는 것일 뿐이니 비록 요순을 담당한다고 하더라도 안 될 것이 뭐가 있겠습니까. 대개 높고 크게 세우지 않으면 안 되는 것이 뜻입니다. 그래서 정자가 '비유하자면 9층의 누대를 만들 적에 토대를 크게 쌓아야만 제대로 되는 것과 같다.'[13]라고 말한 것이고, 염계(濂溪)가 '이윤이 뜻한 바를 뜻하고, 안연(顔淵)이 배운 바를 배워야 한다.'[14]라고 말한 것입니다. 안연의 학문에는 허다한 공부가 있으니 물론 차곡차곡 쌓아 나가야 하겠지만, 이윤의 뜻이야 그렇게 마음을 세우기만 하면 되는 것이니 주저하거나

13 비유하자면……같다 : 《근사록집해(近思錄集解)》 권2 〈위학(爲學)〉에 "모름지기 마음을 크게 하여 활짝 열리게 해야 하니, 비유하자면 9층의 누대를 만들 적에 토대를 크게 쌓아야만 제대로 되는 것과 같다.〔須是大其心使開闊 譬如爲九層之臺 須大做脚須得〕"라는 정호(程顥)의 말이 있다. 여기에서 수득(須得)은 시득(始得)의 잘못으로, 녹문이 바로잡아 인용하였다.

14 이윤이……한다 : 《근사록집해》 권2 〈위학〉에 "이윤이 뜻한 바를 뜻하고, 안자가 배운 바를 배워야 하니, 이보다 나으면 성인이 될 것이고, 같으면 현인이 될 것이고, 미치지 못하더라도 아름다운 이름을 잃지 않을 것이다."라는 염계 주돈이(周敦頤)의 말이 있다.

위축될 성격의 것이 아닙니다.”

하니, 권기언이 아뢰기를,

“계방이 안연의 학문을 가지고 진달하였습니다만, 지금 《상서》를 강하고 있으니, 신은 정일집중(精一執中)[15]을 가지고 우러러 진달할까 합니다. 성학의 공부는 십육언(十六言)을 벗어나지 않으니, 뜻을 세운 뒤에 이에 의거하여 공부해 나가면 저절로 요순의 지위에 이를 수 있습니다.”

하기에, 내가 아뢰기를,

“안자가 공부한 것은 바로 극기복례와 박문약례로, 이른바 유정유일(惟精惟一)이라는 것과 똑같은 공부일 뿐입니다.”

하였다. 이어서 아뢰기를,

“입지가 실로 학문하는 최초의 출발지이지만, 이른바 뜻이라는 것은 강제해서 세워지게 할 수 있는 것이 아닙니다. 오직 '사람은 모두 요순이 될 수 있다.〔人皆可以爲堯舜〕'[16]라는 이치에 대하여 명백하게 융회하면 자연히 그만두려 해도 그만둘 수 없어서, 뜻을 세우려고 기필하지 않아도 뜻이 저절로 세워지는 것입니다. 정자가 말하기를 '성이 선함을 알고 충신을 근본으로 삼는다면 이것이 먼저 그 큰 것을 확립하는 것이다.〔知性善 以忠信爲本 此先立乎其大者〕'[17]라고

15 정일집중(精一執中) : 《서경》 〈대우모(大禹謨)〉의 “인심은 위태하고 도심은 은미하니, 오직 정밀하고 한결같이 하여 진실로 그 중도를 잡아야 한다.〔人心惟危 道心惟微 惟精惟一 允執厥中〕”라는 16자를 압축한 말인데, 주희 등 송유(宋儒)가 이것을 십육자심전(十六字心傳)으로 강조하며 유가의 도통으로 삼은 뒤로부터, 수신과 치국의 원리로 숭상되어 왔다.

16 사람은……있다 : 《맹자》 〈고자 하(告子下)〉에 나온다.

하였는데, 성(性)이 선한 이치에 대해서는 《맹자》에 갖추 설명되어 있으니, 삼가 원하건대 저하께서는 먼저 이에 대해서 깊이 더 궁구해 보소서. 그리하여 확실하게 요순의 지위에 반드시 이를 수 있다는 것을 아신다면 뜻이 세워지지 않을 걱정이 없을 것입니다. 조금 전에 삼가 예교(睿教)를 듣건대 깊이 스스로 겸억하셨는데, 겸억하는 것이 물론 미덕이긴 합니다만, 너무 지나치면 오히려 진취에 해가 됩니다. 옛날에 송 신종(宋神宗)이 '이것은 요순의 일이니, 내가 어떻게 감히 담당하겠는가.'라고 하자, 명도(明道 정호(程顥))가 정색하며 말하기를 '폐하의 이 말씀은 종사의 복이 아닙니다.〔陛下此言 非宗社之福也〕'라고 하였는데,[18] 선정신 이이가 한 문제(漢文帝)를 자기(自棄)한 임금이라고 비판한 것[19]도 이 뜻과 같습니다."

하니, 이양천이 아뢰기를,

"계방이 진달한 '먼저 그 큰 것을 확립해야 한다.……'라고 한 말이 매우 좋습니다."

하였다.

17 성(性)이……것이다 : 정호의 말인데, 《근사록집해》 권2 〈위학〉에 실려 있다. 여기에서 큰 것은 마음을 가리킨다. 《맹자》 〈고자 상(告子上)〉에 "먼저 큰 것을 확립해 놓으면 작은 것에 의해서 뺏기는 일이 없을 것이니, 이렇게 하면 바로 대인이 되는 것이다."라는 말이 나온다. 작은 것은 이목의 욕구를 가리킨다.

18 옛날에……하였는데 : 《성학집요》 〈수기(修己)〉에 나온다.

19 한……것 : 《율곡전서(栗谷全書)》 권50 〈동호문답(東湖問答)〉과 《석담일기(石潭日記)》 권상(卷上) 융경(隆慶) 3년 기사(己巳)에 "문제는 자질이 훌륭한 임금입니다. 따라서 한나라의 도가 전성할 때를 당하여 고도(古道)를 회복할 수 있음에도 불구하고, 지취가 높지 못하여 패도(霸道)를 섞어서 행하는 것으로 마쳤기 때문에, 신이 자포자기했다고 비판한 것입니다."라고 하였다.

○ 갑진일에 보덕(輔德) 정실(鄭宲), 사서 권기언과 함께 서연에 입시하였다. 세자가 전수음의 내용인 '선왕이 이루어 놓은 법을 살펴보시어〔監于先王〕'에서 종편까지 암송하였다. 정실이 기복하여 진달하기를,

"통(通)[20]입니다."

하고, 이어서 〈고종융일(高宗肜日)〉을 종편까지 읽으니, 세자가 배운 대로 읽었다. 내가 아뢰기를,

"융(肜)은 제사 지낸 다음 날에 다시 행하는 제사의 이름인데, 그 제사를 지낼 때에는 팽(祊)이 있는 곳에서 행하였으니, 팽은 문의 측면을 그렇게 말합니다. 옛날 궁실의 제도를 보면, 문의 안과 밖의 동쪽과 서쪽에 모두 옥(屋)이 있었으니, 이것이 이른바 숙(塾)이라는 것으로, 팽이라고 말하기도 하였습니다. 옛사람이 제사 지내는 예는 지극히 주도면밀해서 정제(正祭)를 마친 뒤에도 다시 시동씨(尸童氏)를 영접하여 팽에서 제사를 지냈는데, 팽의 제사에도 두 가지가 있었습니다. 하나는 정제를 지낸 그날에 문 안쪽의 팽에서 제사 지내는 것이니, 《시경》의 〈초자(楚茨)〉에서 '축관(祝官)이 팽에서 제사를 지내니, 제사 지내는 일이 매우 갖추어졌네.'라고 말한 것이 그것이고, 다른 하나는 정제를 지낸 다음 날 문 바깥쪽의 팽에서 제사 지내는 것이니, 〈교특생(郊特牲)〉에서 '직제(直祭)에서는 신주에 축사를 고하고, 색제(索祭)에서는 팽에서 축사를 고한다.'[21]라고 말한 것이 그것

20 통(通) : 강서(講書) 시험의 성적을 매기는 등급 중의 하나로, '우수'에 해당한다.

21 직제(直祭)에서는……고한다 : 직제는 신주가 있는 묘 안에서 축관이 신주에 직접 축사를 고하는 것으로 정제를 말하고, 색제는 신령을 찾아서 제사 지낸다는 뜻으로, 정제를 지낸 다음에 다시 묘의 문 주위 등 신령이 있음직한 곳에 시동씨를 영접하여 간접적으로 신령에게 제사 지내는 것을 말한다.

입니다. 제사를 지내는 의미로 말하면 '신령이 어디에 머물고 있는지 모르기 때문에 저기냐 여기냐, 혹은 사람에게서 멀리 떨어진 곳이냐 하고 널리 찾아 부르는 것'입니다."

하였다.

○ 을사일에 서연에 입시하였다. '서백이 여나라를 이겼다.〔西伯戡黎〕'에서 종편까지 읽었다. 내가 아뢰기를,

"이 '천자(天子)'[22]는 상편의 '천윤(天胤)'[23]과 그 해석이 같은데, 특별히 천자라고 불러서 감동하게 한 것이 지극히 좋습니다. 대저 모든 사람들은 우리의 형제요, 만물은 우리의 벗인 것이니, 천하의 노쇠하고 병에 걸린 자들과 환과고독은 모두 우리의 형제 중에서 곤고함에 시달리는데도 하소연할 곳이 없는 자들[24]이라고 할 수 있습니다. 인군은 하늘을 대신하여 만물을 다스리는 자이니만큼, 반드시 친한 이를 친하게 대하고 나서 다른 사람들을 인자하게 대하며 사람들을 인자하게 대하고 나서 다른 살아 있는 것들을 아껴 주어[25] 만물로 하여금 각각 제자리를 얻게 한 뒤에야 비로소 하늘의 종자(宗子)라고 말할 수 있는 것입니다. 이를 비유하자면, 인가의 장자가 그 형제

22 천자(天子) : 조이(祖伊)가 주왕(紂王)을 호칭한 말인데, 그가 주왕에게 "하늘의 아들이시여, 하늘이 이미 우리 은나라의 명을 끊었으므로, 격인과 원귀가 감히 길함을 알려 주지 못하게 되었습니다.〔天子 天旣訖我殷命 格人元龜 罔敢知吉〕"라고 한 말에서 발췌한 것이다.

23 천윤(天胤) : 《서경》 〈고종융일〉의 "왕은 백성을 공경하는 일을 맡으셨으니, 하늘의 후사 아님이 없다.〔王司敬民 罔非天胤〕"라는 말에서 발췌한 것이다.

24 모든……자들 : 녹문이 장재의 〈서명〉에서 발췌하여 인용한 말이다.

25 친한……주어 : 《맹자》 〈진심 상(盡心上)〉에 나오는 말이다.

와 우애하고 그 집안사람에게 마땅하게 해야만 비로소 '부친의 일을 주관한다.〔幹父之蠱〕'[26]라고 말할 수 있으니, 아들이 되어서 부친의 일을 주관하지 못한다면 사람의 아들〔人子〕이 되지 못하는 것과 같습니다. 마찬가지로 임금이 되어서 인민애물(仁民愛物)을 제대로 하지 못하여 만물이 제자리를 잃게 한다면 하늘의 아들〔天子〕이 되지 못하는 것이니, 이 천자라는 두 글자야말로 그지없이 경척(警惕)해야 할 곳입니다."

하니, 세자가 이르기를,

"알았다."

하였다. 이에 내가 아뢰기를,

"원귀(元龜)야 물론 길(吉)함을 알려 줄 수 있겠지만, 지금 격인(格人)도 길함을 알려 줄 수 있다면서 원귀와 병칭하였으니, 이것이 이른바 '지극히 참된 자의 특성은 앞으로의 일을 미리 알 수 있는 것이어서〔至誠之道 可以前知〕'[27] '귀신과 그 길흉을 합한다.〔與鬼神合其吉凶〕'[28]라고 하는 것입니다. 그러나 앞으로의 일을 미리 아는

26 부친의 일을 주관한다 : 《주역》 〈고괘(蠱卦) 초육(初六)〉의 "부친의 일을 주관하는 상이다. 그런 아들이 있으면 부친에게 허물이 없으리라.〔幹父之蠱 有子 考无咎〕"라는 말을 인용한 것이다.

27 지극히……것이어서 : 《중용장구》 제24장에 "지극히 참된 자의 특성은 앞으로의 일을 미리 알 수 있는 것이다.……화와 복이 장차 이르려 할 때에 좋아질 것을 반드시 미리 알고 좋지 못할 것을 반드시 미리 알게 된다. 그러므로 지극히 참되면 귀신과 같이 되는 것이다."라는 말이 나온다.

28 귀신과……합한다 : 대인(大人)이 사전에 예측한 것을 나중에 확인하면 귀신처럼 완전히 들어맞는다는 뜻인데, 《주역》 〈건괘(乾卦) 문언(文言)〉의 말을 인용한 것이다.

방법으로 말하면, 그것이 비록 신통한 것같이 보일지라도 사실은 다른 술법이 있는 것이 아니라, 앞서 나타난 일을 가지고 추리하여 아는 것일 뿐인데, 이에 대해서 시험 삼아 전대에 이미 징험된 자취를 가지고 살펴보도록 하겠습니다. 예컨대 서한(西漢)이 나라를 세울 때에는 인후하였다가, 중엽 이후로 외척을 중용하여 점점 왕망(王莽)의 난을 초래하게 되었는데, 외척을 중용한 것을 관찰하면 반드시 난을 초래하리라는 것을 알 수 있고, 나라를 세울 때의 인후한 것을 관찰하면 비록 난을 초래하더라도 멸망에 이르지는 않으리라는 것을 알 수 있습니다. 또 예컨대 동한(東漢)의 광무(光武)가 명절(名節)을 숭상하고 대각(臺閣)을 중시하여 사기(士氣)가 왕성한 것이 서한을 훨씬 능가하였는데, 후세에 미쳐서는 환관과 외척이 권력을 장악하여 점점 폐해가 고질화되더니 당고(黨錮)의 화(禍)[29]를 빚어내며 멸망하기에 이르렀습니다. 그러나 주자의 설에 의하면, 조조(曹操)가 한정(漢鼎)[30]의 곁에서 배회하면서도 감히 무턱대고 그 솥을 옮기지 못한 것은 그래도 당고의 제현의 공이라고 할 수 있습니다. 대개 사기가 크게 진작되고 명의(名義)가 평소에 명확했기 때문에 비록 조조와 같은 흉역이라 할지라도 두려워하며 꺼리는

29 당고(黨錮)의 화(禍) : 후한 영제(後漢靈帝) 때에 환관들의 전횡을 막기 위해 진번(陳蕃)과 이응(李膺) 등이 대장군 두무(竇武)와 함께 환관을 모살(謀殺)하려다가 오히려 실패한 나머지 진번과 이응 등 100여 인이 피살을 당한 뒤를 이어 계속해서 사형과 유배를 당하고 수금된 자가 700여 인에 이르렀던 사건을 말한다. 《後漢書 卷67 黨錮列傳》

30 한정(漢鼎) : 구정(九鼎)과 같은 한나라의 중기(重器)라는 뜻으로, 한나라의 사직을 의미한다.

바가 있었기 때문입니다. 동한이 망한 것은 외척과 환시(宦寺)가 해를 끼쳤기 때문이지만, 그래도 빨리 망하지 않았던 것은 광무가 명절을 숭상하고 대각을 중시한 효과이니, 이것이 바로 '앞서 나타난 일'이라고 하는 것입니다. 여기에서 추리하면 장래의 일을 알 수가 있으니, 싹트기 전에 환란을 방지한다는 말도 할 수가 있는 것입니다."
하였다.

○ 병오일에 서연에 입시하였다. '미자가 다음과 같이 말했다.〔微子若曰〕'에서 '어찌해야 하는가.〔若之何其〕'까지 읽었다. 내가 아뢰기를,
"주왕(紂王)의 일은 후세의 중주(中主)만 되어도 필시 하지 않을 것이니, 의당 경계할 것이 없을 듯도 합니다. 그러나 백우(伯禹)가 '단주처럼 오만하게 하지 마소서.〔毋若丹朱傲〕'라고 순(舜)을 경계하였으니,[31] 성광(聖狂)[32]이 나뉘는 것이 단지 일념(一念)의 선악의 기미와 관계되는 것이라서 지극히 두려워해야 할 일이기 때문이었습니다. 대저 주왕의 악행이 이와 같이 심하긴 하였지만, 그 근본을

31 백우(伯禹)가……경계하였으니 : 백우는 하우(夏禹)를 말한다. 백은 작위이다. 하우가 부친 곤(鯀)의 작위인 숭백(崇伯)을 계승했기 때문에 그렇게 말한 것이다. 숭은 곤의 나라 이름이다. 《서경》 〈익직(益稷)〉에 하우가 제순(帝舜)에게 "단주처럼 오만하게 하지 마소서. 방탕하게 노는 것만을 좋아하고, 오만하고 포악한 짓만을 행하면서, 밤낮없이 쉬지 않고 계속하며, 육지에서 배를 끌고 다니는가 하면, 소인과 패거리를 지어 집안에서 음탕하여 그 대를 끊어 버렸습니다."라고 경계한 말이 나온다. 단주(丹朱)는 제요(帝堯)의 아들 이름이다. 제요는 임금 자리를 단주에게 전하지 않고 순에게 선양하였다.

32 성광(聖狂) : 성인과 미치광이를 말한다. 《서경》 〈다방(多方)〉에 "성인이라도 생각을 제대로 하지 않으면 미치광이가 되고, 미치광이라도 생각을 제대로 하면 성인이 된다.〔惟聖罔念作狂 惟狂克念作聖〕"라고 하였다.

헤아려 보면 욕심이 싹터서 발동할 적에 제대로 막아 끊어 버리지 못하여 이 지경에 이른 것에 불과할 뿐입니다. 대개 호색의 생각이 한번 싹틀 적에 제대로 막지 못하면 음탕함에 이르게 되고, 호주(好酒)의 생각이 한번 싹틀 적에 제대로 막지 못하면 술주정하는 데 이르게 되며, 오만을 경계하지 않으면 점점 빠져들어 걱정해 주는 말도 농담으로 여기게 되고, 희로를 조절하지 않으면 점차로 미치광이의 지경에 이르게 되는 법입니다. 따라서 이런 글을 읽을 적에는 반드시 주왕의 일을 주왕의 일로만 보지 마시고, 내가 색(色)을 좋아하는지 술을 좋아하는지 오만한데도 혹 경계하지 못하는지 희로를 혹 조절하지 못하는지, 자기 일로 보고서 절실하게 성찰해야 할 것입니다. 이와 같이 경성(警省)하다가 만약에 싹틀 기미가 보이거든 곧장 끊어 없애는 일을 단행하여 더 이상 자라나지 못하게 하시기를 깊이 앙망하는 바입니다."

하니, 세자가 이르기를,

"알았다."

하였다. 내가 기복하여 아뢰기를,

"지난번에 소신에게 특별히 하순하는 은혜를 내리시어, 문의 이외에 소회를 우러러 진달하도록 하셨기에, 신이 감히 입지라는 두 글자를 가지고 진달하였는데, 저하께서는 하답하지 않으셨습니다. 옛날 주자가 처음으로 효종을 알현하고 물러 나와서 그의 벗인 위원리(魏元履)에게 글을 보내며 '천안을 온화하고 순수하게 하시어 마치 메아리처럼 수작해 주시었다.'라고 과장하는 표현을 썼습니다.[33] 대개 군신

33 주자가……썼습니다 : 《회암집》 권24 〈여위원리서(與魏元履書)〉에 "내가 6일에

(君臣) 관계는 반드시 이와 같이 되어야만 정지(情志)가 서로 통하는 법인데, 지금 신은 수작해 주시는 말씀을 아직 듣지 못해서 하정이 억울함을 감당하지 못하겠습니다. 이에 신이 전일에 다하지 못한 남은 뜻을 다시 우러러 진달할까 합니다. 대개 뜻을 세우는 것이야말로 학문하는 최초의 출발점입니다. 따라서 우뚝하게 뜻을 세울 수만 있으면 격물치지, 성의정심의 공이 점차로 진보할 수 있으니, 참으로 이른바 '큰길이 앞에 놓여 있어서 곧장 성인의 경지를 지향하게 될 것이다.'[34]라는 것으로서, 처음부터 어려운 일이 없게 될 것입니다. 그러나 뜻이 참으로 서 있지 않으면, 글을 아무리 많이 읽어도 곧 화지누빙(畫脂鏤氷)[35]하는 것과 같아서 도무지 귀착하는 곳이 없을 것이니, 지금의 이 강연도 허사가 되고 말 것입니다. 이 때문에 공자가 학문을 논할 적에, 지학(志學)을 입(立)과 불혹(不惑)의 앞에다 놓아두고, 지도(志道)를 거덕(據德)과 의인(依仁)의 앞에다 놓

등대하여 처음에 첫 번째 주문(奏文)을 읽으며 치지격물의 도를 논하자 천안을 온화하고 순수하게 하시어 마치 메아리처럼 수작해 주시었다. 그런데 다음에 두 번째 주문을 읽으며 복수하여 설치할 일을 논할 때와 세 번째 주문을 읽으며 아첨꾼들이 기승을 부려 언로가 막히게 된 것을 논할 때에는 다시 상의 말씀을 듣지 못하였다."라고 하였다. 상은 효종을 말한다.

34 큰길이……것이다 : 이이의 말이다. 《성학집요》 〈수기〉 입지장(立志章)에 "참으로 성현의 말씀을 깊이 믿고서 아름답지 않은 자질을 교정하되, 실제로 남보다 백배 천배 노력하여 끝까지 뒤로 물러나는 때가 없게 할 수 있으면, 큰길이 앞에 놓여 있어서 곧장 성인의 경지를 지향하게 될 것이니, 어찌 도달하지 못할 걱정이 있겠는가."라고 하였다.

35 화지누빙(畫脂鏤氷) : 비곗덩어리에 그림을 그리고 얼음 덩어리에 조각하면 나중에 녹아 버려 아무것도 남지 않는다는 뜻으로, 헛수고하는 것을 비유하는 말로 쓰인다.

아둔 것이며,[36] 주자(周子)의 말을 보더라도 '이윤이 뜻한 것을 뜻한다.〔志伊尹之所志〕'를 '안자가 배운 것을 배운다.〔學顔子之所學〕'보다 우선한 것입니다.[37] 그리고 아조(我朝)의 선정신 이이의 경우는 더욱 힘을 다해 발휘하여 학문하는 차제를 논할 때마다 반드시 입지, 거경(居敬), 궁리(窮理), 역행(力行)의 순서대로 말하였으며, 그가 지은 《격몽요결》과 《성학집요》 두 책을 보아도 모두 입지의 명목을 별도로 세워서 첫머리에 게재하였으니, 그 뜻이 지극히 좋습니다."

하니, 세자가 이르기를,

"알았다."

하였다. 이때 춘방이 서둘러 일어나 조금 물러났다. 권기언이 말하기를,

"우리가 곧바로 물러났어야 하는데, 오래도록 물러나지 않은 것이 개탄스럽다."

하기에, 내가 웃으면서 말하기를,

"그대는 유독 '시강하다가 상이 수라를 드시지 못하는 것도 몰랐다.'[38]

36 공자가……것이며 : 《논어》 〈위정(爲政)〉에 공자가 "나는 15세에 학문에 뜻을 두었고, 30에 지킴이 견고해졌고, 40에 의혹되지 않았고, 50에 천명을 알았고, 60에 귀가 순해졌고, 70에 마음에 하고 싶은 대로 따라 해도 법도에 어긋나지 않게 되었다."라고 하였고, 〈술이(述而)〉에 "도에 뜻을 두고, 덕에 의거할 것이요, 인에 의지하고, 예의 세계에 노닐어야 한다.〔志於道 據於德 依於仁 游於藝〕"라고 하였다.

37 주자(周子)의……것입니다 : 89쪽 주14 참조. 주자는 주돈이에 대한 경칭이다.

38 시강하다가……몰랐다 : 정호의 고사이다. 《이정문집(二程文集)》 권12 〈명도선생행장(明道先生行狀)〉에 "신종이 평소에 선생의 이름을 알았으므로 소대하는 날에 종용히 자문을 하였는데, 두세 차례쯤 만나 보고 나서 마침내 크게 등용할 것을 기약하고는, 명도가 물러나려 할 때마다 '자주 청대(請對)해서 들어오라. 항상 만나 보고 싶다.'라고 하였다. 하루는 논의가 매우 오래 지속되어 일관이 정오를 알렸으므로 선생이

라는 말을 듣지 못하였는가."

하였다.

○ 경술일에 겸필선(兼弼善) 윤동도(尹東度), 설서(說書) 윤득양(尹得養)과 함께 휴일소대(休日召對)에 입시하였다.-매양 열흘 동안 배운 것을 읽고 난 뒤에 그다음 날은 신수음을 배우지 않고 열흘 동안 소대와 서연에서 배운 것들을 가져다가 여기저기에서 뽑아서 읽으며 강론하는 것인데, 이것은 새로 제정한 절목이었다.- 세자가 〈열명 중(說命中)〉의 글을 읽었다. 내가 기복하여 아뢰기를,

"〈열명〉은 원래 다른 편과 같지 않은데, 그중에서도 '옛날 선정인 보형[39]은〔昔先正保衡〕'의 단락이 더욱 좋기 때문에, 신이 일전에 우러러 진달한 바가 있습니다. 이와 같은 대목에 대해서는 정말 끊임없이 풍송하면서 깊이 스스로 격앙하여 분연(奮然)히 이윤의 뜻을 자신의 뜻으로 삼아야 할 것입니다. 전일의 예교(睿敎)에서 '요순이 좋다는 것이야 누가 모르겠느냐마는, 무턱대고 요순을 담당할 수는 없는 일이다.'라고 하셨는데, 이 말씀이 참으로 절실하긴 합니다. 그러나 성인은 광간(狂簡)의 인사[40]를 취하였는데, 저 광간의 인사

황급히 물러나기를 청하였는데, 이때 조정에 있던 환관들이 서로 말하기를 '어사는 상이 수라를 드시지 못하는 것도 모르는가.'라고 하였다."라는 내용이 있다. 어사는 당시 감찰어사로 있었던 정호를 말한다.

39 옛날 선정(先正)인 보형(保衡) : 이윤을 말한다. 84쪽 주5 참조.

40 광간(狂簡)의 인사 : 뜻은 높고 원대한 목표를 지향하지만 실제로 일을 처리하는 것은 소활한 인물들을 말한다. 《논어》 〈공야장(公冶長)〉에 "돌아가자, 돌아가자. 오당의 소자들이 뜻만 컸지 행동은 허술해서 찬란하게 문채만 이루었을 뿐 스스로 재단할 줄은 모르고 있으니."라면서 고향에 돌아가서 그들을 가르쳐 보겠다는 뜻을 피력한

로 말하면 그 뜻이 하도 높아서 '옛사람이여, 옛사람이여.'라고 곧잘 말하지만, 객관적으로 그들의 행동을 따져 보면 그 말과 행동이 일치하지 않는 자들입니다. 대저 그런 뜻만 지니고 있을 뿐 행동이 그 뜻과 일치하지 않고 보면 의당 취할 점이 없을 것 같기도 하고, 또 당시에 수업한 제자들 가운데에는 염유(冉有)와 계로(季路)처럼 재질대로 성취한 자들이 매우 많았는데도 불구하고, 이런 자들은 취하지 않고서 광간한 자들을 취한 데에는 참으로 그만한 이유가 있습니다. 이 몇 명의 제자들은 뜻이 원대하지 못하여 조금만 얻어도 만족하기 때문에 '염구(冉求)는 선을 긋고서 포기하고 있다.'[41]라고 하였으니, 선을 긋고서 포기한다면 무슨 의미 있는 일을 해낼 수 있겠습니까. 반면에 저 증점(曾點)과 같이 광간한 자들은 비록 행실이 말과 일치하지 않는 점이 있더라도 그 뜻이 일단 높고 큰 만큼 성인의 가르침을 받고서 진실하게 공부하기만 한다면 그 행실이 말과 일치하지 않는 것도 점차 채워 나갈 수가 있으니, 성인이 취사한 뜻은 바로 여기에 있는 것입니다. 주자가 자기에 대해서 일찍이 말하기를 '14, 5세 되었을 때에 《맹자》를 읽다가 성인도 나와 동류라는 말을

공자의 말이 나오고, 또 《논어》 〈자로(子路)〉에 "중도를 행하는 사람을 얻어서 함께하지 못할 바에는 반드시 광자나 견자와 함께할 것이다. 광자는 진취적이고 견자는 하지 않는 바가 있다."라는 공자의 말이 나온다. 《맹자》 〈진심 하(盡心下)〉에 "광자(狂者)는 뜻이 하도 높아서 옛사람을 곧잘 말하곤 하지만, 객관적으로 그들의 행동을 따져 보면 그 말과 일치하지 않는 사람을 말한다."라는 말이 나온다.

41 염구(冉求)는……있다 : 《논어》 〈옹야(雍也)〉에 염구가 "선생님의 도를 좋아하지 않는 것은 아닙니다마는, 아무래도 힘이 부족합니다."라고 하자, 공자가 "힘이 모자라는 사람은 중도에서 그만두지만, 지금 너는 아예 선을 긋고서 포기하고 있다."라고 하였다.

접하고는, 그 기쁨을 이루 말할 수 없었다.〔喜不可言〕'[42]라고 하였는데, '희불가언(喜不可言)' 네 글자가 지극히 좋습니다. 대개 성인과 동류라고 한다면 나도 성인이 될 수 있기 때문에 성심으로 기뻐한 것인데, 이것이 주자가 주자답게 된 소이입니다. 바라건대 저하께서는 깊이 유념해 주소서. 손사막(孫思邈)이 '담은 크게 하고자 하고, 마음은 작게 하고자 할 것이다.'[43]라고 하였는데, 담을 크게 한다는 것은 뜻을 높고 크게 세우는 것이고, 마음을 작게 한다는 것은 공부를 정밀하고 상세히 하는 것을 의미합니다."

하니, 세자가 이르기를,

"알았다."

하였다.

2월 1일 기사일에 겸필선 김선행(金善行), 문학 이양천(李亮天)과 함께 소대에 입시하였다. '건원 2년 2월에 곽자의 등이〔乾元二年二月 郭子

42 14……없었다 : 《주자어류》 권104 〈자론위학공부(自論爲學工夫)〉에 "내가 10여 세일 때에 맹자가 '성인도 나와 동류인 자이다.'라고 말한 것을 읽고는 그 기쁨을 이루 말할 수 없었다. 그러고는 성인도 쉽게 이룰 수 있다고 생각하였는데, 이제 와서야 비로소 그것이 어렵다는 것을 깨달았다."라고 하였다. 맹자의 말은 《맹자》 〈고자 상〉에 나온다.

43 담은……것이다 : 《구당서(舊唐書)》 권191 〈방기열전(方伎列傳) 손사막〉에 "담은 크게 하고자 하고 마음은 작게 하고자 할 것이요, 지혜는 둥글게 하고자 하고 행실은 모나게 하고자 할 것이다."라고 하였다. 손사막은 제자백가에 달통하였으며 특히 노자와 장자를 좋아하였다. 수 문제와 당 태종이 극진하게 예우하며 초빙했지만 모두 거절하고 은거한 채로 102세까지 살았다. 《노자》와 《장자》의 자주(自註)를 지었으며, 《천금방(千金方)》 30권을 지어 그 의술을 세상에 전하였다.

儀等〕'에서 '사사명(史思明)이 이에 도주하였다.〔思明乃遁〕'까지 읽었다. 내가 아뢰기를,

"'이광필(李光弼)이 호령을 한번 발하자 벽루(壁壘)와 정기(旌旗)의 정채가 돌변하였다.'[44]라고 말한 것이 비록 과장된 표현 같기는 합니다만, 이는 사씨(史氏)가 묘사한 솜씨가 귀신의 경지에 들어간 곳입니다. 이런 대목을 살펴보건대 삼대의 정치를 금일에 회복할 수 있다는 것이 참으로 거짓말이 아닙니다. 대개 천하의 일은 형세로 결정될 뿐입니다. 따라서 강기가 그지없이 무너지고 풍속이 그지없이 쇠퇴했다고 하더라도 윗자리에 거하여 뭔가 해 볼 수 있는 권한을 가진 사람이 참으로 분발하여 뜻을 세울 수만 있으면 한번 호령을 발하고 한번 명령을 펼치매 사람의 마음이 용동(聳動)하는 법이요, 한 사람을 진출시키고 한 사람을 퇴각시키매 사방이 경모하여 귀순하는 법입니다. 그래서 군자의 덕은 바람이고 소인의 덕은 풀이니, 풀에 바람이 가해지면 반드시 드러눕게 된다.[45]라고 하였으니, 이는 이치가 지극히 분명해서 쉽게 볼 수 있는 것입니다."

하니, 세자가 이르기를,

44 이광필(李光弼)이……돌변하였다 : 《통감절요》 권42 〈당기(唐紀)〉 숙종(肅宗) 기해 2년에 "가을 7월 상이 곽자의를 불러 경사로 돌아오게 하고 이광필을 대신 삭방 절도사로 삼았다. 이광필은 군대를 엄정하게 다스렸으므로, 그가 처음 부임하여 호령을 한번 발하자 사졸과 벽루와 정기의 정채가 모두 새롭게 변하였다. 이때에 삭방의 장사들은 곽자의의 관후함을 좋아하고, 이광필의 엄정함을 두려워하였다."라는 말에서 추출한 것이다.

45 군자의……된다 : 다스림을 받는 자는 치자의 감화를 받게 마련이라는 뜻으로, 《논어》 〈안연〉에서 정치가 무엇인지 묻는 노나라 계강자(季康子)에게 공자가 대답해 준 말이다.

"알았다."

하였다.

○ 경오일에 서연에 입시하였다. 《서경》 〈목서(牧誓)〉의 첫머리부터 '집안이 처량해진다.〔惟家之索〕'[46]까지 읽었다. 내가 아뢰기를,

"전(傳)에서 '갑자년 2월 4일'이라고 말한 것에 대해, 공씨(孔氏 공안국(孔安國))의 설을 따르면 2월은 주정(周正)으로 2월이어야 하니 지금의 12월이 되고, 채씨(蔡氏 채침(蔡沈))의 설을 따르면 하정(夏正 하나라의 책력)으로 2월이어야 하니 지금의 2월이 되는데, 신의 생각에는 공씨의 설이 옳을 듯합니다. 대개 공씨가 '주나라는 월을 개정하고 시를 개정했다.'라고 말한 것은 바로 역을 가지고 추산한 것으로서 고거(考據)가 명확한 반면에, 채씨의 경우는 그가 제시한 설이라고 해야 '겨울은 봄이 될 수 없고, 추위는 따뜻함이 될 수 없다.'라고 말하는 것에 불과한 것으로서, 단지 이치를 가지고 말한 것일 뿐 따로 특별히 증거를 제시한 것이 없습니다. 채씨의 설은 대개 정자(程子 정이(程頤))와 호 문정(胡文定 호안국(胡安國))에게서 나온 것인데, 주자가 이에 대해서 정론을 제시한 것은 없지만, 그의 뜻은 매양 개월(改月)과 개시(改時)의 설을 옳게 여겼습니다. 그리고 황명(皇明 명나라)의 왕수인(王守仁)이 일찍이 설을 지어서 이 문제를 논하였는데, 지극히 박식하게 변론한 것이 볼만한 점이 있으니, 그가 이단이기는 하지만 그가 말한 것까지 그 사람 때문에 무시하면 안

46 집안이 처량해진다 : 《서경》 〈목서〉에서 주 무왕이 "암탉은 새벽에 울지 말아야 하니, 암탉이 새벽에 울면 집안이 처량해진다."라는 고인의 말을 인용한 것인데, 암탉은 주왕(紂王)이 편애한 달기(妲己)를 비유한 말이다.

될 것입니다. 대개 개월의 설은 광범위하게 인증할 것도 없이, 맹자가 '7, 8월의 가뭄'을 말한 것[47]만 보아도 알 수가 있습니다. 개월을 했다고 한다면 〈무성(武成)〉의 1월은 바로 하력(夏曆)으로 11월인데, 〈태서(泰誓)〉에서 바로 '13년 봄'이라고 하였으니, 그렇다면 개시를 한 것이 그 안에 자연히 들어 있는 것이 아니겠습니까. 비록 대의에 관계되는 일은 아니라고 할지라도 삼대에서 정삭(正朔)을 개정한 일인 만큼 후인이 알아 두지 않으면 안 됩니다. 그리고 이런 곳에 대해서 자세히 고핵(考覈)하다 보면 사색의 길이 점차 열리면서 자연스럽게 실력이 크게 진보할 것입니다. 선정신 송시열(宋時烈)이 매양 학자로 하여금 먼저 여러 가지 절문(節文)과 도수(度數)에 나아가서 이회하도록 한 것도 대개 이런 이유에서였습니다. 그가 대군의 사부가 되어 효묘를 잠저에서 모시면서 선기옥형(璿璣玉衡)을 강하자 효묘가 언하에 융회하였는데, 뒷날의 성덕과 대업도 실로 여기에 기초한 것입니다."

하였다. 조금 물러났다가 다시 들어오니, 세자가 하순하기를,

"조금 전에 계방이 2월을 주의 2월이라고 하였는데, 그렇다면 주나라가 천하를 얻기도 전에 먼저 정삭을 개정한 것인가?"

하기에, 내가 기복하여 아뢰기를,

"사신(史臣)이 추기(追記)했기 때문에 이렇게 된 것입니다."

47 7……것 : 맹자가 양 혜왕(梁惠王)에게 "7, 8월 사이에 날이 가물면 벼 싹이 마르다가, 하늘이 뭉게뭉게 구름을 일으켜 주룩주룩 비를 내리면 벼 싹이 불쑥 일어난다."라고 말한 대목을 가리킨다. 이 7, 8월은 주정으로, 하력으로는 5, 6월에 해당하는데, 주나라가 개월하지 않았다면 음력 7, 8월에 해당하니 말이 되지 않는다는 논리이다. 《孟子 梁惠王上》

하였다.

○ 김선행의 신병이 갑자기 위급해졌으므로, 다만 이양천과 함께 소대에 입시하였다. 세자가 이르기를,

"예전부터 이러한 때에는 계방이 분담해서 읽었으니, 이번에도 예전대로 하라."

하였으므로, 내가 기복하여 명을 받들었다. 이양천이 '상원 원년(上元元年)'에서 '유예하고 결행하지 못하였다.〔猶豫不能決〕'[48]까지 읽고, 내가 계속해서 '이년(二年)'에서 '모두 적에게 함락되었다.〔皆沒於賊〕'[49]까지 읽었다. 이양천이 문의를 진달하였고, 나도 대략 진달한 것이 있었다. 강이 끝나자, 이양천이 아뢰기를,

"아침에 계방이 진달한 '개월 개시……' 한 것을 실제로 이회하셨으며, 그 말은 어떠하였습니까?"

하니, 답하기를,

"개시의 설은 끝내 석연치 않다마는, 개월은 과연 그런 것 같다."

하였다. 이양천이 아뢰기를,

"개시의 단락은 신도 의심스럽습니다마는, 계방의 말을 들어 보면 모두 근거가 있습니다."

하고는, 나에게 말하기를,

48 유예(猶豫)하고 결행하지 못하였다 : 《통감절요》 권42 〈당기〉의 "그 후 상이 점점 후회하며 깨닫고서 이보국(李輔國)을 미워하여 죽이려고 했지만, 그가 병권을 쥐고 있는 것을 두려워하여 끝내 유예하고 결행하지 못하였다."라는 대목이다. 여기에서 상은 당 숙종(唐肅宗)을 가리킨다.

49 모두 적에게 함락되었다 : 《통감절요》 권42 〈당기〉의 "관군이 크게 패하여 하양(河陽)과 회주(懷州)가 모두 적에게 함락되었다."라는 대목이다.

"겨울을 봄이라고 하고 봄을 여름이라고 하는 것에도 납득할 만한 설이 있는 것인가?"

하기에, 내가 아뢰기를,

"왕수인이 말하기를 '일양(一陽)에서 삼양(三陽)의 달까지가 봄이고, 사양(四陽)에서 순양(純陽)의 달까지가 여름이고, 일음(一陰)에서 삼음(三陰)의 달까지가 가을이고, 사음(四陰)에서 순음(純陰)의 달까지가 겨울이니, 그렇게 한다고 해서 안 될 것이 없다.……' 하였습니다. 당초에 개월을 하지 않았다고 한다면 모르지만, 개월을 했다고 한다면 〈무성〉의 '일월(一月)'은 건자지월(建子之月 자(子)를 세수(歲首)로 한 달)인데, 〈태서〉에서 이를 봄에다 편입시켰으니, 너무나도 분명한 증거가 아니겠습니까. 〈칠월(七月)〉 편을 가지고 살펴보건대 주나라에서는 본래 자월을 세수로 삼아 1월이라고 하면서도, 이와 함께 하정을 통용하여 병행했던 것 같습니다. 예컨대 '칠월(七月) 구월(九月)'[50]이라고 한 것은 하정의 칠월 구월이고, '일지일(一之日) 이지일(二之日)'[51]이라고 한 것은 주정의 일월 이월이며, '어떻게 한 해를 마치리오.〔何以卒歲〕'는 하(夏)의 세(歲)이고 '해가 바뀌

50 칠월(七月) 구월(九月) : 《시경》 〈빈풍(豳風) 칠월〉의 "칠월에 대화심성(大火心星)이 서쪽으로 내려가는 만큼, 구월에는 옷을 만들어 입혀 주어야 한다.〔七月流火 九月授衣〕"라는 말에서 발췌한 것이다.

51 일지일(一之日) 이지일(二之日) : "일지일에는 바람이 차가워지고, 이지일에는 기온이 싸늘해진다.〔一之日觱發 二之日栗烈〕"라는 말에서 발췌한 것이다. 일지일은 일월지일(一月之日)과 같은데, 이 일월은 주정의 정월로서 하력, 즉 지금의 농력(農曆)으로는 11월에 해당하고, 이지일 역시 주정의 2월로서 농력으로는 12월에 해당한다. 주나라는 자월, 즉 하력 11월을 세수로 삼고, 하나라는 인월(寅月)을 세수로 삼으므로, 둘 사이에는 2개월의 차이가 나는 것이다.

게 되었으니〔曰爲改歲〕'는 주(周)의 세(歲)인 것입니다. 주자가 일찍이 말하기를 '주나라는 한 모퉁이에 치우쳐 있어서 충실하게 신복(臣服)하는 의리가 없었기 때문에 이와 같이 된 것이다.〔周國僻在一隅 無純臣之義 故如此〕'[52]라고 하였으니, 아침에 저하께서 '주나라가 천하를 얻기도 전에 먼저 정삭을 개정한 것인가?……' 하신 것은 더욱 의심할 것이 없다고 하겠습니다."

하니, 세자가 이르기를,

"알았다."

하였다.

○ 정축일에 이양천 및 설서 한명여(韓命輿)와 함께 서연에 입시하였다. '지금 상왕 수는〔今商王受〕'에서 종편까지 읽었다. 내가 아뢰기를,

"이 한 단락은 '오직 부인의 말만을 듣고서〔惟婦言是用〕'의 한 구절이 강(綱)이 되니, 아래의 세 가지 일은 모두 여기에서 연유하는 것입니다. 그런데 세 가지 일 중에서도 '도망해 온 자들〔逋逃〕'을 중용한 하나의 일이 나라를 망치는 데에 더욱 결정적이었기 때문에 비교적 길게 말한 것입니다. 대저 대부(大夫)와 경사(卿士)라는 것은 바로 덕이 있는 이에게 명하는 명기(名器)입니다. '하늘이 덕이 있는 이에게 명하거든 다섯 가지 복장으로 다섯 가지 등급을 밝히는 것'[53]이니,

52 주(周)나라는……것이다 : 녹문이 "주나라가 천하를 소유하지 않았을 때는 물론 하나라와 상나라의 정삭을 사용하였다. 그러나 그 나라가 멀리 치우쳐 있어서 충실하게 신복하는 의리가 없었고, 또 자기들 나름대로 그 시와 월을 기록하는 것이 있었기 때문에, 세 나라의 정삭을 모두 일찍이 사용했던 것이다."라는 주희의 말을 간추려 인용한 것이다. 《朱子語類 卷81 詩 豳七月》

53 하늘이……것 : 《서경》〈고요모(皐陶謨)〉의 "하늘이 덕이 있는 이에게 명하거든

덕이 있어야만 비로소 이 관직을 임명하는 것이요, 그렇지 않을 경우에는 임명해서는 안 되는 것입니다. 그런데 지금 주(紂)는 죄를 많이 짓고 도망해 온 무리로 이 관직을 채워서 포학하게 굴고 간궤(姦宄 불법 행위)를 자행하게 하여 천하에 해독을 끼쳤으니, 주의 죄악이 실로 많지만 이 일만으로도 나라를 망하게 하고도 남음이 있다고 할 것입니다. 그리고 비(俾) 자를 주목할 필요가 있습니다. 주가 비록 형편없다고 하더라도 어찌 이 무리에게 '너희는 가서 포학하게 굴고, 너희는 가서 간궤를 제멋대로 행하라.'라고 가르쳤겠습니까. 단지 그가 이런 무리를 등용하고 나서도, 이들이 포학하게 굴고 간궤를 자행할 때에 제대로 살피지 못한 채 그들이 하는 대로 그냥 놔두었고 보면, 설령 주가 그런 사실을 전혀 알지 못했다고 하더라도, 그들을 가르쳐서 그렇게 하도록 한 것과 실제로 다름이 없으니, 이것이 비 자를 써서 표현한 까닭이라고 하겠습니다."

하였다.

○ 임오일에 이양천 및 사서(司書) 심수(沈鏽)와 함께 서연에 입시하였다. 세자가 전수음인 〈홍범(洪範)〉 첫머리부터 '위엄을 보임을 육극으로 한다.〔威用六極〕'까지 송하였다. 춘방이 고생(告牲)[54]을 마치자, 세자가 하순하기를,

"전일에 계방이 '첫 번째는 오행이고〔初一五行〕'에서 '다음 아홉 번째

다섯 가지 복장으로 다섯 가지 등급을 밝히고, 하늘이 죄 있는 자를 토벌하거든 다섯 가지 형벌로 다섯 가지 등급을 써야 할 것이다."라는 말에서 추출한 것이다.

54 고생(告牲) : 세자가 전에 배운 내용을 암송한 뒤에, 강관이 다음에 강독할 부분을 추첨해서 고하는 것을 말한다.

는 복극[55]이다.〔次九福極〕'까지 모두 의의가 있다.'라고 하였는데, 그 뜻이 무엇인가?"-전일의 소대에서 습송(習誦)한 뒤에 하순한 데 따라 내가 대략 진달한 바가 있었으므로, 세자가 이렇게 질문한 것이다.-

하기에, 내가 기복하여 대답하기를,

"여기에는 세 가지 의의가 있습니다. 첫 번째는 차제입니다. 차제라는 것은 1에서 9까지를 말하는데, 이것이 오행의 생성에 있어서 미(微)로부터 저(著)에 이르는 차제가 됩니다. 그렇기 때문에 오행에서 복극에 이르는 과정에서도 미로부터 저에 이르는 자연히 바꿀 수 없는 차서가 있게 되는 것인데, 이에 대해서는 소주의 주자의 설에 상세히 나와 있습니다. 두 번째는 비병(比幷 병렬(竝列))입니다. 비병이라는 것은 낙서(洛書)의 위차에서 1이 북에 있고 6이 서북에 있어서 서로 비병하기 때문에, 오행과 삼덕도 이 비병을 가지고 그 뜻을 취하는 것인데, 오행에 생극(生克)과 수박(粹駁)이 있으므로 삼덕에도 강유와 선악이 있는 것입니다. 그리고 2가 서남에 있고 7이 서에 있어서 서로 비병하기 때문에 오사(五事)와 계의(稽疑)도 이 비병을 가지고 그 뜻을 취하는 것인데, 오사에 득이 있고 실이 있으므로 복서(卜筮)에도 길이 있고 흉이 있는 것입니다. 다른 것들도 모두 이와 마찬가지이니, 유추해 보면 알 수가 있습니다. 세 번째는 대대(對待 대우(對偶))입니다. 대대라는 것은 1과 9가 남과 북에 나뉘어 있으면서 서로 대대하기 때문에 오행과 복극도 이 대대를 가지고 그 뜻을 취하는 것인데, 오행에 청탁과 후박의 같지 않음이

55 복극(福極) : "향함을 오복으로써 하고, 위엄을 보임을 육극으로써 한다.〔曰嚮用五福 威用六極〕"라는 말을 줄인 것이다.

있으므로 복극에도 수요(壽夭)와 빈부의 같지 않음이 있는 것입니다. 그리고 2와 8이 서남과 동북에 나뉘어 있으면서 서로 대대하기 때문에 오사와 서징(庶徵)도 이 대대를 가지고 그 뜻을 취하는 것인데, 이 뜻에 대해서는 경문에 구비되어 있으니 추론해서 설할 것도 없습니다. 나머지도 이것과 마찬가지여서 유추할 수 있으니, 낙서의 그림을 가져다가 살펴보면 쉽게 알 수 있습니다."

하니, 세자가 답하기를,

"알았다."

하였다. 신수음인 '첫 번째 오행으로 말하면〔一五行〕'에서 '여덟 번째는 군사이다.〔八曰師〕'까지 읽었다. 내가 아뢰기를,

"'곡직(曲直)은 신 것이 된다.'라고 하였는데, 초목의 열매는 모두 신맛을 내기 때문입니다. '종혁(從革)은 매운 것이 된다.'라고 하였는데, 쇠를 불에 달구면 아린 맛〔辣味〕이 있습니다."[56]

하니, 세자가 이르기를,

"염상(炎上)이 쓴 것이 되는 것은 어째서인가?"

하기에, 내가 아뢰기를,

"불이 물건을 살라서 까맣게 태우면 그 맛이 씁니다."

56 곡직(曲直)은……있습니다 : 곡직과 종혁은 각각 오행 중에서 목과 금을 말한다. 《서경》〈홍범〉에 "첫 번째 오행으로 말하면, 첫 번째는 수이고, 두 번째는 화이고, 세 번째는 목이고, 네 번째는 금이고, 다섯 번째는 토이다. 수는 윤하이고, 화는 염상이고, 목은 곡직이고, 금은 종혁이고, 토는 이에 가색을 한다. 윤하는 짠 것이 되고, 염상은 쓴 것이 되고, 곡직은 신 것이 되고, 종혁은 매운 것이 되고, 가색은 단 것이 된다.〔一五行 一曰水 二曰火 三曰木 四曰金 五曰土 水曰潤下 火曰炎上 木曰曲直 金曰從革 土爰稼穡 潤下作鹹 炎上作苦 曲直作酸 從革作辛 稼穡作甘〕"라고 하였다.

하니, 세자가 이르기를,

"알았다."

하였다. 내가 아뢰기를,

"오사 중에서 사(思)는 토(土)에 속하여 다른 사사(四事)에 두루 통합니다. 사사에 대해 말하면 시(視)와 청(聽)이 가장 요긴하고 가장 중대합니다. 대개 시(視)는 색(色)을 분변하는 것만이 아니라, 사람의 선악과 일의 시비와 이치의 당부에 대해서 밝게 살펴 분변하지 않음이 없는 것이니, 이것이 시가 분명한 것〔明〕입니다. 청은 소리를 듣는 것만이 아니라, 천하 사람들의 말로부터 옛사람의 말에 이르기까지 나의 귀에 들어오는 것에 대해서 모두 세밀하게 인식하여 그 득실을 분변하는 것이니, 이것이 청이 밝은 것〔聽〕입니다. 대개 인심은 허령하여 시하고 청할 적에 보지 못하거나 듣지 못함이 없는 것이 하늘과 차이가 없는데, 사의에 막히고 가려지는 까닭에 지극히 가깝고 알기 쉬운 일에 대해서도 그 시비와 득실을 제대로 분변하지 못하여 귀머거리나 소경과 다름이 없게 되는 것입니다. 따라서 사의를 극복하고 제거하여 막히고 가려진 것을 통하게 할 수만 있으면 보지 못함이 없고 듣지 못함이 없는 본체를 완전히 회복하여 하늘의 총명과 다름이 없게 할 수 있는데, 《대학》의 지지(知至)와 《맹자》의 지언(知言)은 모두 이것을 말하는 것입니다. 대저 〈홍범〉의 구주(九疇)에서는 황극(皇極)이 관건이 되는데, 황극을 세우는 그 공부로 말하면 또 오사에 있는 것이요, 오사 중에서도 총(聰)과 명(明)이 큰 것이니, '총명' 두 글자에 마음을 모두 쏟지 않아서야 되겠습니까."

하니, 세자가 이르기를,

"알았다."

하였다.

○ 갑신일에 서연에 입시하였다. 세자가 전수음을 송하였다. 내가 아뢰기를,

"극(極)은 《대학》의 지선(至善)이고 중(中)은 《중용》의 중이니, 요컨대 그 귀결점은 하나일 뿐입니다. 따라서 잘 보기만 한다면 중으로 극 자를 해석한다고 하더라도 그 뜻에 조금 차이가 있긴 하겠지만 무슨 큰 해가 있기야 하겠습니까. 다만 공씨(孔氏 공안국)는 중 자를 오인하여 시비를 분간하지도 않고 선악을 분변하지도 않는 반간불계(半間不界)[57]의 물건쯤으로 파악하였는데, 이런 중 자를 가지고 황극을 해석한다면 황극이라는 것도 끝내는 시비를 분간하지도 않고 선악을 분변하지도 않는 반간불계의 뜻 정도로 되고 말 것입니다. 그런데 공씨는 한나라의 대유(大儒)였으므로, 아래에서는 상서(庠序)에서 이것을 가지고 교학을 하고 위에서는 경연에서 이것을 가지고 강설하였는데, 이렇게 1000여 년의 세월을 전해 내려오는 동안 바꿀 수 없는 훈석이 되고 말았습니다. 가령 주자가 '한나라 원제는 우유부단했고, 당나라 대종은 인순고식(因循姑息)했다.〔漢元帝之優游 唐代宗之姑息〕'[58]라고 기롱했던 것과 같은 병폐도 여기에서 전염되지 않은 것이 없다고 할 것입니다. 송나라 휘종(徽宗) 때에 이르러서는 아예 건중정국(建中靖國)으로 연호를 정하고 희풍(熙豐)과 원

57 반간불계(半間不界) : 중간쯤에 위치해서 이쪽도 아니고 저쪽도 아니라는 뜻으로, 불철저하고 불명확한 것을 비유하는 말로 쓰인다.

58 한(漢)나라……인순고식(因循姑息)했다 : 주희의 〈황극변(皇極辨)〉에 나오는 내용이다. 《晦庵集 卷72》

우(元祐)의 양당(兩黨)[59]을 병용하면서, 희풍의 당에서는 증포(曾布)를 취하고 원우의 당에서는 한충언(韓忠彦)을 취하여 나란히 재상으로 세워 놓고는 이를 조제(調劑)하는 도(道)로 여겼는데, 원우의 군자들은 모두 임용되는 것을 원하지 않아서 임용된 자라고 해야 그저 완둔(頑鈍)하여 부끄러움을 모르는 몇 명에 지나지 않았을 따름입니다. 그러다가 시간이 조금 흐른 뒤에는 완전히 희풍의 판국으로 뒤바뀌면서 세도(世道)가 더 이상 여지없이 타락하고 말았으며, 그로부터 얼마 지나지 않아서 이적(夷狄)의 화(禍)[60]를 빚어내어 남천(南遷)하기에 이르렀는데, 그 병폐의 근원을 궁구해 보면 전적으로 공씨의 대중(大中)[61]이라는 두 글자가 만들어 낸 결과라고 할 것입니다. 주자가 이런 때에 태어나서 그 폐해가 이렇게까지 된 것을 눈으로 보았기 때문에 매양 이에 대해서 깊이 싫어하고 통렬히 미워

59 희풍(熙豐)과 원우(元祐)의 양당(兩黨) : 희풍은 송 신종(宋神宗)의 연호인 희령(熙寧)과 원풍(元豐)의 병칭이고, 원우는 철종(哲宗)의 연호이다. 희풍 연간에는 왕안석(王安石) 등이 득세하였고, 원우 연간에는 사마광 등이 집권하였는데, 주희는 희풍과 원우의 당을 각각 소인의 당과 군자의 당의 대칭으로 쓰고 있다.

60 이적(夷狄)의 화(禍) : 정강(靖康)의 화(禍)를 말한다. 송 흠종(宋欽宗) 정강 2년(1127)에 금(金)나라 군대가 휘종, 흠종 두 황제와 황태후, 황후, 황태자, 종실 등 3000인을 포로로 데리고 간 사건을 말하는데, 이로 인해서 북송이 마침내 멸망하였다. 이에 고종(高宗)이 남경(南京)에서 즉위한 뒤에 이강(李綱)을 불러들여 재상으로 삼는 한편, 다시 장강을 건너 남쪽으로 피해서 임안(臨安)에 행도(行都)를 세우니 이것이 역사에서 칭하는 남송이다.

61 공씨의 대중(大中) : 공안국은 황극의 황을 대(大)로 풀고, 극을 중(中)으로 풀었다. 이와 달리 주희는 황을 임금으로 풀고, 극을 표준으로 풀었다. 여기에서 녹문은 물론 주희의 설을 따라서 공안국의 설을 비판하고 있다.

하여 눈을 부릅뜨고 담력을 발휘하며 입이 닳도록 극력 변박하였는데, 지금 《대전》과 《어류》 등의 제서를 보면 한 글자나 한마디의 말도 이런 뜻이 아닌 것이 없으니, 이 〈황극변(皇極辨)〉만 그런 것이 아닙니다."-아뢴 내용이 대개 이와 같다.-

하니, 세자가 이르기를,

"알았다."

하였다. 신수음인 '사람 중에 능력이 있고 행하려는 뜻이 있는 자를〔人之有能有爲〕'에서 '천하의 왕이 되신다고 할 것이다.〔以爲天下王〕'까지 읽었다. 이양천이 문의를 진달하다가 '작호작오(作好作惡)'의 대목[62]에 이르러 아뢰기를,

"'선을 좋아하고 악을 미워하는 것〔好善而惡惡〕'이 천리(天理)[63]이니, 만약 좋아하면 안 되는데 좋아하거나 미워하면 안 되는데 미워한다면 이것은 사의인 것입니다. 이른바 '작호작오'라는 것이니, 상문의 '음붕비덕(淫朋比德)'[64]과 서로 응하는 것입니다."

하기에, 내가 아뢰기를,

62 작호작오(作好作惡)의 대목 : 《서경》 〈홍범〉의 "사사로이 좋아하는 생각을 짓는 일이 없도록 하여 왕의 도를 따르고, 사사로이 미워하는 생각을 짓는 일이 없도록 하여 왕의 길을 따르라.〔無有作好 遵王之道 無有作惡 遵王之路〕"라는 대목을 말한다.

63 천리(天理) : 대본에는 '大理'로 되어 있는데, 문맥에 근거하여 '大'를 '天'으로 바로잡아 번역하였다.

64 음붕비덕(淫朋比德) : 사적인 편당과 아부하는 마음을 말하는데, 《서경》 〈홍범〉의 "서민이 사당(邪黨)을 짓는 일이 없고, 관원에게 아부하는 마음이 없는 것은 임금이 표준을 세워 주었기 때문이다.〔凡厥庶民 無有淫朋 人無有比德 惟皇作極〕"라는 말에서 추출하였다.

"춘방의 이 설이 타당함을 얻었습니다. 대개 임금이 황극을 위에 세우고서, 볼 적에 그 명(明)을 극대화하고 들을 적에 그 총(聰)을 극대화하여 옳고 선한 자에 대해서는 반드시 그 자가 옳고 선하다는 것을 알아서 선발하여 임용하고, 그르고 악한 자에 대해서는 반드시 그 자가 그르고 악하다는 것을 알아서 물리쳐 배척하기 때문에 사람들이 모두 무엇을 지향하고 무엇을 그만두어야 할지를 알아서 악행을 회개하고 정도로 돌아오게 되는 것입니다. 그리하여 좋아하고 미워하는 것을 일체 상이 세워 준 표준에 따라서 할 뿐이요 감히 그 사이에 사의를 용납하지 않으니, 이것이 바로 '음붕비덕'하는 일이 없고 '편당반측(偏黨反側)'[65]하는 일이 없어져서 '회극귀극(會極歸極)'[66]하는 아름다움을 이루게 되는 소이입니다. 그런데 이렇게 하지 않고서 시비를 묻지도 않고 선악을 분간하지도 않은 채 모두 거두어 함께 등용하며 변별하는 것이 없다면 그르고 악하게 행동하는 저들이 곧장 말하기를 '우리도 이 도를 가지고 세상에 행할 수 있다.'라고 하면서 반드시 고집을 부리며 회개하려 하지 않을 것입니다. 그렇게 되면 이른바 '음붕비덕'을 하고 '편당반측'을 하는 것을

65 편당반측(偏黨反側) : 《서경》 〈홍범〉의 "편벽됨이 없고 편당함이 없으면 왕의 도가 탕탕할 것이고, 편당함이 없고 편벽됨이 없으면 왕의 도가 평평할 것이며, 상도(常道)를 위배함이 없고 기울어짐이 없으면 왕의 도가 정직할 것이다.〔無偏無黨 王道蕩蕩 無黨無偏 王道平平 無反無側 王道正直〕"라는 말에서 추출하였다.

66 회극귀극(會極歸極) : 《서경》 〈홍범〉에 나오는 '회기유극(會其有極) 귀기유극(歸其有極)'의 준말이다. 그 극이 있는 곳으로 모여들고, 그 극이 있는 곳으로 돌아온다는 뜻인데, 그 극이 있는 곳은 "임금이 치우침 없는 바른 표준을 세상에 세운다.〔皇建其有極〕"라는 말에서 나온 것으로, 황극 즉 중국의 진정한 제왕이 세상을 다스리는 준칙을 말한다.

어느 때이고 깨뜨릴 수 없을 터이니, 그러고서야 어떻게 '회극귀극' 하기를 기대할 수 있겠습니까."

하였다.

○ 계사일에 문학 이양천, 사서 심수, 사어(司禦) 나삼(羅蔘) 등이 휴일소대에 입시하였다. 세자가 〈홍범〉 편을 끝까지 송하였는데, 착오가 없었다. 이양천이 아뢰기를,

"임성주(任聖周)가 전일의 예교를 들었으므로-전일의 소대에서 "임성주를 내일 〈홍범〉을 복습할 때에 입참하게 하라."라는 분부가 있었다.- 그도 지금 들어왔는데, 격례(格例)에 구애를 받아서 입시하지 못하였습니다."-양연(兩筵)에는 계방에서 한 사람만 입참할 뿐, 상번과 하번이 함께 들어오는 규정이 없었다.-

하니, 세자가 이르기를,

"오늘의 일은 상규에 구애받을 것이 없으니, 그를 입참하게 하라."

하였다. 이에 심수가 나와서 선소(宣召)하였으므로, 내가 마침내 종종걸음으로 나아가 입시하였다. 그때 이양천이 초일(初一)에서 차구(次九)[67]까지의 차제와 비병(比幷)과 대대(對待)의 뜻에 대해서 논하고 있었으므로,-이 내용은 위의 임오일 조에 보인다.- 내가 아뢰기를,

"이것은 모두 자연적으로 나온 것이지, 억지로 끌어다 맞춘 것이 아닙니다."

하니, 세자가 이르기를,

67 초일(初一)에서 차구(次九) : 《서경》 〈홍범〉의 '첫 번째는 오행이고〔初一 曰五行〕'에서 '다음 아홉 번째는 향함을 오복으로써 하고, 위엄을 보임을 육극으로써 한다.〔次九 曰嚮用五福 威用六極〕'까지의 경문을 말한다.

"어째서 자연적이라고 말하는 것인가?"
하기에, 내가 아뢰기를,
"비병의 뜻을 예로 들어서 말씀드리면 다음과 같습니다. 1과 6이 서로 비병하는데 이는 수(水)의 생수(生數)와 성수(成數)이고, 2와 7이 서로 비병하는데 이는 화(火)의 생수와 성수이며, 마찬가지로 3과 8은 목(木)의 생수와 성수이고, 4와 9는 금(金)의 생수와 성수입니다. 생수와 성수가 서로 관계가 있는 것처럼 보이는 것이 당연하다면 오행과 삼덕, 그리고 오사(五事)와 계의(稽疑)가 서로 관련되는 것도 어찌 자연스러운 일이 아니겠습니까."
하였다. 세자가 이르기를,
"대대의 경우는 어떻게 설명할 것인가?"
하니, 이양천이 종횡십오(縱橫十五)[68]의 설을 가지고 대답하고는, 나를 돌아보며 말하기를,
"이 단락에 대해서 다시 명백하게 해석할 만한 것이 있는가?"
하기에, 내가 아뢰기를,
"이 경우는 사상(四象)의 지위〔位〕와 숫자〔數〕를 가지고 말해야 할 것입니다. 1은 태양의 지위이고 9는 태양의 숫자이니 이것이 '1에 거하여 9를 포함한다.'라는 것이고, 2는 소음(少陰)의 지위이고 8은 소음의 숫자이니 이것이 '2에 거하여 8을 포함한다.'라는 것이고, 3은 소양(少陽)의 지위이고 7은 소양의 숫자이니 이것이 '3에 거하여

68 종횡십오(縱橫十五) : 낙서(洛書)의 수는 가로로 상중하의 세 군데로 나뉘고 세로로 좌, 우, 중앙의 세 군데로 나뉘는데, 이 세 군데의 숫자를 가로로 합해도 각각 15의 수가 되고, 세로로 합해도 각각 15의 수가 되는 것을 말한다.

7을 포함한다.'라는 것이고, 4는 노음(老陰)의 지위이고 6은 노음의 숫자이니 이것이 '4에 거하여 6을 포함한다.'라는 것입니다.[69] 이것이 서로 대대하는 것 역시 모두 자연적으로 나온 것일 뿐 사람이 어떻게 할 수 없는 까닭이라고 하겠습니다."

하니, 세자가 이르기를,

"알았다."

하였다. 이양천이 아뢰기를,

"'복을 짓고 위엄을 짓는다.〔作福作威〕'[70]라고 할 때의 이 작(作) 자에 비중을 두어 편하게 해석하면 안 될 것입니다. 만약 이를 오인한 나머지 임금이 자기 뜻대로 위복(威福)을 짓는다는 식으로 여긴다면 그 해가 이루 말할 수 없이 클 것입니다."

하니, 세자가 이르기를,

"알았다. 그런데 어떻게 하면 이런 걱정을 면할 수가 있겠는가?"

하자, 이양천이 아뢰기를,

"여기에는 다른 방법이 없고, 오직 학문하는 데에 달려 있을 뿐입니다."

하고는, 나를 돌아보며 말하기를,

69 1은……것입니다 : 녹문이 주희의 말을 인용하여 설명한 것인데, 《주역전의(周易傳義)》〈역본의도(易本義圖) 복희육십사괘차서지도(伏羲六十四卦次序之圖)〉의 부록(附錄)에 "사상이 정립된 뒤에는 태양이 1에 거하여 9를 포함하고, 소음이 2에 거하여 8을 포함하고, 소양이 3에 거하여 7을 포함하고, 태음이 4에 거하여 6을 포함하니, 이것이 바로 6, 7, 8, 9의 숫자가 정해지는 이유이다."라고 하였다.

70 복(福)을……짓는다 : 《서경》〈홍범〉의 "오직 임금만이 복을 짓고, 오직 임금만이 위엄을 짓고, 오직 임금만이 옥식을 할 수 있으니, 신하가 복을 짓고 위엄을 짓고 옥식을 하는 일이 있으면 안 된다.〔惟辟作福 惟辟作威 惟辟玉食 臣無有作福作威玉食〕"라는 말에서 추출하였다.

"잘 답변드릴 만한 방도가 있는가?"

하기에, 내가 아뢰기를,

"위복은 호오로부터 말미암는데, 위복을 짓는 것이 그 타당함을 얻는 것은 전적으로 '사사로이 좋아하는 생각을 짓는 일이 없고〔無有作好〕' '사사로이 미워하는 생각을 짓는 일이 없는〔無有作惡〕' 데에 달려 있을 뿐입니다. 그러나 '사사로이 좋아하거나 미워하는 일이 없게 하는 것〔無作好惡〕'은 억지로 할 수 있는 것이 아니요, 오직 임금의 시(視)가 명(明)하고 청(聽)이 총(聰)하여 털끝만큼도 막거나 가리는 일이 없게 하는 데에 달려 있을 뿐인데, 신이 일전에 총명이라는 두 글자에 대해서 누누이 진달하였으니, 어느 정도는 기억하고 계시리라고 믿습니다. 상문의 '무작호오(無作好惡)'가 아래에 있는 자들을 대상으로 말한 것이긴 합니다만, 임금이 반드시 먼저 무작호오해야만 아래에 있는 자들이 비로소 본받아 행할 수 있는 것이니, 준왕(遵王)[71]의 준(遵) 자를 보면 이를 알 수 있습니다."

하니, 세자가 이르기를,

"알았다."

하였다. 《통감》을 강하였다. 내가 아뢰기를,

"양관(楊綰)을 재상으로 임명한다는 제서(制書)가 내려지던 날에 조야가 서로 축하하였으며, 심지어 여간(黎幹)과 최관(崔寬)의 무리는 그 소식을 듣고는 자기의 잘못을 고치기까지 하는 등 그 효과가

71 준왕(遵王) : 《서경》 〈홍범〉의 "사사로이 좋아하는 생각이 없게 하여 왕의 도를 따르고, 사사로이 싫어하는 생각이 없게 하여 왕의 길을 따르라.〔無有作好 遵王之道 無有作惡 遵王之路〕"라는 대목의 '준왕'을 말한다.

그지없이 신속하였는데,[72] 이는 양관이 현능(賢能)해서만이 아니었습니다. 사씨(史氏)가 '대종(代宗)이 말년에 정신을 가다듬어 정치를 잘하려고 노력하였다.'라고 일컬었고 보면 대종의 마음이 예전과는 조금 달라졌을 것이라고 생각됩니다. 대저 대종의 시대에 기강과 풍속이 더 이상 여지없이 타락해서 그야말로 어떻게 해 볼 수 없을 정도까지 되었다고 말할 만하였는데, 하루아침에 홀연히 스스로 진작하여 한 사람의 양관을 얻어서 그를 등용하자 곧바로 이와 같은 효과가 나타나기에 이르렀습니다. 그러니 이를 통해서 본다면 현재의 세상이 어떠한지를 따질 것 없이 임금이 참으로 분발해서 뜻을 세울 수만 있으면, 삼대의 정치를 회복하지 못할 리가 있겠습니까."

하니, 세자가 이르기를,

"알았다."

하였다.

3월 기유일에 상이 "춘방과 계방은 서연의 책을 지참하고 입시하라."라는 명을 내렸으므로, 마침내 겸문학(兼文學) 이유수(李惟秀), 설서 한

72 양관(楊綰)을……신속하였는데 : 《통감절요》 권43 〈당기〉 대종 12년에 "4월에 양관(楊綰)을 중서 시랑(中書侍郞)으로 삼고 상곤(常袞)을 문하 시랑(門下侍郞)으로 삼아 모두 동평장사(同平章事)에 임명하였다. 양관은 성품이 청렴하고 검소하였으므로, 제서가 내려지던 날에 조야가 서로 축하하였다. 곽자의(郭子儀)는 바야흐로 손님들에게 연회를 베풀다가 이 소식을 듣고는 좌중 음악의 5분의 4를 줄였고, 경조윤(京兆尹) 여간(黎幹)은 시종하는 기마병이 매우 많았는데 그날 즉시 줄여서 10명의 기마병만을 남겨 두었으며, 중승(中丞)인 최관(崔寬)은 저택이 크고 화려하였는데 급히 헐어 버렸다."라고 하였다.

명여, 위솔(衛率) 여면주(呂冕周)와 함께 희정당(熙政堂)에 입시하였다. 세자는 먼저 와서 상을 모시고 앉아 있었다. 상이 세자에게 《서경》〈금등(金縢)〉의 '가을에 곡식이 크게 익어〔秋大熟〕'에서 종편까지 송하라고 명하였다. 한 차례 암송하는 동안 착오가 없었는데, 단지 '나 소자가〔惟朕小子〕'의 유(惟)를 금(今) 자로 잘못 암송하였다. 상이 이르기를,

"한 글자를 틀려서 약(略)[73]이다. 이제 문의를 시험해 볼 터인데, 이해하지 못하는 곳이 있으면 잡조(雜粗)의 약이 될 것이니, 신중히 하라."

하고는, 하문하기를,

"이공(二公)은 누구이냐?"

하니, 세자가 대답하기를,

"태공(太公)과 소공(召公)입니다."

하였다. 상이 이르기를,

"성왕(成王)도 성인이니, 주공과 같은 숙부를 어찌 차마 의심하려 했겠느냐. 그럼에도 주공을 의심하였으니, 그 이유는 무엇이냐?"

하니, 세자가 대답하기를,

"침윤(浸潤)의 참소와 부수(膚受)의 고자질[74]에 미혹되었기 때문입니다."

73 약(略) : 강서(講書) 성적 등급 중의 하나로 보통에 해당한다.

74 침윤(浸潤)의……고자질 : 누구나 듣고서 믿지 않을 수 없게 만드는 근거 없는 말들을 말한다. 《논어》〈안연〉에 자장(子張)이 총명한 사람에 대해서 묻자, 공자가 "점차로 젖어 들듯 하는 참소와 피부로 절박하게 느끼게 하는 고자질을 해도 효과가 없다면, 그런 사람은 총명하다고 이를 만하다."라고 하였다.

하였다. 상이 탄식하며 이르기를,

"〈술편(述篇)〉[75]에서 말하지 않았더냐. 증자의 모친도 삼지(三至)[76]의 설에 미혹되었으니, 침윤하고 부수하는 말이 사람을 현혹하는 것이 이러한 점이 있다. 성왕과 주공은 세상에서 말하는 자식과 같고 아버지와 같은 사이인데도 이와 같았으니, 더군다나 군신의 관계에서야 더 말해 무엇 하겠느냐. 그런데 성왕이 주공을 의심하게 된 것은 무슨 일 때문이었는지 말해 보라."

하니, 세자가 대답하기를,

"유언이 자기에게 이롭지 못하다고 생각했기 때문입니다."

하였다. 상이 이르기를,

"성왕이 의심하여 두려워한 것은 임금의 자리 때문이었다. 예로부터 임금은 매양 임금의 자리를 사적인 물건〔私物〕으로 여겼는데, 이는 잘못된 것이다. 송 태종(宋太宗)이 '소년천자(少年天子)'라는 말을 듣고는 불쾌한 기색을 보였는데,[77] 부자 사이에서도 이와 같았으니,

75 술편(述篇) : 《상훈집편(常訓輯編)》의 편명이다. 1745년(영조21) 영조가 세자를 훈유할 목적으로 《어제상훈(御製常訓)》이라는 글을 짓자, 사신(詞臣)들이 여기에 내용을 부연하여 1749년에 찬진한 것이다.

76 삼지(三至) : 세 차례 이르렀다는 뜻으로, 허무맹랑한 거짓말도 계속 듣다 보면 진실로 여기게 되는 것을 비유하는 말이다. 증삼(曾參)이 사람을 죽였다는 말을 계속해서 세 차례나 듣게 되자, 처음에는 믿지 않던 증삼의 모친도 그 말을 곧이듣고는 베틀에서 내려와 도망쳤다는 '참언삼지 자모불친(讒言三至 慈母不親)'의 고사에서 유래하였다. 《史記 樗里子甘茂列傳》

77 송……보였는데 : 송 태종이 순화(淳化) 연간에 아들인 수왕(壽王) 항(恒)을 황태자로 세운 뒤에 태자의 행차를 구경하던 도성의 사람들이 '소년천자'라면서 환호했다는 이야기를 듣고는 마음속으로 불쾌하게 여겨 구준(寇準)을 불러 말하기를 "인심이 벌써

어찌 어려운 일이 아니겠느냐. 이는 태종과 성왕 모두 사물(私物)이라는 생각을 없애지 못했기 때문이다."

하고는, 이어서 선조(先朝)의 주수도설(舟水圖說)[78]을 언급하며 이르기를,

"너는 임금의 자리가 즐길 만하다고 생각하느냐? 천하를 가지고 임금 한 사람을 받들게 하는 것이 아니라, 임금이 백성을 받들어 모시는 것이다."

하고, 또 이르기를,

"물은 배를 뒤집어엎을 수도 있고 배를 띄울 수도 있으니, 두려운 일이 아니겠느냐."

하였다. 이어서 하문하기를,

"오늘 아침에 병조 판서가 진달하는 말을 들으니, 네가 서연에 나삼과 임성주를 불러서 보았다고 하던데, 사실이냐?"

하니, 세자가 대답하기를,

"사실입니다."

하였다. 상이 이르기를,

"이 일도 문질(文質)과 관련해서 말할 수 있는 점이 있다. 만약 그가

태자에게 쏠리고 있으니, 나를 어떤 지경에 놔두려고 이러는 것인가."라고 하자, 구준이 정색하고 재배하며 "이는 사직의 복입니다."라고 하례했다는 고사가 전한다.《宋史 寇準列傳》

78 주수도설(舟水圖說) : 1675년(숙종1) 숙종이 〈주수도(舟水圖)〉를 그리게 하고는 치국의 요체를 다섯 가지 항목으로 나누어 적어 놓은 것을 말한다. 주수는《순자(荀子)》〈왕제(王制)〉의 "임금이 배라면 서민은 물이다. 물은 배를 띄우기도 하고 뒤집어엎기도 한다.〔君者舟也 庶人者水也 水則載舟 水則覆舟〕"라는 말에서 나온 것으로, 임금과 백성의 관계를 비유하는 말로 쓰인다.《肅宗實錄 1年 11月 16日, 附錄 肅宗大王誌文》

설명하는 문의를 듣고서 마음속으로 참으로 탄복하여 그를 불렀다면 이는 질(質)이라고 하겠지만, 춘방의 말만 듣고서 명성을 취하려고 그를 불렀다면 이는 문구(文具)라고 할 것이다. 내가 병조 판서가 진달하는 말을 듣고서 인재를 아끼는 도리로 보아서도 한번 만나 봐야겠다는 생각이 들기에 그를 불렀다."

하고는, 이어서 하문하기를,

"누가 임성주인가?"

하였다. 그때 나는 한명여의 뒤에 엎드려 있었는데, 한명여가 조금 자리를 옮기고는 나를 가리켜 말하기를,

"이 사람입니다."

하였다. 상이 다시 〈금등〉을 가져다가 책을 뒤적거리며 살펴보더니 세자에게 이르기를,

"삼숙(三叔)[79]이 무경(武庚)과 작란(作亂)하지 않았다면 성왕으로서는 어떻게 처리해야 했겠느냐? 주공과 관채(管蔡 관숙(管叔)과 채숙(蔡叔))는 현불초(賢不肖)가 비록 같지 않지만 모두 성왕의 숙부인데, 네가 그 입장에 있었다면 어떻게 처리하였겠느냐?"

하니, 세자가 대답하기를,

"모반의 형적이 아직 드러나지 않은 상황에서는 무턱대고 주륙하기

79 삼숙(三叔) : 주 무왕의 형제인 관숙, 채숙, 곽숙(霍叔) 3인의 병칭이다. 삼감(三監)이라고도 한다. 무왕이 상(商)을 멸한 뒤에 상의 구도(舊都)를 주(紂)의 아들인 무경(武庚)에게 봉해 주고는 은도(殷都) 이동(以東)과 이서(以西)와 이북(以北)의 위(衛)와 용(鄘)과 패(邶)를 각각 삼숙으로 하여금 감리(監理)하게 하였는데, 무왕이 죽고 그 아들 성왕이 나이가 어려 주공이 섭정하자, 삼숙이 그를 시기하여 주공이 찬역하려 한다고 유언을 퍼뜨렸다.

가 실로 어려우니, 이 일은 처리하기가 매우 어려울 것 같습니다."

하였다. 상이 이르기를,

"주륙하지는 않는다고 하더라도 유언한 그 죄는 다스리지 않을 것이냐? 그러나 이 일은 과연 처치하기가 어렵긴 하겠다."

하고는, 이어서 춘방과 계방에게 각자 소견을 진달하라고 명하였다. 내가 아뢰기를,

"신의 생각에, 무경은 방폐(放廢 폐출(廢黜))해야 마땅하고, 삼숙은 응당 안으로 불러들이는 것이 선처하는 도리라고 여겨집니다."

하니, 상이 이르기를,

"무경은 유언하지 않은 것 같다."

하였으므로, 내가 아뢰기를,

"삼숙과 무경이 공동으로 유언을 지어내었습니다."

하고, 한명여가 아뢰기를,

"〈금등〉의 본문에서 무경을 언급하지 않은 것에 대하여, 주에서 '삼숙의 죄를 뚜렷이 드러내려고 했기 때문이다.'라고 설명하였습니다."

하였다. 강이 끝나자 상이 웃으면서 세자에게 이르기를,

"글은 숙독하는 것이 중요한데, 그냥 구송(口誦)만 하기 때문에 금방 잊어버리는 것이다. 속담에 '장씨네 셋째 아들이 칼로 사람을 죽였는데, 이씨네 둘째 아들이 처벌받고 죽는다.'라는 말이 있는데, 네가 열심히 읽지 않은 탓으로 강관이 추고를 받게 하였다. 내가 너를 위해 예전에 없던 규정을 새로 만들어서 강관으로 하여금 10여 차례 권면하여 읽게끔 하였다. 이 일만으로도 수고로울 텐데 수고하고서도 견책을 당한다면 억울하지 않겠느냐."

하고는, 크게 웃으며 강관에게 이르기를,

"오늘은 이미 이 일을 행하였으니, 하나의 노역(勞役)은 안 해도 무방하다."

하였는데, 하나의 노역은 소대를 가리키는 것이었다. 마침내 자리를 파하고 밖으로 나왔다.

○ 경술일에 이유수가 정언을 제수받고 나갔으므로, 단지 한명여와 함께 서연에 입시하였다. 내가 기복하여 아뢰기를,

"신이 전후로 매번 입지(立志)의 설을 가지고 진달하였는데, 저하께서는 별로 유의해서 들으려고 하지 않으십니다. 대저 입지는 특별히 고원한 일이 아닙니다. 개연히 흠모하며 따라가려는 뜻이 있으면 이것이 뜻을 지닌 것이고, 이로 말미암아 마음을 굳게 정하여 흔들리지 않으면서 생각할 때마다 잊지 않으면 이것이 뜻을 세우는 것입니다. 뜻이 참으로 세워지기만 하면 격물치지, 성의정심의 공부도 자연히 점차적으로 진보할 것이니, 원래 어려울 것이 없습니다. 설문청(薛文淸)이 말하기를 "나의 마음이 참으로 학문에 뜻을 둔다면 하늘은 정녕 나의 소원을 들어줄 것이다."라고 하였고,[80] 주자도 말하기를 '양기가 발하는 곳이면 쇠와 돌도 뚫어지나니, 정신이 한곳에 모이면 무슨 일인들 이룰 수 없겠는가.'[81]라고 하였습니다. 그러니 세상에 뜻을 세웠는데도 일이 이루어지지 않는 경우가 있겠으며, 또 뜻이 없는데도 일을 해낼 수 있는 경우가 있겠습니까. 한 문제(漢文帝)의 현능함으로 말하면 삼대 이후로 그와 견줄 자가 없다고 할

80 설……하였고 : 문청은 명(明)나라 설선(薛瑄)의 시호(諡號)이다. 설선의 말은 그의 《독서록(讀書錄)》 권7에 나온다.

81 양기가……없겠는가 : 《주자어류》 권8 〈총론위학지방(總論爲學之方)〉에 나온다.

터인데도, 선정신 이이가 '그는 스스로 포기했다.'라고 논척한 것[82]은 참으로 그가 조금 얻고서 만족하였을 뿐 큰일을 해 보려는 뜻이 없었던 탓으로, 한 사람의 가의(賈誼)가 있었어도 그를 제대로 쓰지 못하여, 후세로 하여금 삼대의 치세를 다시 보지 못하게 했기 때문입니다. 그렇기 때문에 정자(程子)가 일찍이 말하기를 '일등은 다른 사람에게 양보하고 자기는 이등이나 되겠다고 말하는 순간, 그것은 스스로 포기하는 것이다.'[83]라고 한 것이니, 이 말이 참으로 절실하여 음미할 만합니다. 삼가 살펴보건대 저하께서 매양 겸양하는 말씀을 하십니다만, 그 겸양에도 두 가지가 있습니다. 있어도 없는 것처럼 하고, 찼어도 빈 것처럼 하고, 유능하면서도 무능한 자에게 물어보고, 박학다식하면서도 천학과문(淺學寡聞)한 자에게 물어보는 것[84]을 안자가 했던 것처럼 한다면 이것이야말로 겸광(謙光)[85]의 미덕이라고 하겠습니다만, 만약 그 지취(志趣)가 비소(卑小)하여 '성인의 일은 엄두

82 선정신……것 : 한 문제가 왕도를 행할 자질을 소유했으면서도 고작 패도로 그친 것을 개탄한 말이다. 91쪽 주19 참조.

83 일등은……것이다 : 녹문이 "일등은 다른 사람에게 양보하고 자기는 이등이나 되겠다고 말하지 말라. 이렇게 말한다면 스스로 포기하는 것이 된다. 비록 인에 거하지 않고 의에 따라 행동하지 않는 자와는 그 차이가 같지 않다 할지라도, 자기 자신을 작게 여기는 것은 마찬가지이다. 학문으로 말한다면 도에 뜻을 두어야 할 것이요, 사람으로 말한다면 성인에 뜻을 두어야 할 것이다."라는 정호의 말을 간추려서 인용한 것이다. 《近思錄 卷2 爲學》

84 있어도……것 : 증자가 안회을 평한 말로, 《논어》 〈태백(太伯)〉에 나오는데, 녹문이 순서를 바꿔서 인용하였다.

85 겸광(謙光) : 《주역》 〈겸괘(謙卦) 단(彖)〉의 '겸존이광(謙尊而光)'의 준말로, 존귀한 이의 겸손한 덕이 밖으로 성대하게 드러나 빛을 발한다는 뜻이다.

도 낼 수 없다.'라고 말한다면 이는 퇴탁(退托)하는 것이지 진실로 겸양하는 것이 아니니, 이 점을 분변하지 않으면 안 될 것입니다."

하니, 세자가 이르기를,

"알았다."

하였다.

○ 병인일에 입직하고, 보덕(輔德) 임상로(林象老), 사서 심수와 함께 소대에 입시하였다. 세자가 서연에서 배운 대로 '외복에 있는〔越在外服〕'에서 '스스로 징벌을 부른 것이다.〔自速辜〕'까지 습송하였다.-〈주고(酒誥)〉이다.- 내가 아뢰기를,

"불감(不敢)과 불가(不暇) 두 단어는 뜻이 같지 않습니다. 불감은 단지 술에 대해서 계근(戒謹)하고 공구(恐懼)하여 혹시라도 빠져들까 걱정하는 것일 뿐이지만, 불가는 도리의 측면에서 특별히 마음 쓰는 곳이 있으므로 밤낮으로 열심히 노력하는 것입니다. 그리하여 오직 왕의 덕이 이루어져 드러나게 하는 것과 윤인(尹人 백관과 제후의 우두머리)이 임금을 공경하는 일을 도와서 이루어 주는 것을 할 따름이요, 이 밖에는 다른 생각을 하는 것이 없으니, 이렇게 되면 술에 대해서는 잊어버리게 되는 만큼, 불감과 비교해서 그 의미가 자별합니다. 《논어》의 '음식에 배부름을 구하지 않고, 거처에 편안함을 구하지 않는다.'[86]의 주에서 '뜻을 둔 곳이 따로 있어서 그 일에는 미칠 겨를이 없기 때문이다.'라고 한 것이 이것과 같은 뜻입니다. 한편 주(紂)가 스스로 방일함을 그만둘 것을 생각하지 않은 것으로 말하면 그의 뜻이 방일함에 있으므로 선을 행할 겨를이 없었던 것이니, 그

86 음식에……않는다 : 《논어》〈학이(學而)〉에 나오는 공자의 말이다.

경우는 이것과 완전히 상반되는 것입니다. 이른바 '길한 사람은 선행을 하면서 날마다 부족하게 여기고, 흉한 사람은 악행을 하면서 날마다 부족하게 여긴다.'[87]라는 말은 바로 이를 두고 말한 것입니다."

하였다. 《통감》을 읽었다.-어디에서 어디까지 읽었는지는 잊어서 기억이 나지 않는다.- 심수가 아뢰기를,

"이 비(否), 태(泰), 손(損), 익(益)의 4괘는 도(圖)가 있어야 분명히 이해할 수 있겠기에, 신이 감히 도를 가지고 왔습니다."

하니, 세자가 올리라고 명하였다. 그러고는 하순하기를,

"'위를 덜어서 아래에 보태 준다.〔損上益下〕'라는 것과 '아래를 덜어서 위에 보태 준다.〔損下益上〕'라는 것은 무엇을 말하는 것이냐?"

하기에, 내가 아뢰기를,

"이것은 건(乾)과 곤(坤)의 2괘를 위주로 해서 볼 때, 익(益)의 상괘(上卦)는 초획(初畫)이 본래 양이고 하괘(下卦)는 초획이 본래 음이었는데 지금 서로 뒤바뀌었으니, 손(損)의 상괘의 양을 덜어서 익(益)의 하괘의 음에 보태 준 것이기 때문에 손상익하(損上益下)라고 말한 것입니다. 손의 하괘는 상획(上畫)이 본래 양이고 상괘는 상획이 본래 음이었는데 지금 서로 바뀌었으니, 손의 하괘의 양을 덜어서 익의 상괘의 음에 보태 준 것이기 때문에 손하익상(損下益上)이라고 말한 것입니다."

하니, 세자가 이르기를,

"알았다."

하였다. 심수가 '성호추성(性好推誠)'[88]의 한 단락을 논하는 김에 인신이

87 길한……여긴다 : 《서경》 〈태서 중(泰誓中)〉에 나오는 말을 인용한 것이다.

간언을 올리고 인군이 간언을 받아들이는 도리를 극구 진달하였는데, 그 말이 지극히 통절(痛切)하였다. 세자가 이르기를,

"오늘 강한 것은 모두 좋았다. '위엄으로 두렵게 하고, 말로 꺾어 버린다.〔震之以威 折之以辨〕'[89]라는 두 구절이 가장 좋았는데, 그중에서도 말로 꺾어 버리는 것은 더욱 경계할 일이라고 하겠다."

하였다.

4월 을유일에 문학 정기안(鄭基安), 겸사서 신위(申暐)와 함께 서연에 입시하였다. 〈낙고(洛誥)〉[90]의 '왕이 손을 짚고 머리를 조아리며〔王拜手稽首〕'에서 '불길이 번져 끌 수 없다.〔敍不其絶〕'까지 읽었다. 강이 끝나자 신위가 기복하여 아뢰기를,

"세마 임성주는 바로 고(故) 평안 감사 임의백(任義伯)의 현손입니다. 임의백은 선정신 문원공(文元公) 김장생(金長生)의 문하에서 수업하며, 선정신 문정공(文正公) 송시열(宋時烈), 문정공 송준길(宋浚吉)과 벗으로 친하게 지냈는데, 두 분 선정이 극구 추허(推許)하였습니다. 또 효종조(孝宗朝) 당시에 매우 깊이 지우를 받아 누차 방백에 임명되는 등 한 시대의 명신으로 일컬어졌습니다. 임성주는 명조(名祖)의 후손으로서 성행(性行)이 단결(端潔)하고 학식이 정

88 성호추성(性好推誠) : 자신의 본성이 성심으로 남을 대하는 것을 좋아한다는 뜻으로, 당 덕종(唐德宗)이 육지(陸贄)에게 중사(中使)를 보내 유시하면서 자화자찬한 말이다. 《通鑑節要 卷44 唐紀 德宗4年》

89 위엄으로……버린다 : 육지가 당 덕종에게 건의한 말이다. 《資治通鑑 卷229》

90 낙고(洛誥) : 대본에는 '召誥'로 되어 있는데, 문맥에 근거하여 '召'를 '洛'으로 바로잡아 번역하였다.

투(精透)하기 때문에 세상에서 경학뿐만이 아니라 문장과 경륜에도 통하지 않음이 없다고 일컫고 있습니다. 고 판서 이재(李縡)는 바로 당대에 유림의 종장이었는데도, 그를 외우(畏友)로 대우하였고 소년으로 보지 않았습니다. 지금처럼 인재가 부족한 때에 이와 같은 강관(講官)을 얻기가 실로 쉽지 않기 때문에, 그가 세마에 제배(除拜)되던 날에 신이 국가를 위하여 인재를 얻게 된 것을 매우 기뻐하였습니다. 그런데 조금 전에 보니 그가 문의를 진달하는 것이 매우 적었는데, 필시 '계방은 춘방과 다르다.'라고 스스로 생각해서 많이 진달하려 하지 않았기 때문일 것입니다. 조가(朝家)에서 계방으로 하여금 책을 끼고 서연에 올라오게 한 이상에는, 저하의 학문을 도와 드리는 도리로 보아 춘방과 다르게 대우하는 점이 없어야 할 것이니, 그 사이에 스스로 형적(形迹 혐의(嫌疑))을 두게 해서야 되겠습니까. 지금부터는 그로 하여금 다시는 이렇게 하지 말고 죄다 말씀드리면서 숨기는 것이 없게 해 주었으면 합니다."

하고, 또 아뢰기를,

"과목지인(科目之人)[91]이 어찌 감히 경술(經術 경학)을 전공하는 선비와 견주겠습니까. 계방이 참하(參下)의 신분으로 그 직책에 오래 있었기에 감히 진달드렸습니다."

하니, 세자가 이르기를,

"알았다."

하였다.

91 과목지인(科目之人) : 과거 시험의 몇 과목에 겨우 합격하여 벼슬하게 된 사람이라는 뜻의 겸칭인데, 보통 과목인(科目人)이라고 칭한다.

5월 경신일에 문학 정기안(鄭基安), 설서 이의암(李宜馣)과 함께 시민당(時敏堂)에서의 소대에 입시하였다. '이해에 이길보가〔是歲李吉甫〕'에서 '나는 결코 그렇게 하지 못하겠다.〔垍必不可〕'[92]까지 읽었다.-원화(元和) 2년(807)과 3년이다.- 내가 아뢰기를,

"이길보가 원화국계부(元和國計簿)를 지어 올린 것이 긴요하지 않은 일 같기도 하지만, 비용을 절약하여 나라를 풍족하게 하는 방도에 있어서는 이 일이 가장 중요하고 긴절(緊切)합니다. 대개 인군이 국계(國計)의 출입의 수에 대해 관심이 없어서 알지 못하게 되면 자연히 소경이 깜깜한 길을 지팡이로 두들기며 가는 격을 면치 못하여 쓸데없는 경비를 헛되이 쓰고 말 것이니, 예로부터 내려오는 큰 걱정거리입니다. 이른바 국계부는 매년 세입과 지출하는 비용의 수를 취하여, 1건 1항마다 하나하나 구체적으로 적어서 수입이 얼마이며 지출이 얼마인지 손바닥을 가리키듯 명확히 파악할 수 있게 총체적으로 배열해 놓은 것입니다. 따라서 1년의 지출을 1년의 수입과 대조하면 자연히 절약하여 과용하지 않게 될 것이니, 이른바 '수입을 헤아려서 경비를 지출한다.'[93]라는 것이 바로 이런 것입니다. 명나라

92 이해에……못하겠다 : 《통감절요》 권46 〈당기〉 헌종(憲宗) 원화(元和) 2년(807)의 '이해에 이길보가 원화국계부를 지어 올렸다.〔是歲李吉甫撰元和國計簿 上之〕'에서 동 3년의 '나는 결코 그렇게 하지 못하겠다.〔垍必不可〕'까지의 내용이다. 국계부는 국가 재정에 관한 내용을 적은 문부(文簿)를 말한다. 나〔垍〕는 배기(裴垍)를 가리킨다. 원화 3년에 호부 시랑(戶部侍郎)에서 중서시랑 동평장사(中書侍郎同平章事)에 임명되었는데, 친구가 찾아와서 관직을 청탁하자 "그대의 재주는 이 관직에 걸맞지 않으니, 감히 친구의 사정 때문에 조정의 지공한 도리를 손상할 수는 없다. 뒷날 눈먼 재상 중에 공을 가엾게 여기는 자가 있다면 이 벼슬을 얻어도 상관없겠지만, 나는 결코 그렇게 하지 못하겠다."라고 거절하였다.

유자인 구준(丘濬)이 일찍이 이 일에 대해서 적극적으로 강구하여 대책을 제시하였는데, 그 설이 《대학연의보(大學衍義補)》에 갖추 나와 있습니다. 전고(前古)의 세입의 수를 두루 살펴보면 후대로 내려갈수록 전대보다 더 늘어나곤 하였는데, 그 용처를 보면 전대는 매양 여유가 있었던 반면에 후대는 매양 부족하곤 하였으니, 이렇게 된 까닭은 어디에 있겠습니까? 쓸데없는 관원과 군병이 많아서 그런 것에 불과합니다. 대저 조종이 융성할 때에는 그 관원과 군병을 가지고도 치안을 제대로 하였는데, 후세에는 관원과 군병이 늘어날수록 정치는 더욱 잘못되었습니다. 그럼에도 불구하고 여전히 그 수를 줄일 줄 모른 탓으로 수입이 지출을 채우지 못할 지경에 이르면 잡다하게 명색을 만들어 내어 백성에게서 탈취하지 않을 수 없었으니, 세간가(稅間架)[94]와 제맥전(除陌錢),[95] 각고(榷酤)[96]와 각염(榷鹽)

93 수입을……지출한다 : 《예기》 〈왕제(王制)〉의 "풍년과 흉년을 참작하여 30년간의 수입을 통산한 뒤에 나라의 예산을 정하고 수입을 헤아려서 경비를 지출한다."라는 말에서 나온 것이다.

94 세간가(稅間架) : 간가(間架)에 매기는 세금이라는 뜻으로, 당 덕종(唐德宗) 때 호부 시랑 조찬(趙贊)이 제정한 가옥세(家屋稅)의 일종인데, 간가세(間架稅)라고도 한다. 주택의 2가(架)를 1간(間)으로 계산하여, 상옥(上屋)은 2000전(錢), 중옥(中屋)은 1000전, 하옥(下屋)은 500전을 징수하였다. 《資治通鑑 唐德宗建中4年》

95 제맥전(除陌錢) : 당 덕종 때 제정된 잡세(雜稅)로, 공사 간에 매매할 때마다 그 액수에 따라 일정한 비율로 징수하였는데, 징수액이 갈수록 증가하고 징벌의 강도가 점점 심해지면서 민원이 비등하자 홍원(興元) 2년(785) 1월에 폐지하였다. 제맥(除陌)이라고도 한다. 《舊唐書 德宗本紀上》

96 각고(榷酤) : 국가에서 술을 전매하는 제도, 혹은 술에 세금을 부과하여 징수하는 것을 말한다. 각고(榷沽), 각주(榷酒), 각주고(榷酒酤), 주각(酒榷)이라고도 한다. 한 무제(漢武帝) 천한(天漢) 3년(기원전 98)에 제정된 이후 계속 실시해 왔다. 《漢書 武帝紀》

등 허다하게 구차한 정사가 이렇게 해서 분연히 일어나게 되었습니다. 이러고서야 백성들이 어떻게 감내할 수 있겠으며, 나라가 어떻게 망하지 않을 수 있겠습니까. 송나라 신하인 증공(曾鞏)이 일찍이 경덕(景德), 황우(皇祐), 치평(治平)의 삼조(三朝)를 비교해 논하면서 '참으로 유사에게 명하여 재적을 고사(考査)하도록 하여 폐지할 것은 폐지하고 덜어 낼 것은 덜어 내게 해야 한다. 그리하여 비용으로 지출하는 것을 모두 경덕 연간의 수와 같게 하면 절반은 줄일 수 있을 것이다.'[97]라고 하였습니다. 경덕과 황우와 치평은 바로 진종(眞宗)과 인종(仁宗)과 영종(英宗) 삼조의 연호입니다. 그의 말이 지극히 명확하고 절실하니, 이재(理財)의 요체로는 이보다 더 나은 것이 없습니다. 그러나 요약해서 말하면, 그것도 단지 '수입을 헤아려서 경비를 지출한다.〔量入爲出〕'는 말에 불과할 뿐입니다."

하니, 세자가 이르기를,

"알았다."

하였다.

9월 정축일에 문학 유한소(兪漢蕭), 사서 윤동승(尹東昇)과 함께 덕성합(德成閤)에서의 소대에 입시하였다. '3월에 오수림이〔三月吳秀琳〕'에서 '천여 명의 수급을 베었다.〔斬首千餘級〕'까지 읽었다. 내가 아뢰기를,

"'회서(淮西)를 평정한' 일에는 본받을 만한 점도 있고 경계해야 할 점도 있습니다. 당나라는 대종(代宗) 이래로 오로지 원칙 없이 관용

97 참으로……것이다 : 구준이 지은 《대학연의보》 권21에 수록된 내용 중에서 녹문이 중요 부분만 뽑아서 인용한 것이다.

을 베푸는 정책을 채용한 나머지 번진(藩鎭)이 발호(跋扈)해도 다시 제어할 수 없는 결과를 빚고 말았습니다. 그러다가 헌종(憲宗)의 시대에 이르러서는 그야말로 이른바 어떻게 해 볼 수 없는 지경이 되었는데, 하루아침에 개연히 발분(發憤)하여 분연(奮然)히 용병한 것입니다. 그런데 처음에는 소활(疏闊)해서 생각한 대로 되기 어려울 것도 같았지만 마침내는 차례로 평정을 하였으니, 다른 이유가 있지 않고 단지 뜻을 세웠기 때문에 그런 것입니다. 성어(成語)에 '뜻이 있는 사람은 일을 끝내 성취한다.〔有志者事竟成〕'[98]라는 말이 있고, 주자도 '양기가 발하는 곳이면 쇠와 돌도 뚫어지나니, 정신이 한곳에 모이면 무슨 일인들 이룰 수 없겠는가.'라고 하였습니다. 신이 전후에 걸쳐 입지라는 두 글자를 가지고 누차 진달하였으니, 저하께서 기억하고 계시리라 삼가 생각합니다. 큰일과 작은 일을 막론하고, 어찌 뜻을 세우고서도 일이 이루어지지 않는 경우가 있겠습니까. 비록 삼대의 정치라고 할지라도 진짜로 뜻을 세울 수만 있으면 그때부터 점차 목표에 도달할 수 있습니다. 이것을 여기에서 징험해 보면 더욱 분명히 드러나 의심할 것이 없으니, 이것은 본받을 만한 점이라고 하겠습니다. 무릇 사람의 마음이란 지향하는 곳이 있으면 곧바로 집착함이 있게 마련이고, 집착함이 있으면 비록 좋은 일이라 할지라도 거꾸로 일을 해치는 쪽으로 귀결되곤 합니다. 가령 회서를

98 뜻이……성취한다 : 후한 광무제(後漢光武帝)가 임치(臨淄)에 와서 신하들이 다 모인 자리에서, 대장군 경감(耿弇)의 공이 옛날에 제(齊)를 평정한 한신(韓信)보다 더 뛰어나다고 칭찬을 하면서 "장군이 전에 남양에서 이 대책을 세웠을 적에, 워낙 소활(疏闊)해서 생각한 대로 되기 어려우리라고 내가 늘 여겼었는데, 뜻이 있는 사람은 일을 끝내 성취하는구나."라고 말한 고사에서 발췌한 것이다. 《後漢書 耿弇列傳》

평정한 일 하나만 보더라도 그것이 어찌 좋은 일이 아니었겠습니까마는, 뜻을 지닌 것이 워낙 견고해서 계착(係著)함이 없을 수가 없었습니다. 그렇기 때문에 이 일에 대해서 이의를 제기하기만 하면 장홍정(張弘靖)이나 위관지(韋貫之) 같은 현신이라 할지라도 곧장 모조리 퇴척(退斥)하였고, 이 일에 대해 도움이 되겠다 싶으면 황보박(皇甫鎛)과 같은 소인이라 할지라도 곧장 탁용(擢用)하는 정사를 행하였는데, 이렇게 되자 외부의 공이 미처 이루어지기도 전에 근본이 되는 바탕이 먼저 붕괴되고 말았습니다. 얼마 지나지 않아 황보박과 정이(程异)가 나란히 재상이 되면서 배도(裴度) 역시 붕당으로 몰려 파직되었는데, 마침내는 자기 한 몸도 보전하지 못한 상태에서 나라도 뒤따라 멸망하고 말았습니다. 그 병폐의 근원이 되는 곳을 찾아보면 실로 한 생각의 계착에 말미암은 것이니, 이것은 경계해야 할 점이라고 하겠습니다."

하니, 세자가 이르기를,

"알았다."

하였다.

○ 무자일에 겸보덕(兼輔德) 김선행(金善行), 설서 김시묵(金時默)과 함께 소대에 입시하였다. '상이 유비가 조제한 단약(丹藥)을 복용하고〔上服柳泌藥〕'[99]에서 '스스로 유후라고 칭하였다.〔自稱留後〕'[100]까지

99 상(上)이……복용하고 : 《통감절요》 권46 〈당기〉 헌종(憲宗) 원화(元和) 14년(819)의 "상이 유비가 조제한 단약을 복용하고는 날이 갈수록 조갈증이 더해졌다."라는 기사를 말한다.

100 스스로 유후(留後)라고 칭하였다. : 《통감절요》 권47 〈당기〉 목종(穆宗) 장경(長慶) 1년(821)의 "성덕병마사 왕정주가 절도사 전홍정을 죽이고 스스로 유후라고

읽었다. 내가 아뢰기를,

"우이(牛李)의 당(黨)[101]에 물론 이쪽보다 저쪽이 나은 경우도 있습니다만, 그 대체를 논한다면 사정(邪正)이나 흑백을 비교해서 말할 만한 것이 별로 없습니다. 따라서 이와 같은 부류에 대해서는 바로 융화해서 보합(保合)해야 마땅하니, 이쪽과 저쪽을 따질 것 없이 오직 재주에 따라서 그들을 써야 할 것입니다. 그래서 선정신 이이(李珥)가 동서로 당이 나뉜 초기에 '이쪽이나 저쪽이나 모두 사류(士類)이니 변별하면 안 된다.'"라면서 조제해야 한다는 논을 극력 주도했던 것입니다. 그러나 사정이 이미 결판나고 흑백이 나뉜 뒤라면, 일의 체모가 자별하니 보합하면 안 됩니다. 그래서 구양수(歐陽脩)의 〈붕당론(朋黨論)〉과 주자의 〈여유승상서(與留丞相書)〉[102]에서 모두 변별하는 것을 의리로 삼았으니, 이것이 같은 것 같으면서도 실제로는 다른 것입니다."

칭하였다.〔成德兵馬使王庭湊殺節度使田弘正 自稱留後〕"라는 기사를 말한다. 유후는 관직 이름이다. 당나라 중엽 이후로 번진의 세력이 점점 강대해지는 과정에서, 절도사에게 우연히 사고가 생기면 왕왕 그 자질(子侄)이나 신임하는 장리(將吏)에게 그 직무를 대신 행하게 하고는, 이를 절도유후(節度留後) 혹은 관찰유후(觀察留後)라고 칭하였는데, 반장(叛將)이 통수권을 빼앗고 나서 스스로 유후라고 칭하는 경우도 있었다. 본문의 내용은 물론 후자의 경우에 속한다.

101 우이(牛李)의 당(黨) : 우승유(牛僧孺), 이종민(李宗閔)의 당파와 이길보(李吉甫), 이덕유(李德裕) 부자의 당파를 가리킨다. 《통감절요》 권47 〈당기〉 목종 장경 1년의 기사에 이와 관련된 내용이 나온다.

102 여유승상서(與留丞相書) : 사대부의 붕당을 걱정한 승상 유정(留正)에게 보낸 글을 말하는데, 군자의 당을 적극적으로 옹호하는 내용으로 되어 있다. 《회암집》 권28에 있다.

하니, 세자가 이르기를,

"알았다."

하였다.

10월 병신일에 문학 유한소(兪漢蕭), 설서 김시묵(金時默)과 함께 서연에 입시하였다. 《서경》〈군진(君陳)〉의 첫머리부터 '어질고 밝게 될 것이다.〔良顯哉〕'까지 읽었다. 유한소가 문의를 설명하며 갈씨(葛氏)의 설[103]이 꼭 맞지는 않는다고 하자, 김시묵이 아뢰기를,

"'이 꾀와 계책은 우리 임금님의 덕이다.'라는 대목으로 말하면, 신하 된 도리에 있어서야 물론 이와 같이 해야 하겠지만, 임금이 그렇게 하라고 시키는 것은 미안할 듯하니, 갈씨의 설이 옳을 듯싶습니다."

하였다. 세자가 이르기를,

"계방의 뜻은 어떠한가?"

하기에, 내가 아뢰기를,

"신의 의견도 하번(下番 김시묵)과 같습니다."

103 갈씨(葛氏)의 설 : 성왕(成王)이 신하 군진에게 "그대에게 좋은 꾀와 좋은 계책이 있거든 안으로 들어와서 그대의 임금에게 고하고, 밖으로 나와서 전하기를 '이 꾀와 계책은 우리 임금님의 덕이다.'라고 하라. 아, 신하가 모두 이와 같이 해야만 어질고 밝게 될 것이다."라고 말하였는데, 이에 대해서 송나라 갈홍인(葛興仁)이 "성왕의 이 말은 대단히 잘못되었다. 자기 신하로 하여금 좋은 일이 있으면 임금을 칭하게 하였는데, 이것이 신하 된 자의 사소한 행동에 관계된 것이긴 하나, 임금에게 이런 마음이 있게 되면, 임금의 과실이 있을 경우에 장차 누구에게 쟁집하게 하겠는가. 우는 좋은 말을 들으면 절을 하였고, 탕은 과실을 고치는 것에 인색하지 않았으니, 이런 말을 결코 하지 않았을 것이다. 아, 이것이 바로 성왕이 그 정도밖에 되지 못한 이유라고 하겠다."라고 비판하였다. 《書經 君陳》

하고, 이어서 아뢰기를,

"저번에 저하께서 '법이 오래되어 폐단이 생긴다면 선왕의 전장(典章)이라는 이유로 개정하지 않는대서야 어찌 말이 되겠는가.'라고 하셨는데, 이 말씀이 정말 지극히 좋습니다. 그러나 이 장의 내용을 가지고 살펴보건대 '폐지할 일이 있고 일으킬 일이 있을 적에, 이모저모로 너의 무리들과 더불어 헤아려 보라.'라고 말하고 나서 또 '사람들의 말이 같더라도 다시 깊이 생각해 보라.'라고 말하였는데,[104] 법을 개정할 일이 있으면 개정하는 것이 물론 옳지만 개정할 적에는 반드시 십분 신중하게 살펴서 해야지 경솔하게 아무렇게나 개정하면 안 된다는 뜻입니다. 개정해야 하는데 개정하지 않으면 물론 폐법(弊法)을 타개하여 민생을 구제할 수가 없지만, 개정하더라도 제대로 살피지 못한 경우에는 숙폐(宿弊)는 제거했더라도 새로운 병폐가 또 어지럽게 일어나서 개정하지 않았을 때보다 오히려 더 심해질 수도 있으니, 이 두 가지 중에서 어느 하나라도 무시하면 정말 안 될 것입니다. 공자가 '일에 임하여 두려워하고 도모하기를 좋아하여 성공해야 한다.'[105]라고 말했는데, 그 뜻도 바로 이와 같은 것입니다."

하니, 세자가 이르기를,

104 폐지할……말하였는데 : 《서경》 〈군진〉의 "정사를 도모하되 혹시라도 쉽게 여기지 말고서, 폐지할 일이 있고 일으킬 일이 있을 적에, 이모저모로 너의 무리들과 더불어 헤아려 보고 사람들의 말이 같더라도 다시 깊이 생각해 보라."라는 말을 인용한 것이다.

105 일에……한다 : 《논어》 〈술이〉에 자로가 "선생님이 삼군(三軍)을 거느리시면 누구와 함께하시겠습니까."라고 묻자, 공자가 "맨손으로 범을 잡으려 하고 맨몸으로 강하를 건너려 하면서 죽어도 후회하지 않을 자와는 함께하지 않을 것이니, 나는 반드시 일에 임하여 두려워하고 도모하기를 좋아하여 성공하는 자와 함께할 것이다."라고 하였다.

"알았다."

하였다. 잠시 물러났다가 다시 들어와서, 유한소가 청문(請問)하기를,

"조금 전에 강한 갈씨의 설이 저하의 뜻에는 과연 어떠합니까?"

하자, 세자가 답하기를,

"갈씨의 설이 옳은 것 같다."

하였다. 이에 내가 아뢰기를,

"이 대목은 인군의 입장에서 말할 때에만 미안한 것이 아닙니다. 인신의 입장에서 말하더라도, 좋은 꾀와 좋은 계책을 들어와서 임금에게 고하고 임금이 즉시로 그 말을 듣고서 채용한다면 이것이야말로 성덕(盛德)이 되는 일이니, 어찌 꼭 일마다 임금에게 공을 돌리면서 '임금에게서 나왔다.'라고 말해야만 좋게 되는 것이겠습니까. 실로 후세에 아첨하는 풍조를 열어 주는 일이 될 것이니, 이 점을 알아두지 않으면 안 됩니다."

하였다.

12월 갑진일에 사서(司書) 이인원(李仁源), 설서 김시묵(金時默)과 함께 서연에 입시하였다. 《서경》 〈여형(呂刑)〉의 첫머리부터 '홀아비나 홀어미 같은 약자들도 해를 당하는 일이 없었다.〔鰥寡無蓋〕'까지 읽었다. 내가 아뢰기를,

"'불용영제이형(弗用靈制以刑)'이라는 말은 '덕을 써서 백성을 교화하지 않고, 오로지 형륙으로 제재하였다.'라는 의미입니다. 주의 뜻도 이와 같습니다. 그런데 언해에서는 '선(善)을 써서 형벌을 제재하지 않고〔不以靈制刑〕'라고 훈석하였는데, 이와 같은 뜻이라면 경문에서 응당 '불용령이제형(不用靈以制刑)'이라고 말했을 것이요, '제

이형(制以刑)'이라고는 필시 말하지 않았을 것입니다."
하였다. 진강이 끝나고 나서, 김시묵이 아뢰기를,
"오늘은 잘못 읽으신 부분이 많으니, 주의하셔야겠습니다."
하니, 답하기를,
"오래 폐했기 때문에 읽는 것이 껄끄러워서 그렇게 되었다."
하였다. 내가 아뢰기를,
"옛날에 효종대왕(孝宗大王)이 연석(筵席)에 임하여 강서할 때에 글 한 줄을 빠뜨리자, 강관인 선정신 송준길이 '경(敬) 자 공부가 부족한 탓입니다.'라고 하니, 효묘(孝廟)가 두려워하는 마음으로 그 말을 들으셨습니다. 오늘 저하께서 잘못 읽으신 것이 물론 오래 폐한 소치이기는 하지만, 또한 경이 부족해서 그런 것이 아닌가 싶습니다. 대개 주일(主一)[106]을 경이라고 하니, '경'을 하면 자연히 이런 걱정이 없어질 것입니다."
하니, 세자가 이르기를,
"알았다."
하였다.

임신년(1752, 영조28) 3월 갑신일에 보덕 김상구(金尙耉), 설서 이의로(李宜老)와 함께 시민당(時敏堂) 실중(室中)에서의 소대에 입시하였다. 《통감》 말권 말단의 '후주(後周) 세종(世宗)이 황자 시종훈(柴宗

106 주일(主一) : 정이가 경(敬)을 설명하기 위해 제시한 주일무적(主一無適)에서 나온 말이다. 주일은 하나를 위주로 한다는 뜻으로 마음을 전일하게 하는 것을 말하고, 무적은 옮겨 감이 없다는 뜻으로 마음속에 잡념이 없게 하는 것을 말한다.

訓)을 양왕(梁王)으로 세웠다.〔周主立皇子宗訓〕'부터 권말까지 읽었다. 김상구가 문의를 진달하고 나서 청문하기를,

"여기에서 일컬은 세종의 행적 중에서 어떤 것이 가장 좋습니까?"

하니, 답하기를,

"'한가하면 유자를 불러다가 과거의 역사책을 읽게 하였다.'와 '천성적으로 관현악이나 진귀한 노리개 등을 좋아하지 않았다.'[107] 같은 종류가 모두 좋은데, 그중에서도 특히 전일에 강한 '개연(慨然)히 천하를 평정할 뜻을 지녔다.'[108]가 가장 좋다."

하였다. 이에 내가 기복하여 아뢰기를,

"신이 전일에 누차 입지에 대한 설을 우러러 진달하였는데, 지금 이런 말씀을 들으니 기쁘고 다행스러운 심정을 가누지 못하겠습니다. 옛날에 효종대왕이 '한 무제가 문제(文帝)보다 현능(賢能)하다.'라고 말씀하셨습니다. 대저 범범하게 말한다면 무제가 어찌 문제보다도 정말 현능하겠습니까. 단지 무제가 평성(平城)의 수치[109]를 복수하였

107 한가하면……않았다 : 《통감절요》 권50 〈후주기(後周紀)〉 세종 현덕(顯德) 6년(959)에 "한가하면 유자를 불러다 과거의 역사책을 읽게 하여 대의를 함께 토론하였으며, 천성적으로 관현악이나 진귀한 노리개 등을 좋아하지 않았다."라고 하였다.

108 개연(慨然)히……지녔다 : 《통감절요》 권50 〈후주기〉 세종 현덕 2년(955)에 "주나라 세종이 광명 연간 이래로 중국의 영토가 날로 위축됨을 항상 분하게 여기다가, 고평에서 승리하고 나서 개연히 천하를 평정할 뜻을 지녔다.〔周世宗常憤廣明以來中國日蹙 及高平既捷 慨然有削平天下之志〕"라고 하였다.

109 평성(平城)의 수치 : 한 고조(漢高祖) 유방(劉邦)이 직접 군대를 인솔하고 흉노의 묵특(冒頓) 선우(單于)를 치기 위해 출정했다가 평성 부근의 백등산(白登山)에서 7일 동안이나 흉노 30만 대군에게 포위를 당했는데, 이때 모사 진평(陳平)의 말을 좇아 미인계로 위기를 모면했던 일을 말한다.《史記 韓信列傳, 匈奴列傳》

기 때문에 현능하다고 하신 것이니, 여기에는 실로 깊은 뜻이 담겨 있습니다. 지금 저하께서 말씀하신 것을 통해서도 저하의 뜻을 우러러 헤아릴 수가 있는데, 이 뜻을 더욱더 확충하시기를 바랍니다."

하였다.

4월 갑오일에 보덕(輔德) 김상구(金尙耈), 사서(司書) 이만회(李萬恢)와 함께 서연에 입시하였다. 《소학》〈명륜(明倫)〉 통론(通論)의 '천자에게 간쟁하는 신하 일곱 사람이 있으면〔天子有爭臣七人〕'에서 '나에게 선물한 타인에게 보답할 때에는 힘으로써 하는 것이 사람의 도리이다.〔報賜以力 人之道也〕'까지 읽었다. 김상구가 '아버지는 나를 생하시고〔父生之〕'와 '아버지가 아니면 생하지 못하고〔非父不生〕'의 두 개의 생(生) 자는 생출(生出 낳아 줌)의 생(生)이고, '사람은 세 분에게서 생한다.〔民生於三〕'와 '생하신 것과 같은 종류이다.〔生之族也〕'와 '생하시매 보답할 때에는 죽음으로써 한다.〔報生以死〕'의 세 개의 생(生) 자는 생활(生活)의 생(生)이라고 하였다. 이에 내가 아뢰기를,

"위와 아래의 생 자는 모두 생출의 뜻입니다. 대개 임금은 먹여 주시고 스승은 가르쳐 주시니, 비록 나를 낳아 주신 것은 아니라도 낳아 주신 것과 다름이 없기 때문에 '낳아 주신 것과 같은 종류이다.〔生之族也〕'라고 말한 것입니다. 지금 만약 춘방(春坊)의 설과 같이 한다면 위와 아래의 문리가 전혀 일관되지 못합니다."

하니, 답하기를,

"'생지족(生之族)'의 한 구절을 가지고 본다면 족(族)은 같은 종류이니, 비록 낳아 주신 것은 아니라 할지라도 실제로는 낳아 주신 것과 같은 종류라는 말이다. 따라서 '부생지(父生之)'의 생(生)과 병행하

여 하나의 뜻으로 보아야 마땅하다는 말이 옳다."

하였다. 내가 아뢰기를,

"저하의 말씀이 정당하십니다. 하문의 '보생이사(報生以死)'도 같은 뜻으로 보아야 마땅한데, 언해에서는 생활의 뜻으로 훈석하였으니,[110] 잘못입니다."

하니, 세자가 이르기를,

"알았다."

하고는, 이어서 하순하기를,

"'스승을 섬기되 범하는 것도 없고 은하는 것도 없다.〔事師無犯無隱〕' 라고 하였는데, 범하는 것이 없을뿐더러 은하는 것도 없이 하려면 어떻게 해야 하느냐?"

하기에, 내가 아뢰기를,

"이 장 수단(首段)의 주에서 '은(隱)은 은미하게 간(諫)하는 것이다.' 라고 하였는데, 이 해설이 대체로는 옳다고 해도 주자가 훈석한 법과는 아무래도 합치하지 않습니다. 주자가 은 자를 훈석한 것을 보면, 수단에서는 '어버이의 뜻을 상하게 할까 두려워서 정(情)에 다하지 못한 점이 있는 것이다.'라고 하였고, 제2단에서는 '임금과 신하는 의리를 숭상하니, 비록 정을 다하여 간해도 되는 것이다.'라고 하였고, 말단에서는 '말은 비록 정을 다하지만, 그래도 은미하고 완곡하게 하는 것이다.'라고 하였으니, '유은(有隱)'과 '무은(無隱)'의 뜻에 대해서 명백하게 해석한 것이 아니겠습니까. 대개 부자는 은(恩)을

110 언해에서는……훈석하였으니 : '살아가게 해 주심을 갚되 죽음으로써 하며'라고 해석한 것을 말한다.

위주로 하고 군신은 의(義)를 위주로 하는데, 스승의 경우는 은(恩)과 의(義)를 겸하기 때문에, 정을 다하여 간하는 것은 군신과 같고, 간할 적에 말을 반드시 은미하고 완곡하게 하여 너무 직절(直截)하지 않게 하는 것은 또 부자와 같은 것입니다. 따라서 정을 다하는 것이 무은을 가리키고 은미하고 완곡하게 하는 것이 무범(無犯)을 가리키니, 이는 참으로 요약적이면서도 극진한 표현이라고 말할 수 있습니다. 주자의 주는 《소학집성(小學集成)》에 보이는데, 이른바 본주(本註)라고 한 것이 바로 그것입니다. 그런데 그중에는 본주가 아닌데도 본주로 잘못 기재된 것이 더러 있습니다."

하고, 또 아뢰기를,

"'임금은 먹여 준다.〔君食之〕'의 이 사(食) 자는 봉록을 받는 신하를 가리키는 것 같습니다만, 사실은 서민을 통틀어 가리켜서 말한 것입니다. 대개 백성의 생업을 마련해 주어 위로는 부모를 섬기게 하고 아래로는 처자를 기르게 하는 것[111]이 바로 임금이 먹여 주는 것입니다."

하니, 세자가 이르기를,

"알았다."

하였다.

○ 임인일에 보덕 김상구, 사서 이만회와 함께 서연에 입시하였다. '군자에게는 아홉 가지 생각함이 있다.〔君子有九思〕'에서 '심술의 요점

111 백성의……것 : 《맹자》 〈양혜왕 상(梁惠王上)〉의 "밝은 임금은 백성의 생업을 마련해 주어 반드시 위로는 부모를 섬길 수 있게 하고, 아래로는 처자를 기를 수 있게 하여, 풍년에는 1년 내내 배부르고 흉년에는 죽음을 면하게 한다."라는 말을 인용한 것이다.

〔心術之要〕'까지 읽었다. 대략 진달을 하자, 세자가 하순하기를,

"이 주에 나오는 정오(正誤)와 같은 것은 율곡(栗谷 이이)이 지은 것이냐?"

하기에, 내가 대답하기를,

"아닙니다. 정오의 내용은 《증주(增註)》와 《집성》 모두에 각각 그 글이 있는데, 선정(先正)이 채집하여 《집주》를 만든 것입니다. 선정 자신이 해설을 한 것은 왕왕 말단에 동그라미를 쳐서 적어 놓았는데, 많지는 않습니다."

하니, 세자가 이르기를,

"알았다."

하였다.

9월 을축일에 필선 박창윤(朴昌閏), 설서 이상윤(李尙允)과 함께 서연에 입시하였다. 세자가 전수음인 '위나라 장공이 제나라 동궁 득신의 누이동생에게 장가들었다.〔衛莊公娶于齊東宮得臣之妹〕'에서 '그는 돌아오지 못할 것이다.〔其不反乎〕'까지 읽었다. 세자가 이르기를,

"'임금은 의롭고 신하는 행한다.〔君義臣行〕'라고 하였는데, '신하는 충성한다.'라고 하지 않고 '행한다.〔行〕'라고 한 것은 어째서이냐?"

하기에, 내가 아뢰기를,

"주자의 본주에 '신하는 임금의 의로움을 행한다.〔臣行君之義〕'라고 하였는데, '임금이 의로운 내용으로 명령을 내리면, 신하는 이를 받들어 행한다.'라는 의미입니다. 이는 안자(晏子)가 '임금은 명령하고 신하는 공손히 행한다.〔君令臣共〕'[112]라고 말한 뜻과 서로 비슷하지만 그보다도 더욱 긴절하니, 이 의(義) 자를 무엇보다도 주목할 필요

가 있습니다. 대개 의로운 뒤에야 비로소 받들어 행할 수 있는 것인 만큼, 의롭지 못하다면 임금의 명령이라도 신하는 죽음으로써 쟁집해야 하니, 어찌 받들어 순종하며 행할 수가 있겠습니까."

하였다. 신수음인 '위나라 임금이 초나라에 있었는데〔衛侯在楚〕'부터 편말(篇末)까지 읽었다. 내가 아뢰기를,

"'이를 따라 그 이하가 모두 이와 같다.〔順是以下皆如是〕'의 주에서 '개여시(皆如是)'를 '위의가 있는 것〔有威儀〕'으로 해석하였는데, 신의 생각에는 '훌륭한 명성이 후세에 오래간다.〔令聞長世〕'와 '종족을 보존하고 집안을 화목하게 한다.〔保族宜家〕' 등의 효험을 통틀어 말해야 타당할 듯싶습니다. '그러므로 윗사람과 아랫사람이 서로 안정될 수 있는 것이다.〔是以上下能相固〕'의 1구는 상문을 통합해서 결론지은 것인데, 만약 주의 설과 같이 한다면 '개여시' 세 글자는 단순히 '유위의(有威儀)'에만 속하는 것으로 간주하게 되고, '시이(是以)' 이하의 내용 역시 효험을 보는 뜻으로 간주하여 '순시이하(順是以下)'에만 속하게 되어 상문을 통합하지 못하게 되니, 문세로 볼 때에 이와 같지는 않을 듯싶습니다."

하니, 답하기를,

"그렇게 보면 더 나을 것 같다."

하였다.

112 임금은……행한다 : 제(齊)나라 안영(晏嬰)의 말로, 《춘추좌씨전(春秋左氏傳)》 소공(昭公) 26년에 나오는데, 《소학집주(小學集註)》 〈명륜(明倫)〉 통론(通論)에 소개되어 있다. 세자가 읽은 전수음은 〈계고(稽古)〉 통론에 나오는 내용이다.

10월 을미일에 설서 이상윤(李尙允)과 함께 서연에 입시하였다. '온 세상이 받들어 주는 것을 좋아하여〔擧世好承奉〕'[113]에서 '흉함을 이른다.〔凶之謂也〕'[114]까지 읽었다. 이상윤이 문의를 진달하다가 상품(上品), 중품(中品), 하품(下品)의 대목에 이르러 말이 자못 절실하고 지극하였다. 내가 아뢰기를,

"춘방이 진달한 것이 참으로 좋습니다. 신이 지난해 봄에 입지(立志)의 설을 가지고 우러러 진달하자 저하께서 말씀하시기를 '사람이라면 누군들 요순이 좋다는 것을 모르겠느냐마는, 무턱대고 요순을 담당할 수는 없는 일이다.……' 하셨습니다. 그 뒤로 일월이 많이 지났는데, 지금은 소견이 어떠하신지 모르겠습니다."

하니, 답하기를,

"다시 생각해 보니 이런 식이라면 점차 저하되는 지경에 이르기가 쉽겠기에, 지금은 예전의 소견을 바꿔서 요순을 스스로 기약하고 있다."

하였다. 내가 기복하여 아뢰기를,

"저하의 이 말씀이야말로 종사(宗社)의 복입니다. 지난번에 소대할 때에 '주 세종(周世宗)이 개연히 천하를 평정하려는 뜻을 두었다.'라는 대목이 가장 좋았다는 저하의 말씀을 삼가 듣고는, 신이 이를 통해서 저하의 뜻이 어디에 있는지 우러러 헤아렸는데, 지금 이런

113 온……좋아하여 : 대본에는 '擧世好奉承'으로 되어 있는데, 《소학집주》 〈가언(嘉言)〉 광입교(廣立敎)에 근거하여 '奉承'을 '承奉'으로 바로잡아 번역하였다.

114 흉함을 이른다 : 《소학집주》 〈가언〉 광입교에 "이에 선이라는 것은 길함을 이르고, 불선이라는 것은 흉함을 이름을 알 수 있다."라고 하였다.

말씀을 받들고 보니 더욱 기쁘고 다행스러운 심정을 가누지 못하겠습니다."

하고, 이어서 아뢰기를,

"입지를 한 뒤에는 또 반드시 착실하게 공부해 나간 뒤에야 비로소 그 뜻을 채울 수가 있는데, 이른바 공부라는 것은 '몸가짐을 공경히 하여 그 근본을 세우고〔居敬以立其本〕', '이치를 궁구하여 그 아는 것을 극대화하고〔窮理以致其知〕', '힘껏 행하여 아는 것을 실천하는〔力行以踐其實〕' 것을 말합니다. 여기에서 경(敬)은 지(知)와 행(行)을 관통하는 것이고, 궁리(窮理)는 《대학》의 격물과 치지인 것이며, 역행(力行)은 《대학》의 성의(誠意)와 정심(正心)과 수신(修身)인 것입니다."

하고, 또 아뢰기를,

"궁리하는 방법은 본디 한두 가지가 아니지만, 그중에서 가장 긴급하고 절실한 것을 논한다면 글을 읽는 것보다 앞서는 것이 없으니, 독서하지 않으면 아무리 궁리하고 싶어도 말미암을 길이 없습니다. 삼가 살펴보건대 근일에 서연을 정지하는 때는 항상 많고 서연을 여는 때는 극히 적으니, 이렇게 하고서야 어떻게 저하의 학문을 성취하겠습니까. 비록 저하의 체후가 불편하신 때라고 하더라도 강관을 와내(臥內)로 불러들여서 종용히 강론하면, 그 효과가 꼭 규례에 따라 강독할 때와 같지 않다고 할 수도 없겠기에, 전후에 걸쳐서 궁관(宮官)이 이렇게 하기를 청한 것이 한두 번만이 아니었습니다. 그런데도 저하께서는 그냥 '체념(體念)하겠다.'라는 분부만 내리실 뿐 실천하려는 자세는 보여 주지 않으시니, 어째서 그러시는지 실로 안타깝고 답답합니다."

하였다. 세자가 이르기를,

"'남을 위하여 급하고 어려운 일에 달려간다.〔爲人赴急難〕'[115]라고 하였는데, 근래에도 혹 이런 일이 있는가?"

하기에, 내가 아뢰기를,

"유협(游俠)의 일이 비록 정도는 아니지만, 그래도 그것은 공적인 일에 속하는 것입니다. 그런데 요즈음에는 명절이 모두 없어진 탓으로 아는 것이라고는 단지 자기의 이록(利祿)일 뿐이요 조금이라도 남을 위하는 일은 원래 없기 때문에 비록 이와 같은 일을 얻어 보려고 해도 얻어 볼 수가 없습니다. 사대부의 풍습이 이런 지경에 이르렀고 보면, 혹시라도 급한 사태가 발생했을 경우에 '절조를 지키며 죽음도 마다 않고 의리를 지키며 목숨을 바치는〔伏節死義〕' 신하가 있으리라고 보장할 수 없게 되었으니, 매우 한심하게 여길 일이 아니겠습니까. 선유(先儒)가 말하기를 '복절사의(伏節死義)하는 신하는 응당 임금의 면전에서 과감하게 직간하는〔犯顔敢諫〕 이들 중에서 구해야 한다.'[116]라고 하였으니, 남의 윗사람이 되어서 통솔하는 자

115 남을……달려간다 : 송나라 범질(范質)이 조카 범고(范杲)를 경계한 시에 "온 세상이 유협을 중시하여 기개가 있고 의리가 있다고 칭한다마는, 남을 위하여 급하고 어려운 일에 달려가 왕왕 구금되는 지경에 빠지곤 하기 때문에, 마원(馬援)이 글을 지어서 은근히 자제들을 경계한 것이다."라고 하였다. 유협은 협객이다. 후한(後漢)의 복파장군(伏波將軍) 마원이 교지(交趾)에서 조카를 경계하면서 "차라리 죽을지언정 자손에게 이런 행실이 있음을 듣기를 원하지 않는다."라고 한 말이 《소학》 〈가언(嘉言)〉에 나온다.

116 복절사의(伏節死義)하는……한다 : 송 효종(宋孝宗)이 "복절사의하는 신하를 얻기 어렵다."라고 탄식을 하자, 장식(張栻)이 "범안감간하는 이들 중에서 구하면 비상사태에 임하여 복절사의하는 인사를 얻을 수 있을 것이다. 만약 평소에 범안감간을 하지

는 이에 대해서 유의해야 할 것입니다."

하였다. 세자가 이르기를,

"'사물은 성대하면 반드시 쇠퇴하고, 융성함이 있으면 반드시 퇴락함이 있다.'라고 하였는데, 성대할 때에 그 쇠퇴함을 염려하고, 융성할 때에 그 퇴락함을 두려워한다면 쇠퇴하고 퇴락하는 걱정이 없을 수 있을 것이니, 이 대목은 이렇게 보는 것이 좋을 듯하다."

하기에, 내가 아뢰기를,

"저하의 말씀이 매우 좋습니다. 그러나 지극히 성대하면 쇠퇴하고 지극히 융성하면 퇴락하는 것이 물론 천리입니다마는 지극히 쇠퇴하면 또 반드시 성대해지고 지극히 퇴락하면 또 반드시 융성해지는 이것도 천리입니다. 지금 쇠퇴하고 퇴락한 것이 극에 달했으니, 이를 만회하고 알선하여 융성하고 성대해지는 쪽으로 되돌릴 수 있도록 더욱 힘을 기울여야 하겠습니다."

하였다. 이상윤이 아뢰기를,

"계구(戒懼)의 공이 바로 이 두 가지를 관통하는 것이니, 융성한 때라고 하더라도 계구하면 그 융성을 보전하여 쇠체(衰替)에 이르지 않게 할 수 있고, 쇠체한 때라고 하더라도 계구하면 역시 그 쇠체를 만회하여 융성으로 되돌릴 수 있을 것입니다."

하기에, 내가 아뢰기를,

"'계구'라는 두 글자가 물론 좋습니다만, 지극히 쇠체한 것을 만회하여 지극히 융성한 쪽으로 되돌리려면, 반드시 분발하고 연마하여

못한다면, 다른 날에 어떻게 복절사의하기를 그들에게 바랄 수 있겠는가."라고 대답을 한 고사가 전한다. 《性理大全 卷68 治道3 人才》

크게 일을 추진해야만 비로소 가능하니, '계구' 두 글자로 끝낼 수 있는 것이 아닙니다."

하니, 세자가 이르기를,

"알았다."

하였다. 내가 또 거저(籧篨)와 척이(戚施)의 뜻을 설명하며 아뢰기를,

"이 대목은 거저와 척이가 아래로 구부리지 못하고 위를 쳐다보지 못하는 것에서 뜻을 취한 것이 아니라, 단지 '남이 받들어 주는 것을 좋아하는〔好承奉〕' 사람을 깊이 미워한 나머지 이 추질(醜疾 몹쓸 병)을 가지고 비유를 삼은 것일 뿐입니다. 《시경》에서 이 추질을 취하여 비유한 것[117]도 이와 같은데, 옛날의 주소(註疏)에 이르기를 '거저는 구유(口柔 언어로 아첨하는 것)이다. 구유를 하는 자는 항상 남의 안색을 쳐다보며 말하는데, 그 모습이 마치 거저라는 추질에 걸려서 구부리지 못하는 사람과 같기 때문에, 그 병의 이름을 따라서 거저라고 한 것이다. 척이는 면유(面柔 안색으로 아첨하는 것)이다. 면유를 하는 자는 반드시 머리를 구부리고 남에게 굽신거리며 용색(容色)으로 아양을 부리는데, 그 모습이 마치 척이라는 병에 걸려서 우러러보지 못하는 사람과 같기 때문에, 그 병의 이름을 따라서 척이라고 한 것이다.……' 하였습니다. 혹자는 이 주소의 말에 근거하여 말하기를 '범질(范質)의 뜻은 대개 거저와 척이를 가지고 받들어 주는 자〔承奉者〕에 비유한 것이지 받들어 주는 것을 좋아하는 자〔好承奉

117 시경에서……것 : 《시경》 〈패풍(邶風) 신대(新臺)〉에 "연완을 구했는데 거저가 적지 않도다.〔燕婉之求 籧篨不鮮〕"라는 말과 "연완을 구했는데 이 척이를 얻었도다.〔燕婉之求 得此戚施〕"라는 말이 나온다. 연완(燕婉)은 편안하고 순탄함을 말한다.

者]를 가리킨 것이 아니다.'라고 하는데, 이 설이 거저와 척이의 뜻에는 긴절하다고 하겠지만, 문세의 대체로 볼 때에는 매우 들어맞지 않으니, 위의 설이 더 나을 듯싶습니다."

하니, 답하기를,

"나도 대체에 입각한 추질의 뜻을 가지고 위의 설처럼 보았다."

하였다.

○ 정유일에 휴일소대(休日召對)에 입시하였다. 세자가 제갈 무후(諸葛武侯)의 〈계자서(戒子書)〉와 유빈(柳玭)의 계자제문(戒子弟文) 2장을 읽고 나서, 정(靜) 자[118]의 뜻이 무엇인지 하순하였다. 내가 아뢰기를,

"명도(明道)의 〈정성서(定性書)〉에 이르기를 '정(靜)하여도 정(定)하고, 동(動)하여도 정(定)해야 한다.'라고 하였습니다.[119] 이 장의 정(靜) 자는 단지 《대학》의 주에서 말한 '마음이 아무렇게나 동하지 않는다.[心不妄動]'[120]의 뜻으로 해석해야 마땅하겠습니다만, 이와

118 정(靜) 자 : 〈계자서〉의 '정으로 몸을 닦고[靜以修身]'와 '대저 학문은 정을 필요로 한다.[夫學須靜也]' 등의 정 자를 말한다. 제갈 무후는 시호가 충무(忠武)인 제갈량(諸葛亮)의 존칭이다. 이 말은 《소학집주》 〈가언〉에 실려 있다.

119 명도(明道)의……하였습니다 : 〈정성서〉는 정호가 23세 때 "성(性)을 정(定)할 적에 동(動)하지 않을 수 없어서 여전히 외물에 얽매이니, 어떻게 해야 하는가?"라는 장재의 질문을 받고 "이른바 정(定)이라는 것은 동하여도 정하고 정하여도 정해서, 보내고 맞이함이 없으며 안과 밖이 없는 것이다."라는 말로 시작하여, 인성(人性)에 대해 토로한 그의 유일한 철학 논문으로, 사람의 성에는 내외가 없음을 밝히며 자신의 천인일체(天人一體) 사상을 피력한 것인데, 특히 《장자(莊子)》의 영향을 받은 점이 눈에 띈다. 원제(原題)는 〈답횡거선생정성서(答橫渠先生定性書)〉이며, 《근사록(近思錄)》 권2 〈위학(爲學)〉에 소개되어 있다.

함께 또 동(動)과 정(靜)을 통틀어서 보아야 하니, 정(靜)하여 적연부동(寂然不動)한 것이 물론 정(靜)이지만, 동(動)하여 사물에 휩쓸리지 않는 것도 정(靜)이기 때문입니다. 그런데 또 알아 두어야 할 것은 정(靜)할 때의 그 정(靜)이 바로 근본이 된다는 사실이니, 정주(程朱 정자(程子)와 주자(朱子))가 경(敬)을 논할 적에 반드시 동정(動靜)을 관통하는 것이라고 말하면서도 이와 함께 또 반드시 정(靜) 한쪽에 중점을 두어 말하는 것도 바로 이런 뜻이라고 하겠습니다."

하고는, 이와 관련하여 연평(延平)이 교시한 미발(未發)할 때의 기상(氣像)[121]이라는 1단(段)을 거론하며 아뢰기를,

"이 설이 물론 병통이 없을 수는 없지만, 학자에게는 크게 유익한 점이 있으니, 한번 체험해 보시기를 바랍니다."

하니, 세자가 이르기를,

120 마음이……않는다 : 《대학장구》 경(經) 1장의 "정한 뒤에 능히 정하고, 정한 뒤에 능히 편안하다.〔定而后能靜 靜而后能安〕"라는 구절에 대한 주희의 주에 "정(靜)은 마음이 아무렇게나 동하지 않는 것을 말한다."라고 하였다.

121 연평(延平)이……기상(氣像) : 연평은 세상에서 연평 선생으로 일컬어진 이동(李侗)을 가리킨다. 40년 동안 세상과 단절하고 오로지 정좌법(靜坐法)을 행하면서 천리를 체득하는 공부에 힘썼는데, 주희가 일찍이 그의 문하에서 학문을 닦은 바 있다. 이 정좌법은 마치 승려들이 좌선하는 것처럼 단정히 앉아서 마음을 닦는 수행법을 말하는데, 송유 중에서는 특히 정호, 나종언(羅從彥), 이동 등이 강조하면서 유가의 수련법으로 확립되었다. 이동은 주희를 비롯한 후학들에게 '정중(靜中)에 희로애락이 미발할 때의 기상을 체험할 것'을 강조하였는데, 주희가 나중에 이에 대한 질문을 받고는 "이 말에도 약간의 병통이 있다. 저 '체험'이라는 글자 속에는 이미 사량(思量)의 뜻이 들어 있으니, 사량하면 곧 이발(已發)인 것이다."라고 대답한 기록이 《주자어류》 권103 〈나씨문인(羅氏門人)〉에 보인다. 미발의 기상과 관련된 내용은 《심경부주(心經附註)》 권1 〈천명지위성장(天命之謂性章)〉에 나온다.

"알았다. 이 권의 제1장부터는 단락마다 설명해 주는 것이 좋겠다." 하였다. 내가 즉시 진 충숙공(陳忠肅公)의 입지 1단[122]에 나아가 간략하게 설명을 하고, 또 아뢰기를,

"신이 전일의 소대에서 '『개연히 천하를 평정하려는 뜻을 지녔다.〔慨然有削平天下之意〕』는 대목이 가장 좋다.'라는 저하의 말씀을 삼가 받들고는, 저하의 뜻이 어디에 있는지를 엿볼 수 있었는데, 또 그저께 '요순을 스스로 기약하고 있다.〔堯舜自期〕'라는 말씀을 듣고는 더욱 기쁘고 다행스러운 심정을 가누지 못하였습니다. 그런데 뜻을 가지는 것〔有志〕과 뜻을 세우는 것〔立志〕은 서로 같지 않습니다. 유지(有志)는 남의 훌륭한 일을 보고서 우연히 흥기하는 마음을 갖는 것이니, 이는 정자가 '한때의 의기(意氣)가 얼마나 갈 수 있겠는가.'[123]라고 말한 것으로, 아직 믿을 수가 없는 것입니다. 따라서 그 뜻을 가진 것을 계기로 해서 더욱더 추구하여 단적으로 사람들 모두가 요순이 될 수 있는 이치를 깨달아야 합니다. 그렇게 되면 자연히 격앙하고 진발(振發)하여 그만두려 해도 그만두지 못하게 되면서, 마치 주자가 "생각하고 생각하는 것이 여기에 있어서 하기를 싫어하

122 진……1단 : "만약 뜻을 세운 것이 높지 못하면 그 배움은 모두 보통 사람의 수준에서 그치고 만다."라고 한 대목을 말한다. 진 충숙공은 진관(陳瓘)으로, 호는 요옹(了翁)이다.

123 한때의……있겠는가 : 대본에는 '一時意氣 能得幾時子'로 되어 있는데, 《근사록》 권2 〈위학〉에 근거하여 '子'를 '了'로 바로잡아 번역하였다. 정이는 "사람들은 역행이 필요하다고 말하지만, 이것도 천근한 말일 뿐이다. 사람들이 일체의 일 모두가 해야 할 것임을 알게 되었다면 뜻을 붙이기를 기다릴 필요가 없으니, 조금이라도 뜻을 붙이면 이는 곧 사심(私心)을 둔 것이다. 이 한 점의 의기(意氣)가 얼마나 갈 수 있겠는가."라고 하였다.

지 않는다.〔念念在此 爲之不厭〕"[124]라고 말한 것처럼 될 것이요, 이렇게 된 뒤에야 이 뜻이 굳건히 정해져서 동요되거나 빼기는 일이 없게 될 것이니, 이때에 비로소 뜻을 세웠다고 말할 수 있습니다. 그러나 뜻이 세워졌어도 착실히 공부해야만 비로소 진보하는 곳이 있게 됩니다. 이른바 공부라는 것은 전일에 진달한 대로 몸가짐을 공경히 하여 그 근본을 세우고, 이치를 궁구하여 아는 것을 극대화하고, 힘껏 행하여 아는 것을 실천하는 것이니, 이것이 바로 종신토록 추진해야 할 사업입니다. 궁리와 역행 이 두 가지는 새의 두 날개와 같고 수레의 두 바퀴와 같아서 어느 것 하나 폐할 수 없는 것이요, 경(敬)은 지(知)와 행(行)을 모두 관통하는 것입니다. 정자가 일찍이 말하기를 '궁리에는 원래 한 가지 방법만 있는 것이 아니다. 글을 읽으며 도의를 강명하기도 하고, 고금의 인물을 논하며 그 시비를 분별하기도 하고, 사물을 응접하며 그 당부를 처리하기도 하는 것이다.'[125]라고 하였는데, 이 세 가지 모두가 궁리의 요체입니다만, 그중에서도 '독서'가 더욱 중대하고 절실합니다. 독서하는 방법으로는 주자의 '순서에 따라 정밀하게 읽는다.〔循序致精〕'[126]라는 말이 지극히 좋

124 생각하고……않는다 : 《논어》〈위정〉의 "나는 열다섯 살에 학문에 뜻을 두었다."라는 공자의 말에 대한 주희의 주석 중에 나오는 말이다.

125 궁리에는……것이다 : 《대학혹문》에서 격물을 설명하며 인용한 정이의 말인데, 녹문이 주요 내용만 간추려서 소개하였다.

126 순서에……읽는다 : 《주자독서법(朱子讀書法)》 권1에 주희가 송 광종(宋光宗)에게 올린 주소(奏疏) 중에 "학문하는 방법으로는 궁리보다 앞서는 것이 없고, 궁리의 요체는 반드시 독서하는 데에 있는데, 독서하는 방법으로는 순서에 따라 정밀하게 읽는 것보다 귀한 것이 없고, 정밀하게 읽는 근본은 또 경에 거하며 뜻을 견지하는 데에

습니다. '순서에 따른다.'라는 것은 《소학》, 《대학》, 논맹(論孟), 《중용》, 시서(詩書), 예역(禮易 《예기》와 《역경》)의 선후 순서를 말합니다. '정밀하게 읽는다.'라는 것은 마치 《소학》을 읽을 때에는 《대학》이 있는 줄을 알지 못하고, 《대학》을 읽을 때에는 논맹이 있는 줄을 알지 못하며, 제1장을 읽을 때에는 제2장이 있는 줄을 알지 못하고, 제2장을 읽을 때에는 제3장이 있는 줄을 알지 못하는 것처럼 하면서, 잠심하여 사색하고 있는 힘을 다해 연구하는 것을 말합니다. 생각하다가 통하지 않으면 또 생각하고, 또 생각하다가 끝내 통하지 않으면 우선 놔두었다가 후일을 기다려 다시 생각해서 반드시 통투(通透)함에 이른 뒤에 그만두어야 합니다. 그런데 '통투'라는 것으로 말하면, 사색을 끝까지 하다 보면 반드시 '얼음이 풀리듯 의문이 해소되고 자연스럽게 논리가 순해진다.'[127]라고 하는 체험을 하게 마련인데, 이렇게 된 뒤에야 비로소 '통투'라고 말할 수 있으니, 옛말에 '생각하고 또 생각하라. 귀신이 통하게 해 줄 것이다.'[128]라고 한 것이 바로 이것입니다. 1단을 이와 같이 하고 2단을 또 이와 같이

있으니, 이는 바꿀 수 없는 이치이다."라고 하였다. 그가 제시한 독서 6단계는 순서점진(循序漸進), 숙독정사(熟讀精思), 허심함영(虛心涵泳), 절기체찰(切己體察), 착긴용력(着緊用力), 거경지지(居敬持志)이다.

127 얼음이……순해진다 : 두예(杜預)의 〈춘추좌씨전 서문(春秋左氏傳序文)〉에서 발췌하여 인용한 것이다.

128 생각하고……것이다 : 관중(管仲)이 "생각하고 생각하며 또 거듭 생각할지니, 이렇게 생각해도 통하지 않으면 귀신이 통하게 해 줄 것인데, 이는 귀신의 힘이 아니라 정기의 극치라고 해야 할 것이다."라고 하였다. 《管子 卷16 內業》 《성리대전(性理大全)》 권57에도 이 내용을 인용한 정이의 말이 수록되어 있다.

하며, 1서(書)를 이와 같이 하고 2서를 또 이와 같이 하여 일단 오래도록 공력을 쌓아 가다 보면, 처음에는 어려웠던 것도 점차적으로 쉬워지다가 급기야 마지막에는 활연관통하는 경지에 이르게 되는데, 이것이 바로 궁리의 극공(極功 최대의 공효)인 것입니다. 그다음 역행으로 말하면, 참으로 알고 나서는 실천하지 못하는 경우가 물론 없겠습니다만, 알고 나서도 '역행'하는 공부에 착수하지 않으면 안 되니, 이것이 이른바 '순서를 어지럽힐 수 없고 공부를 빠뜨릴 수 없는 것이 이와 같다.'[129]라고 하는 것입니다. 그리하여 선인 줄 알면 반드시 얻을 방도를 구하고, 악인 줄 알면 또 결단코 제거할 방도에 힘써 오늘 한 가지 어려운 일을 행하고 내일 한 가지 어려운 일을 행해야 합니다. 오래도록 이와 같이 쌓아 가다 보면 '한 가지 하자도 남아 있지 않고 만 가지 이치가 모두 밝아지는'[130] 경지에 이르게 되는데, 이것이 바로 역행의 극공인 것입니다.

하고, 또 아뢰기를,

"사색하는 공부가 가장 긴급하고 절실합니다. 사람의 심력은 길기도 하고 짧기도 해서, 얼핏 한번 보고는 쉽게 회득하는 자가 있는가 하면,

129 순서를……같다 : 《대학장구》 전 6장의 말미에 "이 장의 뜻은 반드시 위의 장을 이어서 통틀어 상고한 뒤에야 힘을 쓰는 시(始)와 종(終)을 볼 수 있으니, 그 순서를 어지럽힐 수 없고 공부를 빠뜨릴 수 없음이 이와 같다."라는 주희의 해설이 있다.

130 한 가지 하자도……밝아지는 : 《논어》 〈위정〉의 "일흔에는 마음이 하고자 함을 따라도 법도를 넘지 않았다."라는 공자의 말에 대해, 호씨(胡氏)가 "한 가지 하자도 남아 있지 않고 만 가지 이치가 모두 밝아진 뒤에 이르러서는, 일용(日用)하는 그 사이에 본심이 환히 밝아져서, 뜻이 원하는 대로 따르더라도 지극한 도리 아님이 없을 것이다."라고 해설한 말 중에서 발췌하여 인용한 것이다. 호씨는 원(元)나라 학자 호병문(胡炳文)이다.

누차 보고서 골똘히 생각하며 혈전을 벌이는 것처럼 한 뒤에야 비로소 회득할 수 있는 자가 있는데, 저하는 어떠하신지 모르겠습니다."

하니, 답하기를,

"나는 쉽게 회득하지를 못한다. 그런데 〈양문공가훈(楊文公家訓)〉의 '그 양지(良知)와 양능(良能)을 길러야 한다.'라는 말을 춘방이 조금 전에 좋다고 하였는데, 이 말도 물론 옳다마는 '먼저 귀에 들어오는 말을 으뜸으로 삼게 해야 한다.'라고 말한 것[131]이 더욱 좋다."

하기에, 내가 아뢰기를,

"저하의 말씀이 참으로 옳습니다. 무릇 사람이란 붕우의 말에 인연하거나 가정의 가르침에 인연하거나 간에, 먼저 귀에 들어오는 말이 있으면 일생 동안 거기에서 벗어나지 못하는 경우가 많습니다. 먼저 귀에 들어오는 그 말이 선한 것이라면 물론 좋지만, 선하지 않은 것이라면 어찌 민망한 일이 아니겠습니까. 이러한 곳에 대해서는 바로 의리로 재탁(裁度)하여 과연 그 말이 의리에 맞으면 종신토록 지켜야 하겠지만, 그렇지 않다면 반드시 횡거(橫渠)가 '예전의 견해를 말끔히 씻어 버려 새로운 뜻이 우러나오게 해야 한다.'[132]라고 말한 것처럼 하여, 끝내 잘못되는 지경에 이르지 않게 해야 할 것입니다. 먼저 귀에 들어오는 그 말을 지극히 두려워해야 하니, 바라건대

131 그……것 : 〈양문공가훈〉에 "어린이의 배움은 기억하고 암송하는 데에서 그칠 것이 아니라 그 양지와 양능을 길러야 하니, 먼저 귀에 들어오는 말을 으뜸으로 삼게 해야 한다."라고 하였다. 《小學集註 嘉言》

132 예전의……한다 : 《근사록집해》 권3 〈치지(致知)〉에 "의리상으로 의심스러운 점이 있거든 예전의 견해를 말끔히 씻어 버려 새로운 뜻이 우러나오게 해야 한다."라고 하였다.

저하께서는 이 점을 유념하소서."

하였다. 이야기하는 중간에 우연히 과공(科工)이라는 두 글자에 말이 미쳤으므로 내가 아뢰기를,

"삼대 이후로 인재가 나오지 않는 것은 전적으로 과거로 인한 폐해 때문입니다. 사람이 말을 배울 때부터 부형이 가르치는 것이라고는 자제가 문자를 적결하고 새로운 기교를 애써 찾아서 시험을 주관하는 자의 눈을 즐겁게 하도록 시키는 데에 불과하니, 일생을 여기에 골몰하면 어느 겨를에 학문할 수 있겠습니까. 비록 요행히 그들의 뜻대로 된다 하더라도 학문을 해 보지 않은 사람이 무슨 일인들 제대로 해내겠습니까. 불행히 그들의 뜻대로 되지 않을 경우에는 종신토록 이와 같이 하다가 죽은 뒤에야 그만둘 것이니, 어찌 개탄할 일이 아니겠습니까. 선정신 이이가 말하기를 '천리를 통하는 학문과 인륜에 뛰어난 행실이 있어도 과거를 통하지 않으면 도를 행하는 지위에 스스로 진출할 길이 없다.'[133]라고 하였는데, 그런 까닭에 아조(我朝)의 선현인 이황이나 이이와 같은 이들도 모두 과거를 통해서 조정에 진출했던 것입니다. 그러나 후생의 소년들로서는 지조가 선배에 미치지 못하는 처지에서 과거라는 구덩이 속에 머리를 디밀다 보면

133 천리를……없다 : 이이가 "옛날의 학자는 벼슬을 구한 적이 없으나, 학문이 이루어지면 위에서 천거하여 등용하였으니, 벼슬이라는 것은 남을 위한 것이지 자기를 위한 것이 아니었다. 지금 세상은 그렇지 않아서 과거로 인재를 뽑는 까닭에 천리를 통하는 학문과 인륜에 뛰어난 행실이 있어도 과거를 통하지 않으면 도를 행하는 지위에 진출할 길이 없다. 이 때문에 아버지가 자식을 가르치고 형이 아우를 권면하는 방법이 과거 이외에는 다시 다른 것이 없으니, 사습이 타락한 이유가 전적으로 여기에 있다고 하겠다."라고 하였다. 《擊蒙要訣 處世章》

비록 뜻이 있다고 일컬어지는 자라도 자기의 신념을 잃지 않는 경우가 없을 것이니, 정자가 '공부에 방해가 될 것을 걱정하지 말고, 오직 뜻을 빼앗기게 됨을 걱정해야 한다.'[134]라고 말한 이유입니다.

하였다. 세자가 이르기를,

"이천이 말하기를 '노래와 춤을 가르쳐야 한다.……'[135] 하였는데, 이로 인한 폐해가 있지 않을까 염려된다."

하기에, 내가 아뢰기를,

"악(樂)의 쓰임이 매우 큽니다. 옛날에 소학에서 사람들에게 가무를 가르쳤으니, 예컨대 작무(勺舞)를 배우고 상무(象舞)를 배운 것[136]이 이것입니다. 그리고 《논어》에도 '악(樂)에서 완성한다.'[137]라는 말이 있는데, 삼대 이후로는 악의 가르침이 폐기되었으므로 인재를 육성하기가 어렵게 되었습니다. 따라서 정자가 이렇게 말한 것은

134 공부에……한다 : 정이가 "혹자는 '과거의 사업이 공부할 시간을 뺏는다.'라고 하는데, 그렇지 않다. 우선 한 달 중에 열흘만 과거 공부에 할애하고 나머지 날은 충분히 학문할 수 있다. 그러나 사람은 여기에 뜻을 두지 않으면 반드시 저기에 뜻을 두게 되는 법이다. 그러므로 과거의 사업이 공부에 방해가 될 것을 걱정하지 말고, 뜻을 빼앗기게 됨을 걱정해야 하는 것이다."라고 하였다. 《性理大全 卷55》《程氏外書 卷11》

135 노래와……한다 : 《소학집주》 〈가언〉에 "사람을 가르칠 적에 그 사람이 의취를 보지 못하면 필시 배우는 것을 좋아하지 않을 것이니, 우선 노래와 춤을 가르쳐야 한다."라고 하였다.

136 작무(勺舞)를……것 : 《예기》 〈내칙(內則)〉에 "13세가 되면 음악을 배우고 시가를 읊으며 작무를 배운다. 15세 이상이 되면 상무를 배우고 활쏘기 및 말 다루는 법을 배운다. 20세가 되면 관례(冠禮)를 행하고 비로소 예를 배운다."라고 하였다. 작무는 문무(文舞)이고, 상무는 무무(武舞)이다.

137 악(樂)에서 완성한다 : 《논어》 〈태백(泰伯)〉에 "시에서 일어나고, 예에서 서며, 악에서 완성한다.〔興於詩 立於禮 成於樂〕"라는 공자의 말이 나온다.

세속의 음악(淫樂)을 가르치려 해서가 아니라, 삼백편(三百篇 《시경》)을 모방하여 운어(韻語)를 지어서 대략 쇄소응대하는 것과 어버이를 섬기고 어른을 모시는 예절을 서술하여 아침저녁으로 노래 부르게 하려고 한 것인 만큼, 이 뜻이 매우 좋을 뿐이요 폐해가 있는 것은 보이지 않습니다. 정자의 뒤에 주자가 이런 뜻을 또 모방하고 답습하여 시 몇 편을 지었는데, 지금 〈감흥시(感興詩)〉[138]를 보면 이를 고찰해 알 수 있습니다."

하였다. 세자가 이르기를,

"〈감흥시〉는 《대전(大全)》에 보이는가?"

하기에, 내가 대답하기를,

"그렇습니다. 《염락풍아(濂洛風雅)》에도 보이는데, 거기에는 해설하는 말이 약간 붙어 있습니다. 〈감흥시〉는 진자앙(陳子仰)의 〈감우시(感遇詩)〉를 본받아 지은 것으로 모두 20편인데, 그중 몇 편에서 이에 대한 일을 설명하고 있습니다."

하였다. 세자가 이르기를,

"알았다. 그런데 정주의 문집에도 시가 많이 들어 있는가?"

하기에, 내가 대답하기를,

"선현의 규모가 각각 같지 않습니다. 가령 주자의 경우는 시를 지은 것이 매우 많고, 명도(明道)의 문집에도 많이 들어 있는데, 이천(伊川)의 경우는 한만(閑漫)한 시어를 전혀 짓지 않았으므로 평생에

138 감흥시(感興詩) : 주희가 진자앙의 〈감우시〉를 본받아 지은 〈재거감흥이십수(齋居感興二十首)〉이다. 〈무이도가(武夷櫂歌)〉와 서로 표리를 이루는데, 《회암집》 권4에 실려 있다.

지은 것은 단지 절구 1편뿐이었습니다."

하니, 세자가 이르기를,

"알았다."

하였다. 《송감(宋鑑)》[139]을 펼쳐 놓고는, 이상윤이 '11월에 송기와 이방을 평장사로 삼았다.〔十一月以宋琪李昉平章事〕'에서-태평흥국(太平興國) 8년이다.- '화산에 방환되어 얼마 뒤에 죽었다.〔放還華山尋卒〕'[140]까지 읽었다. 세자가 이르기를,

"계방도 읽으라."

하였으므로, 내가 '이방이 파직되었다.〔李昉罷〕'에서-단공(端拱) 1년(988)이다.- '조보(趙普)가 평소에 여몽정(呂蒙正)을 중히 여겼다.〔普雅重之〕'까지 읽었다. 내가 아뢰기를,

"명군(明君)과 양신(良臣)이 서로 만난 뒤에야 비로소 협심동덕(協心同德)[141]이라고 말할 수 있으니, 만약 양신을 얻지도 못했는데 함

139 송감(宋鑑) : 송(宋), 원(元) 이조(二朝)의 역사를 강목체로 편찬한 편년사로, 원제는 《증수부주자치통감절요속편(增修附註資治通鑑節要續編)》이다. 명 선종(明宣宗) 때에 장광계(張光啓)가 명나라 양인(梁寅)의 《송사략(宋史略)》과 장미화(張美和)의 《원사절요(元史節要)》에 의거해서 편찬하고 주를 붙여 편찬한 《자치통감절요속편》에 유섬(劉剡)이 증보를 가한 것이다. 《자치통감절요속편》은 《송원통감절요속편(宋元通鑑節要續編)》이라고도 부르는데, 여기에서 《송감》이라는 명칭이 나온 것으로 보인다.

140 화산(華山)에……죽었다 : 화산에 은거하는 도사 진단(陳摶)이 송 태종(宋太宗)으로부터 희이선생(希夷先生)이라는 호를 하사받고 방환(放還)된 뒤에 얼마 지나지 않아 죽은 것을 말한다.

141 협심동덕(協心同德) : 같은 목적을 위해 함께 노력하면서 생각과 행동이 완전히 일치하는 것을 말한다. 동심동덕(同心同德)과 같은 말이다. 《서경》 〈태서 중(泰誓中)〉에 "나에게는 정치를 잘 보좌하여 다스리는 신하 열 명이 있는데, 그들과 나는 마음이 같고 덕이 같다.〔予有亂臣十人 同心同德〕"라고 하였다.

께 협심동덕하려고 한다면 이는 환란을 불러오는 길이 됩니다. 예컨대 송 신종(宋神宗)이 크게 일을 해 보려는 뜻을 지니고서도 정명도(程明道)를 쓰지 못한 채 거꾸로 왕안석(王安石)을 써서 함께 협심동덕한 결과 환란에 이르고 말았으니, 천추토록 지사(志士)가 다 함께 개탄하는 바입니다. 그러므로 좋은 정치를 하려면 현재(賢才)를 얻는 것이 가장 절급한데, 삼대 이후로 군신이 협심동덕을 한 것은 오직 소열(昭烈 유비(劉備))이 공명(孔明)과 함께한 것을 여기에 해당시킬 수 있습니다."

하고, 또 아뢰기를,

"현재를 얻지 못했는데도 함께 협심동덕하려 한다면 그 폐해가 물론 조금 전에 말씀드린 것과 같습니다만, 현재를 얻고서도 그에게 위임하여 성공하도록 독려하면서 협심동덕하지 않으면 또 일을 제대로 처리하여 치적을 이룰 수가 없습니다. 따라서 실제로 그가 현재임을 분명히 알았다면, 그를 존신(尊信)하고 친애하여 물고기가 물을 만난 것처럼 서로 의기투합하고 궁성(宮聲)과 상성(商聲)이 만난 것처럼 서로 의지하여, 옛사람이 '겉으로는 군신의 의리를 칭탁하지만, 안으로는 부자의 은정으로 맺어지는 법이다.〔外託君臣之義 內結父子之恩〕'[142]라고 말한 것처럼 된 뒤에야 치적을 이룰 수 있습니다."

하니, 답하기를,

142 겉으로는……법이다 : 삼국 시대 오(吳)나라 주유(周瑜)가 조조(曹操)의 밀사(密使)인 장간(蔣幹)에게 한 말인데, 《삼국지》에는 "장부가 세상에 처하여 자기를 알아주는 임금을 만나면, 겉으로는 군신의 의리를 칭탁하지만 안으로는 골육의 은정으로 맺어지는 법이다."라고 하여, '父子'가 '骨肉'으로 되어 있다. 《三國志 吳書 周瑜傳》

"알았다. 그런데 후막진이용(侯莫陳利用)[143]의 일은 상하가 서로 잘못을 범하였다. 태종이 즉시 그 말을 들어주어 따르지 않고는 '어찌 만승의 임금이 되어 한 사람을 감싸 줄 수도 없단 말인가.'라고 말한 그 말도 물론 잘못되었다마는, 조보가 그의 죄상을 곧이곧대로 배척하지 못하고서 그저 천하의 법을 어지럽히는 것으로 말을 돌려서 진언한 것도 옳지 못하다."

하였다. 내가 아뢰기를,

"이 말씀이 물론 옳습니다마는, 예로부터 신하가 자기 임금에게 간언을 올릴 때에는 말하는 방식이 대부분 이와 같았습니다. 대개 임금의 잘못을 직언하면 그 말이 임금의 귀에 들어가지 않는 반면에, 간접적으로 완곡하게 말을 돌려서 임금이 마음속으로 잘 아는 쪽으로 말하면 태도를 바꿔서 들어주기가 쉽기 때문이니, 이른바 '납약자유(納約自牖)'[144]를 하는 것이 대개 이와 같은 것입니다. 이것이 비록 직절(直截)하지 못한 흠이 있기는 하지만, 신하의 측면에서 말하자면 그

143 후막진이용(侯莫陳利用) : 선비(鮮卑) 후막진 부족 출신으로 성(姓)이 후막진이다. 어려서부터 요술에 능하였다. 송 태종의 총애를 받아 고위직에 오른 뒤에 방자하게 굴다가 조보에 의해 살인 등 각종 불법 행위가 적발되어 옥에 갇혔는데, 태종이 본문의 인용문처럼 말하면서 목숨을 살려 주려 하자, 조보가 "폐하께서 그를 처형하지 않으면 이는 천하의 법을 어지럽히는 것입니다. 법을 애석하게 여겨야지, 이런 자를 애석하게 여길 것이 뭐가 있습니까."라고 간하였다. 이 말을 듣고는 태종이 제명(除名)하고 상주(商州)에 유배 보냈는데, 다시 불공죄를 범하자 중사(中使)를 보내 찢어 죽이게 하였다가, 다시 살려 주려고 중사를 급파하였으나 그때는 이미 전사(前使)가 죽인 뒤였다.

144 납약자유(納約自牖) : 신하가 임금을 깨우칠 적에 임금이 환히 보고서 잘 알 수 있는 것으로부터 정성껏 인도하여 바른길로 나아가게 하는 것을 말한다. 《주역》 〈감괘(坎卦) 육사(六四)〉에 "조촐한 술과 음식을 질그릇에 담아 노끈으로 묶어서 밝은 창문을 통해 들여보낸다."라고 하였다.

형세가 이와 같이 하지 않을 수 없는 점이 있습니다. 임금의 측면에서 말하자면 자기 신하로 하여금 이렇게 하도록 만든 것은 바로 자기가 말을 받아들이는 것이 부족해서 그런 것이니, 그렇지 않다면 어찌 하여 고달프게 이와 같이 말을 돌려서 하겠습니까. 저하께서는 바로 이런 점을 체념하셔야 할 것입니다."

하니, 세자가 이르기를,

"알았다."

하였다. 내가 아뢰기를,

"태종이 비록 이와 같긴 하였지만, 그가 직언을 용납한 도량으로 말하면 또한 쉽게 얻을 수 없는 것이었습니다. 예컨대 여몽정이 매양 시정(時政)을 논하다가 윤허를 받지 못하면 반드시 자신의 주장을 고수하며 안 된다고 칭하였고, 구준(寇準)이 일을 아뢰다가 의견이 맞지 않아서 황제가 노하여 일어나면 번번이 옷자락을 끌어당겨 다시 앉혀 놓고는 그 일이 마무리되어야 물러나곤 하였습니다. 이와 같은 사례를 통해서 볼 때에, 태종은 죄를 가하지 않았을 뿐만 아니라 오히려 아름답게 여겨 장려하였으니, 어찌 훌륭하다고 해야 하지 않겠습니까. 대개 직언을 용수(容受)하고 명절(名節)을 숭장(崇奬)하는 것이야말로 임금이 첫 번째로 행해야 할 급무입니다. 동한(東漢)의 예를 들어서 말씀드리건대 광무(光武)가 대각(臺閣)을 중히 여기고 명절을 숭상했기 때문에, 예의와 염치가 세상에 크게 밝아져서 당고(黨錮)의 제현[145]이 울연히 배출되었습니다. 그들이 비록 함

145 당고(黨錮)의 제현 : 후한 영제(後漢靈帝) 때에 전횡하는 환관들을 숙청하려다 거꾸로 참화를 당한 진번(陳蕃)과 이응(李膺) 등을 말한다. 95쪽 주29 참조.

정에 빠져 참화를 당한 나머지 망국의 지경에 이르기는 하였지만, 그것은 위에 있는 자가 잘못한 탓이지 어찌 제현의 죄이겠습니까. 그 효과가 말기에 나타난 것으로 말하면, 조조(曹操)처럼 흉악한 자로서도 마음속으로 두려워하고 꺼려서 감히 무턱대고 한정(漢鼎)[146]을 옮기지 못하게 한 점이 있었습니다. 또 황명의 시대를 예로 들면, 비록 동한 때처럼 사기를 배양하지는 못했다 하더라도 송조(宋朝) 도학의 후대에 끼친 공렬이 사람들에게 남아 있어서 추락하지 않았기 때문에 명유(明儒) 소보(邵寶)가 동림(東林)에 처음 강석을 열었고, 그 뒤에 고헌성(顧憲成)과 고반룡(高攀龍)이 이를 계승하여 도학을 제창하여 천명하고 명절을 지려(砥礪)한 덕분에 천하의 명류가 모두 흠모하여 본받으며 귀부(歸附)했던 것입니다. 비록 그들이 동림의 당(黨)[147]으로 몰려 군상(君上)의 의심을 받은 나머지 한 세상에서 그들의 경륜을 펼칠 수는 없었지만, 황명이 망할 적에 죽음으로써 절의를 지킨 것이 전고에 볼 수 없을 정도로 성대하였으

146 한정(漢鼎) : 한나라의 사직을 의미한다.

147 동림의 당(黨) : 명 신종(明神宗) 만력(萬曆) 연간에 이부 낭중(吏部郎中) 고헌성이 벼슬을 그만두고 고향에 돌아와 동림서원(東林書院)을 중수하고 고반룡, 전일본(錢一本) 등 동지들과 함께 이곳에서 강학하며 조정의 정사를 비평하고 의논하였는데, 그때 참여했던 사람들과 이에 동조했던 사람들을 반대편에서 통틀어 일컫던 말이다. 동림서원은 원래 송나라 양시(楊時)가 강학하던 곳으로, 원나라 때에는 사찰로 변하였는데, 지금의 강소성(江蘇省) 무석시(無錫市)에 있다. 동림학파의 명성이 점점 커지자 적대 세력이 당으로 몰아 견제하였는데, 희종(熹宗) 천계(天啓) 연간에 환관 위충현(魏忠賢)이 발호하여 전권을 행사하매, 동림의 제인이 이에 반대하며 끝까지 항거하다가 모두 혹독한 박해를 받았으며, 그 뒤에 숭정(崇禎)이 즉위함에 미쳐 위충현이 실세하여 자진하면서 당금(黨禁)이 비로소 풀렸다. 《明史 顧憲成列傳》《明史紀事本末 東林黨議》

니, 실로 동림의 효과라고 해야 할 것입니다."

하니, 세자가 이르기를,

"알았다."

하였다. 내가 아뢰기를,

"한 세상의 풍속은 전적으로 임금이 어떻게 도솔(導率)하느냐에 달려 있습니다. 그러므로 동경(東京 동한)의 사기가 그처럼 왕성했지만, 이를 훼손하고 절단함에 미쳐서는 순숙(荀淑)의 손자이면서도 감지덕지하며 조조의 신하가 되는가 하면 당형(唐衡)의 사위가 되고 말았던 것입니다.[148] 그래서 군자의 덕은 바람이고 소인의 덕은 풀이니, 풀에 바람이 가해지면 반드시 드러눕게 된다.[149]라고 한 것이니, 이 어찌 두려워하고 경계해야 할 일이 아니겠습니까."

148 순숙(荀淑)의……것입니다 : 손숙의 손자는 순욱(荀彧)을 가리킨다. 《회암집》 권35 〈답유자징(答劉子澄)〉에 "그리고 순씨 가문을 논한다면, 순숙은 양씨(梁氏)가 용사하던 날에 말을 바르게 하였는데, 그의 아들 순상(荀爽)은 이미 동탁(董卓)이 권력을 마구 휘두르던 조정에서 자취를 더럽혔고, 그 손자인 순욱에 이르러서는 마침내 당형의 사위가 되고 조조의 신하가 되었으면서도 잘못이라고 여길 줄을 알지 못하였다."라는 말이 나온다. 순숙은 학덕이 고명하여 신군(神君)으로 일컬어지고, 당세의 명현인 이고(李固), 이응(李膺) 등으로부터 스승의 대접을 받았는데, 순제(順帝)가 죽고 양태후(梁太后)가 임조(臨朝)할 당시에 조정에서 귀행(貴幸)을 배척하며 직언하여, 당시에 태후의 오빠로서 전권을 행사하던 대장군 양기(梁冀)의 시기를 받았다. 당형은 이른바 오후(五侯)의 한 사람이다. 오후는 동시에 똑같이 봉후(封侯)된 다섯 사람이라는 뜻으로, 후한 환제(後漢桓帝) 연희(延熙) 2년(159)에 조칙을 받들어 대장군 양기와 그 당인을 소탕하고 봉후된 중상시(中常侍) 5인을 가리킨다. 이로부터 환관이 권력을 장악하고 불법을 자행하여 조정이 날로 어지러워졌으므로, 당시 사람들이 "한 명의 장군이 죽고, 다섯 명의 장군이 나왔다."라고 비꼬기도 하였다. 《後漢書 五行志 五行1》

149 군자의……된다 : 103쪽 주45 참조.

하니, 세자가 이르기를,

"알았다."

하였다.

계유년(1753, 영조29) 8월 경신일에 겸문학(兼文學) 이중조(李重祚), 설서(說書) 이해중(李海重)과 함께 소대에 입시하였다. 이중조가 아뢰기를,

"사마광(司馬光)의 말이 비록 이와 같지만,-사마광의 말은 바로 그가 "왕안석이나 여혜경(呂惠卿)이 만든 것으로서 선제(先帝)의 본의가 아닌 것은 불과 물 속에서 사람들을 구해 내는 것처럼 속히 고쳐야 한다.……" 한 것이다.[150]- 혹자가 '너무 심한 것을 점차로 제거하면 된다.……' 하였는데, 이렇게 하더라도 무슨 상관이 있겠습니까."

하기에, 내가 아뢰기를,

"사마광의 말이 지극히 좋습니다. 《논어》 삼년무개장(三年無改章)의 집주에 '언젠가는 고쳐야 하겠지만 지금 당장은 고치지 않아도

150 사마광(司馬光)의……것이다 : 송 신종(宋神宗)이 죽고 철종(哲宗)이 어린 나이에 즉위하자 태황태후가 정사에 임하였는데, 이때 사마광이 재상이 되어 신종 때에 실시한 왕안석의 신법을 폐지하고 옛 법을 회복하려 하였다. 이에 의논하는 자들이 《논어》 〈학이〉의 "부친이 작고한 뒤에 3년 동안은 부친이 해 오던 일을 고치는 일이 없어야 효라고 말할 수 있다."라는 공자의 말을 인용하면서 저지하려 하자, 사마광이 "선제의 법 중에서 좋은 것은 백세 뒤에라도 고치면 안 되겠지만, 왕안석이나 여혜경이 만들어서 천하에 피해를 끼치는 것으로 선제의 본의가 아닌 것과 같은 것은 불과 물 속에서 사람들을 구해 내되 오히려 미치지 못할까 걱정하는 것처럼 속히 고쳐야만 한다. 더군다나 태황태후가 모친의 입장에서 아들의 법을 고치는 것이지, 아들이 부친의 법을 고치는 것이 아님에랴."라고 하여 반대 의견을 진정시켰던 것을 말한다.

될 일을 말한다.'라고 하였는데,[151] 대개 그 일을 고쳐야 마땅하지만 그다지 급하지 않아서 뒤로 미루어도 될 일이라는 말이니, 이런 일이라면 물론 3년을 기다려야 할 것입니다. 그러나 국가의 대사와 관계되어 하루를 고치지 않으면 하루만큼의 폐단이 생기고 이틀을 고치지 않으면 이틀만큼의 폐단이 생기는 경우에는 어찌 선제 때의 법이라는 이유로 즉시 바꾸지 않고 3년이라는 오랜 세월을 기다려서야 되겠습니까. 주자가 일찍이 스승인 이연평(李延平)에게 '3년 안에 고치더라도 이런저런 이유를 대며 날짜를 미루다가 고치는 것이 어떻겠습니까?'라고 질문하자, 연평이 답하기를 '그렇게 하는 것은 크게 심술의 병통이 되는 것으로 오히려 과실이 많아질 듯싶으니, 오직 애통하고 박절한 심정으로 고쳐야 할 것이다.……' 하였으니, 이 말이 어찌 좋지 않습니까. 대개 주자가 이때에 나이가 매우 어렸기 때문에 그 소견이 우연히 이와 같았던 것인데, 혹자의 '너무 심한 것을 점차로 제거하면 된다.'라는 설과 서로 비슷하니, 연평의 가르침이 참으로 통쾌합니다."

하니, 세자가 이르기를,

"알았다."

하였다.

151 논어……하였는데 : 《논어》 〈학이〉에 "부친이 생존해 있을 때에는 자식의 뜻만을 볼 수가 있고, 부친이 작고한 뒤에야 자식의 행동을 볼 수가 있다. 그러나 작고한 뒤 3년 동안은 부친이 해 오던 일을 고치는 일이 없어야 효라고 말할 수 있다."라는 공자의 말이 나오는데, 이에 대해서 유씨(游氏)가 "3년 동안 고치는 일이 없어야 한다는 것은 언젠가는 고쳐야 하겠지만 지금 당장은 고치지 않아도 될 일을 말한다."라고 해설하였다. 유씨는 송나라 유작(游酢)이다.

○ 기묘일에 문학 윤동승(尹東昇), 사서 이의철(李宜哲)과 함께 소대에 입시하였다. 윤동승이 '원우(元祐)의 제인이 시어를 문제 삼아 채확(蔡確)을 처벌한 것'[152]을 잘못이라고 하고, 범순인(范純仁)의 설이 옳다고 하였다. 이에 내가 아뢰기를,

"신이 전일에도 진달한 바가 있습니다만, 이와 같은 곳은 먼저 그 대체를 살펴보아야 합니다. 대개 채확으로 말하면 본시 형편없는 소인인 만큼, 그를 유방(流放 변방에 방축(放逐)하는 것)하고 찬극(竄殛 귀양 보내고 죽이는 것)한다고 해도 남은 죄가 있다고 할 것입니다. 이와 같은 사람은 결단코 하루라도 조정에 놔두면 안 되는데, 축출하기가 쉽지 않아서 걱정하고 있을 때에 거개정(車蓋亭) 사건이 발생한 것입니다. 대저 구어(口語)를 문제 삼아 사람을 처벌한 것에 대해서,

152 원우(元祐)의……것 : 철종 원우 2년(1087) 채확이 안주(安州)에 있을 적에 현(縣)의 서북쪽에 있는 거개정에서 노닐며 〈하일유거개정(夏日遊車蓋亭)〉이라는 절구 10수를 지었는데, 정적인 오처후(吳處厚)가 조정에 글을 올려 "시 중의 5편 모두가 풍자하고 조롱하는 혐의가 있는데, 2편은 정도가 더욱 심해서 위로 군친에까지 미치고 있다."라고 하고 "이름난 신하 학증산이여 얼마나 씩씩하였던가, 충직한 말 곧은 절조를 상원 연간에 드날렸네.〔矯矯名臣郝甑山 忠言直節上元間〕"라는 시구를 들춰내어 고발하였다. 오처후가 이 시구를 끄집어낸 것은 송나라 원우 연간에 섭정하고 있던 고 태후(高太后), 즉 선인태후(宣仁太后)를 측천무후(則天武后)에 견주었다고 고자질하여 그를 골탕 먹이려는 의도에서였다. 이에 고 태후가 격노하여 영남(嶺南)의 신주(新州)에 채확을 안치하였는데, 이 일이 북송(北宋) 때에 영남으로 폄관(貶官)하는 선례가 되었다. 이때 여대방(呂大防)과 유지(劉摯)가 채확의 모친이 연로하고 영남의 길이 머니 다른 곳으로 옮겨 줄 것을 청하였으나, 고 태후는 "산은 옮길지언정 이곳 신주는 옮길 수 없다."라며 완강히 거부하였다. 이렇게 해서 채확 자신도 실세하고 나서는 시안(詩案)에 걸려 귀양지에서 생을 마쳤다. 원우의 제인은 양도(梁燾), 범조우(范祖禹), 오안시(吳安詩), 왕암수(王巖叟), 유안세(劉安世), 문언박(文彦博) 등을 말한다.

십분의 도리를 내세워 판결한다면야 물론 온당하지 못하다고 하겠습니다만, 사건이 발생하였고 사인(邪人)을 축출하는 것이 급한 상황이었기 때문에 당시의 명현인 유 원성(劉元城 유안세(劉安世)) 같은 이도 어찌 바르고 곧은 군자가 아니었겠습니까마는, 극력 주장하면서 이를 잘못으로 여기지 않았습니다. 반면에 범순인이 '언어를 문제 삼아서 대신을 방축하면 안 된다.'라고 한 것으로 말하면 그 말이 물론 그럴듯하기는 합니다만, 사정(邪正)의 대분(大分)을 살피지 못한 채 단지 이 작은 절목에 대해 쟁집하면서 거취를 걸고 단언하기까지 하였으니, 이는 결과적으로 채확을 변호하고 정론(正論)에 각을 세워 대립한 사람이 되고 만 것입니다. 그가 '이 길이 한번 열리면 우리들 자신도 면치 못할 듯싶다.……' 한 것[153]은, 앞으로 닥쳐올 화를 미리 걱정한 것으로서, 요컨대는 스스로 사당(邪黨)에게 잘 보여서 뒷날 그 덕을 보려고 기대한 것이니, 그 마음 씀씀이가 더욱 형편없습니다. 이 때문에 주자가 〈답정경망서(答鄭景望書)〉[154]에서 '원우의 제인이 채확을 제어할 수 없음을 우려한 나머지 구어를 문제 삼아서 배제하려고 한 것도 타당하지 않은 점이 있지만, 범공(范公)이 자기 보전의 계책을 미리 세워 두려고 한 것도 자사(自私 자기 이익만 도모하는 것)의 혐의를 면치 못할 듯싶다.……' 하였고, 마지막

153 이 길이……것 : 《송사(宋史)》 〈범순인열전(范純仁列傳)〉에는 "범순인이 좌상 여대방에게 '우리가 이 길을 열어 놓으면 우리 자신도 면하지 못할 듯싶다.'라고 말하자, 여대방이 결국 감히 말하지 못하였다."라고 되어 있는데, 범순인의 부친인 범중엄(范仲淹)이 부필(富弼)에게 은밀히 말해서 조중약(晁仲約)을 변호하여 구제했던 일과 함께 이 일이 거론되곤 한다.

154 답정경망서(答鄭景望書) : 《회암집》 권37에 보인다.

에 결론적으로 말하기를 '군친에게 무례하게 구는 것을 보면서도 수수방관하며 감히 축출하지 못하는 것은 필시 범공의 이 말 때문이라고 할 것이다.'라고 하였으니, 그 말이 지극히 엄정합니다."

하고, 또 아뢰기를,

"원우의 이 일뿐만이 아니라, 예로부터 군자가 소인을 축출할 때에는 왕왕 이렇게 한 경우가 있으니, 예컨대 왕증(王曾)이 정위(丁謂)를 축출했던 일도 여기에 속합니다.[155]"

하니, 세자가 이르기를,

"알았다. 그런데 구양수의 〈붕당론〉이 팔대가(八大家)의 문집에 실려 있는데, 이것이 전본(全本)인가?"

하자, 내가 아뢰기를,

"〈붕당론〉의 내용이 물론 좋습니다만, 주자의 〈여유승상서(與留丞相書)〉가 나온 이후로는 〈붕당론〉도 이제는 부차적인 글이 되었습니다. 〈여유승상서〉는 모두 4편으로, 붕당에 관한 설을 더 이상 미진

155 왕증(王曾)이……속합니다 : 사실을 왜곡하고 술수를 써서라도 나라를 위해 간인(奸人)을 제거한 경우에 속한다는 말이다. 정위는 송 진종(宋眞宗)의 총애를 받아 사공(司空)의 지위에 오르고 진국공(晉國公)에 봉해진 권간(權奸)으로, 진종이 죽자 산릉사(山陵使)가 되어 장례에 관한 일을 총괄하였다. 이때 내시 뇌윤공(雷允恭)이 평소에 정위와 결탁하여 중외에 권세를 부리다가 산릉도감(山陵都監)에 임명되었는데, 그가 형식적으로 정위의 의견을 청취하고는 제멋대로 능침을 정한 결과, 묘혈에서 물이 새어 나온 일로 처벌을 받게 되었다. 그러자 13세의 나이로 제위(帝位)에 오른 인종(仁宗) 대신 청정(聽政)을 하던 장헌 유태후(章獻劉太后)에게 참지정사(參知政事) 왕증이 "정위가 능침의 위치를 제멋대로 바꿨으니, 그의 마음에 불선의 요소가 들어 있다."라고 밀주(密奏)하여, 정위를 조정에서 축출하고 뇌윤공을 처형하게 하였다. 《宋史 丁謂列傳, 王曾列傳》

한 뜻이 없이 모두 드러내 밝혔는데, 선정신 송시열이 《차의(箚疑)》를 지어 이해하기 어려운 곳을 해석하였으니, 삼가 바라건대 한번 가져다 보소서."

하니, 답하기를,

"《차의》는 내간(內間)에 있는데, 《대전(大全)》은 없으니, 《대전》의 전질을 들여보내되, 〈여유승상서〉는 찌를 붙여서 들이도록 하라."

하였다.

○ 경진일에 필선(弼善) 유한소(兪漢蕭), 사서 이의철과 함께 소대에 입시하였다. 이의철이 소술(紹述)[156]의 뜻을 논하면서 운운하였으므로,-그가 말한 내용은 대개 "소인은 신종을 소술하려 하였고, 군자는 선인태후(宣仁太后)를 소술하려 하였다."라는 것이었다.- 내가 아뢰기를,

"그렇지 않습니다. 신종과 태후를 둘로 나누어 보면 안 됩니다. 대개 소술이라는 용어는 소인이 그 말을 가탁해서 군자를 해치기 위한 것이었습니다. 만약 사리에 입각해서 논한다면, 그 폐법(弊法)을 고치는 것이 바로 선왕의 뜻과 일을 잘 이어받는 것입니다. 대저

156 소술(紹述) : 선왕의 뜻과 일을 잘 이어받아 행하는 것을 말한다. 이와 함께 송 철종 때에 신종이 실행했던 신법을 계승했다는 뜻의 '소성(紹聖)의 소술'을 가리킨다. 신종의 연호는 희령과 원풍이었는데, 이때에는 왕안석의 신법을 시행하였다. 그 뒤에 신종이 죽고 철종이 제위에 올라 연호를 원우라고 하였는데, 나이가 어렸으므로 태황태후, 즉 선인태후 고씨(高氏)가 섭정하면서 신법을 모조리 폐기하였다. 그러다가 원우 8년(1093)에 태황태후가 죽자 철종이 친정을 행하였는데, 그 이듬해에 소성으로 연호를 고치고 장돈(章惇)을 집정(執政)에 임명하였다. 이에 장돈이 '아들은 부친의 법을 고치면 안 된다.'라는 논리를 내세우며, 희령과 원풍의 신정(新政)을 소술할 것을 천명하였고, 원우 연간에 고 태후가 임조하면서 폐지한 신법을 모두 복구하였다. 《宋史 奸臣列傳 1 章惇》

신종의 뜻이 당초에 어찌 천하를 어지럽히려는 것이었겠습니까. 단지 세도(世道)를 만회하여 삼대의 성세를 뒤따라 이루어 보려는 것일 뿐이었는데, 불행히도 왕안석에게 오도된 나머지 그런 지경에 이르고 말았으니, 천추토록 지사(志士)가 다 함께 분개할 일입니다. 따라서 임금의 자리를 이어받은 자로서는 소인에게 오도된 것들을 통렬히 개혁하고 정이천(程伊川 정이(程頤))과 같은 군자를 진출시켜 등용해야만, 참으로 삼대의 치세를 이루어 선제(先帝)가 이루지 못한 뜻을 뒤따라 이루는 것이 될 것이니, 이렇게 한 뒤에야 비로소 '사람의 뜻을 잘 이어받고 사람의 일을 잘 이어받았다.'라고 말할 수 있는 것입니다. 선정신 이이가 '준수해야 할 것을 준수하는 것도 물론 계술이지만, 변통해야 할 것을 변통하는 것도 계술이다.'라고 말한 것이 바로 이것을 의미합니다."

하니, 이의철이 대뜸 아뢰기를,

"이 설이 매우 옳습니다."

하였다. 세자가 답하기를,

"알았다. 그런데 선정의 이 설은 〈동호문답(東湖問答)〉 안에 들어 있는가?"

하기에, 신이 대답하기를,

"상세히 기억하지는 못하겠습니다만, 대체로 선정은 변통하는 것을 급무로 여겼기 때문에 일생 동안 이 설을 말하기를 좋아하였습니다."

하였다. 세자가 답하기를,

"알았다. 그런데 여대방(呂大防)도 현인인데, 양외(楊畏)에게 기만을 당한 것[157]은 어째서인가?"

하기에, 내가 아뢰기를,

"이는 기만을 당한 것일 뿐만이 아니라, 사의(私意)에 가려져서 이런 결과를 초래한 것입니다. 원우 초에 사마광(司馬光)이 변법(變法)을 하자, 혹자가 말하기를 '뒷날 부자(父子)의 설을 내놓는 자가 있으면 화가 장차 일어날 것이다.'라고 하니, 사마광이 의연히 말하기를 '하늘이 만약 우리 송나라를 도와준다면 그런 일은 반드시 일어나지 않을 것이다.'라고 하였는데,[158] 주자가 일찍이 이를 논하면서 '음악의 조리를 마치는 것에 가깝다.'라고 하였으니,[159] 그의 말이 성인에 가깝

157 여대방(呂大防)도……것 : 양외는 자신의 영달을 위해서는 상대방이나 자기편을 가리지 않고 변덕과 배신을 일삼아서 '양삼변(楊三變)'이라는 별명을 얻었던 인물이다. 원우 초에 여대방과 유지가 재상으로 있을 적에 양외와 친하게 지내면서 그를 전중시어사(殿中侍御史)로 발탁했다가 낭패를 당하였으며, 나중에는 양외가 추천한 장돈(章惇)과 채경(蔡京)에 의해 축출당하기까지 하였다. 여대방은 원우 3년(1088)에 상서좌복야겸 문하시랑(尙書左僕射兼門下侍郎)에 임명되어 범순인(范純仁)과 함께 국정을 8년간 장악하였는데, 이때 그들이 은밀히 자신을 보전할 꾀를 품고 조정(調停)하는 의논을 주창한 나머지, 마침내 소인들이 그 기회를 틈타고서 조정에 진출하게 하는 계기를 만들었고, 결국에는 그 후유증으로 정강(靖康)의 화(禍)를 당하고 말았다는 것이 녹문의 주장이다.

158 뒷날……하였는데 : 사마광이 왕안석의 신법을 모조리 혁파하자, 혹자가 "희풍(熙豐)의 옛 신하들 중에는 음험하고 교활한 소인들이 많으니, 뒷날 부자의 의리를 들먹이며 상을 꼬드긴다면 화가 일어날 것이다."라면서 후환을 당하지 않게 조심하라고 권하니, 사마광이 정색하고서 "하늘이 만약 우리 송나라를 도와준다면 그런 일은 반드시 일어나지 않을 것이다."라고 단언했다는 말과, 사관(史官)이 "하늘이 만약 송나라를 도와주어 원로 한 분을 아껴서 남겨 두었더라면……정강의 변고도 어쩌면 조금 완화될 수 있었을 것이다."라고 평하면서 사마광의 죽음을 슬퍼한 고사가 《송사》〈사마광열전(司馬光列傳)〉에 나온다.

159 주자가……하였으니 : 주자라고 한 것은 녹문의 착오이다. 음악의 조리를 마친다는 것은 공자와 같은 성인처럼 일 처리를 원만하게 하는 것을 비유하는 말인데, 《맹자》

다는 뜻이었습니다. 그런데 여대방은 이렇게 하지 못하고서 화복의 설에 동요된 나머지 스스로 사당에게 잘 보이려고 하였습니다. 이는 사의가 자기 마음속에서 주인 노릇을 하였기 때문에 조정(調停)의 의론을 창도하며 양외와 등온백(鄧溫伯)의 무리를 끌어다 씀으로써 스스로 낭패를 초래하였으니, 어찌 개탄할 일이 아니겠습니까."

하니, 답하기를,

"알았다."

하였다. 내가 아뢰기를,

"조정하자는 주장은 원래 잘못된 것입니다. 전일에 저하께서도 이 주장을 잘못이라고 하셨는데, 당시에 천하의 절반이 모두 희풍(熙豐)의 당이었으니, 만약 조정하지 않고서 사인(邪人)을 축출하고 정인(正人)을 진출시킬 경우에는 천하의 사대부 중에 절반은 모두 버려야 할 형편이었는데, 이런 상황에서 저하는 어떻게 처리하시겠습니까?"

하니, 세자가 이르기를,

"어찌 천하의 절반이 되기야 하겠는가."

하였다. 내가 아뢰기를,

"희령(熙寧) 이래로 양당이 각각 대립하여 상대방을 배격한 것이 수십 년이 지났으므로, 천하의 사대부가 원우의 당에 들어가지 않으

〈만장 하(萬章下)〉에 "공자는 집대성한 분이라고 말할 수 있다. 집대성이란 종(鍾)과 같은 금속 악기의 소리가 먼저 퍼지게 하고 나서, 맨 마지막에 경쇠와 같은 옥의 소리로 거두어들이는 것을 말한다. 맨 처음에 금속 악기로 소리를 내는 것은 음악의 조리를 시작함이요, 옥으로 거두어들이는 것은 음악의 조리를 마침이다. 조리를 시작하는 것은 지의 일이요, 조리를 마치는 것은 성의 일이다."라고 하였다.

면 희풍의 당에 들어가서, 양당 이외에는 다른 의론이 없게 되었으니, 천하의 절반이라고 말하게 된 것이 진실로 이와 같습니다."

하니, 세자가 이르기를,

"그렇겠다. 이는 그야말로 중대한 관건이 되는 것인 만큼 허투루 보아 넘기면 안 되는데, 조정하는 것은 할 수가 없고 그렇다고 해서 조정하지 않으면 천하의 절반에 해당하는 사람들을 모두 버려야 할 형편이니, 이는 참으로 의안(疑案)으로 삼을 만하다."

하였다. 내가 아뢰기를,

"이런 곳에 대해서는 언제나 늘 사량(思量)하며, 이른바 '제목으로 삼아서 사의(思議)에 들인다.'[160]라고 하는 것처럼 해야 합니다. 대개 조정하지 않고서 사정(邪正)을 변별해야만 비로소 버리는 사람이 없게 할 수 있을 것이요, 그렇게 하지 않고 조정하려 한다면 천하 사람의 절반뿐만이 아니라 장차 온 천하의 사람 모두를 버리는 결과가 되고 말 것입니다. 왜 그렇게 말하는 것이겠습니까. 대저 도는 하나일 뿐입니다. 따라서 천하에 양쪽 모두 옳고 양쪽 모두 그른 이치는 없는 것입니다. 지금 만약 시비를 가리지 않고 흑백을 구별하지 않은 채, 정자(正者)도 임용하고 사자(邪者)도 임용한다면 저

160 제목으로……들인다 : 화두로 삼아서 골똘히 생각하는 것을 말하는데, 선종에서 말하는 간화선(看話禪)의 개념과 유사하다. 《중용혹문(中庸或問)》에 "학자가 익히 완미하며 정밀히 살피기를, 사씨(謝氏)가 '제목으로 삼아서 사의에 들인다.'라고 말한 것처럼 한다면, 그래도 뭔가 인식할 수 있을 것이다."라는 주희의 말이 나오는데, 그 소주에 "이것은 천지간의 묘용이다. 이를 제목으로 삼아서 사의에 들여야만 비로소 알 수 있을 것이니, 강설하는 것만으로는 문제를 해결하지 못할 것이다."라는 상채 사씨(上蔡謝氏)의 설을 소개하였다.

소인들이 필시 '우리도 이 도를 가지고 행세할 수 있다.'라고 생각하고는, 굳게 지키며 고치지 않고 군자에 맞서 대들 것입니다. 천백 년이 지난다 해도 결코 정도로 돌아올 리가 없으니, 저 사당에 속한 자들 모두가 영원히 버려지는 사람이 될 것입니다. 그리고 조정에서 사정을 함께 쓰려고 해도 군자 중에 으뜸가는 이들은 필시 소인들과 함께 동사(同事)하려 하지 않고 물러나 조정에 나오지 않을 것이요, 그다음 가는 이들은 조정에 나오더라도 소인과 동사하게 된 상황에서는 점점 사당에 빠져드는 경우가 없지 않을 것이며, 조금 시간이 지나고 나면 필시 완전히 소인과 똑같이 되고 말 것입니다. 나오지 않는 이들은 조정에서 이미 쓸 수가 없고, 나온 자들은 또 소인과 똑같이 되고 만다면 이는 군자의 당을 모조리 버리는 결과가 될 것입니다. 소인의 당을 버렸는데, 군자의 당까지 버린다면 온 천하의 사람들을 모두 버리는 결과가 되지 않겠습니까. 지금 시비를 크게 밝히고 흑백을 환히 구별한 뒤에 시(是)와 백(白)에 해당하는 자는 거의 모두 진출시켜 등용하고 비(非)와 흑(黑)에 해당하는 자는 거의 모두 축출하여 배척하면서, 엄격하게 제방(堤坊)을 확립하고 굳건하게 지켜 동요하지 않으면 저 죄악이 극대하여 다시 고칠 수 없는 자는 물론 언급할 가치도 없겠지만, 그다음으로 그 도당이 된 자들은 자연히 점차적으로 귀화하여 처음에는 안색을 고치다가 나중에는 마음을 고쳐먹을 것입니다. 이에 그들이 고치는 정도에 따라 점차 임용하면서 조금 시간이 지나다 보면 다시 이른바 원우니 희풍이니 하는 명목이 없어지고 그냥 완전히 합치된 하나의 당색만 남게 될 것입니다. 〈홍범(洪範)〉에서 '회극귀극(會極歸極)'[161]이라고 말한 것과 주자가 '참으로 탕탕평평의 복을 보게 될 것이다.'[162]라고 말한 것이 바로 이것을 의미하니, 이렇게 하면 처음에는 비록 버리는 것같이 보일지라도 나중에는 버리지 않는 결과를 이루게 되는 것입니다."
하니, 세자가 이르기를,
"알았다."
하였다. 내가 이르기를,
"이름은 사당이라고 할지라도, 그 안에 어찌 문학과 행의(行義) 면에서 취할 만한 자가 없기야 하겠습니까. 그러나 그 본령이 이미 잘못된 만큼 문학과 행의가 있다고 해서 그를 함께 뒤섞어 쓸 수는 없는 일입니다. 그래서 혹자가 '모인(某人)은 염결하니 쓰지 않으면 안 된다.'라고 말했을 때에, 주자가 답하기를 '염결한 것은 한 개인에 속한 일일 뿐이니, 말만 잘하는 입이 나라를 뒤엎는 재앙을 어떻게 구할 수 있겠는가.'라고 말했던 것입니다.[163] 그리고 매양 지평(持平 공평한 입장을 취하는 것)의 논의를 '오염시키고 혼탁하게 하는 논의〔惡濁之論〕'[164]라고 비판하였는데, 지평이라고 하는 것이 바로 조정의 설이니, 〈여유승상서〉에서 논한 것이 이 뜻 아닌 것이 없습니다."
하니, 세자가 이르기를,
"알았다."
하였다.

161 회극귀극(會極歸極) : 성군의 정치에 백성이 점차로 귀화하는 것을 말한다. 116쪽 주66 참조.

162 참으로……것이다 : 《회암집》 권72 〈황극변〉의 내용을 녹문이 임의로 정리해서 말한 것이다.

163 혹자가……것입니다 : 《주자어류》 권72 〈역(易) 8 함괘(咸卦)〉에 나온다.

164 오염시키고……논의 : 《주자어류》 권72 〈역 8 함괘〉에 나온다.

녹문집

제19권

잡저
雜著

잡저 雜著

녹려잡지 기묘년(1759, 영조35), 경진년(1760)

鹿廬雜識 己卯庚辰

이기(理氣) 심성(心性)에 대하여

'그렇게 하려 하지 않아도 그렇게 되는 것〔莫之然而然〕'은 원래 하나의 '텅 비고 원만하며 성대한〔虛圓盛大〕' 물사(物事)가 있어서이다. 이것은 앙연(坱然)[1]하고 호연하여, 내외도 없고 분단(分段)도 없으며, 변제(邊際)도 없고 시종(始終)도 없이 전체가 소융(昭融 한없이 밝게 빛남)하며, 온통 생의(生意 만물(萬物) 생성의 뜻)로 채워져 있어서 '유행하여 멈추지 않으며〔流行不息〕' '만물을 내는 것이 헤아릴 수 없는〔生物不測〕' 그런 것이다. 이것을 체(體)의 측면에서는 천(天)이라 하고 원기(元氣)라 하고 호기(浩氣)라 하고 태허(太虛)라 하며, 생의의 측면에서는 덕(德)이라 하고 원(元)이라 하고 천지지심(天地之心)이라 하며, 유행

1 앙연(坱然) : 먼지가 치닫는 사슴의 발굽 아래 땅에서 일어나 사방에 자욱이 휘날리는 것처럼, 기가 광대한 우주 공간에 가득 차 있는 것을 형용한 말이다. 장재(張載)가 《정몽(正蒙)》 〈태화편(太和篇)〉에서 "기가 태허에 앙연하여 오르내리고 드날리며 일찍이 멈추거나 쉰 적이 없다."라고 말한 이후로 '앙연태허(坱然太虛)'라는 말이 성리학의 용어로 쓰이게 되었다. 《張子全書 卷2》

불식의 측면에서는 도(道)라 하고 건(乾)이라 하며, 불측의 측면에서는 신(神)이라 하며, 막지연이연(莫之然而然)의 측면에서는 명(命)이라 하고 제(帝)라 하고 태극(太極)이라고 하는데, 요컨대 모두 이 허원성대한 물사에 대하여 분별해서 이름을 세운 것들이니, 사실 알고 보면 똑같은 것이다.-막지연이연은 바로 이른바 '절로 그러하다.〔自然〕'라고 하는 것이다.-

기(氣)가 있으면 형(形)이 있는데 기가 형의 내부를 관통하는 만큼 형의 동정(動靜)과 소장(消長)은 모두 기 아닌 것이 없고, 천(天)이 있으면 지(地)가 있는데 천이 지의 내부를 관통하는 만큼 지의 흡벽(翕闢 닫히고 열림)과 생양(生養)은 모두 천 아닌 것이 없다. 이 때문에 기가 형과 대(對)가 되더라도 그 실제를 구명하면 형은 결국 기에 포함되니 기에는 대가 없는 것이고, 천이 지와 대가 되더라도 그 근본을 추리하면 지는 절로 천에 통어(統御)되니 천에는 대가 없는 것이다.

《시경》, 《서경》, 《역경》, 《논어》, 《맹자》, 《중용》, 《대학》 중에서 천(天)을 설하고 제(帝)를 설하고 도(道)·덕(德)과 심(心)·성(性)과 신(神)과 인(仁)·의(義) 등의 문자를 설한 것은 이루 헤아릴 수 없을 만큼 많지만, 이(理)라는 문자에 대해서는 칭한 것이 전혀 없다. 이라는 문자가 경(經)에 보이는 것이라고 해야 고작 〈설괘(說卦)〉의 '궁리진성(窮理盡性)'과 '순성명지리(順性命之理)', 〈계사(繫辭)〉의 '천하지리(天下之理)', 《맹자》의 '이의지열아심(理義之悅我心)' 등 이런 정도에 그칠 따름이었는데,[2] 낙민(洛閩)[3]이 나온 이후로부터 이라는

2 설괘(說卦)의……따름이었는데 : 《주역》 〈설괘전(說卦傳)〉에 "이치를 궁구하여

문자가 크게 현양되기 시작하였다. 그리하여 천, 제, 도, 덕 등의 문자와 같은 것도 모두 이라는 문자로 개괄하는 식이 되어, 이 문자가 아니면 거의 뭐라고 말할 수 없을 정도가 되었고, 사람들이 이 학문을 하는 경우에도 이학(理學)이라고 칭하게 되었으니, 문자의 현회(顯晦 명암(明暗))라는 것도 시대에 따라 그렇게 되는 것인지 모르겠다.

주자가 천(天)을 이(理)로 훈석한 것[4]은 바로 '한 번 음(陰)이 되고 한 번 양(陽)이 되는 것을 도(道)라고 한 것'[5]과 같으니, 바로 '기(器)도 도(道)이고 도도 기이다.'[6]라고 하는 묘한 도리를 드러내 밝히려는 목적

성을 다하면 성이 천덕이 되고 명이 천리가 된다.〔窮理盡性 則性天德 命天理〕"라고 하였고 "옛날에 성인이 역을 지은 것은 장차 사람들로 하여금 성명의 이치를 따르게 하려는 목적에서였다."라고 하였다. 또 《주역》 〈계사전 상(繫辭傳上)〉에 "평이하고 간략해서 천하의 이치가 내 안에서 터득되는 것이니, 이 천하의 이치를 터득하여 그 중에 자리를 이루는 것이다."라고 하였다. 또 《맹자》 〈고자 상(告子上)〉에 "이와 의가 우리 마음을 기쁘게 하는 것은 추환이 우리 입을 즐겁게 하는 것과 같다.〔理義之悅我心 猶芻豢之悅我口〕"라고 하였다.

3 낙민(洛閩) : 정주(程朱)와 같은 말이다. 낙(洛)은 낙양(洛陽)의 정호(程顥)와 정이(程頤) 형제를 가리키고, 민(閩)은 민중(閩中)의 주희(朱熹)를 가리킨다.

4 주자가……것 : 《중용장구》 첫머리의 "하늘이 명한 것을 성이라고 한다.〔天命之謂性〕'에 대한 주희의 해설 중에 "성은 바로 이이다.〔性卽理〕"라고 하였다.

5 한 번 음(陰)이……것 : 《주역》 〈계사전 상〉의 이 말에 대해서 주희의 본의(本義)에서는 "음과 양이 번갈아 운행하는 것은 기이고, 그 이는 이른바 도라고 하는 것이다.〔陰陽迭運者氣也 其理則所謂道也〕"라고 하였다.

6 기(器)도……기이다 : 《주역》 〈계사전 상〉의 "형이상의 것을 도라고 하고 형이하의 것을 기라고 한다."라는 말을 정호가 해설한 말이다. 《二程遺書 卷1, 卷11》 도는 무형의 추상적인 도리를 뜻하고 기는 유형의 구체적인 사물을 뜻하는 중국철학 용어인데, 여기서는 도와 기, 즉 이와 기가 서로 분리되지 않는다는 뜻으로 정호가 해석하였다.

에서였다. 그런데 우매한 자는 이를 알지 못하고서 거꾸로 "창창(蒼蒼)한 것이 천이 아니고, 창창한 그 상면(上面)에 따로 있는 소이연의 이가 천이다."라고 하고 있으니, 허탄함이 이보다 심할 수가 없다. 원래 천은 창창한 것일 뿐으로서 창창한 그것이 바로 이요,[7] 음양은 음양일 뿐으로서 음양인 그것이 바로 도이니, 지자(知者)는 스스로 이러한 것을 당연히 묵계할 것이다.-《중용》 제29장의 장구에서 "천지는 도이다."[8]라고 하였는데, 그 뜻도 이와 같다.-

《역전(易傳)》에 이르기를 "천(天)은 건(乾)의 형체이고 건은 천의 성정이다."[9]라고 하였는데, 이는 천과 건을 대언(對言)했기 때문에 이렇게 말한 것일 뿐이고, 사실은 천을 말하면 형체와 성정이 모두 그 안에 들어 있는 것이다.

일찍이 이(理)라는 문자의 뜻을 생각해 보았는데, 자연이라는 두 글자를 적용해야만 그 뜻이 비로소 극진해진다고 여겨졌다. 가령 당연과 소이연이라는 용어도, 요컨대 자연이라는 데로 그 뜻이 모두 귀결된다.

7 원래……이요 : 주희의 제자 진순(陳淳)이 "《태극해(太極解)》에서 '상천지재 무성무취'를 인용하였는데, 이 상천지재가 바로 태극입니까?〔太極解引上天之載無聲無臭此上天之載卽是太極否〕"라고 묻자, 주희가 "창창한 것이 상천이고, 이는 재라는 글자 위에 있다.〔蒼蒼者是上天 理在載字上〕"라고 대답하였다. 《朱子語類 卷94》

8 천지는 도이다 : 《중용장구》 제29장의 "천지에 세워도 어그러지지 않으며, 귀신에게 질정하여도 의심할 것이 없다."라는 경문에 대해서, 주희가 "천지는 도요, 귀신은 조화의 자취이다."라고 하였다.

9 천(天)은……성정이다 : 《주역》 〈건괘(乾卦)〉 괘사의 정전(程傳)에 나온다.

자식은 효도해야 하고 아버지는 자애로워야 하고 임금은 어질어야 하고 신하는 공경해야 하는 이것이 이른바 '당연'이라는 것인데, 이 모두는 천명과 인심의 자연에서 우러나와 그만둘 수 없으니 이것이 바로 이른바 '소이연의 연고'라고 하는 것이다. 그런 것이 아니라면 자식이 되어서는 반드시 효도해야 하고, 아버지가 되어서는 반드시 자애로워야 하고, 임금이 되어서는 반드시 어질어야 하고, 신하가 되어서는 반드시 공경해야 하는 것을 어떻게 알겠는가. 오직 그것이 원래 그러하여 그만둘 수 없기 때문에, 바로 그렇게 하는 것이 당연하여 바꿀 수 없음을 아는 것이니, 성인의 마음의 차원에서 살펴보아야만 명백히 파악할 수 있을 것이다.

이기의 설은 정주가 발명하는 과정을 거치면서부터 과분하다고 할 정도로 환히 드러나 더 이상 밝힐 뜻이 남아 있지 않게 되었다. 다만 그들이 설한 것을 보면 혹 대증(對證)한 취지가 다르기도 하고 혹 편리할 대로 방언(放言)하기도 하였으니, 묵묵히 인식하며 묘하게 계합하지 않은 채 그저 구절이나 글자의 사이에서 흐름을 찾고 그림자나 좇는다면 착오를 범하지 않는 경우가 없을 것이다.

대개 나름대로 생각해 보건대 우주 사이에서 상하를 관통하며 내외도 없고 시종도 없이 널리 가득 채운 가운데, 허다한 조화를 만들어 내고 허다한 인물을 산생하는 것은 단지 하나의 기일 뿐이니, 여기에는 이라는 글자를 다시 안배할 조그마한 틈도 없는 것이다.

다만 그 기가 이와 같이 성대하고 이와 같이 작용할 수 있는 것은 어떤 것이 그렇게 되도록 시켜서 그런 것이 아니라, '원래 그러해서 그런 것〔自然而然〕'에 지나지 않을 따름인데, 이 '자연처(自然處)'에 대해서 성인이 이름을 붙여서 도라고 하고 이라고 한 것일 뿐이다.

그 기로 말하면, 원래 공허한 물사가 아니라, 전체가 소융(昭融)하고 표리가 통철(洞徹)한 것으로서, 그것이 또 온통 생의(生意)로 채워져 있기 때문에 이 기가 한번 발동하면 만물을 발생하고 한번 고요하면 만물을 수렴하는데, 발생하면 원(元)이 되고 형(亨)이 되는 것이요 수렴하면 이(利)가 되고 정(貞)이 되는 것이다. 이것이 바로 기의 성정으로서 '자연'에서 나와 '당연지칙(當然之則)'이 되는 것인데, 이 '당연처(當然處)'에 대해서 성인이 또 이름을 붙여서 도라고 하고 이라고 한 것일 뿐이다.

그런데 '자연'이라고 말하고 '당연'이라고 말하는 그것도 별도로 경계가 있는 것이 아니라, 단지 기의 측면에 나아가 말한 것일 뿐으로서, 연(然) 자는 바로 기를 가리키고 자(自) 자와 당(當) 자는 그냥 갖다 붙여서 그 의사(意思)를 형용한 것에 불과할 따름이다. 참으로 이런 의사를 인식할 수만 있다면 기를 지칭하여 이(理)라고 한다고 해도 안 될 것이 없는 것이다.

나정암(羅整庵 나흠순(羅欽順))이 "한 번 음이 되고 한 번 양이 되는 것을 도라고 한다."라는 말을 논하면서, 명도 선생의 "원래 다만 이것이 도이다."라는 한마디 말을 매우 좋아하고, 이천(伊川)의 '소이(所以)'라는 두 글자에 대해서는 미진하게 여기고서 추론한 것이 너무 지나친 점이 있기도 하였으나, 그의 견해만은 참으로 탁월하다고 하겠다.

그런데 오늘날 사람들은 이러한 뜻은 알지 못한 채, 그저 주자의 "결단코 두 개의 물(物)이다."[10]라는 말만을 믿고서 왕왕 이와 기라는

10 결단코……물(物)이다 : 이와 기는 완전히 다른 것이라는 말이다. 《주자전서(朱子

두 개의 물사가 있는 것으로 진짜로 여기는가 하면, 심지어는 대본(大本) 위에 '기질이 박탁(駁濁)하다.'라는 글자를 안배해 놓고는 '기가 악하더라도 성(性)이 선한 데에는 아무 문제도 없다.'라고 하니, 이 또한 정말 슬픈 일이다.

만리(萬理)・만상(萬象)이라 하고, 오상(五常)・오행(五行)이라 하고, 건순(健順)[11]・양의(兩儀)라 하고, 태극(太極)・원기(元氣)라고 하는 용어는 모두 기에 대해서 그 이름을 붙인 것이다. 오늘날 사람들은 매양 '이일분수(理一分殊)'라는 용어를, '이는 같고 기는 다른 것'이라고만 간주할 뿐, 이가 일(一)인 것은 저 기가 일(一)인 데에서 확인되는 것을 전혀 알지 못한다. 만약 기가 일이 아니라면 무엇을 통해서 이가 반드시 일이라는 사실을 알 수 있겠는가. 이일분수라는 말은 이를 위주로 말한 것이니, 분(分) 자도 이에 속해야 마땅하다. 만약 기를 위주로 말한다면, 기일분수(氣一分殊)라고 말해도 안 될 것이 없다.

이른바 원기라고 하는 것은 바로 장자(張子 장재(張載))가 말한 태허(太

全書)》 권49 〈답유숙문서(答劉叔文書)〉에 "이와 기는 결단코 두 개의 물이다. 다만 사물의 측면에서 보자면 이와 기가 한 덩어리로 합쳐졌으므로 각각 다른 곳에 떨어져 있을 수 없으나, 이와 기가 각각 별개의 것이라는 데에는 문제가 되지 않는다. 이의 측면에서 보자면 사물이 있기 이전에 이미 사물의 이가 있다고 하더라도, 그 이만 있을 뿐이요 실제로 이 사물이 있는 것은 아니다. 무릇 이러한 곳에 대해서 분명히 인식하고 또 처음과 끝을 아울러 살펴야만 착오를 범하지 않을 것이다."라는 주희의 말이 나온다.

11 건순(健順) : 천지의 속성을 말하는데, 《주역》 〈설괘전〉의 "건은 건이요, 곤은 순이다.〔乾健 坤順〕"라는 말에서 나왔다. 양과 음의 별칭으로 쓰이기도 한다.

虛)이고 태화이며, 맹자가 말한 호연지기로서, 천지를 가득 채우고 고금에 유행하는 것이다. 그리하여 음양에 있으면 음양을 채우고, 오행에 있으면 오행을 채우고, 인물에 있으면 인물을 채우는 것이다. 비유하건대 물고기가 물속에 있으면 흉중이 모두 이 물인 것과 같다. 율곡(栗谷) 선생이 일찍이 말하기를 "담일(湛一)하고 청허(淸虛)한 기는 존재하지 않는 곳이 많이 있다."[12]라고 하였는데, 내 생각에는 그렇지 않을 듯싶다. 대개 편색(偏塞)하고 오탁(惡濁)한 곳이라 할지라도 이 기는 뚫고 들어가지 않는 곳이 없는데, 형기(形氣)에 국색(局塞)된 탓으로 정로(呈露)하여 뚜렷이 행해지지 못할 따름이다.-《역》에 이르기를 "하늘의 도가 변화함에 각각 성과 명을 바르게 하여 큰 화기(和氣)를 보전케 해 주나니, 이에 정함이 이롭다."라고 하였는데, 본의(本義)에서 "큰 화기는 음과 양이 배합된 충화(沖和)의 기이다."라고 하였다.-[13]

맹자가 "정직한 것으로 양성하고 해치는 일이 없게 하면 천지 사이에 가득 차게 된다."[14]라고 말하였는데, 이 말이 지극히 좋다. 대개 강자[15]

12 담일(湛一)하고……있다 : 이이(李珥)가 서경덕(徐敬德)의 설을 비판한 내용 중에 나온다. 《栗谷全書 卷10 答成浩原》

13 역에……하였다 : "하늘의……이롭다."라는 말은 《주역》 〈건괘 단(彖)〉에 나온다. 번역은 주희의 본의에 따랐다. 충화의 기는 《노자(老子)》 42장의 "충기를 통해 조화된다.〔沖氣以爲和〕"라는 말에서 나온 것으로, 보통 진기(眞氣), 원기를 뜻하는 말로 쓰인다.

14 정직한……된다 : 《맹자》 〈공손추 상(公孫丑上)〉에 나오는 말로, 지극히 크고 지극히 강한 호연지기의 속성을 말하면서 언급한 것이다.

15 강자(腔子) : 구각(軀殼)이라는 말과 같은 뜻의 속어로, 정신에 대한 신체를 가리키는 말로 흔히 쓰인다.

를 가득 채운 것〔滿腔子〕이 모두 이 기이니, 그것이 천지의 기와 통관(通貫)하여 하나가 되는 것이고 보면 그 기가 천지에 가득 차서 굳이 양성할 필요도 없는 것이다. 그러나 '사의(私意)에 가려져 바람이 빠지듯 허전하게 되면'[16] 이른바 강자를 가득 채운 그 기가 쇠락하고 쓸쓸해지며 이지러지고 부족하게 되어 어디에 있는지 알지 못하게 되니, 천지와 동일한 기라고 말할지라도 격절(隔截)되어 둘이 됨을 면치 못하는 것이다. 따라서 학자가 참으로 맹자가 말한 것처럼 집의(集義)[17]하여 기를 양성할 수만 있다면, 이 만강자(滿腔子)의 본체가 당연히 충척(充拓)하여 부족함이 없게 되어 천지와 다시 간격이 없어질 것이다. 대개 천지를 채운다고 하는 것이 다른 것이 아니라 강자를 채우기만 하면 곧바로 천지를 채우는 것이 되기 때문이다. 주자가 일찍이 학자에게 "강자를 가득 채운 것은 측은지심(惻隱之心)인데, 강자의 밖은 무엇인가?"라고 질문한 것에 대해서, 도암(陶菴)이 해석하기를 "강자의 안과 밖이 모두 측은이다."라고 하였는데, 그 뜻도 바로 이와 같은 것이다.[18]

16 사의(私意)에……되면 : 맹자의 호연지기에 대한 정이의 해설에 나오는 말을 녹문이 인용한 것이다.

17 집의(集義) : 의(義)를 많이 축적한다는 뜻이다. 《맹자》 〈공손추 상〉에 "호연지기는 집의에서 나오는 것이다."라는 말이 나오는데, 주희의 집주에 "집의는 적선(積善)이라는 말과 같으니, 대개 일마다 모두 도의(道義)에 합치하도록 노력하는 것이다."라고 하였다.

18 주자가……것이다 : 《회암집》 별집 권3 〈임택지(林擇之)〉에 "마침 말이 나온 김에 '강자를 가득 채운 것은 측은지심이다.'라는 말을 거론하였더니, 강민표가 '강자의 밖은 무엇인가?'라고 물었다. 제공에게 한마디씩 말해 보라고 청했더니, 각자 의견을 말하였다. 이제 다시 택지에게도 한 말씀 해 주기를 청하노니, 이편에 속히 깨우쳐 주었으면 한다."라고 하였다. 이 문제에 대한 주희의 의견은 《회암집》 권32 〈답장경부문목(答張

호기(浩氣)는 기를 위주로 말한 것이고, 측은은 이(理)를 위주로 말한 것인데, 사실은 하나이다.-측은은 바로 위에서 말한 생의(生意)이다.-

담일(湛一)하고 청허(淸虛)한 기는 다른 것이 아니라 바로 천(天)이니, 천이 어찌 있지 않은 데가 있겠는가. 율곡의 설은 아무래도 의심스러운 느낌이 든다.

인성이 선한 것은 그 기질이 선한 것일 뿐이니, 이 기질 이외에 따로 선한 성(性)이 있는 것이 아니다. 그러므로 "불선한 사람이 없으며, 아래로 흐르지 않는 물이 없다."[19]라고 하고, 또 "사람을 상하고 해쳐서 인(仁)이나 의(義)를 한다고 주장할 것인가."[20]라고 하여, 인(人) 자와 수(水) 자만 설했을 뿐 다시 성(性) 자를 거론하지 않았으니, 여기에서도 그 뜻을 알 수가 있다. 따라서 맹자가 성선을 설하는 것도 호연지기

敬夫問目)〉과 권43 〈답임택지(答林擇之)〉에 상세히 실려 있다. 도암은 녹문이 일찍이 사사한 이재(李縡)의 호이다. 이 사안을 두고 녹문과 도암이 대화한 내용이 《녹문집》 권17 〈한천어록(寒泉語錄)〉에 있는데, 도암에게 설명한 녹문의 논리도 대체로 주희와 유사하다.

19 불선한……없다 : 맹자가 고자(告子)의 "성은 여울물과 같다."라는 설을 반박하면서, "물은 실로 동과 서에 분별이 없지만, 상과 하에도 분별이 없는가? 인성이 선한 것은 물이 아래로 흐르는 것과 같다. 사람은 불선한 사람이 없으며, 물은 아래로 흐르지 않는 물이 없다."라고 하였다. 《孟子 告子上》

20 사람을……것인가 : 맹자가 고자의 "성은 버드나무와 같고, 의는 그릇과 같다.〔性猶杞柳也 義猶桮棬也〕"라고 주장한 것에 대해 "버드나무를 상하고 해쳐서 그릇을 만든다고 주장한다면 또한 사람을 상하고 해쳐서 인이나 의를 한다고 주장할 것인가."라고 하였다. 《孟子 告子上》

를 설하는 대목에 이르러서야 그 뜻이 비로소 분명해졌으니, 명도가 "맹자가 그 가운데[21]에 나아가서 또 호연지기를 발휘해 내었으니, 극진하다고 이를 만하다."라고 말한 것도 바로 이 때문이라고 하겠다. 그런데 오늘날 사람들은 많이들 인(人)과 성(性)을 둘로 나누어 "기질이 악하더라도 성은 원래 선하다."라고 하는데, 이(理)와 기(氣)를 두 개의 물건으로 나눈 것으로서, 성이 선하다는 것도 진짜로 선한 것이 되기에는 부족한 것이라고 하겠다.

혹자는 "이와 같이 설한다면 기질이 탁박(濁駁)한 것을 어떻게 구처(區處)하겠는가."라고 의심할지도 모르지만, 나는 이렇게 대답할 것이다. 비록 기질이 탁박한 경우이더라도 그 본체가 담일한 것은 같지 않음이 없다. 대개 사람이 천지의 정기를 품부받고 태어나 방촌(方寸)이 공통(空通)[22]하니, 바로 공통한 이 속에서 담일한 본체가 곧바로 통연(洞然)해져서 천지와 막힘없이 통관(通貫)하여 환히 드러나 유행하는 것이다. 그리하여 그 덕에 대해서는 성(性)이라 하고, 그 신(神)에 대해서는 심(心)이라 하며, 그 용(用)에 대해서는 정(情)이라 하는데, 이 모두는 이 기를 말미암아서 그런 이름을 붙인 것이다. 소위 탁박과 같은 그것은 그 정기 중의 사재(渣滓)일 뿐인데, 이 사재가

21 그 가운데 : 정호(程顥)가 이 말을 하기에 앞서서 인용한 《주역》의 "충신은 덕을 진전시키는 방법이다.〔忠信所以進德〕"라는 말과 《시경》의 "상천의 일은 소리도 없고 냄새도 없다.〔上天之載 無聲無臭〕"라는 말과 《중용장구》 제1장의 "하늘이 명한 것을 성이라 하고, 성에 따르는 것을 도라 하고, 도를 닦는 것을 교라고 한다.〔天命之謂性 率性之謂道 修道之謂教〕"라는 말을 가리킨다.

22 공통(空通) : 마음이 텅 비고 통명(通明)하다는 뜻으로, 허령이나 허명과 같은 말이다.

중(重)하면 본체가 은폐되는 것도 이세(理勢)의 필연이라 할 것이다. 그러나 어찌 이런 것을 가지고 본체가 선한 것에 대해서 의심해서야 되겠는가.

횡거(橫渠) 선생이 이르기를 "사람의 강(剛)·유(柔)와 완(緩)·급(急)과 재(才)·부재(不才)는 기가 치우친 것이다. 천(天)은 본래 참화(參和)하여 치우치지 않으니, 그 기를 양성하여 본으로 돌아가서 치우치지 않게 하면 진성(盡性)을 하여 하늘과 같이 된다."[23]라고 하였는데, 기가 치우친 것은 말류의 사재를 가리켜 말한 것이고, 본은 기의 본체를 의미한다. 그 기를 양성하여 그 본체로 돌아가면 성이 그 안에 있기 때문에 '진성을 하여 하늘과 같이 된다.'라고 한 것인데, 천은 바로 상문에서 말한 '참화하여 치우치지 않는 것'이니, 기도 천이고 성도 천인 것이다.

사람이 선한 것은 물이 아래로 흐르고 불이 위로 타오르는 것과 같다. 지금 "사람의 기는 악해도 그 성은 원래 선하다."라고 말한다면 "물은 위로 올라가지만 물의 성은 아래로 내려간다."라고 말하거나 "불은 아

23 사람의……된다 : 횡거 장재의 《정몽》 〈성명편〉에 나오는 말이다. 참화(參和)는 양자가 모두 참여하여 조화되는 것을 말한다. 왕부지(王夫之)는 참화를 "태극과 음과 양의 세 가지가 하나로 합쳐진 것이다."라고 해석하였는데, 그러면 '삼화'라고 읽어야 한다. 진성(盡性)은 본성을 극진히 한다는 말이다. 《중용장구》 제22장에 "오직 천하에서 가장 완전하게 참된 사람만이 하늘에서 품부받은 그의 성품을 완전히 발휘할 수가 있다."라는 말이 나오고, 또 《주역》 〈설괘전〉에 "물리를 궁구하고 인성을 극진히 하여 모든 근원인 천명(天命)에 이른다."라고 하였다.

래로 내려가지만 불의 성은 위로 올라간다."라고 말하는 것과 같으니, 도대체 무슨 말이 되겠는가. 동자(董子)가 "성은 생(生)의 질(質)이다."라고 말하였는데,[24] 필시 전수받은 바가 있었을 것이다.

기의 본(本 본체)은 일(一 담일(湛一))일 뿐이지만, 그것이 승강(升降)하고 비양(飛揚)하며 감우(感遇)하여 응취(凝聚)할 즈음에 혹은 대(大)하고 혹은 소(小)하며, 혹은 정(正)하고 혹은 편(偏)하며, 혹은 강(剛)하고 혹은 유(柔)하며, 혹은 청(淸)하고 혹은 탁(濁)하는 등 자연히 천차만별이 되지 않을 수 없어서, 그것이 응취하는 데에 따라 각각 '하나씩의 기〔一氣〕'가 되니, 이것이 장자(張子)가 말한 "떠돌아다니는 기운이 어지러이 뒤섞이며 합쳐져서 형질을 이루는데, 이것이 만 가지로 다른 인(人)과 물(物)을 나오게 한다."라는 것이다. 그러나 "각각 하나의 기가 된다."라고 말하더라도, 기의 본체라고 하는 것은 원래 거기에 나아가 존재하면서 각각 그것이 응취하는 바에 따라 발현하지 않은 적이 없다. 마치 응취하여 물이 될 경우에 적시며 아래로 흘러가는 것〔潤而下〕은 이 기가 발현하여 물의 성(性)을 이루는 것이고, 응취하여 불이 될 경우에 타오르며 위로 올라가는 것〔炎而上〕은 이 기가 발현하여 불의 성을 이루는 것과 같다.–이 이치를 만물에 적용하면 모두가

24 동자(董子)가……말하였는데 : 동중서(董仲舒)가 한 무제(漢武帝)에게 올린 〈대현량책(對賢良策)〉에 "명은 하늘의 영이고, 성은 생의 질이고, 정은 사람의 욕이다.〔命者天之令也 性者生之質也 情者人之欲也〕"라고 하였고 "하늘이 영한 것을 명이라 하는데 이 명은 성인이 아니면 행해지지 않고, 질박한 것을 성이라 하는데 이 성은 교화가 아니면 이루어지지 않으며, 인욕을 정이라 하는데 이 정은 제도가 아니면 조절하지 못한다."라고 하였다. 《漢書 董仲舒傳》

그러하다.- 이는 만물이 만나는 바의 강유(剛柔)가 같지 않은 데에 말미암는 것으로, 이 때문에 그 성도 각각 다르게 되는 것이다. 그러나 이 모두에는 기의 생의가 작용하지 않는 것이 없으니, 대개 윤하(潤下)하고 염상(炎上)하는 것은 이 기가 일단(一端)에 발현한 것이요, 사람이 선한 것은 그 전체가 발현한 것이라고 할 것이다.-이는 기를 성으로 한 것이 아니니, 성은 생의 속에 들어 있다. 그러나 이 의(意) 자 역시 표현이 무거운 것 같으니, 단지 가볍게 보고 융통성 있게 보면서 그 본의를 터득해야 할 것이다.-

율곡 선생이 이기의 원두(源頭)에 대해서 독득(獨得)의 경지에 깊이 나아가서 그 견해가 지극히 명투(明透)하고 그 논설이 지극히 영롱하였으니, 주자 이후에 이런 도리를 파악한 자는 거의 없었다고 할 것인데, '기(氣)의 본(本)이 일(一)'이라는 이 한 대목에 대해서만은 완전히 투명하지 못한 점이 보이기도 한다. 선생이 "이(理)의 본원이 일(一)일 뿐이라면 기의 본원도 일일 뿐이다."[25]라고 하고, 또 도심(道心)을 본연지기(本然之氣)라고 한 것[26]을 보면, 역시 이런 도리를 강구하여 이해

25 이(理)의……뿐이다 : 이이가 성혼(成渾)에게 보낸 글에 "이와 기의 묘리는 알기도 어렵고 말하기도 어렵다. 대저 이의 본원이 일일 뿐이라면 기의 본원도 일일 뿐이요, 기가 유행하며 들쭉날쭉 고르지 않으면 이 역시 유행하며 들쭉날쭉 고르지 못하니, 기는 이를 떠나지 않고 이는 기를 떠나지 않는다. 대저 이와 같고 보면 이와 기는 하나인 것이니, 어느 곳에서 그 둘 사이에 차이가 있음을 보겠는가."라고 하였다. 《栗谷全書 卷10 答成浩原》

26 도심(道心)을……것 : 이이가 이통기국론과 함께, 도심을 본연지기로 규정한 자기의 학설을 전에 볼 수 없었던 독득의 신설(新說)이라고 자부한 내용이 《율곡전서》 권10 〈답성호원〉에 보이는데, 그 부분을 소개하면 다음과 같다. "'이통기국'이라는 네 글자는 내가 알아낸 것이라고 스스로 생각하면서도, 한편으로는 내가 글을 읽은 것이

하지 않았다고 말할 수가 없는데, 이통기국론(理通氣局論)에서 전적으로 기를 만수(萬殊)로 귀결시키는가 하면, 또 "담일청허(湛一淸虛)한 기가 존재하지 않는 곳이 많이 있다."라고 말하기까지 하였다. 따라서 그 종착점을 추구해 보면 아무래도 이와 기를 두 개의 물건으로 보았다는 혐의를 면치 못할 터인데, 어쩌면 이 문제에 대해서 미처 집중하여 사색할 겨를이 없어서 그런 것인지도 모르겠다. 만약 그 당시에 이런 의견을 가지고 질정하는 자가 있었더라면 반드시 선생이 대번에 자신의 실수를 깨닫고서 귀담아들었으리라는 것은 의문의 여지가 없으니, 생각하면 애석한 일이다.

박사암(朴思庵)이 "담일(湛一)하고 청허(淸虛)한 기가 음양을 낳는다."라고 하고, 또 이 기를 음에 소속시킨 것은 전혀 말이 되지 않으니, 율옹(栗翁 이이(李珥))에게 반박을 당한 것도 당연한 일이다.[27] 이른바

많지 않아서 예전에 이미 이러한 말씀이 있었는데도 내가 미처 보지 못하였을까 걱정되기도 한다. 도심을 본연지기라고 한 것도 내가 새로 만들어 낸 말인 것 같다. 이는 비록 성현의 뜻이지만 아직 문자에 나타나지 않은 것들인데, 형이 만약 이런 말에 대해서 의심하며 괴이하게 여겨 배척하지 않는다면, 합치하지 못할 것도 없을 것이다."

27 박사암(朴思庵)이……일이다 : 사암은 박순(朴淳, 1523~1589)의 호이다. 자는 화숙(和叔)이다. 서경덕(徐敬德)의 문인으로 이황을 사사하였으며, 성혼(成渾), 이이와 친하게 지내었다. 《율곡전서》 권9 〈답박화숙(答朴和叔)〉에 "지금 만약 '담일하고 적연한 기가 바로 음양을 낳는다.'라고 한다면, 이는 음양에 시초가 있는 것이다. 시초가 있으면 종말이 있게 마련인데, 그렇다면 음양의 기가 종식된 지 오래되었을 것이니, 어찌 말이 되겠는가. 담일의 기가 음이겠는가, 양이겠는가? 합하는 저번에 음이라고 지목하였는데, 그렇다면 태극이 근저가 되는 것이 아니라 음기가 근저가 되고 말 것이다. 이는 음을 양의 모로 여길 뿐, 양이 음의 부가 되는 줄은 알지 못하는 것이니, 어찌 말이 되겠는가."라는 말이 나온다.

담일청허한 것으로 말하면, 음양오행 이외에 별도로 이 기가 있는 것이 아니라, 단지 이 기가 동(動)하면 양이 되고 정(靜)하면 음이 되는 것이며, 유행하여 봄에 이르면 목(木)이 되고 유행하여 여름에 이르면 화(火)가 되고 유행하여 가을에 이르면 금(金)이 되고 유행하여 겨울에 이르면 수(水)가 되는 것이다. 그리하여 음양과 오행의 가운데를 관통하고 음양과 오행에 국한되지 않으면서, 내외(內外)도 없고 시종(始終)도 없고 변제(邊際)도 없고 분단(分段)도 없는, 이와 같은 것일 뿐이다. 사암의 주장은 화담(花潭)에게서 나온 것인데, 화담의 뜻도 그저 사암의 그것과 같은지 모르겠다. 그의 설이 문집에 보이리라 생각하는데, 고찰할 수가 없으니 답답하기만 하다.

통(通)과 국(局)을 꼭 이(理)와 기(氣)에 나누어 소속시킬 것은 없다. 대개 일원(一原)의 측면에서 말하면, 이가 일(一 하나)일 뿐만 아니라 기도 일이니 일이고 보면 통인 것이며, 만수(萬殊)의 측면에서 말하면 기가 만(萬 다(多))일 뿐만 아니라 이도 만이니 만이고 보면 국인 것이다. 하나이기 때문에 신묘하고,[28] 양자(兩者)가 있기 때문에 헤아릴 수 없게 되니,[29] 이것이 통이 아니겠는가. 인(仁)이면 의(義)가 될 수

28 하나이기 때문에 신묘하고 : 음과 양이라는 두 개의 서로 다른 요소가 하나의 존재 속에 들어 있기 때문에 신묘하게 서로 감응하면서 변증법적으로 발전한다는 말이다. 《정몽》 〈태화편〉에 "하나의 물에 두 개의 체가 있는 것이 기이다. 하나이기 때문에 신묘하고, 둘이기 때문에 변화한다. 이것이 천(天)이 삼(參)이 되는 이유이다."라고 하였고, 또 "하나 속에 둘이 있기 때문에 신묘불측하고〔兩在故不測〕" "둘이 하나를 지향하며 추진하기 때문에 변화한다.〔推行于一〕"라는 자주(自註)가 각각 '일고신(一故神)'과 '양고화(兩故化)'의 밑에 붙어 있다.

없고, 의이면 인이 될 수 없는 것이니,[30] 이것이 국이 아니겠는가.-통국을 가지고 이기를 나누는 것은, 그 말이 신기하긴 하지만 뜻은 정체되어 있다. 이 이통기국론(理通氣局論)은 이일분수론(理一分殊論)이 이를 위주로 하면서도 기가 그 안에 들어 있어 혼연(渾然)히 봉극(縫隙) 즉 이어진 틈새가 없고, 그 말이 매우 평이하면서도 뜻이 독지(獨至)의 경지에 이른 것만 못하다.-

정암(整庵)이 일찍이 설 문청(薛文淸)의 '기(氣)에는 취산(聚散)이 있지만 이(理)에는 취산이 없다.'라는 설을 논하여 말하기를 "하나에는 있고 하나에는 없다면 이어진 그 틈새가 크다."[31]라고 하였는데, 이

29 양자(兩者)가……되니 : 《주역》〈계사전 상〉의 "음과 양의 헤아릴 수 없음을 신이라고 한다.〔陰陽不測之謂神〕"라는 말을 장재가 해설한 것이다.

30 인(仁)이면……것이니 : 혹자가 주희에게 "주돈이(周敦頤)의 〈태극도설(太極圖說)〉에서 '오행이 생(生)함에 그 성을 각각 하나씩 갖춘다.'라고 하였는데, 그렇다면 이(理)는 같은 것인가?"라고 묻자, 주희가 "이는 같지만 기질은 다르다."라고 답하였으며, 혹자가 다시 "일단 기질이 다르다고 설한다면 이는 서로 통하지 않겠다."라고 하자, 주희가 "물론 그렇다. 인이면 의가 될 수 없고, 의이면 인이 될 수 없는 것이다."라고 대답하였다. 《朱子語類 卷94 周子之書 太極圖》

31 정암(整庵)이……크다 : 정암은 명나라 나흠순(羅欽順)의 호이다. 대체로 주자학(朱子學)을 추종하면서도, 일원기론(一元氣論)을 주장하는 차이가 있다. 그의 《곤지기(困知記)》 권하(卷下)에 "설 문청의 《독서록(讀書錄)》을 보면 '이와 기 사이에는 이어진 틈새가 없기 때문에, 명도 선생이 「기도 도이고 도도 기이다.」라고 말한 것이다.'라고 하였는데, 그 말은 타당하다. 그러나 '기에는 취산이 있지만 이에는 취산이 없다.'라는 설을 그가 반복해서 증명하고 있는데, 의심이 없을 수 없다. 대저 하나에는 있고 하나에는 없다면 이어진 그 틈새가 크니, 어떻게 '기도 도이고 도도 기이다.'라고 말할 수 있겠는가."라는 말이 나온다. 설 문청은 명나라 설선(薛瑄)이다. 그의 학술은 일체 정주(程朱)에 뿌리를 두고 복성(復性)에 힘쓰면서 함양을 위주로 하였는데, 주자가 나온 이후로 사도(斯道)가 크게 밝아졌으니 굳이 저작(著作)할 필요가 없다고 말하기까지

말은 타당하다. 다만 그가 미발지중(未發之中)을 논하면서 "미발지중은 사람 모두에게 있을 뿐만 아니라 심지어 어떤 물(物)에게도 모두 있다. 대개 중(中)은 천하의 대본(大本)이니, 사람과 물(物)에 둘이 있을 수 없는 것이다."[32]라고 하였는데, 이 말은 전혀 이해할 수가 없다.

대저 사람은 천지의 중정(中正)한 기를 품수했기 때문에 이 중정한 덕을 소유하게 된 것이니, 이른바 "위대한 상제가 아래 백성들에게 치우침 없는 덕을 내려 주었다."[33]라고 한 것이나 "인민이 천지의 중정한 기를 받고 태어났다."[34]라고 한 것은 모두 사람을 가리켜서 말한 것일 뿐이다. 반면에 물의 경우는, 기의 편(偏 치우침)을 얻었기 때문에 그 덕도 편한 것이니, 이 때문에 "물은 적시며 내려가고, 불은 태우며 올라가고, 나무는 굽기도 하고 곧기도 하며, 쇠는 그대로 있기도 하고 다르게 변하기도 하며, 흙은 곡식을 심고 거두는 것이다."[35]라고 하는 이런 식으로 성(性)을 말했을 뿐이요, 충(衷) 자와 중(中) 자를 말한 적은 한 번도 없었다. 대저 물물(物物)에게 실제로 모두 미발지중이 있다고 한다면 기는 편하고 이(理)는 중(中)한 것이 될 것이니, 그 이어진

하였다. 《明史 儒林列傳1 薛瑄》 본문에 인용된 설선의 말은 그의 《독서록》 권5와 권6에 나온다.

32 미발지중은……것이다 : 《곤지기》 권상(卷上)에 나온다.

33 위대한……주었다 : 《서경》 〈탕고(湯誥)〉에 "위대한 상제가 아래 백성들에게 치우침 없는 덕을 내려 주어, 그 자연적인 성품을 따르게 하였다. 그러니 그 길을 따르도록 안정시켜 이끌어야만 임금의 자격이 있다고 할 것이다."라고 하였다.

34 인민이……태어났다 : 《춘추좌씨전(春秋左氏傳)》 성공(成公) 13년에 "인민이 천지의 중정한 기운을 받고 태어났으니, 이른바 명(命)이라는 것이다."라는 유자(劉子)의 말이 나온다. 유자는 유나라 군주인 자작(子爵)이라는 말이다.

35 물은……것이다 : 《서경》 〈홍범(洪範)〉에 나온다.

틈새가 더욱 크지 않겠는가.

명도 선생이 말하기를 "중(中)의 이치가 지극하니 음(陰) 단독으로 생(生)하지 못하고 양(陽) 단독으로 생하지 못한다. 편하면 금수가 되고 이적(夷狄)이 되며, 중하면 사람이 된다. 중하면 편하지 않고, 상(常)하면 바뀌지 않는다."[36]라고 하였다.-유질부(劉質夫)의 기록에 나온다.- 또 말하기를 "천지 사이에 사람만 지극히 신령스러운 것이 아니다. 나의 마음도 바로 초목(草木)과 조수(鳥獸)의 마음인데, 다만 사람은 천지의 중(中)을 받아서 태어난 것일 뿐이다."[37]라고 하였다.-이단백(李端伯)의 기록에 나온다.- 정암은 명도를 가장 심복하여 그의 설에는 의심할 것이 하나도 없다고 여겼는데, 유독 이 문제에 대해서만은 이와 같이 상반된 입장을 취했으니, 어찌된 일인가. 어쩌면 미처 상고하지 못해서 그런 것인지도 모르겠다. 대저 눈앞에 그를 보는 정성이 지극하면 그가 한 말을 듣지 못했더라도 의당 말 없는 가운데 계합(契合)할 텐데, 지금 이와 같이 된 것은 '자신의 의견이 하나로 확고히 정해지지 못했다.'라고 하는 말에 해당되지 않겠는가.

주자가 일찍이 《맹자》의 인지이어금수(人之異於禽獸) 1장[38]을 논하여

36 중(中)의……않는다 : 《이정유서(二程遺書)》 권11 〈사훈(師訓)〉에 나온다.

37 천지……뿐이다 : 《이정유서》 권1 〈단백부사설(端伯傳師說)〉에 나온다. 여기에서 '초목, 조수의 마음과 같은 것'은 이일(理一), '사람은 천지의 중(中), 즉 전(全)을 받고 물은 편(偏)을 받은 것'은 분수(分殊)를 대칭하는 말로 쓰이기도 한다.

38 인지이어금수(人之異於禽獸) 1장 : 《맹자》 〈이루 하(離婁下)〉의 "사람이 금수와 다른 것이 얼마 안 되는데, 서민은 이를 내버리고 군자는 이를 보존한다." 이하의 장구를 말한다.

말하기를 "유황상제 강충우하민(惟皇上帝 降衷于下民)'과 '민지병이(民之秉彝)'와 같은 이런 대목이 바로 금수와 다른 곳인데, 서민은 이를 내버리고 군자는 이를 보존하니, 모름지기 이 다른 곳을 보존해야만 비로소 금수와 다르게 될 수 있는 것이다. 따라서 '준동(蠢動)하는 중생(衆生)들 모두 불성(佛性)이 있으니 우리 자신과 똑같다.'라고 말하면 안 된다."[39]라고 하였다.-《주자어류》 공도자문성장(公都子問性章)에 보인다.- 정암(整庵)이 매양 주자를 평의(評議)하여 말하기를 "자신의 의견이 하나로 정해지지 않아서 명도와는 관점이 다르다."라고 하였는데, 지금 이 조목을 가지고 살펴보건대 명도의 설과 조금이라도 다른 점이 어디에 있다고 하겠는가.

진서산(眞西山 진덕수(眞德秀))이 《대학연의(大學衍義)》에서 《맹자》의 이 장을 해석하여 말하기를 "사람과 물(物)의 차이가 또한 큰데, 맹자가 얼마 안 된다고 말한 것은 사람과 물이 똑같이 하나의 마음을 지니고 있으나 사람은 이 마음을 보존할 수 있고 물은 보존할 수 없으니 같지 않은 점은 오직 이것뿐이라는 말이다."라고 하였는데, 이에 대해서 농암(農巖)이 "똑같이 하나의 마음을 지니고 있다고 한 그 마음이 무슨 마음을 가리키는 것인지 모르겠다. 만약 그 마음이 인의예지(仁義禮智)의 마음이라면 금수가 생겨날 당시에 원래 이 마음을 완전히 갖출 수 없으니, 사람과 똑같이 지니고 있다고 설하는 것은 부당하고, 그

39 유황상제……된다 : 《주자어류》 권59에 보인다. '유황상제 강충우민'에 대해서는 202쪽 주33 참조. 민지병이는 사람마다 양심이 있다는 뜻으로, 《시경》 〈대아 증민(蒸民)〉의 "하늘이 사람을 낼 적에, 모두 법도가 있게 하였다. 그래서 사람들이 양심을 지녀서, 이와 같이 아름다운 덕을 좋아하게 된 것이다.〔天生蒸民 有物有則 民之秉彝 好是懿德〕"라고 하였다.

마음이 지각(知覺), 호오(好惡)의 정(情)을 가리키는 것이라면 금수라도 이 마음을 일찍이 버리지 않았으니 물이 보존하지 못한다고 설하는 것은 부당하다."[40]라고 변론한 그 말이 명쾌하다.

그런데 정암이 미발지중(未發之中)을 논하면서 역시 "중(中)은 천하의 대본(大本)이니, 사람과 물(物)에 둘이 있을 수 없다. 다만 대본을 수립하는 것은 성인이 아니면 불가능하다. 저 백성의 경우는 날마다 쓰면서도 알지 못하니, 맹자가 '사람이 금수와 다른 것이 얼마 안 된다.'라고 말한 것은 이것을 가리킨다."라고 말하였는데, 견해가 서산(西山)과 완전히 같은데도 정주(程朱)와 배치되는 것을 깨닫지도 못하였다. 대개 정암은 묘오(妙悟)의 측면에는 능한 반면에 주도면밀의 측면에는 부족한 점이 있다. 그는 이(理)와 기(氣)에 단시(端始 시말(始末))가 없고 이합(離合)이 없는 대목에 대해서는 터득한 것이 참으로 도저(到底)한데, 그 정미한 곡절과 직절(直截)한 근원의 대목에 대해서는 실로 빠짐없이 융회하지 못하고 영롱하게 투철하지 못한 점이 있다. 이 때문에 그가 명백하게 말한 곳은 지극히 명백한 반면에 애매모호한 곳은 여전히 애매모호하여 왕왕 스스로 상호 모순되는 곳이 많이 보이곤 한다. 그는 주자의 제설(諸說)에 대해서도 널리 고찰하여 침잠하고 완미하며 회통하고 융관(融貫)하지 못한 상태에서 지레 스스로 의심을 내어 언어에 집착하며 본지를 파악하지 못하곤 하였다. 그러고 보면 '자신의 의견이 하나로 정해지지 못했다.'라고 말하는 것은 주자의 의견이 아직 하나로 정해지지 못한 것이 아니라, 실로 정암이 회통하여

40 농암(農巖)이……부당하다 : 《농암집(農巖集)》 권32 〈잡지(雜識) 내편(內篇) 2〉에 진덕수의 말을 반박하는 내용이 나오는데, 녹문이 그 뒷부분만 간단히 인용하였다.

하나로 정하지 못했다고 해야 할 것이다.

정암은 또 일찍이 양방진(楊方震)이 "만약 일(一)을 논한다면 이(理)가 일일 뿐만이 아니라 기(氣)도 일인 것이며, 만(萬)을 논한다면 기가 만일 뿐만이 아니라 이도 만인 것이다.……" 한 것을 논하여 말하기를 "이 말이 매우 타당하다. 다만 역(亦)이라는 글자는 조금 타당하지 못한 느낌이 든다."라고 하였는데,[41] 정말 치밀하게 꿰뚫어 곧장 밑바닥까지 궁구했다고 말할 수 있겠다. 그러나 그가 《역(易)》을 논한 것을 보면 "괘(卦)마다 효(爻)마다 각기 '하나의 상〔一象〕'으로서 상(象)마다 각기 '하나의 이〔一理〕'를 갖추었으니, 그 상이 되는 것이 하나가 아니면 이 역시 마찬가지로 하나가 아닌 것이다. 그러나 이를 궁구하여 논해 보건대 상이 '하나가 아닌 것〔不一〕'은 참으로 하나가 아니지만, 이가 '하나가 아닌 것〔不一〕'은 대개 '어디를 가도 일 아닌 것이 없는 것〔無往而非一〕'이니, 그래서 '돌아가는 곳은 같으나 가는 길은 다르며, 이치는 하나이나 생각은 백 가지이다.'라고 말한 것이다."[42] 라고 하는 등 대단히 흐리멍덩하게 처리하면서 전설(前說)과는 모순이 되게 말하였는데, 이가 어디를 가도 일 아닌 것이 없는 것은 상이 어디를 가도 일이 아님이 없는 것임을 알아야 할 것이다.

해가 가면 달이 오고 달이 가면 해가 와서 해와 달이 서로 추이(推移)하매 밝은 빛이 생겨나며, 추위가 가면 더위가 오고 더위가 가면 추위

41 정암은……하였는데 : 명나라 양방진이 여자적(余子積)에게 답한 글에 나오는 구절을 나흠순이 인용하여 평한 것인데, 《곤지기》 권하와 《명유학안(明儒學案)》 권47 〈나흠순전〉에 나온다.

42 괘(卦)마다……것이다 : 《곤지기》 권하에 나온다.

가 와서 추위와 더위가 서로 추이하매 한 해가 이루어진다. 자벌레가 몸을 굽히는 것은 그 몸을 펴기 위해서요, 용과 뱀이 칩거하는 것은 몸을 보존하기 위해서이며, 마찬가지로 사람이 의(義)를 정밀히 하여 신묘한 경지에 들어가는 것은 씀을 지극히 하기 위해서요, 씀을 이롭게 하여 몸을 편안히 하는 것은 덕을 높이기 위해서이다.[43] 천지 사이에 크든 작든 정미하든 조잡하든, 각기 다르게 변화하면서 왕래하고 소장(消長)하는 것은 모두 이 일기(一氣)가 굴신(屈伸)하며 저절로 그렇게 되는 것일 뿐이니, '돌아가는 곳은 같으나 가는 길은 다르며, 이치는 하나이나 생각은 백 가지이다.'라고 하는 것이다. 이는 《주역》〈계사(繫辭)〉를 가져다가 상세히 완미하면 자연히 알 수 있으니, 더 이상 이야기할 것이 없다.

《역(易)》〈건괘(乾卦) 단전(彖傳)〉의 본의(本義)에 "대개 시험 삼아 종합적으로 논해 보건대 원(元)은 물(物)이 처음 나오는 것이요, 형(亨)은 물이 번창하고 무성한 것이요, 이(利)는 결실을 지향하는 것이요, 정(貞)은 결실이 이루어진 것이다. 결실이 이루어지고 나면 그 뿌리와 꼭지가 떨어지면서 다시 싹터서 나올 수가 있으니, 사덕(四德)이 순환하여 끝이 없게 되는 까닭이다. 그러나 이 사덕의 사이에 생기가 유행하여 애당초 간단(間斷)함이 없으니, 원이 사덕을 포함하여 하늘을 통합하는 까닭인 것이다."라고 하였다. 주자가 논한 이기(理氣)의 제설(諸說) 중에서 오직 이 말이 가장 직절하고 명백하여, 정백자

43 해가 가면……위해서이다 : 《주역》〈계사전 하(繫辭傳下)〉 5장에 나오는 공자의 말을 발췌하여 인용한 것이다.

(程伯子 정호)의 "원래 다만 이것이 바로 도이다."[44]라는 한마디 말과 완전히 부합하니, 그 밖에 사람에 따라 주자가 억양(抑揚)을 한 곳에 대해서도 이 말을 가지고 절충해서 융통하면 자연히 막히는 곳이 없게 될 것이다. 주자는 또 〈문언(文言)〉의 본의에서 "천지 사이에는 본래 하나의 기가 유행하면서 동(動)하고 정(靜)하는 것이 있을 뿐이니, 유행하는 통체(統體)를 가지고 말하면 건(乾)이라고만 말을 하더라도 포함하지 않는 것이 없다."[45]라고 하였는데, 그 뜻도 이와 같다.

이천(伊川 정이(程頤))의 역설(易說)에서 "한 번 음(陰)이 되고 한 번 양(陽)이 되는 것을 도(道)라고 한다."라는 말을 해석하여 말하기를 "도는 한 번 음이 되고 한 번 양이 되는 것인데, 동(動)과 정(靜)은 단서가 없고 음과 양은 시작이 없으니, 도를 아는 자가 아니면 그 누가 이것을 알겠는가."[46]라고 하였는데, '소이(所以)'라는 글자를 붙일 필요도 없이 그 뜻이 이미 분명해서 백자(伯子 정호)의 설과 부합된다. 《어록》에 나오는 소이 자를 보면, 단지 기(氣)의 위에 나아가 그 이(理)를 가리켜 말하곤 하였는데, 그 뜻이 이와 기를 분별하는 데에 있기 때문에 부득이 이 두 글자를 붙인 것이니, 독자는 그 뜻을 묵묵히 식별해야 할 것이다. 정암(整庵)이 매양 이천 및 주자를 평의하여 "그들의 의견

44 원래……도이다 : 정호가 형이상자(形而上者)와 형이하자(形而下者) 사이의 불가분의 관계에 대해서 언급한 말이다.

45 천지……없다 : 《주역》 〈건괘 문언〉 중 "위대하다 건이여, 강건하고 중정함이 순수하여 정하고〔大哉乾乎 剛健中正 純粹精也〕"의 본의에 나오는 말이다.

46 도는……알겠는가 : 《정씨경설(程氏經說)》 권1 〈역설(易說) 계사(繫辭)〉에 나온다.

이 하나로 정해지지 않았다."라고 하는데, 그가 미처 널리 상고하지 못하고 또 언구(言句)에 집착해서 그 뜻을 묵묵히 식별하지 못한 탓으로 그렇게 말한 것이다.

신(神) 아닌 것이 없으니, 하늘에 있으면 신이라 하고, 땅에 있으면 기(示 기(祇))라 하고, 사당에 있으면 귀(鬼)라 하고, 사람에게 있으면 심(心)이라 한다. 어디나 없는 곳 없이 가득 채우고 질펀하게 흘러넘치며 옛날이나 지금이나 유행하여 다함이 없는 것은 모두가 이 물(物)이니, 이 때문에 무엇을 취하거나 거기에 존재하고 감촉하는 대로 바로 응하는 것이다. 그리하여 천지, 조종(祖宗)과 일월, 풍뢰(風雷)와 산림, 천택(川澤)으로부터 어룡(魚龍), 금수와 곤충, 초목에 이르기까지, 천지 사이에 형상화할 만한 대상이나 비의(比擬)할 만한 형체가 있으면 제사드릴 수 없는 것이 없어서 '양양(洋洋)히 임재(臨在)하는 것'[47]과 같은 감응이 있게 되는 것이니, 이른바 '만물의 체(體)가 되어 빠뜨릴 수 없는 것'[48]의 응험인 것이다. 대개 합쳐서 말하면 단지 하나의 신이지만, 나누어 말하면 만물에 각각 그 신이 있는 것이니, 이일분수

47 양양(洋洋)히 임재(臨在)하는 것 : 신령한 기운이 그 자리에 가득 차 있는 듯한 모습을 형용한 것이다. 《중용장구》 제16장에 "귀신이 천하의 사람으로 하여금 재계하여 심신을 정결히 하고 의복을 단정히 입고서 제사를 받들게 하고는, 그 기운이 넘쳐흘러서 제사 지내는 사람의 머리 위에 있는 듯도 하고 그 좌우에 있는 듯도 한 기분을 갖게 하는 것이다."라는 공자의 말이 나온다.

48 만물의……것 : 귀신은 만물의 본체가 되어 그 속에서 묘용을 발휘하는 것이니, 비록 버리려 하더라도 버릴 수가 없다는 말이다. 《중용장구》 제16장에 "보아도 보이지 않고 들어도 들리지 않지만, 물(物)의 체(體)가 되어 빠뜨릴 수 없다."라는 공자의 말이 나온다.

(理一分殊)라고 하는 것을 여기에서도 확인할 수가 있다.

제사를 지내면 흠향하고, 복서(卜筮)하면 감응이 있고, 꿈꾸면 응험이 있고, 약을 먹으면 병이 낫고, 우로가 내리면 말랐던 식물이 살아나고, 두엄을 주면 땅이 비옥해지는데, 이 모두는 단지 하나의 신일 뿐이다.

예전에 《중용》의 귀신장(鬼神章)을 읽을 적에 '재명성복(齋明盛服)'의 1단[49]에 이르면 매양 찜찜한 느낌이 들었는데, 장구(章句)에서 이것으로 '만물의 체(體)가 되어 빠뜨릴 수 없는 것'의 응험으로 삼은 것을 아무리 억지로 해석해 보려고 해도 녹여서 풀어낼 수가 없었으므로, 마음속으로 의심을 품어 온 것이 수십 년이나 되었다. 그러다가 기묘년(1759, 영조35) 겨울에 녹려(鹿廬)에 있을 적에 우연히 이 장(章)을 가져다가 한두 번 풍송(諷誦)해 보았더니, 곧장 얼음이 녹듯 의심이 해소되면서 '사체(四體)로 퍼져 나가는' 느낌[50]이 들었는데, 이런 체험은 남에게 말로 전할 수 없는 점이 있었다. 어쩌면 사려에도 막히는 때가 있고 통하는 때가 있어서 그런 것인가, 아니면 나의 조예가 혹 조금쯤 진전된 것이 있어서 전일에 억지로 추측하며 풀어 보려 했던 때와는 같지 않아서 그런 것인가.

49 재명성복(齋明盛服)의 1단 : 제사 지낼 적에 신명이 충만하게 임재한 듯한 느낌을 받는다는 구절을 말한다.

50 사체(四體)로……느낌 : 《논어집주》 〈위정(爲政)〉의 "안회(顔回)는 어리석지 않다."의 소주(小註)에 "안자가 듣는 것으로 말하면, 귀로 들어와서 마음에 붙어 있다가 사체로 퍼져 나가고 동정으로 드러난다.〔顔子所聞 入耳著心 布乎四體 形乎動靜〕"라는 주희의 해설이 있다.

도암(陶菴)이 일찍이 학자들에게 "체(禘) 제사의 내용을 알면 무슨 까닭에 천하의 일에 대해서 마치 손바닥 위에 올려놓고 보는 것처럼 쉽게 할 수 있는 것인가?"[51]라는 질문을 던졌다. 박사수(朴士洙)가 수백 언의 체설(禘說)을 지어 올렸으나 선생이 인정하지 않았으므로, 내가 돌아와서 글을 지어 질정(質定)하였는데, 대체적인 내용은 주(註)의 설에 의거한 것이었다. 이에 선생이 답하기를 "모름지기 《중용》의 귀신장(鬼神章)에서부터 '체상(禘嘗)의 뜻'[52]에 이르기까지 숙독하여 그 이치를 실제로 터득한 뒤에야 비로소 의논할 수 있을 것이다."라고 하였으므로, 내가 또 그 말대로 읽어 보았으나 맛을 제대로 느끼지 못한 채 마침내는 범연히 답문하신 말씀으로 간주하고는 방치하였다. 그런데 지금 당시의 답변이 명백하고 심절(深切)하여, 대답해 주지 않은 것 같아도 사실은 숨김이 없었다는 사실을 깨달았으니, 이를 통해 선생의 견지(見地)가 지극히 높아서 상정(常情)으로는 미칠 수 없음을 알

51 체(禘)……것인가 : 《논어》 〈팔일(八佾)〉에 혹자가 체 제사에 대해서 질문하자, 공자가 "모르겠다. 그 내용을 아는 자는 천하의 일에 대해서 마치 이 손바닥 위에 올려놓고 보는 것과 같을 것이다."라고 대답하였다.

52 체상(禘嘗)의 뜻 : 체(禘) 제사와 상(嘗) 제사의 뜻이라는 말로, 《중용장구》 제19장의 "교사의 예는 상제를 섬기는 것이요, 종묘의 예는 자기 선조를 제사하는 것이니, 교사의 예와 체상의 뜻에 밝으면, 나라를 다스리는 것은 손바닥 위에 놓고 보는 것처럼 쉬울 것이다.〔郊社之禮 所以事上帝也 宗廟之禮 所以祀乎其先也 明乎郊社之禮 禘嘗之義 治國 其如示諸掌乎〕"라는 말에서 추출한 것이다. 교(郊)는 하늘에 제사하는 것이고, 사(社)는 땅에 제사하는 것인데, 상제만 말하고 후토(后土)를 말하지 않은 것은 생략한 것이다. 체(禘)는 천자(天子)가 종묘(宗廟)에 지내는 대제(大祭)로, 시조를 태묘(太廟)에 추제(追祭)하고 태조(太祖)를 배향한다. 상(嘗)은 가을 제사인데, 사시(四時)의 제사를 대표한 것이다. 체상을 천자와 제후가 선조에게 지내는 여름제사와 가을제사, 즉 시제(時祭)의 통칭으로 해석하는 설도 있다.

게 되었다. 지금 재삼재사 반복하며 그때의 일을 떠올리노라니 갱장(羹墻)[53]의 사모하는 마음이 갑절이나 더 절실해진다.

도암(陶菴)이 또 일찍이 2폭의 종이를 사용하여, 하나는 "'높은 산을 우러러보며 큰길을 걸어간다.'[54]라는 시에 대해서 공자가 '이 시에서 인(仁)을 좋아함이 이와 같다. 사람들은 큰길을 걸어가다가 힘이 다해서 계속 걸을 수 없을 때에야 중도에 그만둔다. 마찬가지로 몸이 이미 늙은 것도 잊고서 앞으로 남은 세월이 얼마 되지 않는 것도 염두에 두지 않은 채 날마다 열심히 노력하다가 죽은 뒤에야 그만두어야 하는 것이다.'라고 평하였다."[55]라는 말을 적어 넣고, 하나는 "'가는 것이 이와 같구나. 밤낮을 가리지 않고 흐르는 이 물처럼.'이라고 탄식한 공자의 말에 대해서, 정자(程子 정호(程顥))가 '이를 통해 성인의 마음이 순수함으로 일관된 것을 알 수 있다. 순수함으로 일관된 것은 하늘의 덕이다. 하늘의 덕을 소유한 자라야 왕의 도를 말할 수 있는데, 그 요체는 단지 혼자 있을 때 삼가는 것이다.'라고 평하였다."[56]라는 말을 적어 넣은 뒤에, 이따금 배우는 자들로 하여금 큰 소리로 풍독하게 하고서 그 말을 듣곤 하였으며, 스스로 낭송하기도 하였다. 또 '사천(事天)'이라고 크게 써서

53 갱장(羹墻) : 국그릇과 담장이라는 뜻으로 지극히 사모하는 마음을 비유하는 말로 쓰인다. 요(堯) 임금이 생전에 허름한 궁실에서 거처하고 음식도 조촐하였으므로, 요 임금이 죽은 뒤에 순(舜)이 3년 동안이나 사모하면서 "앉으면 담장에 요 임금이 나타나고, 밥상을 대하면 국그릇에 요 임금이 보였다."라고 하였다. 《後漢書 李固列傳》

54 높은……걸어간다 : 《시경》 〈소아(小雅) 거할(車舝)〉에 나온다.

55 공자가……평하였다 : 《예기》 〈표기(表記)〉에 나온다.

56 가는……평하였다 : 《근사록》 권4 〈존양류(存養類)〉에 나온다.

면전의 벽 위에 높이 걸어 두기도 하였다.

안음(安陰) 사람인 신수이(愼守彝)가 도암을 찾아뵙고는 문하에서 몇 달을 머물고 나서야 비로소 집지(執贄)하고 배우기를 청하며 말하기를 "제가 영외에서 선생의 명성이 매우 성대한 것을 듣고는 혼자서 마음속으로 '처지가 좋아서 그런 것일 뿐이지 어찌 그 정도까지야 되겠는가.' 라고 여겼는데, 지금 와서 익히 선생의 품행을 보고 선생의 말씀을 듣고 나서야 명성이 실제보다 못함을 알았습니다. 선생은 공자를 바라보고 올라가는 분이시니, 부디 이 신수이가 뒤따라간다는 사실을 잊지 마시고 자주자주 뒤돌아보아 주시기 바랍니다."라고 하였으니,[57] 기사(奇士)라고 말할 만하다.-안여송(安如松)에게서 이 말을 들었다.-

사람의 구각(軀殼 몸통)은 천(天)의 의사를 포함하고 있다. 그것이 밖으로 표현되어, 맑게 얼굴에 나타나고 등에 그득 넘치고 수족에까지 퍼져 나가는 것[58]을 도옹(陶翁 이재)에게서 확인하였다.

정자가 말하기를 "성인이 '자기 몸을 닦기를 공경으로 하여 백성을 편안하게 한다.'라고 하고, 또 '스스로 독실하고 공경하게 행함으로써 세상

57 안음(安陰)……하였으니 : 《매산집(梅山集)》 권46 〈황고신공행장(黃皐愼公行狀)〉에 이에 관한 내용이 상세히 나온다.

58 그것이……것 : 《맹자》 〈진심 상(盡心上)〉에 "군자의 본성은 인의예지가 마음속에 뿌리박고 있어서 그것이 밖으로 표현된다. 맑게 얼굴에 나타나고 등에 그득 넘치고 수족에까지 퍼져 나가서 사체(四體)가 굳이 말하지 않아도 저절로 알아서 움직여 준다."라고 하였다.

사람들이 이를 본받아 안정되게끔 한다.'라고 하였다. 상하가 '공경'에 한결같으면 천지가 저절로 제자리를 잡고 만물이 저절로 길러져서 기운이 화하지 않음이 없으니, 네 가지 영물이 무슨 이유로 이르지 않겠는가. 이것이 바로 체신달순(體信達順)의 도인 것이다. 총명예지도 모두 이 공경을 통해서 나오니, 이로써 하늘을 섬기고 상제(上帝)를 제향한다. 그러므로 《중용》에서 귀신의 덕의 성대함을 언급하면서 '은미한 것이 드러나니, 성(誠)을 가릴 수 없음이 이와 같다.'라는 말로 결론을 맺은 것이다."[59]라고 하였는데, 그 설이 지극히 깊고 지극히 절실하며 지극히 오묘하고 지극히 심원하니, 학문이 지극한 경지에 이르지 않았으면 이런 말을 결코 할 수 없었을 것이다. 원래 하늘을 섬기고 상제를 제향하는 것과 백성을 편안하게 하는 것은 모두 하나의 성경(誠敬)일 뿐이고 또한 하나의 신(神)일 뿐인데, 도의 조예가 깊어진 뒤에는 이를 자연히 묵식하게 될 것이다.

"'제사 때에 정성이 신명에까지 전달되며 말없이 서 있으면, 사람들 역시 그 분위기에 감동을 받아 다투는 일이 없다.'라고 시에서 말하였다. 이 때문에 군자는 굳이 상을 주지 않아도 백성들이 스스로 권면하며, 성을

59 성인이……것이다 : 《이정유서》 권6에 나오는 정이의 말이다. 네 가지 영물은 태평 시대에 출현한다는 용, 기린, 신귀(神龜), 봉황의 네 가지 신령스러운 동물을 가리킨다. 체신달순은 성신(誠信)한 덕을 체현하여 화순한 경지에 도달한다는 뜻으로, 보통 태평성대의 기상을 뜻하는 말로 쓰인다. 《예기》 〈예운(禮運)〉에 "태평성대를 이루는 것도 다른 것이 아니다. 선왕이 예를 닦아 도덕이 행해지게 하고, 성신한 덕을 체현하여 화순한 경지에 이르게 한 것일 뿐이니, 태평성대라는 것도 화순한 도가 실현된 세상이라고 할 수 있다."라고 하였다.

내지 않아도 백성들이 부월(斧鉞)보다도 더 두려워하는 것이다."[60]라고 한 이 말은 분명히 신(神)과 민(民)을 합쳐서 말한 것이다. "시에 '나 상제는 음성과 얼굴빛으로 밖에 드러내는 것을 대단치 않게 여기는 명덕(明德)의 소유자를 사랑한다.'라고 하였는데, 이에 대해서 공자가 '음성과 얼굴빛은 백성을 교화하는 데 지엽적인 것이다.'라고 하였다. 시에 '덕은 가볍기가 터럭과 같다.'라고 하였는데, 터럭도 오히려 비교할 만한 것이 있어서 그 덕을 형용하기에 부족하니, 시에서 '상천(上天)의 일은 소리도 없고 냄새도 없다.'라고 표현한 정도는 되어야 지극하다고 할 것이다."[61]라고 하였다. 아, 참으로 지극한 말씀이라고 하겠다.

"상제께서 그대를 내려다보고 계시니, 그대의 마음을 두 가지로 하지 말지어다."[62]라는 것은 천(天)의 신(神 신묘함)을 말함이요, "문왕의 혼령이 오르내리면서 항상 상제의 곁에 계시니라."[63]라는 것은 조고(祖考)의 신(神)을 말함이요, "쓰는 것을 편리하게 해서 출입하며 백성들이 모두 사용한다."[64]라는 것은 백성의 신을 말함이요, "고요히 움직이

60 제사……것이다 : 《중용장구》 제33장 말미에 나온다. "제사……없다."라는 시구는 《시경》 〈상송(商頌) 열조(烈祖)〉에 나온다.

61 시에 나……것이다 : 《중용장구》 맨 마지막의 말이다. "나 상제는……사랑한다."라는 시구는 《시경》 〈대아(大雅) 황의(皇矣)〉에, "덕은……같다."라는 시구는 〈대아 증민(烝民)〉에 "상천(上天)의……없다."라는 시구는 〈대아 문왕(文王)〉에 나온다.

62 상제께서……말지어다 : 《시경》 〈대아 대명(大明)〉에 나온다.

63 문왕의……계시니라 : 《시경》 〈대아 문왕〉에 나온다.

64 쓰는……사용한다 : 《주역》 〈계사전 상〉에 "기(器)를 만들어서 쓰는 것을 법이라 이르고, 쓰는 것을 편리하게 해서 출입하며 백성들이 모두 사용하는 것을 신(神)이라 이른다."라고 하였다.

지 않다가 감응하면 천하의 모든 일에 두루 통한다."[65]라는 것은 나〔我〕의 신을 말함이다. 오직 신묘하기 때문에 빨리하지 않아도 빨라지며 걷지 않아도 이르게 되며〔惟神也故不疾而速 不行而至〕,[66] 내외와 유현(幽顯)이 혼연히 일치하는 것이니, 백성을 다스리는 것과 제사를 받드는 것은 원래 두 가지 법이 없는 것이다.

"은미한 것이 드러나니, 성(誠)을 가릴 수 없음이 이와 같다."라는 말은 본체를 말하고 응험을 말한 것이며 "성인이 이것으로 재계하여 그 덕을 신명하게 한 것이다."[67]라는 말은 공부를 말한 것이다. 이것이 본체이고, 이것이 공부이며, 이것이 응험인 것이니, 신(神)도 이와 같고 민(民)도 이와 같다.

"만물은 각각 하나의 이를 갖추고 있다.〔萬物各具一理〕"라는 말은 분수(分殊)이고 "각각 하나의 태극을 갖추고 있다.〔各具一太極〕"라는 말이며, "만리는 똑같이 하나의 근원에서 나온다.〔萬理同出一原〕"라는 말은 이일(理一)이고 "모두 하나의 태극을 본체로 한다.〔統體一太極〕"라는 말이다.[68]

65 고요히……통한다 : 《주역》 〈계사전 상〉의 "생각도 없이 함도 없이 고요히 움직이지 않다가 감응하면 천하의 모든 일에 두루 통한다."라는 말에서 발췌한 것이다.

66 오직……되며 : 《주역》 〈계사전 상〉에 나온다.

67 성인이……것이다 : 《주역》 〈계사전 상〉에 "그러므로 하늘의 도에 밝고 백성의 일을 살펴서, 이에 신물을 일으켜 백성들이 쓸 것을 앞서서 대비해 주었으니, 성인이 이것으로 재계하여 그 덕을 신명하게 한 것이다."라고 하였다.

68 만물(萬物)은……말이다 : 녹문이 정주의 말을 인용하여 이일분수론을 다시 설명

주자(朱子)의 〈태극도해(太極圖解)〉에 이르기를 "그 기질에 따라서 품수한 것이 같지 않으니, 이것이 이른바 '각각 그 성을 하나씩 간직한다.〔各一其性〕'라는 것이다. 그런데 각일기성(各一其性)하는 것이고 보면, 혼연한 태극의 전체가 일물(一物)의 안에 각각 갖추어지지 않음이 없음을 또 알 수 있다."라고 하였다.

예전에 이 글을 읽을 적에는 "각일기성은 기(氣)와 분리되지 않는 측면에서 말한 것이니 오행과 만물이 각기 다른 것이고, 혼연태극(渾然太極)은 기와 뒤섞이지 않는 측면에서 말한 것이니 오행과 만물이 모두 같은 것이다."라고 간주했는데, 요즈음 며칠 동안 깊이 생각해 보고는 그런 뜻이 아니라는 것을 알았다.

대개 "혼연한 태극의 전체가 일물의 안에 각각 갖추어지지 않음이 없다."라고 말한 것은 이 각일기성의 측면에서 보더라도 천리(天理)가 완전하여 휴흠(虧欠)이 없다는 것을 말한 것일 뿐, 일물이 '각각 만리를 구비했다는 것〔各具萬理〕'을 말한 것이 아니다. 만약 그렇지 않다면

한 것이다. 이일분수는 이치는 하나인데 나뉨은 다양하다는 뜻으로, 현상계를 이법(理法)의 구현으로 보는 불교의 화엄 사상에서 기인한 성리학의 핵심 명제 중 하나인데, 예컨대 월인천강(月印千江)에서 월(月)이 이일이라면 천강(千江)의 달빛은 분수라고 할 수 있다. 정이(程頤)의 "만물은 각각 하나의 이를 갖추고 있고, 만리는 똑같이 하나의 근원에서 나온다. 그러므로 유추하여 통하지 못할 것이 없는 것이다."라는 말이 《성리대전(性理大全)》 권34에 나온다. 또 "대개 합해서 말하면 만물이 모두 하나의 태극을 본체로 하고 있고, 나누어 말하면 일물이 각각 하나의 태극을 갖추고 있다."라는 주희의 말이 《근사록》 권1 〈도체〉에 나오는데, 이는 곧 모든 존재는 그 안에 똑같은 천성을 함유하면서도, 각기 다른 개성을 지니고 있다〔各具〕는 말이다. 이 통체(統體)와 각구(各具)라는 말은 성리학에서 체용(體用)의 개념으로 많이 사용하는 용어인데, 이를 통각(統各)이라고 줄여서 쓰기도 한다.

주자가 후론(後論)에서 무엇 때문에 '각각 하나의 태극을 갖추고 있다.'라는 말을 '각각 하나의 이를 갖추고 있다.〔各具一理〕'라는 말로 해석하였겠는가. 대저 각구일리(各具一理)와 각구만리(各具萬理)는 어의가 원래 같지 않으니, 평심(平心)으로 살펴보면 이를 자연히 알 수 있을 것이다.

지금 사람들은 거의 대부분 옛날의 나의 소견과 같은데, 성(性)과 태극 사이에는 차이가 없을 수 없으니, 그렇다면 "성에 편전(偏全)이 있어도 이(理)는 완전하지 않음이 없다."라고 말하는 것 또한 잘못이라고 하겠다.–불리(不離)와 부잡(不雜) 역시 동(同)과 이(異)에 분속할 수 없다. 왜냐하면 일원처(一原處)에도 불리와 부잡의 요소가 있고, 분수처(分殊處)에도 불리와 부잡의 요소가 있기 때문이다.–

일원(一原)의 측면에서 말할 때에는 "만물이 모두 하나의 태극을 본체로 하고 있다."라고 하고 "천하에 성(性) 밖의 존재는 없다."라고 하였는데, 이때의 성과 태극은 모두 '큰〔大〕' 것이고, 분수(分殊)의 측면에서 말할 때에는 "만물이 각기 하나의 태극을 갖추고 있다."라고 하고 "성이 있지 않은 곳이 없다."라고 하였는데, 이때의 태극과 성은 모두 '작은〔小〕' 것이다. 《중용》에서 "작은 덕은 냇물의 흐름과 같은 것이고, 큰 덕은 교화를 돈후히 하는 것이다."[69]라고 말한 것과 같은데, 주자가 하문에서 "군자가 대(大)의 측면을 이야기하면 천하의 사람들이 모두

69 작은……것이다 : 《중용장구》 제30장의 "만물이 함께 길러지면서 서로 해치지 않으며, 도가 함께 행해지면서 서로 위배되지 않는다. 작은 덕은 냇물의 흐름과 같고, 큰 덕은 교화를 돈후히 하니, 이것이 천지가 위대한 까닭이다."라고 하였다.

달려들어도 워낙 커서 실어 담을 수가 없고, 소(小)의 측면을 이야기하면 천하의 사람들이 모두 달려들어도 워낙 작아서 쪼개어 나눌 수가 없다."[70]라는 한마디 말을 인용하여 결론을 맺었고 보면, 그 뜻이 더욱 생생하다고 하겠다.-삼연(三淵)이 "만물을 통합하여 말을 할 경우에 그때의 '하나의 태극〔一太極〕'은 큰 것이고, 일물(一物)에 나아가서 말을 할 경우에 그때의 '하나의 태극'은 역시 작은 것이다. 태극에 대와 소가 있는 것은 아니지만, 혼벽(混闢)의 차원에서 말을 할 때에는 원래 이와 같이 되는 것이다."[71]라고 하였는데, 이 말이 매우 명백하다.- 만약 나의 예전의 설대로 한다면, '겨자씨에 수미산(須彌山)이 들어 있다.'[72]라고 말하는 격이라서 다시 대소의 구별이 없게 되니, 그저 이일을 말하는 것일 뿐 분수를 말하는 것은 되지 못한다.

70 군자가……없다 : 《중용장구》 제12장에 나온다. 여기서 대와 소는 무외(無外)와 무내(無內), 즉 무한대와 무한소의 개념과 통한다.

71 만물을……것이다 : 《삼연집(三淵集)》 권35 〈만록(漫錄)〉에 나온다. 혼벽은 닫히고 열린다는 뜻의 합벽(闔闢)이나 개합(開合)과 같은 말이다. 여기에서 혼(混)이 본체, 일원, 통체에 해당한다면 벽(闢)은 묘용, 분수, 각구에 해당한다. 이 말은 원래 주돈이(周敦頤)의 《통서(通書)》 16장 〈동정(動靜)〉에 나오는 "혼과 벽의 관계 속에서 무궁하게 변화가 이어진다.〔混兮闢兮 其無窮兮〕"라는 말에서 유래한 것인데, 주희가 그 주에서 "체는 본이 동일하기 때문에 혼이라고 하였고, 용은 흩어져 다르기 때문에 벽이라고 하였다.〔體本則一故曰混 用散而殊故曰闢〕"라고 해설하였다. 《주자어류》 권94에도 "혼은 태극을 말하고, 벽은 음양오행으로 나뉜 이후를 말한다.〔混言太極 闢言陰陽五行以後〕"라는 주희의 해설이 보인다.

72 겨자씨에……있다 : 불가(佛家)에서 일체법(一切法)이 공(空)한 만큼 만유(萬有)에 대소의 구별 없이 모두 평등하다는 뜻으로 쓰는 말이다. 《유마힐경(維摩詰經)》 〈부사의품(不思議品)〉에 "수미산에 겨자씨가 들어 있고, 겨자씨에 수미산이 들어 있다.〔須彌納芥子 芥子納須彌〕"라고 하였다.

"하늘의 도를 세워서 음과 양이라 한다."라고 한 이것이 천극(天極)이요, "땅의 도를 세워서 유(柔)와 강(剛)이라 한다."라고 한 이것이 지극(地極)이요, "사람의 도를 세워서 인(仁)과 의(義)라고 한다."라고 한 이것이 인극(人極)이다.[73] 이것이 이른바 삼극(三極)이라고 하는 것인데, 이른바 "만물이 각기 하나의 태극을 갖추고 있다."라는 말은, 그 근본이 대개 여기에서 나온 것이다. 대저 삼극의 도(道)는 물론 하나일 뿐이지만, 음양은 기로 말하고 강유는 질(質)로 말하고 인의는 덕으로 말한 것인 만큼, 그 나뉨이 다른 것은 각자 뒤섞일 수 없는 점이 있으니, 천극이 지극과 다르다고 해서 원래 문제 될 것이 없고, 지극이 인극과 다르다고 해서 원래 문제 될 것이 없다. 그렇다면 만물이 각기 구비한 태극에 대해서도, 어찌 그 근본이 하나라는 것으로만 개괄해 버리고 그 나뉨이 다른 측면을 살피지 않아서야 되겠는가.

수(水)의 성(性)은 적시며 내려가니〔潤而下〕 윤하하는 것이 바로 수가 갖춘 태극이고, 화(火)의 성은 태우며 올라가니〔炎而上〕 염상하는 것이 바로 화가 갖춘 태극이다. 뜨겁게 하는 것은 부자(附子)의 성(性)인 동시에 부자의 태극이기도 하고, 차게 하는 것은 대황(大黃)의 성인 동시에 대황의 태극이기도 하다. 대개 성이 곧 이(理)이고, 이가 곧 태극이니, 통합해서 말을 하면 만물이 하나의 성을 같이하고 하나의 태극을 같이하면서 그 대(大)가 밖이 없는 것〔無外〕[74]이고, 분리해서

73 하늘의……인극(人極)이다 : 《주역》 〈설괘전(說卦傳)〉에 나온다.

74 대(大)가……것 : 무한대를 뜻하는 말인데, 무외(無外)와 무내(無內)는 무한대와 무한소의 개념과 통한다.

말을 하면 만물이 하나의 성을 각기 지니고 하나의 태극을 각기 지니면서 그 소(小)가 안이 없는 것〔無內〕이다.

극(極)은 단지 극지(極至 지극)의 뜻일 뿐이다. 일물(一物)이 비록 작고 일사(一事)가 비록 치우쳤다고 하더라도 그 가운데에서는 천리(天理)가 완전히 갖추어져서 빌릴 것도 없고 뺏을 것도 없어 더 가할 것이 없으니, 이것이 '태극의 전체'라고 말한 뜻이다. 주자가 《중용혹문》에서 이발지중(已發之中)을 논하며 말하기를 "비록 그것이 위주로 하는 것이 일사에 치우치지 않을 수 없다고 하더라도 그 일사의 가운데에서는 또한 치우치고 기울어짐이 전혀 없다."라고 하였는데, 그 뜻도 분명히 이와 같다.

주자가 황직경(黃直卿 황간(黃榦))에게 답하며 선천(先天)의 설을 논하여 말하기를 "1괘(卦) 1효(爻)마다 하나의 태극을 갖추지 않은 것이 없다. 각기 하나의 태극을 갖춘 곳에는 또 음양오행의 허다한 도리가 들어 있으니, 어느 곳에서나 이 도리를 죄다 파악해야 할 것이다."라고 하였는데, 이 말을 상세히 음미하면 '각기 태극을 갖추었다.'라는 말은 분수(分殊)를 가리킨 것이지 이일(理一)을 가리킨 것이 아님을 알 수 있다.

예컨대 건(乾)의 건(健)이 태극인지라 건(健)의 가운데에 원형이정(元亨利貞)이 있고, 곤(坤)의 순(順)이 태극인지라 순의 가운데에도 원형이정이 있는데, 이 원형이정은 이른바 음양오행이라는 것이지만, 건(乾)의 원형이정은 여전히 건(健)일 뿐이고, 곤의 원형이정은 여전히 순일 뿐인 것과 같다. 그렇다면 건과 곤의 태극이 같지 않은 것이 원래 문제 될 것이 없으니, 이런 식으로 추리해 보면 효(爻)도 그런 것임을 알 수가 있다.

《통서(通書)》에 이르기를 "오(五 오행)의 수(殊 다름)는 이(二 음양)의 실(實 실질)에 근본하는데, 이의 본은 일(一 태극)이니, 이 만(萬 만물)도 일인 것이다. 일의 실이 만으로 나뉨에, 만이 일로 인해 각기 바르게 되면서, 소(小)와 대(大)에 정함이 있게 되는 것이다."라고 하였는데,[75] 주자가 해석하여 말하기를 "말(末)에서 본으로 올라가면, 오행이 다른 것은 이기(二氣)의 실(實)에 근본하고, 이기의 실은 또 일리(一理)의 극(極)에 근본하니, 이렇게 만물을 통합하여 말을 할 때에는 하나의 태극이 될 뿐이다. 반면에 본에서 말로 내려오면, 일리가 실한 그것을 만물이 나누어 체(體)로 삼는 까닭에, 만물의 가운데에 각각 하나의 태극이 있게 되면서, 소대(小大)의 물(物)마다 각기 일정한 나뉨이 있지 않음이 없는 것이다."라고 하였으니, 여기에서 대(大)와 소(小)의 의미도 크게 분명해졌다.-여기에서 소대를 말한 것은, 만물이 혹은 작고 혹은 크다는 뜻으로 말한 것일 뿐이니, '소덕(小德) 대덕(大德)'[76]의 그것과는 같지 않다.-

음양과 오행과 만물을 합해서 종합적으로 말을 할 때에는 일원(一原)이라 하고 대덕이라 하며, 음양과 오행과 만물을 나눠서 각자에 대해

75 통서(通書)에……하였는데 : 《통서》 22장 〈이성명(理性命)〉에 나온다.

76 소덕(小德) 대덕(大德) : 《중용장구》 제30장에 나오는 '소덕천류(小德川流) 대덕돈화(大德敦化)'를 말한다. 218쪽 주69 참조.

말을 할 때에는 만수(萬殊)라 하고 소덕이라 하는데, 기(氣)의 경우에도 이와 같이 하고 이(理)의 경우에도 이와 같이 하니, 기(器)가 또한 도(道)이고 도가 또한 기이기 때문이다. 대개 허공을 꽉 채우고 인(人)과 물(物)을 관통하면서 고금에 유행하는 것은 모두가 하나의 기인 동시에 하나의 이(理)인 것이니, 합해서 말을 하더라도 만자(萬者)가 거기에 갖추어져 있고, 나눠서 말을 하더라도 일자(一者)가 거기에 포함되어 있는 것이다.

깨달으면 부닥치는 곳마다 모두 통하지만, 깨닫지 못하면 구절마다 막히게 마련이니, 이 때문에 알지 못하는 자와는 말하기가 어려운 법이다.

여여숙(呂與叔 여대림(呂大臨))의 《동견록(東見錄)》에 기록되어 있는 정백자(程伯子)의 말 중에 "고자(告子)가 '생(生)을 성(性)이라고 한다.'라고 말한 것은 괜찮다. 무릇 천지가 내놓은 물(物)에 대해서는 성이라고 말해야 하니 그 모두에 대해서 성이라고 말하는 것은 괜찮다. 그러나 그 가운데에서 소〔牛〕의 성과 말〔馬〕의 성은 분별해야 하는데, 그는 곧장 똑같다고 말함으로써 '준동(蠢動)하는 중생들 모두 불성(佛性)이 있다.'라는 석씨(釋氏)의 설과 같이 하였으니, 이와 같이 말하는 것은 안 될 일이다."[77]라는 내용이 있는데, 분수(分殊)의 측면에서 말한 것이고, 또 "만물이 모두 나에게 구비되어 있다고 하였는데, 사람만 그런 것이 아니라 물(物)도 모두 그러하다. 다만 물은 추광(推廣)할

77 고자(告子)가……일이다 : 《맹자》 〈고자 상〉의 생지위성장(生之謂性章)에 대해서 정호가 평한 내용을 인용한 것인데, 《이정유서》 권2 상(上)과 주희의 《맹자정의(孟子精義)》 권11에 실려 있다.

수 없는 반면에 사람은 추광할 수 있는 것이 다를 뿐이다."[78]라는 내용이 있는데, 이일(理一)의 측면에서 말한 것이다.

무엇을 분수라고 하는 것인가? 하늘의 도(道)가 변화하여 각각 성과 명(命)을 바르게 해 주는 것이니,[79] 개〔犬〕의 성은 소의 성이 아니고 소의 성은 사람의 성이 아니며, 부자(附子)와 대황(大黃) 역시 모두 각각 하나의 성을 지니게 되는 이것이 바로 분수이다. 무엇을 이일이라고 하는 것인가? 오행도 하나의 음양이요 음양도 하나의 태극인 것이니, 개·소와 사람 그리고 부자와 대황 모두가 하나의 성인 이것이 이일이다.

대개 분수라고 말하고 이일이라고 말하는 것이 말하는 측면에 따라 다르다고 할지라도, 사실 알고 보면 일(一)의 가운데에 만자(萬者)가 갖추어져 있고 만(萬)의 가운데에 일자(一者)가 포함되어 있으니, 애당초 두 가지 일이 있는 것이 아니다. 오직 그것이 만이기 때문에 일리(一理)라고 할지라도 형형색색으로 크기도 하고 작기도 하며 낱낱이 각각 하나의 성을 지니고 있어서 뒤섞일 수 없으니, 이것이 '준동하는 중생들 모두 불성이 있다.'라고 말하면 안 되는 이유이다. 오직 그것이 일이기 때문에 분수라고 할지라도 그 일물(一物)에 나아가면 만물의 이(理)가 모두 그것의 바깥에 있지 않으니, 이것이 '만물이 모두 나에게 구비되어 있는 것은, 사람만 그런 것이 아니라 물도 모두 그러하다.'라

78 만물이……뿐이다 : 《맹자》 〈진심 상〉의 만물개비어아의장(萬物皆備於我矣章)에 대한 정호의 평론이다. 《이정유서》 권2 상과 《맹자정의》 권13에 나온다.

79 하늘의……것이니 : 《주역》 〈건괘 단〉의 "하늘의 도가 변화하여 각각 성과 명을 바르게 함으로써 큰 화기를 보전케 해 준다.〔乾道變化 各正性命 保合大和〕"라고 하였다.

고 말한 이유이다.

그렇다면 정자의 두 설이 애당초 서로 어긋나는 것을 보지 못하겠는데, 《곤지기(困知記)》에서는 이 두 설을 거론하며 깊이 의심하였다. 대개 정암(整庵)도 인(人)과 물(物)의 성이 같다는 것을 인정하고는, "미발지중(未發之中)은 물마다 모두 지니고 있다."[80]라고 말하기까지 하였다. 그렇기 때문에 정자의 '만물개비(萬物皆備)'의 설을 보자마자 곧장 허령하고 통철해서 만리(萬理)를 모두 갖춘 것으로 간주하여 그렇게 단정해 놓고는, 거꾸로 전설(前說)을 끌어와서 이 설과 합쳐 보려다가 끝내 합칠 수 없자 의심을 품을 수밖에 없게 된 것이다. 이는 정자의 본의(本意)가 단지 이일의 대목을 언급하면서 융통성 있게 설한 것일 뿐, 애당초 '각각 성과 명을 바르게 하는〔各正性命〕' 대목에서 만사(萬事)와 만물의 이(理)를 물물(物物)의 성분 안에 저장하고 있다고 말한 것이 아님을 전혀 알지 못한 것이니, 어쩌면 오(悟)라는 글자에는 정암도 아직 도달하지 못해서 그런 것인지 모르겠다.

'만물이 모두 구비되어 있는데, 추광(推廣)하느냐 못 하느냐의 차이가 있을 뿐'이라는 설에 대해서는 정자가 또 일찍이 재차 거론했었다. 하나는 '만물이 한 몸이다.'[81]라는 말로 시작하였고, 하나는 '인이라는 것은 혼연히 만물과 한 몸을 이루는 것'[82]이라는 말로 시작하면서 정완(訂

80 미발지중(未發之中)은……있다 : 정암 나흠순의 《곤지기》 권상에 나오는 말을 녹문이 줄여서 인용한 것이다.

81 만물이 한 몸이다 : 《이정유서》 권2 상에 "만물이 한 몸이라고 말하는 까닭은 모두 이 이를 지니고 있어서 이것을 통해서만 나오기 때문이다." 한 정호(程顥)의 말을 가리킨다. 《근사록집해(近思錄集解)》 권13 〈변이단(辨異端)〉에도 나온다.

頑)으로 그 말을 받았고 보면, 그 뜻이 어떠한지 알 수가 있다. 대개 '만물이 한 몸'이기 때문에 일물(一物)의 가운데에 만물의 이(理)가 들어 있는 것이니, 그 이일(理一)의 측면에서 말한 것일 뿐이다. 그러나 만약 품수의 측면에서 논한다면 이렇게 설해서는 안 될 것이다.

주자가 《맹자혹문(孟子或問)》에서는 정자의 설을 따랐다가, 《집주》에서는 이를 개정하였는데, 개정한 그 설이 더욱 정확하여 물을 담아도 새지 않을 정도로 엄밀하다. 여기에 의거하면 '물(物)도 모두 그러하다.'라고 말할 수가 없다.

정암(整庵)이 또 말하기를 "사람과 물(物)이 나올 적에 이 성(性)을 지니지 않은 것이 없고, 또 이 각(覺 지각(知覺))을 지니지 않은 것이 없다. 이(理)의 측면에서 말하면 백자(伯子)가 '사람만 그런 것이 아니라 물도 모두 그러하다.'라고 말한 것이 옳다. 그런데 각의 측면에서 말하면 준동하는 중생과 부처 사이에 어찌 차이가 있을 수 있겠는가."[83]

82 인이라는……것 : 정호의 〈식인편(識認篇)〉이라는 유명한 글에 나온다. 그 글은 먼저 "학자는 먼저 인을 알아야 한다. 인이라는 것은 혼연히 만물과 한 몸을 이루는 것이니, 의와 예와 지와 신도 모두 인인 것이다.〔學者須先識仁 仁者渾然與物同體 義禮智信皆仁也〕"라는 말로 시작되는데, 그 중간에 "정완(訂頑)의 의사를 보면 그야말로 이 체에 대해서 갖추 말하였는데, 이 뜻을 보존한다면 다시 무슨 어려운 일이 있겠는가." 라는 말이 붙어 있다. 정완은 완우(頑愚)함을 정정(訂正)한다는 뜻으로, 장재가 사해동포주의에 입각하여 지은 〈서명(西銘)〉의 예전 제목인데, 이 글에 대해서 정호가 "정완의 글은 지극히 순수하여 잡스러움이 없으니, 진한(秦漢) 이래로 학자들이 이 경지에는 미처 도달하지 못하였다."라고 극찬하기도 하였다. 《二程遺書 卷2上》《宋元學案 卷13》

83 사람과……있겠는가 : 《곤지기(困知記)》 권하에 나온다.

라고 하였는데, 이는 그의 뜻이 대개 이와 각을 막론하고 준동하는 중생과 부처 사이에는 모두 차이가 없다고 말하는 것이 된다. 이와 같다면 명덕(明德)도 사람과 물이 똑같이 얻는 것이 되어야 할 터이니, 《대학혹문(大學或問)》에서 "사람이 금수와 다른 소이는 바로 여기에 있다.……"[84]라고 한 1단도 정론(定論)이 될 수 없다는 것인가.

《농암잡지(農巖雜識)》에서 《곤지기(困知記)》의 이 단락을 논하여 말하기를 "'준동하는 중생은 모두 불성이 있다.'라고 한 이 말이 잘못된 것은 바로 지각을 성(性)이라고 말한 데에 있다."[85]라고 하였는데, 나의 생각에는 그렇지 않을 듯싶다. 대개 명도(明道)가 이 말을 배척한 것은 우선 동이(同異)의 측면에서만 말한 것일 뿐이요, 이(理)나 각(覺)을 성(性)으로 삼는 것과 같은 것은 그가 당초에 변론할 겨를도 없었으며, 또 정암(整庵)이 의심한 것도 바로 명도의 두 개의 설이 전후로 같지 않은 데에 있었던 것이다. 그런데 지금 농암은 단지 불어(佛語)의 잘못만을 변론했을 뿐이요, '만물이 모두 갖추어졌다.'의 1단이야말로 명체(命蒂)[86]가 달린 곳임에도 불구하고 그런 곳에 대해서는 전혀 설파하지

84 사람이……있다 : 명덕에 대한 주희의 해석으로, 정주학자들이 완전무결한 정의로 받아들이고 있는데, 본문의 이해를 돕기 위하여 관련 내용을 소개하면 다음과 같다. "오직 사람의 삶만이 기의 정하고 통한 것을 얻어서 그 성이 가장 귀한 것이다. 그러므로 방촌(方寸) 사이가 허령하고 통철하여 만 가지 이치가 모두 갖추어져 있다. 대개 사람이 금수와 다른 소이는 바로 여기에 있으며, 사람이 요순이 될 수 있고 천지에 참여하여 화육(化育)을 도울 수 있는 소이도 이것 말고 다른 데에 있는 것이 아니다. 이것이 이른바 명덕이라고 하는 것이다."

85 준동하는……있다 : 《농암집(農巖集)》 권32 〈잡지(雜識) 내편(內篇) 2〉에 나온다.

못했으니, 유감스러운 일이다.

"모두 불성이 있다."라고 말했으면 이는 품수의 측면에서 말한 것이니, 정자가 "만물이 한 몸이다."라고 말한 것과는 같지 않다.

《농암잡지》에 이것을 논한 2단이 있는데, 앞의 것은 사람과 물(物)의 성(性)을 같은 것으로 여긴 것 같고, 뒤의 것은 사람과 물의 성을 같지 않은 것으로 여긴 것 같다. 그런데 그가 《대학연의》의 '사람이 금수와 다른〔人之異於禽獸〕' 1장을 논한 것을 보면 지극히 명백하고 통투(通透)한데, 그 글이 전설(前說)의 뒤와 후설(後說)의 앞에 들어 있으니, 대개 그가 만년에 초년의 설을 개정하였음은 의심할 여지가 없다.-우옹(尤翁)에게 올린 하나의 글[87]을, 삼연(三淵)이 '아직 확정하지 않은 설'이라고 억측하고

86 명체(命蒂) : 제대(臍帶), 즉 탯줄이나 배꼽의 별칭으로, 생명과 직결될 만큼 중요한 관건을 비유하는 말로 쓰인다. 모태에서 탯줄이 나와 잘린 뒤에 그 모습이 마치 오이 꼭지〔瓜蒂〕가 말라서 떨어지는 것과 같다고 하여 그런 이름이 붙었다고 한다.

87 우옹(尤翁)에게……글 : 김창협이 송시열(宋時烈)에게 '인물성동이론'과 관련하여 《중용》의 내용 중에서 뽑아 올린 문목(問目)을 말하는 것이 아닌가 한다. 《農巖集 卷12 上尤齋中庸疑義問目》 이 문목에는 예전의 동론(同論)에서 이론(異論)으로 입장을 바꾸는 듯한 인상을 주는 항목이 많이 들어 있다. 《농암집》 별집 권4 〈부록 제가기술잡록(諸家記述雜錄)〉에 "호서(湖西)의 학자들 가운데 물이 오상을 갖추지 않았다고 주장하는 자들이 걸핏하면 농암이 우옹에게 올린 문목을 구실로 삼곤 하는데, 이 글은 문제를 제기한 것일 뿐이요 정론이 아니니, 문목의 체단은 본래 이와 같은 것이다. 농암이 사람과 물의 차별을 말한 것도, 기에 통색이 있고 이가 거기에 따라서 편전한다는 취지로 말한 것이니, 바로 기질지성을 가리킨 것이다. 언제 본연의 품수가 같지 않다고 말한 적이 있었던가. 이것이 어찌 물이 오상을 품수하지 않은 증거가 되기에 충분하겠는가."라는 말이 나온다.

는 생략해 버렸는데, 어쩌면 《잡지(雜識)》를 미처 상세히 상고해 보지 못해서 그런 것인지도 모르겠다.-

정암(整庵)은 성(性)과 지각(知覺)을 불(佛)과 중생의 관계로 보아 모두 같은 것으로 인지하였으니, 너무도 낭당(郎當)[88]하고 한쪽으로 꽉 막혔다고 말할 만하다. 그러나 오늘날 사람들이 심(心)을 작게 보고 성(性)을 크게 여기는 것과 비교해 보면, 오히려 명쾌하고 직절(直截)한 점이 있다고 하겠다.

심(心)과 성(性)은 하나이니, 심을 제외하고서는 성이 없고, 성을 제외하고서는 다시 심이 없다. 그래서 정자가 일찍이 횡거(橫渠)의 "심은 작고 성은 크다."라는 주장을 배척한 것이었다.[89] -횡거의 설은 구설(舊說)인 것 같다.- 그런데 지금 사람들은 오히려 "사람과 금수가 다른 것은 심이고 같은 것은 성이다."라고 하는데, 그렇다면 심 자체는 치우친 것〔偏〕이고 성 자체는 완전한 것〔全〕한 것이라는 말이 된다.

88 낭당(郎當) : 죄인을 묶는 쇠사슬을 말하는데, 여기서는 자기 논리에 갇혀 옴짝달싹 못 한 채 빠져나오지 못하는 자승자박의 상태를 비유하는 말로 쓰였다. '낭당(鋃鐺)'이라고도 한다.

89 정자가……것이었다 : 정이가 장재의 '심소성대설'을 비판하여 "체회(體會)하는 것을 심(心)이 아니라고 하면 안 된다. 체회하는 것을 심이 아니라고 여기기 때문에, 심은 작고 성은 크다는 주장을 하는 것이다.……심을 지식의 측면에 국한하여 구하기 때문에, 거꾸로 심을 작게 여기는 것이다."라고 말한 내용이 《이정유서》 권2 상에 보인다. 장재의 이른바 '심이 성과 정을 통합한다.〔心統性情〕'라는 설에 의거하면 오히려 '심대성소(心大性小)'라고 해야 옳을 것이다. 그래서 녹문이 구설(舊說)이 아닐까 의심한 것으로 보인다.

성과 도(道) 사이에는 체(體)와 용(用)의 구분이 있을 따름이요, 사실은 성이 도이고 도가 성인 것이다. 그래서 정자가 또 일찍이 한지국(韓持國 한유(韓維))의 '도 밖에서 성을 찾고, 성 밖에서 도를 찾는' 잘못을 기롱한 것이었다.[90] 그런데 지금 사람들은 또 오히려 "금수와 사람은 성의 측면에서는 같지만 도의 측면에서는 다르다."라고 하는데, 그렇다면 '성은 기와 분리된 것'이고 '도는 기와 뒤섞인 것'이 되고 만다.

이 두 가지 안건이야말로 직절하게 결론을 내려야 할 단안(斷案)이니, 이에 대해서 융회하는 바가 있으면 그 밖의 것들은 자연히 칼을 대는 대로 분해할 수 있을 것이다. 그래도 만약 융회하지 못한다면, 자신의 견해가 미달해서거나 단지 마음이 공정하지 못해서 그런 것이니, 더 이상 이야기할 것도 없다.

정암(整庵)은 일찍이 말하기를 "성(性)은 명(命)이기 때문에 같고, 도(道)는 형(形)이기 때문에 다르다."라고 하고, 또 말하기를 "사람과 물(物)이 생겨날 적에 기(氣)를 품수하는 처음에는 그 이(理)가 오직 하나이지만-천명지성(天命之性)에 대해서 설명한 것이다.- 형을 이룬 뒤에 그것이 나눠지면 다르게 된다."라고 하였다.[91]-솔성지도(率性之道)에 대해서 설명한 것이다.- 과연 이와 같다면 기를 품수하는 처음에는 성만 있고 도는 없으며, 형을 이룬 뒤에는 도만 있고 성은 없는 것으로서, 성과

90 정자가……것이었다 : 《이정유서》 권1 〈단백부사설(端伯傅師說)〉에 정호가 "도가 곧 성이니, 도 밖에서 성을 찾거나 성 밖에서 도를 찾는다면 성현이 천덕을 논한 것이 못 된다."라고 한유의 설을 비판한 내용이다.

91 정암(整庵)은……하였다 : 앞의 말은 《곤지기》 속록(續錄) 권상에, 뒤의 말은 《곤지기》 권상에 나온다. 《명유학안(明儒學案)》 권47과 권51에 이에 대한 평이 실려 있다.

도가 천(天)과 인(人)으로 분속되고 체(體)와 용(用)이 고(古)와 금(今)으로 격절(隔絶)되니, 이와 같은 의론은 도대체 말이 되지 않는다.

내가 항상 괴이하게 여긴 것은 이 노인이 이기(理氣)의 원두(源頭)에 대해서는 스스로 '묘한 경지에 깊이 나아가서 정주(程朱)가 보지 못한 이치를 나 홀로 보았다.'라고 말할 정도로 그 의론이 영발(英發)하여 참으로 남보다 크게 뛰어난 점이 또한 있으나, 결국에는 소견이 노망(鹵莽)하기가 이와 같아서, 이기의 문로(門路)를 전혀 알지 못하는 것과 같은 점이 있다. 그래서 전날의 의론과 비교해 보면 판연히 다른 두 사람의 의견 같기만 하니, 이렇게 된 것은 그 이유가 과연 어디에 있는가. 아무리 반복해서 생각해 보아도 끝내 이해할 수가 없다.

정암(整庵) 자신이 말하기를 "나이가 거의 40이 되어서야 비로소 개연히 도(道)에 뜻을 두게 되었다."[92]라고 하였다. 그가 80세의 수명을 누리면서 공력을 쏟은 것이 독실하지 않았다고 할 수 없어도, 학문을 늦게 시작한 탓으로 아무래도 두루 융회하기는 어려워서, 높은 곳은 매우 높이 올라가다가도 낮은 곳은 오히려 더 낮아지는 등, 왕왕 한쪽으로 치우치고 들쭉날쭉 균형을 잃어 흠결이 많이 보이곤 하니, 이런 상태로 정주보다 더 낫기를 바라는 것은 무리일 것이다.

김삼연(金三淵)이 사람과 금수의 성(性)과 도(道)에 대한 질문을 받고

92 나이가……되었다 : 《곤지기》 서문의 처음에 이 말이 나오는데, 비록 늦게 시작하기는 했지만 20여 년 연찬(研鑽)하는 동안 인심 도심(人心道心)의 대본에 대해서 자신 있게 말할 수 있게 되었다는 자부심을 그 뒤에 표명하고 있다.

서 "체(體)는 온전해도 용(用)이 미달해서 그런 것이다."[93]라고 대답한 그 말이 매우 통쾌해서 언뜻 보면 기뻐할 만한 대답처럼 보이기도 하지만, 자세히 사리에 입각해서 추리해 보면 그 말에 소루(疎漏)한 점이 많이 보인다.

대개 호랑부자(虎狼父子)나 봉의군신(蜂蟻君臣)과 같은 종류는 그래도 이와 같이 설할 수 있겠지만,[94] 소는 밭을 갈고 말은 짐을 실으며 닭은 울고 개는 짖으며 솔개와 물고기가 공중에 날고 물속에서 뛰며 풀과 나무가 번성하고 시드는 것처럼 원래 사람과 다른 것들에 대해서는 그가 또 무슨 말로 통하게 할 수 있겠는가.

대저 도는 성을 따르는 것일 뿐이다.[95] 이미 경재명폐(耕載鳴吠)하고

93 체(體)는……것이다 : 《삼연집(三淵集)》 권21 〈답이현익(答李顯益)〉에 나온다. 임정주(任靖周)가 지은 녹문의 행장을 보면, 녹문이 인물성동이론(人物性同異論)과 관련하여 김창흡의 이 주장을 전적으로 믿고 따르다가 30세 중반에 그 오류를 깨닫고 입장을 정반대로 바꿨다는 기록이 보인다. 《鹿門集 附錄 行狀》

94 호랑부자(虎狼父子)나……있겠지만 : 범과 이리도 아버지와 자식 사이에 아껴 주는 면이 있고, 벌과 개미에게도 군신의 의리 비슷한 점이 있다는 말이다. 《장자(莊子)》 〈천운(天運)〉에 "호랑이와 이리도 인(仁)하다.……부자간에 서로 친애하니 어찌 인이 되지 않겠는가."라는 말이 나온다. 주희가 인물지성(人物之性)을 논한 대목 가운데 "기는 서로 비슷하다. 예컨대 춥고 따스한 것을 느끼는 것이나, 배고프고 배부른 것을 아는 것이나, 사는 것을 좋아하고 죽는 것을 싫어하는 것이나, 이익을 좇고 해를 피하는 것 등은 인과 물이 모두 같다. 반면에 이(理)는 같지 않다. 예컨대 벌과 개미의 군신은 그 의에 대해서 아주 조금만 아는 것이 있을 뿐이며, 범과 이리의 부자는 그 인에 아주 조금만 아는 것이 있을 뿐이다.〔氣相近 如知寒煖 識飢飽 好生惡死 趨利避害 人與物都一般 理不同 如蜂蟻之君臣 只是他義上 有一點子明 虎狼之父子 只是他仁上 有一點子明〕"라고 말한 내용이 나온다. 《朱子語類 卷4 性理1 人物之性氣質之性》

95 도는……뿐이다 : 《중용장구》 제1장에 나오는 말이다.

비약영췌(飛躍榮悴)하는 도가 있다면 반드시 그 성도 그와 같을 것이다. 만약 그 성이 사람과 같다고 말한다면 사람과 다른 이런 종류에 대해서는 장차 기질로 귀결시킬 수밖에 없을 것인데, 그렇다면 기질지성(氣質之性)도 따라야 한다는 말인가. 선유(先儒)가 금수와 초목의 도를 논할 때에도 매양 기질지성을 따르는 것으로 말하였던가. 만약 "성은 사람과 같지만 성에서 도로 이행하는 과정에서 형기(形氣)에 드러나기 때문에 어쩔 수 없이 이렇게 되는 것이다."라고 말을 한다면 이는 성이 기(氣) 밖에 따로 있는 것이고 도가 형(形)에 국한되는 것이라서, 성도 성이 아니고 도도 도가 아니게 되니, 어떤 변명도 통할 수가 없는 것이다.

삼연이 이에 대해서 도무지 깊이 연구해 보지도 않고서, 호랑 부자의 종류가 체(體)는 갖추었는데 용(用)은 결함이 있는 것 같음을 대충 보고서는, 마침내 이와 같이 주장하여 자사(子思)의 본지(本旨)와 배치될 뿐만이 아니게 하였으니, 참으로 탄식할 일이다.

명도 선생이 일찍이 말하기를 "복우승마(服牛乘馬)는 모두 그 성(性)을 말미암아 하는 것이다. 어째서 소를 수레에 매지 않고 말을 사역하지 않느냐면, 이(理)가 그렇게 할 수 없는 것이기 때문이다."[96]라고 하였다. 대개 형(形)과 색(色)이 천성인데,[97] 소를 부릴 수 있고 말을

96 복우승마(服牛乘馬)는……때문이다 : 복우승마는 소를 사역하고 말로 수레를 몬다는 뜻으로, 《주역》〈계사전 하〉의 "소를 부려서 무거운 짐을 끌어오고 말로 수레를 몰아 멀리까지 가게 함으로써 천하를 이롭게 하였으니, 이는 수괘(隨卦)에서 취한 것이다.〔服牛乘馬 引重致遠 以利天下 蓋取諸隨〕"라고 하였다. 정호의 이 말은 《이정유서》 권11 〈사훈(師訓)〉에 나온다.

몰 수 있는 것이 형이니, 이 형이 있는 곳에 성이 있고 이 성이 있는 곳에 도가 있다는 것은 더 추리할 것도 없고 더 논의할 것도 없다. 소를 사역하고 말을 몰도록 하는 것이 교(教)이니, 이것이 "천명(天命)에서 교(教)에 이르기까지 내가 더하거나 줄일 수가 없다."[98]라고 말한 뜻이다. 만약 우마(牛馬)의 형이지만 사람의 성을 갖추었다고 한다면 그 성은 형색이 아니요, 사람의 성이지만 우마의 도가 있고 우마의 교를 베푼다고 한다면 그 도는 성을 따르는 것〔率性〕이 못 되고 그 교는 성을 극진히 하는 것이 못 된다.

횡거(橫渠) 선생은 말하기를 "심(心)이 성(性)과 정(情)을 통합한다."[99]라고 하였고, 소자(邵子)는 말하기를 "심은 성의 부곽(郛郭)이다."[100]

97 형(形)과 색(色)이 천성인데 : 《맹자》 〈진심 상〉에 "형과 색에 천성이 깃들어 있나니, 오직 성인인 뒤에야 이 형과 색을 완전히 발휘할 수 있는 것이다."라고 하였다.

98 천명(天命)에서……없다 : 《이정유서》 권1에 "이 이는 '하늘이 명한 것〔天命〕'이다. 순응하여 따르면 그것이 도이고, 이를 따라 닦아서 각각 자기 분수를 취하면 그것이 교이다. 천명에서 교(教)에 이르기까지 내가 더하거나 줄일 수가 없으니, 제순(帝舜)이 천하를 소유하되 간여하지 않은 이유이다."라고 한 데서 나온 정호의 말이다. '천명에서 교에 이르기까지'라는 말은 《중용장구》 제1장의 "하늘이 명한 것을 성이라 하고, 성에 따르는 것을 도라 하고, 도를 닦는 것을 교라고 한다.〔天命之謂性 率性之謂道 修道之謂教〕"라는 말을 가리킨다.

99 심(心)이……통합한다 : 성리학의 주요 명제 중 하나로, 《장자전서(張子全書)》 권14 〈성리습유(性理拾遺)〉에 나온다.

100 심은 성의 부곽(郛郭)이다 : 소옹(邵雍)의 《격양집(擊壤集)》 〈자서(自序)〉에 "성은 도의 형체이니, 성이 상하면 도도 따라서 상하고, 심은 성의 부곽이니 심이 상하면 성도 따라서 상하고, 신은 심의 구우이니 신이 상하면 심도 따라서 상하고, 물은 신의 주거이니 물이 상하면 신도 따라서 상한다.〔性者道之形體 性傷則道亦從之矣 心者性之

라고 하였으며, 주자는 말하기를 "사람들이 많이 성을 설하면서 심을 설하곤 하니, 먼저 심을 설해야 한다고 사료된다. 고인이 글자를 만들 때에도 먼저 심 자를 만들었으니, 성과 정의 글자를 보아도 모두 마음 심 변으로 되어 있다. 맹자가 '측은지심은 인(仁)의 단서이다.'라고 말한 것은 정의 측면에서 심을 파악한 것이고, 또 '인의예지가 마음속에 뿌리박고 있다.'라고 말한 것은 성의 측면에서 심을 파악한 것이다. 대개 심은 저 성과 정을 포괄하니, 성은 체(體)이고 정은 용(用)이며, 심 자는 단지 하나의 자모(字母)일 뿐이다."[101]라고 하였다. 이에 의거하면 심과 성을 나누어 둘로 할 수 없다는 것이 또한 분명하다. 그런데 지금 "사람이 금수와 다른 것은 심이요 성이 아니다."라고 말한다면, 심이 없는 성이 있다고 말하려는 것인가.

주자의 일설에 "인(人)과 물(物)이 같은 것은 이(理)이고, 같지 않은 것은 심이다."[102]라는 내용이 있다. 지금 사람들이 구실로 삼는 것은 대개 여기에 기인하는데, 그들이 전혀 알지 못하는 것이 있다. 즉 주자가 '같은 것은 이(理)이다.'라고 말한 것은 이 이에서 다 함께 얻었다는 것을 말한 것일 뿐이요, 하구(下句)의 '같지 않은 것은 심이다.'라는 대목에 이른 뒤에야 풍부한 성을 설했다는 사실이다. 대개 심과 성은

郛郭也 心傷則性亦從之矣 身者心之區宇也 身傷則心亦從之矣 物者身之舟車也 物傷則身亦從之矣]"라고 하였다. 부곽은 외성을 말하는데, 울타리라는 뜻으로 많이 쓰인다.

101 사람들이……뿐이다 : 《주자어류》 권5에 나오는 내용 가운데 중요 부분을 녹문이 간추려서 인용한 것이다. '측은지심……'은 《맹자》 〈공손추 상〉에, '인의예지……'는 〈진심 상〉에 나온다.

102 인(人)과……심이다 : 《주자어류》 권57에 "사람과 만물이 모두 똑같은 것은 이(理)이고, 같지 않은 것은 심(心)이다."라는 주희의 말이 나온다.

하나이니 심을 말하면 성이 그 안에 들어 있기 때문에 주자가 그렇게 말한 것인데, 그 하문에서 부자(父子)와 자웅(雌雄)으로 이어받은 것[103]을 살펴보면 알 수 있다. 만약 오늘날 사람들의 설과 같다면 "금수는 인의의 성을 갖추었으나 인의의 심은 없다."라고 하거나, "성의 전체를 품수했으나 심의 전체는 품수하지 못했다."라고 해야 할 터인데, 이렇게 되면 심이 성과 정을 통합하지 못하는 것이 되고, 성에 부곽이 없는 것이 되고 말 것이니, 과연 무슨 말이 되겠는가. 이에 대해서 공평한 마음으로 정밀히 생각해 보면 어찌 퍼뜩 깨닫지 못할 리가 있겠는가.

이(理)도 하나이고 신(神)도 하나인 까닭에, 일물(一物)의 이가 천지의 이요 일물의 신이 천지의 신이니, 원래 이물(二物)이 있는 것이 아니다. 그렇긴 해도 물물(物物)의 형기(形氣)가 다른 이상에는, 이와 신이 여기에 있게 될 적에 자연히 그 형기를 따라서 대소(大小)의 다름과 편전(偏全)의 다름과 통색(通塞)의 다름이 없을 수 없으니, 이것이 '이일(理一)이면서 분수(分殊)이다.'라고 하는 것이다.

이 때문에 이 일물에 나아가서 일물의 심과 성을 논할 때에는 반드시 이 물(物)의 형기의 측면을 면밀히 고찰한 뒤에야 비로소 이 물의 심과 이 물의 성을 말할 수 있는 것이요, 만약 이 형기를 빼 버리고 그 초묘(超妙)하고 혼전(渾全)한 측면만 말한다면 이는 공공(公共)에 속하고

103 그 하문에서……것 : 《주자어류》 권57의 "예컨대 금수 중에도 부자간에 서로 아껴 주고 자웅 간에 분별이 있는 종류도 있으나, 한두 측면에서만 밝을 뿐 다른 도리에 대해서는 도무지 통하지 못해서 확대해 나가지를 못하는 반면에, 사람의 마음은 허명해서 확대해 나갈 수가 있으니, 대본의 차원에서 논한다면 그 이는 하나이지만, 기를 품수하는 순간에 곧바로 같지 않은 점이 있게 되는 것이다."라는 내용을 말한다.

일원(一原)에 속하고 마는 것이다.

따라서 이물이 있는 것이 아니라고 말할지라도 이 형기가 없는 상태에서는 이 물사(物事)와는 관계가 없는 것이니, 명(命)이라고 말할 수는 있을지언정 덕(德)이라고 말할 수는 없는 것이고,-덕은 즉 명덕(明德)을 가리킨다.- 계지자선(繼之者善)[104]이라고 말할 수는 있을지언정 성지자성(成之者性)이라고 말할 수는 없는 것이다. 정자의 극중일광(隙中日光)의 비유[105]가 가장 친절하니, 깊이 생각해 보면 자연히 알 수 있을 것이다.

명도 선생이 말하기를 "천지 사이에 사람만 지극히 신령스러운 것이 아니다. 나의 마음도 초목과 조수의 마음인데, 사람은 천지의 중(中)을 받아서 태어난 것일 뿐이다."[106]라고 하였다. 여기에서 "나의 마음도

104 계지자선(繼之者善) : 《주역》 〈계사전 상〉의 "한 번 음이 되고 한 번 양이 되는 것을 도라고 한다. 이것을 계속 이어 가는 것이 선이요, 이것을 이루어 갖춘 것이 성이다.〔一陰一陽之謂道 繼之者善 成之者性也〕"라는 말에서 추출한 것이다.

105 정자의 극중일광(隙中日光)의 비유 : 극중일광은 틈새를 뚫고 나오는 햇빛이라는 뜻으로, 개와 소와 사람이 성은 햇빛처럼 똑같지만, 형기의 차별은 각기 다른 방원(方圓)의 틈새와 같아서 바꿀 수 없다는 말이다. 《이정유서》 권24에 이에 대한 정이의 설명이 자세히 나오는데, 성과 관련하여 고자(告子)와 맹자 사이에 벌어진 논란에서 양자는 각각 광(光)과 극(隙)에 주목했다는 뜻이 또한 이 속에 들어 있다. 또 《회암집》 권61 〈답엄시형(答嚴時亨)〉에도 "극중일광의 의론이 가장 친절하니, 상세히 음미하여 같은 것 속에서도 다른 것을 알아야 하고, 다른 것 속에서도 같은 것을 볼 줄 알아야 한다."라고 권면한 내용이 있다.

106 천지……뿐이다 : 《이정유서》 권1 〈단백부사설(端伯傳師說)〉에 나오는 정호(程顥)의 말이다. 203쪽 주37 참조.

초목과 조수의 마음이다."라고 한 것은 이일(理一)을 가리키고, "사람은 천지의 중을 받고서 태어났고, 물은 그 편(偏)을 받고 나왔다."라고 한 것은 분수(分殊)를 가리킨다. 그리고 영(靈)이라 하고 심(心)이라 하고 중이라 하여 혼륜(渾淪)하게 말하면서 다시 분별하지 않은 것은, 심이 곧 성이고 성이 곧 심으로서 이물(二物)이 없음을 가리킨 것이다. 이것이 몇 구절의 말에 지나지 않지만, 이 안에 심과 성, 인과 물, 이일과 분수 등이 구비되지 않은 것이 없고, 어의가 혼원(渾圓)하여 빈틈이 전혀 없다. 도의 경지에 깊이 나아간 뒤에는 보통으로 이야기하더라도 자연히 이와 같이 되어서 보고 듣고 말하는 것 모두가 상관없어지는 것이다.

만약 이(理)가 하나라고 해서 물(物)도 오상(五常)의 전덕(全德)을 갖췄다고 말한다면 신(神)이 하나라는 이유를 내세워서 물도 명덕(明德)의 전체를 갖췄다고 강변할 수도 있을 것이다. 이 말이 비록 천근하게 들릴지 몰라도 사실은 깊은 뜻을 지니고 있다. 요컨대는 명덕의 전체를 지녀야만 비로소 오상의 전덕을 지녔다고 말할 수 있다는 의미인데, 이 말을 듣는 자들은 필시 놀라면서 비웃기도 하겠지만 도를 아는 이가 들으면 절로 머리를 끄덕일 것이다.

율옹(栗翁)이 제시한 이통기국(理通氣局)에 대해서 내가 마음속으로 항상 의심해 왔다. 그러나 다시 생각해 보니, 이 설은 이(理)와 기(氣)를 나누어 두 개의 물건으로 여긴 것이 아니라, 하나는 일원(一原)에 소속시키고 하나는 분수에 소속시킨 것이었다. 이 일원처(一原處)는 이를 위주로 하여 말했기 때문에 이통(理通)이라고 했지만 기가 그 안에 들어 있고, 분수처(分殊處)는 기를 위주로 하여 말했기 때문에 기국(氣局)이라고 했지만 이가 또한 그 안에 들어 있으니, 율옹이 "기가 일본(一本)인 것은 이가 통(通)하기 때문이요, 이가 만수(萬殊)인 것은 기가 국(局)하기 때문이다.……"라고 한 말을 살펴보면 그 본의를 알 수 있다.[107] -주자(朱子)가 "이는 같고 기는 다르다."[108]라고 말한 것도 그러하다.- 율옹이 "담일청허(湛一淸虛)한 기가 존재하지 않는 곳이 많이 있다."[109]라고 말한 것도, 단지 정자가 "삼(三)이 출현하면 일(一)과 이(二)는 없어진다."[110]라고 말한 경우와 같은 것일 뿐이요 기 밖에 따로 물이

107 율옹이……있다 : 이이의 이통기국론에 대한 녹문의 시각이 긍정적으로 바뀐 것이 주목된다. 과거의 비판적인 시각에 대해서는 198쪽 주25, 주26과 본문 참조. 또 《율곡전서》 권10 〈여성호원(與成浩原)〉에 "이통기국론은 요컨대 본체의 측면에서 말한 것이니, 본체를 떠나서 별도로 유행하는 것을 구하면 안 된다. 사람의 성이 물의 성이 아닌 것은 기가 국해서이고, 사람의 이가 바로 물의 이인 것은 이가 통해서이다. 방원의 그릇은 같지 않지만 그 그릇 안의 물〔水〕은 하나〔一〕이고, 대소의 병은 같지 않지만 그 병 안의 공기는 하나이다. 기가 일본인 것은 이가 통하기 때문이요, 이가 만수인 것은 기가 국하기 때문이다. 본체의 가운데에 유행하는 것이 구비되어 있고, 유행하는 것 가운데에 본체가 보존되어 있다. 이를 통해서 추구해 본다면, 이통기국설이 과연 어느 한쪽에 떨어진 것이겠는가."라는 이이의 해명이 나온다.

108 이는……다르다 : 《주자어류》 권4 〈성리(性理) 1 인물지성기질지성(人物之性氣質之性)〉에 "만물은 근원이 하나라는 점에서 논하면 이는 같고 기는 다르다. 그러나 만물의 체가 다르다는 점에서 살펴보면 기는 그래도 서로 비슷하지만 이는 절대로 같지 않다."라고 하였다.

109 담일청허(湛一淸虛)한……있다 : 이이가 서경덕의 설을 비판한 내용 중에 나오는 말이다. 《栗谷全書 卷10 答成浩原》

110 삼(三)이……없어진다 : 정호가 의약 처방을 예로 들면서 함께 설명한 대목에 "제1의 것과 제2의 것이 합쳐져서 제3의 것이 될 경우에, 삼이 출현하면 일과 이는 없어진다. 이것을 분리해서 일과 이로 만들면 삼은 없어진다. 이미 삼이 되었는데,

있다는 말은 아닌데, 다만 구어(句語) 사이에 표현이 잘못된 것이 없지도 않으니, 독자는 이를 상세히 살펴서 융통성 있게 보아야 할 것이다.

일과 이가 합쳐져서 삼(三)이 되는데, 삼이 출현하면 일과 이는 없어지는 것이니, 이와 마찬가지로 허(虛 담일청허(湛一淸虛)한 기(氣))가 응취하여 물(物)이 되는데 물이 이루어지면 허는 볼 수 없게 된다. 그러나 두엄 더미가 악취를 풍기고 더럽게 오염되어서 담일의 영상(影象)을 찾을 수 없는 것처럼 보일지라도 두엄 밭에 뿌린 곡식의 모가 불끈 솟아 나오는 것을 보면 애연(藹然)히 천지가 끊임없이 생성해 주는 본체가 변함없이 드러나고 있으니, 이 기가 침투하지 않는 곳이 없음을 여기에서도 확인할 수가 있다.

담일한 것이 기의 본체이다. 기의 본체가 과연 있지 않은 곳이 있다면 기 밖에 따로 물이 있는 것이요, 기 밖에 따로 물이 있다면 성(性) 밖에도 따로 물이 있는 것이 되고 만다.

맹자가 말하기를 "천하에서 성(性)이라고 말하는 것은 이미 발현된 현상을 유추한 것일 뿐이다."[111]라고 하고, 또 말하기를 "형(形)과 색(色)에 천성이 깃들어 있다."[112]라고 하였다. 이 두 개의 발언을 사람들

또 일과 이를 구한다면……이는 물의 성을 모르는 것이다."라는 말이 나온다. 《二程遺書 卷15 入關語錄》

111 천하에서……뿐이다 : 《맹자》 〈이루 하〉에 "천하에서 성이라고 말하는 것은 이미 발현된 현상을 유추한 것일 뿐인데, 발현된 현상이란 순리적인 것을 기본으로 삼는다." 라고 하였다.

은 대부분 소홀히 하는데, 나는 성의 뜻을 밝힌 것 중에 이보다 더 분명한 것은 없다고 생각한다.

주자가 맹자의 앞의 발언에 대해서는 "성은 사람과 물이 그것을 얻어서 나오게 된 바의 이(理)이다."라고 해석하고, 그 아래에 곧바로 "사람의 마음이 선한 것과 물이 아래로 흐르는 것"을 가지고 설명하였으며, 또 "물이 그 윤하(潤下)의 성을 얻어서……"라는 말로 결론을 지었다. 그렇다면 윤하하는 것이 '물이 그것을 얻어서 나오게 된 바의 이(理)'라는 것이 어찌 너무도 분명하지 아니한가.-〈고자〉 단수장(湍水章)의 집주에서도 '아래로 흐르는 것'을 물의 본성으로 삼았다.-

주자가 맹자의 뒤의 발언에 대해서는 '자연의 이(理)'로 천성을 해석하고 나서, 다시 정자의 설을 인용하여 "사람은 천지의 정기를 얻고 태어나 만물과 같지 않으니, 사람이 된 이상에는 사람의 이(理)를 죄다 얻은 뒤에야 그 명칭에 걸맞게 되는 것이다."라고 하였다. "만물과 같지 않으니, 사람의 이를 죄다 얻어야 한다."라고 말했고 보면, 만물의 이가 각각 그 형색을 따라서 다르게 되는 것도 어찌 분명하지 아니한가.

지금 사람들은 매양 '성이 곧 이이다.〔性卽理〕'라는 말로 인(人)과 물(物)의 성(性)이 같다는 것을 증명하곤 하는데, 지금 이 두 개의 장구를 가지고 살펴보건대 소위 '그것을 얻어서 나오게 된 바의 이'라는 것과 소위 '자연의 이'라고 하는 그것이 '성즉리(性卽理)'의 그 이와 다른 점이 뭐가 있다고 하겠는가. 그렇다면 이른바 '성즉리'라고 하는 것이 어찌 성이 같은 증거만 되고 성이 다른 증거는 될 수가 없겠는가.

대개 이(理)는 일(一)이면서 만(萬)인 것이니, 일의 측면에서는 같

112 형(形)과……있다 : 《맹자》 〈진심 상〉에 나온다. 234쪽 주97 참조.

고 만의 측면에서는 다른 것이다. 따라서 일이면서 만이 되는 것인 동시에 만이면서도 일인 것이요, 같으면서 다르지 않을 수 없는 것인 동시에 다르면서 같지 않은 적이 없는 것이 바로 이의 전체인 것이다. 그런데 지금 사람들은 단지 '일의 측면에서 같은 것'이 이인 것만 알고서, '만의 측면에서 다른 것'에 대해서는 "그것은 기이지 이가 아니다." 라고 하고 있다.

대저 기 이외에는 따로 이가 없고, 성 이외에는 따로 물이 없는 것이다. 기를 위주로 하여 말하면 만자(萬者)야 물론 기이겠지만, 일자(一者)라고 해서 유독 기가 아니겠는가. 이를 위주로 하여 말을 하면 일자야 물론 이이겠지만, 만자라고 해서 유독 이가 아니겠는가. 아, 이와 기가 쪼개져서 두 개가 된 것이 오래되었으니, 속견(俗見)이 어둠 속에서 더듬거리며 언어에 집착하여 본지를 이해하지 못하는 현상을 괴이하게 여길 것이 또 뭐가 있겠는가.

본연(本然)이라는 것은 단지 '천리가 본래 그러하다.'라는 것일 뿐이다. 일리(一理)가 혼연한 가운데 만상(萬象)이 삼연(森然)한 것이고 보면, 혼연한 것이야 물론 그 본체이겠지만, 삼연한 것도 본체에 고유한 것이 아니겠는가. 지금 이(理)의 일자(一者)만을 본연이라 하고 만자(萬者)는 본연이 아니라고 한다면 이른바 혼연하다고 하는 그것이 농동(儱侗)[113]하게 도무지 일물(一物)도 없는 상태에서 저절로 동(動)

113 농동(儱侗) : 구체적으로 분별되는 것 없이 빈껍데기만 있는 것처럼 애매모호하고 흐리멍덩한 상태를 뜻하는 말이다. 《주자전서》 권37에 "이 천리가 본래 농동한 상태로 계속 내려오다가, 성인이 그 안에서 계한을 세우면서 단락이 나누어지게 되었다.〔這天理本是儱侗一直下來 聖人就其中立箇界限 分成段子〕"라고 하였다.

해서 양(陽)이 되고 정(靜)해서 음(陰)이 될 따름이요, 이런 현상을 관할하고 통섭하는 것도 불가능한 채 차례차례 음양을 생산해 내고 그 뒤에 또 차례차례 오행과 만물을 생산해 내는 격이 되고 말 것이다. 그렇다면 이 이의 일자를 구사하여 과연 그 본연의 체(體)를 채울 경우에는, 그 체가 텅 비어 휑뎅그렁하고 티끌 하나 없이 깨끗하여 도무지 일물도 없어야만 가능할 것이니, 노씨(老氏)가 말하는 허무(虛無)[114]라는 것도 이 지경에까지는 이르지 않을 것이다.

텅 비어 조짐이 없는 가운데 만상(萬象)이 삼연(森然)히 이미 갖추어져 있는 것[115]은 천리 본연의 체(體)이고, 이오(二五)가 번갈아 운행하는 가운데[116] 물(物)이 각각 성명(性命)을 바르게 하는 것은 천리 본연의 용(用)이다. 불편불의(不偏不倚)[117]하여 만리(萬理)가 찬연한 것은

114 노씨(老氏)가 말하는 허무(虛無) : "채워졌지만 빈 것 같고 있지만 없는 것 같다."는 뜻으로, 도가(道家)에서 도의 본체를 가리킬 때 쓰는 용어이다. 도체(道體)가 이처럼 허무한 까닭에 만물을 포용할 수 있다는 의미를 담고 있다. 노씨(老氏)는 노자(老子)를 가리키는데, 여기서는 도가의 대명사로 쓰였다. 《장자》〈각의(刻意)〉에 "염담하고 적막하며 허무하고 무위한 이것이 천지의 기준이요 도덕의 바탕이 되는 것이다.〔夫恬惔寂寞 虛無無爲 此天地之平而道德之質也〕"라는 말이 나온다.

115 텅……것 : 《이정유서》 권15에 "텅 비어 조짐이 없는 가운데 만상이 삼연히 이미 갖추어져 있으니, 미응(未應)이 먼저가 아니고 이응(已應)이 뒤가 아니다. 이는 백척의 나무가 근본으로부터 지엽에 이르기까지 모두 일관된 것과 같다."라는 정이의 말이 나온다.

116 이오(二五)가……가운데 : 이오는 음양오행을 말한다. 《주역》〈계사전 상〉의 "한 번 음하고 한 번 양하게 함을 도라 이른다.〔一陰一陽之謂道〕"라는 경문의 본의(本義)에 "음과 양이 번갈아 운행하는 것은 기인데, 그 이가 도라고 하는 것이다.〔陰陽迭運者 氣也 其理 則所謂道〕"라고 하였다.

인성 본연의 체(體)이고, 사칠(四七 사단(四端) 칠정(七情))을 번갈아 운용하며 사(事)가 각각 절도에 맞는 것은 인성 본연의 용(用)이다. 지금 "이(理)가 물(物)에 부여되어 각각 일물(一物)의 이(理)가 된 것은 본연이 될 수 없다."라고 말한다면, 성(性)이 사(事)에 발(發)하여 각각 일사(一事)의 타당함을 얻은 것도 본연이 될 수 없다고 할 것인가.

공자가 "하늘이 사람을 낼 적에 모두 법도가 있게 하였다."라고 하였는데,[118] 이 칙(則)이 본연이 아니겠는가. 정자가 "사사물물(事事物物) 모두에 천연의 중(中)이 들어 있다."[119]라고 하였는데, 이 중이 또한 본연이 아니겠는가. 대저 용(用)이 행해지는 것은 바로 체(體)가 구비한 것으로서, 한번 닫히고 한번 열리는 것이 본연 아닌 것이 없고, 물고기가 뛰고 솔개가 나는 것이 모두 진성(眞性)이라는 것을, 눈에

117 불편불의(不偏不倚) : 치우치거나 기울어지지 않는다는 뜻이다. 주희가 《중용장구》에서 중용의 제목을 해설하며 "중은 치우치지 않고 기울어지지 않아 과와 불급이 없는 것의 이름이요, 용은 평상을 말한다.〔中者 不偏不倚無過不及之名 庸平常也〕"라고 하였다.

118 공자가……하였는데 : 공자의 말이 아니고, 《시경》〈대아(大雅) 증민(烝民)〉에 나오는 "하늘이 사람을 낼 적에, 모두 법도가 있게 하였다. 그래서 사람들이 양심을 지녀서, 이와 같이 아름다운 덕을 좋아하게 된 것이다."라는 말을 공자가 보고서 "이 시를 지은 이는 도를 아는 사람일 것이다."라고 평한 말이 있다. 《孟子 告子上》

119 사사물물(事事物物)……있다 : 정이가 "양자(楊子)는 터럭 하나를 뽑는 일이라도 행하지 않았고, 묵자(墨子)는 또 정수리에서 발꿈치까지 가는 한이 있더라도 행하였으니, 이는 모두 중을 얻지 못한 것이다. 자막(子莫)의 집중(執中)은 이 두 가지의 중간을 잡고자 한 것이나, 그렇게 해서 어떻게 중을 잡을 수가 있었겠는가. 이런 사실을 알 수 있다면 사사물물 어떤 것이든 천연의 중이 거기에 들어 있어서 사람이 안배해 주기를 기다리지 않을 것이니, 안배하면 이미 중이 아닌 것이다."라고 하였다. 《二程遺書 卷17》《近思錄集註 卷1 道體》

온전한 소가 보이지 않는 자[120]는 자연히 알게 되어 있다.

성(性)과 고(故)[121]는 이미 발한 것과 아직 발하지 않은 것, 이미 드러난 것과 아직 드러나지 않은 것의 구분만 있을 뿐이요, 사실 알고 보면 고가 성이고 성이 고인 것이다.

예컨대 적시며 내려오는 것〔潤下〕이 수(水)의 성이지만 아직 산에서 나오기 이전에는 어떻게 징험할 길이 없다가 흘러서 아래로 내려온 뒤에야 비로소 그 성이 내려오는 것임을 알게 되고, 태우며 올라가는 것〔炎上〕이 화(火)의 성이지만 아직 타오르기 이전에는 어떻게 확인할 길이 없다가 불붙어 타오른 뒤에야 비로소 그 성이 올라가는 것임을 아는 것과 같다. 이는 단지 하나의 염상과 윤하를 예로 든 것일 뿐이지만, 아직 그렇게 되지 않은 것이 성이고 이미 그렇게 된 것이 고인 것이니, 고 이외에 다시 성이라는 것은 없는 것이다.

또 예컨대 종을 치기 이전에도 소리는 본래 있지만 종을 친 뒤에야 비로소 그 소리가 있음을 아는 것과 같으니, 아직 종을 치기 이전의 것이 성이고 종을 친 뒤의 것이 고로서, 소리 이외에 다시 종의 성은 없는 것이다. 맹자가 또 '우왕(禹王)이 물을 흘러가게 한 것〔行水〕'을 가지고 설명해 줌으로써 크고 작은 것들 모두가 크게 분명해졌으니,

120 눈에……자 : 경지가 높아서 능수능란하게 기예를 발휘하는 자를 가리킨다. 《장자》〈양생주(養生主)〉에, 솜씨 좋은 백정이 자신의 기예를 소개하면서 "처음에 소를 잡을 때에는 보이는 것이 온통 온전한 소뿐이더니, 3년쯤 지난 뒤에는 소의 각 부위만 눈에 들어올 뿐 온전한 소의 모습은 눈에 보이지 않았다."라고 말한 포정해우(庖丁解牛)의 이야기가 있다.

121 고(故) : 과거의 자취, 즉 이미 드러나서 알려진 현상이라는 뜻이다.

정자가 "천명에서 교(敎)에 이르기까지 내가 더하거나 줄일 수가 없다."라고 말한 것도 이것을 가리킨다.

"고라는 것은 이를 근본으로 삼는다.〔故者以利爲本〕"[122]라고 한 이 이(利) 자는 본연을 가리킨다. 그러므로 집주에서 "사람이 악행을 하는 것과 물이 산에 있는 것은 자연의 고(故)가 아니다."라고 한 것인데, 여기에서 말한 자연이 본연이다.-'위본(爲本)'의 본(本)은 본연의 본이다.- 단수장의 주에서도 "물의 본성은 미상불 아래로 내려가는 것인데, 치고 격동시킴에 부림을 당하여 그 본성을 거슬렀을 뿐이다."라고 하였는데, 이것과 합쳐서 살펴보면 그 뜻을 알 수 있다.

경서 안에서 성(性)과 천도(天道)를 말한 것들이 《맹자》에 이르러서는 그야말로 분명하게 드러나서 더 이상 미진한 뜻이 없게 되었으니, 예컨대 "자기의 심(心)을 다하면 자기의 성(性)을 알게 되고, 자기의 성을 알면 천(天)을 알게 된다. 심을 보존하고 성을 기르면 천을 제대로 섬길 수 있다."라고 말한 것과, "형(形)과 색(色)에 천성이 깃들어 있나니, 성인인 뒤에야 이 형과 색을 완전히 발휘할 수 있는 것이다."라고 말한 것과 "군자의 본성은 비록 크게 행해지더라도 더 보태지지 않으며, 곤궁하게 거하더라도 줄어들지 않으니, 분수(分數)가 정해져 있기 때문이다. 군자의 본성은 인의예지가 마음속에 뿌리박고 있어서 그것이 밖으로 표현된다. 그리하여 맑게 얼굴에 나타나고 등에 그득 넘치고

122 고(故)라는……삼는다 : 성(性)과 고의 관계를 언급한 맹자의 말 중 일부이다. 240쪽 주111 참조.

사체(四體)에까지 퍼져 나가서, 사체가 굳이 말하지 않아도 저절로 알아서 움직여 준다."라고 말한 것과, "만물이 모두 나에게 갖추어져 있으니, 자기 몸을 돌이켜 볼 때 참되다면 이보다 더 큰 즐거움이 없다."라고 말한 것 등이 그것이다.[123]

이와 같은 것들을 보면 모두 평이하게 발언하여 심상한 이야기처럼 보이지만, 도(道)의 묘체(妙諦)를 발명한 그것이 통투하고 쇄락하여 그 글을 읽으면 심신이 융해되며 의미가 무궁해져서, 자신도 모르게 손으로 춤추고 발로 구르며 뛰게 하는 점이 있으니,[124] 도(道)와 하나가 되는 경지에 근접한 자가 아니면 어떻게 여기에 미칠 수 있겠는가.

솔개에 날개가 있으면 자연히 날아가게 되어 있고, 물고기에 지느러미가 있으면 자연히 뛰어오르게 되어 있으니, 날아가고 뛰어오르는 그것이 천성인 것이다.-소가 밭을 갈고 말이 치달리는 것도 마찬가지이다.- 수(水)는 형(形)이 유리(流利)하고 보면 자연히 아래로 내려가게 되어 있고, 화(火)는 색(色)이 등렬(騰烈)하고 보면 자연히 위로 올라가게 되어 있으니, 올라가고 내려가는 그것이 천성인 것이다. 이는 '모든 존재에게 법도가 있게 하였다.〔有物有則〕'라는 말과도 같은 뜻인데, '형색을 완전히 발휘한다.〔踐形〕'는 말이 더욱 명절(明切)하여 음미할 점이 있다.-날개와 지느러미, 유리와 등렬은 형색이고, 날아가게 되어 있고 뛰게 되어 있는 것과 올라가게 되어 있고 내려가게 되어 있는 것은 성(性)이고 도(道)이며, 날아가기도

123 예컨대……그것이다 : 모두 《맹자》 〈진심 상〉에 나온다.

124 자신도……있으니 : 《논어집주》 〈서설(序說)〉에 정이가 "《논어》를 읽고 나서는 계속해서 자신도 모르게 손으로 춤추고 발로 구르며 뛰게 되는 사람이 있다."라고 하였다.

하고 뛰어오르기도 하며 올라가기도 하고 내려가기도 하는 것은 천형(踐形)이며 교(敎)이다.- 이에 대해서도 여전히 본연이 아니라고 강변하면서 설을 많이 지어내어 사람들을 현혹한다면, 더 이상 할 말이 없다.

《어류(語類)》에 "'성(性)이 바로 이(理)이다.'라는 말은 어떠한가?'라고 묻자, 주자가 대답하기를 '물물(物物)에 모두 성이 있는데, 그러면 모두 그 이가 있는 것이다.'라고 하였다. 또 '고고(枯槁)한 물에도 이가 있는가?'라고 묻자, 주자가 대답하기를 '고고의 여부를 따질 것 없이 거기에는 본래 모두 도리가 있게 마련이다.'라고 하고는, 화병(花甁)을 가리키며 말하기를 '화병에는 화병의 도리가 있고, 서등(書燈)에는 서등의 도리가 있는 것이다. 물이 적시며 내려가고, 불이 태우며 올라가고, 쇠가 그대로 있기도 하고 다르게 변하기도 하며, 나무가 굽기도 하고 곧기도 하며, 흙이 곡식을 심고 거두는 것도 하나하나 모두 성이 있고 이가 있는 것이다. 따라서 사람이 그것을 쓰려고 하면 또 그 이를 따라야만 비로소 가능할 것이니, 금(金)을 가지고 깎아서 나무로 쓴다거나 나무를 가지고 녹여서 금으로 쓴다거나 하는 그런 이는 없는 것이다.' 라고 하였다."라는 내용이 실려 있다.[125] -섭하손(葉賀孫)이 기록한 것이다.-

이에 의거하면 성즉리(性卽理)의 이는 '물(物)에 따라 각기 갖추어진 이'만을 가리킨 것이 분명하니, 《맹자》의 "성이라고 말하는 것은 이미 발현된 현상을 유추한 것이다.〔言性則故〕"라는 말이나 "형색에 천성이

125 어류(語類)에……있다 : 《주자어류》 권97 〈정자지서(程子之書) 3〉에 나온다. '물이 적시며 내려가고'에서 '흙이 곡식을 심고 거두는 것'까지는 《서경》 〈홍범〉에서 오행을 설명하는 대목에 나오는 말을 인용한 것이다.

깃들어 있다.〔形色天性〕"라는 말과 완전히 일치한다. 《주역》〈무망괘(无妄卦) 대상(大象)〉의 본의에 "만물이 성으로 한 것을 따랐을 뿐이요 자기 마음대로 하지 않았다.……"[126]라고 한 것도 바로 이 뜻이다.-정전(程傳)도 마찬가지이다. 정자는 또 말하기를 "성인이 때에 잘 맞추어 만물을 육성해서 각기 그 성을 얻게 하였다."[127]라고 하였으니, 그 말의 뜻이 더욱 분명하다.-

《대학혹문》의 격물치지장(格物致知章)에서 주자가 당연과 소이연을 가지고 물(物)의 이(理)를 해석하고 나서, 다시 "일물(一物)의 성정이 다른 것을 연구하지 않는다."라고 여씨(呂氏)를 배척하였다.[128] 그런데 이 성정이 바로 그 당연과 소이연의 이를 가리키는 것이고 보면 기질의 뜻으로는 볼 수 없을 듯하니, 이런 대목은 사실 변론할 필요도 없다고 하겠다.

126 만물이……않았다 : 본의에 "하늘 아래에 우레가 행하여 진동하고 발생해서 만물이 각기 그 성명을 바르게 하니, 이는 만물 모두에게 무망을 주는 것이다. 선왕이 이것을 본받아 때에 맞추어 만물을 기르면서 만물이 성으로 한 것을 따랐을 뿐이요 자기 마음대로 하지 않았다."라고 하였다.

127 성인이……하였다 : 《주역》〈무망괘 상(象)〉의 정전에 "선왕이 '하늘 아래에 우레가 행하여 발생하고 부여하는 상'을 관찰하고는, 천시를 잘 맞추어 만물을 양육해서 각기 마땅함을 얻게 하였으니, 마치 하늘이 무망을 주는 것과 같았다.〔先王觀天下雷行發生賦與之象 而以茂對天時 養育萬物 使各得其宜 如天與之无妄也〕"라고 하였는데, 녹문이 '선왕(先王)'을 '성인(聖人)'으로, '기의(其宜)'를 '기성(其性)'으로 바꿔서 인용하였다.

128 일물(一物)의……배척하였다 : 이해를 돕기 위하여 앞뒤의 글을 소개하면 다음과 같다. "반드시 만물의 이를 궁구하려 하면서 외물만을 전지(專指)하면, 이가 자기 안에 있는 것에 대해서는 밝히지 못하는 점이 있게 된다. 중물(衆物)이 유사하여 같은 점만을 찾아보고 일물(一物)의 성정이 다른 것을 연구하지 않으면, 이(理)의 정미한 측면에 대해서 살피지 못하는 점이 있게 된다."

《중용》에서는 일원(一原)의 측면에서 말했기 때문에 같음을 말했어도 다름이 그 안에 들어 있고, 《맹자》에서는 분수(分殊)의 측면에서 말했기 때문에 다름을 말했어도 같음이 그 안에 들어 있다. 일원이나 분수나 동일한 지두(地頭 지경(地境))에 있으니, 같음을 말하든 다름을 말하든 본연 아닌 것이 없다고 하겠다.

주자가 말하기를 "사람과 만물이 모두 똑같은 것은 이(理)이고, 같지 않은 것은 심(心)이다."[129]라고 하였는데, 상구(上句)는 사람과 만물이 다 같이 이 이를 얻은 뜻만을 설하였고, '같지 않은 것은 심이다.〔不同者心〕'의 대목에 와서야 비로소 품수한 성을 설하였다. 이것이 바로 "심을 말하면 성이 그 안에 들어 있다."[130]라고 하는 것이다. 대개 이는 하나〔一〕이지만, 사람이 사람의 기를 받으면 사람의 성이 되고, 물(物)이 물의 기로 받으면 물의 성이 된다. 이것이 주자가 "기를 따라 변화되고 마는 것이다."[131]라고 말한 것이다. 그러나 사실은 인성(人性)과 물성(物性)을 막론하고 원래는 하나의 성일 따름이요, 소에는 원래 소의 성이 있고 말에는 원래 말의 성이 있어서 대본(大本)이 같지 않은 것은

129 사람과……심(心)이다 : 《주자어류》 권57 〈맹자 7 이루 하〉에 나온다.

130 심을……있다 : 《명유학안》 권26 당학징(唐鶴徵)의 도계차기(桃溪劄記)에 "시서(詩書)에서 심을 말하고 성을 말하지 않거나, 성을 말하고 심을 말하지 않은 것은 치우쳐서가 아니라, 심을 거론하면 성이 그 안에 들어 있고 성을 거론하면 심이 그 안에 들어 있기 때문이다."라고 하였다.

131 기를……것이다 : 《주자어류》 권59 〈맹자 9 고자 상〉에 "물(物)에도 이 성(性)이 있다. 다만 품수한 것이 한쪽에 치우친 탓으로 이 성도 기를 따라 변화되고 마는 것이다."라고 하였다.

아니니, 이일분수(理一分殊)를 다시 주목해야 할 것이다.

삼연(三淵)이 율옹(栗翁)의 '선한 것은 맑은 기가 발한 것이고, 악한 것은 탁한 기가 발한 것'[132]이라는 1단을 논하면서 "주도하는 것이 기(氣)에 있다는 것만 알았지 성(性)이 선한 것은 중요시하지 않았으니, 《맹자》의 설과는 다르다."라고 하고는, 이어서 농암(農巖)의 "기가 지극히 맑은 자는 악한 정(情)이 발하는 경우가 전혀 없으니, 이를 통해서 성은 본디 악함이 없는 것이고 악은 단지 기 때문이라는 것을 알 수 있다. 한편 기가 지극히 탁한 자는 선한 정이 발할 수도 있으니, 이를 통해서 선은 성에 뿌리를 둔 것으로서 기가 끝내 가릴 수 없다는 것을 알 수 있다."[133]라는 설을 거론하여 인용하였다.-농암의 설은 여기까지이다.-

대저 율옹의 설에서 청기(淸氣)와 탁기(濁氣)를 나란히 거론하여 대언(對言)함으로써, 마치 두 개의 기가 가슴속에 나란히 서서 서로 교대로 나오는 것처럼 한 것은 물론 미안한 점이 있을 것 같기도 하다. 그러나 도심(道心)을 본연지기(本然之氣)라고 언명한 한마디 말[134]을 가지고 미루어 보건대 이는 말실수에 불과할 따름이다. 반면에 농암이

132 선한……것 : 《율곡전서》 권14 〈인심도심도설(人心道心圖說)〉에 "선한 것은 맑은 기가 발한 것이고, 악한 것은 탁한 기가 발한 것이다. 그러나 그 근본은 천리일 뿐이다."라는 이이의 설이 나온다.

133 농암(農巖)의……있다 : 《농암집》 속집 권하 〈사단칠정설(四端七情說)〉에 나온다. 《삼연집》 권33 〈일록(日錄)〉 3월 7일에 이이의 설을 위와 같이 비판하고, 김창협의 설을 인용한 뒤에 "중씨(仲氏)의 이 말이야말로 확론이라고 말할 만하다."라고 평하였다.

134 도심(道心)을……말 : 《율곡전서》 권10 〈답성호원〉에 "도심을 본연지기라고 한 것도 내가 처음 만들어 낸 말인 것 같다."라고 하였다. 198쪽 주26 참조.

"탁기도 선한 정을 발할 수 있다.……" 한 것으로 말하면 이 기의 본체는 성인과 범부가 일치한다는 대목에 대해서 미처 정밀하게 생각해 보지 못한 것이 아닌가 한다.

대개 기의 본체는 담일(湛一)할 따름인데, 그것이 유행하여 응취함에 미쳐서는 곧바로 정(正), 편(偏)과 통(通), 색(塞)의 구분이 있게 된다. 사람은 정하고 통한 것을 얻어서 나오는 까닭에 방촌(方寸)이 텅 비어 통명한 것〔空通〕인데, 이 공통(空通)한 데에 나아가서 담일한 본체가 곧바로 통연(洞然)해져서 다시 요(堯)와 걸(桀)의 구별이 없게 되는 것이다. 이것이 이른바 호연지기라고 하는 것으로서, 사람의 성(性)이 선한 소이는 실로 여기에 있다고 할 것이다.

다만 그 정통(正通)한 가운데에서도 탁박(濁駁)의 요소가 뒤섞이는 일이 없을 수 없고, 이른바 탁박이라고 하는 것도 많고 적은 여러 가지 양태가 존재하는데, 그 요소가 지극히 많아서 척교(跖蹻)[135]의 정도에까지 이르고 보면, 완전히 탁박해져서 더 이상 그 본체가 담일한 것을 볼 수 없을 것처럼 되기도 한다. 그러나 그 실상을 궁구해 보면 이것도 단지 정통 가운데의 사재(渣滓)로서, 마치 맑은 물이 진흙과 모래 때문에 혼탁해지는 것과 같을 따름이다.

이 때문에 혹시라도 어린아이가 우물로 기어 들어가는 것과 같은 일이 갑자기 일어나면서 감촉하는 일이 있게 되면, 애연(藹然)히 선단(善端)이 그 즉시로 불쑥 발동하게 되는데, 그것이 발동하는 것은 탁기에 편승한 것도 아니고 이(理)가 조작하는 것이 있어서 그런 것도 아니

135 척교(跖蹻) : 도척(盜跖)과 장교(莊蹻)의 병칭인데, 흉악한 범죄자의 비유로 많이 쓰인다. 도척은 노(魯)나라의 도적이고 장교는 초(楚)나라의 도적이었다.

다. 예전 그대로 변함없이 인의의 성이 저절로 본연의 담일한 기를 타고서 사재를 가르며 뚫고 나오는 것일 따름이다. 이와 같이 살펴본 뒤에야 비로소 성이 진짜로 지선(至善)해서 사재의 탁박이 본체의 담일에는 간여하지 못하는 것을 알 수 있을 것이다.

지금 만약 "성이 선한 것이 주가 되는 것이니, 편승한 기가 혹 탁박하더라도 선정(善情)이 발하는 데에는 아무 문제가 없다."라고 말한다면, 이는 전적으로 이(理)에 모든 책임을 돌리는 것으로서 기의 청탁과는 도무지 관계가 없는 만큼, 기질을 변화시키는 공부를 해 볼 수도 없게 되는 것이다. 더군다나 기가 탁한 자가 선정을 발하는 경우가 있다고 하더라도, 악정(惡情)을 발하지 않는다고 보장할 수도 없고 보면, 이(理)도 때로는 믿을 수 없게 되는 문제를 어떻게 해결할 것이며, 그렇게 되면 또 성이 선한 것이 주가 된다는 설을 어디에다 쓸 수 있겠는가. 그런데도 한남당(韓南塘 한원진(韓元震))이 농암의 이 설을 답습하여 주장하면서, 마치 전인이 드러내지 못한 것을 새로 밝혀낸 것처럼 하고 있으니, 정말 한번 크게 웃어 줄 만하다.

산록 무신년(1728, 영조4)부터 갑진년(1784, 정조8)까지 기록한 것이다.
散錄 自戊申至甲辰

〈태극도(太極圖)〉를 보면 수(水)는 음이 성하고 화(火)는 양이 성하며, 목(木)은 양이 어리고〔稚〕 금(金)은 음이 어린 것으로 되어 있다. 거기에서 수, 화, 목, 금을 배열한 것이 '나오는 순서〔生之序〕'를 설한 것같이 보이지만, 사실은 수와 금이 음이고 화와 목이 양인 점을 감안해서, 바로 '행하는 순서〔行之序〕'대로 말한 것이다.

대개 주자(周子)가 생(生)과 행(行)을 나란히 말하였지만,[136] 중점을 둔 것은 오행의 기가 순차적으로 펴지면서 사시가 행해지는 것에 있었으니, 중(中), 정(正), 인(仁), 의(義)를 분배한 것도 이것을 위주로 한 것이었다. 그래서 그가 〈태극도〉를 제작할 때에 마침내 이런 식으로 음과 양을 나눈 것인데, 주자(朱子)가 해설한 것을 보아도 이와 같이 되어 있다.

그런데 면재(勉齋)가 《태극해(太極解)》[137]에 한 군데 의심스러운 곳이 있다면서 "'수음(水陰) 화양(火陽) 금음(金陰) 목양(木陽)'을 말한 이

136 주자(周子)가……말하였지만 : 주돈이(周敦頤)의 〈태극도설(太極圖說)〉에는 이 뒤에 "성인이 중, 정, 인, 의로써 안정시키되, 정을 위주로 하여 사람의 극을 세웠다.〔聖人定之以中正仁義 而主靜立人極焉〕"라는 말이 이어진다.

137 태극해(太極解) : 《태극해》는 주희가 지은 《태극해의(太極解義)》를 말한다. 주돈이의 〈태극도〉를 해설한 〈태극도해(太極圖解)〉와 〈태극도설〉을 해설한 〈태극도설해(太極圖說解)〉의 두 부분으로 되어 있다. 《성리대전(性理大全)》 권1에 수록되어 있다.

것은 생지서(生之序)를 설한 것인데, 하문에서는 뜻밖에 '수와 목은 양이고, 화와 금은 음이다.'라고 하여, 거꾸로 수를 양으로 하고 화를 음으로 하였다. 내가 이에 대해서 논해 보건대 물(物)이 처음 나올 적에는 원래 어려서 연약한〔幼嫩〕 법이다.……이렇게 본다면 수는 양의 어린 것이 되고 목은 양의 성한 것이 되며, 화는 음의 어린 것이 되고 금은 음의 성한 것이 되어야 할 것이다.……" 하였다.-소주(小註)에 자세히 보인다.-

그가 행지서(行之序)를 생지서로 오인하여 하문과 맞지 않다고 말한 것부터 벌써 엉성해서 착오를 범했다고 할 것인데, 더군다나 수와 화가 성한 것과 목과 금이 어린 것은 춘하추동에 음양이 미(微)하고 성(盛)한 것을 가지고 말한 것인 만큼, '천일(天一), 지이(地二)의 유눈(幼嫩), 강성(强盛)의 설'[138]과는 각기 별개의 뜻으로서, 원래 서로 저촉되지 않는 것인 데야 더 말할 것이 있겠는가. 그런데 그는 지금 저쪽만 오로지 위주로 하면서 이쪽을 지적하여 의심스럽다고 하였으니, 이 또한 너무도 경솔했다고 말할 만하다. 어쩌면 기록하는 자가 그 본지를 잘못 전한 것은 아닐까. 그런데 퇴옹(退翁 이황(李滉))이 응당 면재의

138 천일(天一)……설 : 황간의 주장에서 볼 수 있는 것처럼, 오행이 나오는 순서로 볼 때에 맨 먼저 나오는 수가 가장 어려서 연약하고, 화, 목, 금, 토가 각각 그 뒤를 이어 점차로 견실해진다는 설을 말한다. 《서경》〈홍범(洪範)〉 오행장(五行章)의 주석에 "수, 화, 목, 금, 토는 오행이 생하는 순서이니, 하늘이 일로 수를 내고, 땅이 이로 화를 내고, 하늘이 삼으로 목을 내고, 땅이 사로 금을 내고, 하늘이 오로 토를 낸다. 당나라 공씨가 말하기를 '만물이 형체를 이루는 것은 미저(微著) 즉 은미함과 현저함으로써 점차 나아갔으니, 오행의 선후도 이 미저를 기준으로 차례를 삼은 것이다. 오행의 체에서 수가 가장 미하여 첫 번째가 되었고, 화가 점차 저하여 두 번째가 되었고, 목은 형체가 실해서 세 번째가 되었고, 금은 체가 견고해서 네 번째가 되었고, 토는 형질이 커서 다섯 번째가 되었다.' 하였다."라는 말이 나온다.

설에 의거하여 개정해야 한다고 말한 것은 또 어떻게 된 것인가.

"양의가 확립되었다.〔兩儀立焉〕"[139]라고 할 때의 양의는 분명히 음양을 가리킨다. 그런데 《어류(語類)》에서 "이 양의는 바로 천지이니, 괘를 그을 때의 양의와는 원래 다르다."[140]라고 하였으니, 어찌 된 영문인지 모르겠다.

"정추(精粗)와 본말은 피차가 없는 것이다."[141]라는 구절에 대하여, 사계(沙溪)가 율곡(栗谷)의 말을 인용하여 말하기를 "일리(一理)는 정(精)함과 추(粗)함을 막론하고 모두 통하여 본말과 피차의 간격이 없다."[142]라고 하였다. 이렇게 해석하는 것은 그저 일리가 음양(陰陽)에

139 양의(兩儀)가 확립되었다 : 〈태극도설〉의 "음으로 나뉘고 양으로 나뉨에, 양의가 확립되었다."라고 하였다.

140 이……다르다 : 괘를 그을 때의 양의는 음양을 가리키는데, 주희가 이렇게 해설한 것은 《주역》 〈계사전 상(繫辭傳上)〉의 내용에 의거한 것으로 보인다.

141 정추(精粗)와……것이다 : 〈태극도설〉의 "오행은 한 음양이요, 음양은 한 태극이요, 태극은 본시 무극이다.〔五行一陰陽也 陰陽一太極也 太極本無極也〕"라는 구절에 대한 주희의 해설에 "대개 오행은 형질이 다르고 사시는 기운이 다르지만 모두 음양에서 벗어나지 못하니, 다섯 가지 즉 오행의 다른 것과 두 가지 즉 음양의 실제가 남거나 부족함이 없는 것이다. 음양이 자리가 다르고 동정이 때가 다르지만 모두 태극에서 떠나지 못하니, 정추와 본말이 피차가 없는 것이다."라고 하였다.

142 일리(一理)는……없다 : 정엽(鄭曄)의 《근사록석의(近思錄釋疑)》에 "웅씨(熊氏)의 주에 '태극이 정한 것이 되고 음양이 추한 것이 되며, 태극이 본이 되고 음양이 말이 된다.'라고 하였는데, 이 주는 잘못된 것인 듯하다. 율곡이 일찍이 이르기를 '정추와 본말은 기의 측면에서 말한 것이다. 일리는 정함과 추함을 막론하고 모두 통하여 본말과 피차의 간격이 없다.'라고 하였다. 뒷날 내가 주자의 책을 읽어 보건대 거기에

산재(散在)한다는 뜻이 될 뿐이요, 음양이 일리를 통체(統體)로 한다는 뜻은 되지 못한다. 내 생각에, 이 말은 단지 '정(精)이나 추(粗)나 본(本)이나 말(末)이나 모두 일리라서 피차의 다름이 없다.'라는 뜻이라고 여겨진다. 나와 같이 해석하면 상문(上文)[143]의 "모두 태극에서 떠나지 못하니……" 한 것과도 합치되고, "음양은 한 태극이다."라는 말과도 어세가 순해진다.

홍양지(洪養之)[144]가 이에 대해서 "응당 웅씨(熊氏)의 설을 따라서 태극을 정과 본으로 삼고, 음양을 추와 말로 삼아야 한다. 그래야만 상단의 문법과도 서로 비슷해지고, 그 뜻도 간직(簡直)하여 잘 통한다."라고 하였지만, 나는 이 말에 대해서도 '이와 같이 해석하면 태극과 음양이 혼륜(渾淪)하여 간격이 없다는 뜻이 될 뿐이요, 「음양은 한 태극이다.」라는 말을 해석하는 것은 되지 못한다. 문법으로 말하더라도 서로 비슷해지는 것이 무엇인지 확인할 수 없다.'라고 생각하는데, 이 생각이 어떨는지 모르겠다.

"중(中), 정(正), 인(仁), 의(義)로써 안정시켰다."라는 〈태극도설〉의 말에 대하여, 농암이 "정(定)은 성인이 자신을 안정시킨 것이다."라고 하였는데, 그 설이 지극히 고묘(高妙)하고 정세(精細)하다.-그의 문집

'기의 정추를 막론하고 이 이가 있지 않은 곳이 없다.……'라는 말이 있었으니, 율곡의 설은 실로 여기에서 나온 것이다. 웅씨의 설은 따를 수가 없다."라고 하였다.

143 상문(上文) : 대본에는 '下文'으로 되어 있는데, 문맥에 근거하여 '下'를 '上'으로 바로잡아 번역하였다.

144 홍양지(洪養之) : 홍재(洪梓, 1707~1781)로, 본관은 남양(南陽), 자는 양지이다.

중 〈잡지(雜識)〉에 보인다.- 다만 알지 못할 것은 두 분 선생의 본의가 필경 어떠했느냐 하는 것이다.[145]

"처함이 정(正)하고 제재함이 의(義)로운 것이다."[146]의 처(處)와 재(裁)가 '정(靜)을 위주로 한다.〔主靜〕'라는 문자와 서로 어긋나지 않는지 상량해 보아야겠다.

'앞으로 밀고 가고 뒤로 끌고 오는 것'[147]에 대해서 사계(沙溪)가 해석하여 말하기를 "이(理)와 기(氣)가 음양(陰陽)이 생기기 이전에 밀고 가고, 음양이 이미 생긴 뒤에 끌고 오는 것이다."라고 하였는데, 이 해석

145 농암이……것이다 : 《농암집》 권32 〈잡지(雜識) 내편(內篇) 2〉에 김창협(金昌協)이 "이 말은 성인이 자신을 안정시켰다는 말일까, 아니면 타인을 안정시켰다는 말일까? 나정암 이후로 이런 의심이 있어 왔는데, 내 생각에 이것은 성인이 자신을 안정시킨 것이라고 여겨진다.〔是謂聖人自定耶 抑謂定他人耶 自羅整庵已有此疑 竊意此乃聖人自定耳〕"라고 전제하고는, 자신의 논리를 전개한 내용이 나온다. 이 대문의 바로 위에 나흠순(羅欽順)과 이이를 비교하여 평하는 말들이 나오는 것에 비추어 볼 때, 두 선생은 조광조와 이이를 가리키는 것으로 보인다.

146 처함이……것이다 : 〈태극도설〉의 "그러므로 성인은……귀신과 더불어 길흉이 합한다."라는 구절에 대한 주희의 해설에 나오는 "대개 사람은 음양오행의 빼어난 기를 품수하여 태어났고, 성인의 태어남은 또 그 빼어난 것 가운데 빼어난 것을 얻었다. 이 때문에 그 행함이 중하고 처함이 정하고 발함이 인하고 제재함이 의로운 것이다."라고 하였다.

147 앞으로……것 : 〈태극도설〉에 대한 주희의 해설 중 "앞으로 밀고 가도 그 시작이 합함을 볼 수 없고 뒤로 끌고 와도 그 끝이 떠남을 볼 수 없다."라는 말을 줄여서 인용한 것이다. 이 뒤에 "그러므로 정자가 '동정은 단서가 없고 음양은 시작이 없으니, 도를 아는 자가 아니라면 누가 이것을 알 수 있겠는가.'라고 한 것이다."라는 말이 이어진다.

은 하문의 "단서가 없다.〔無端始〕"라는 설과 그리 썩 부합하지 않는다. 이에 대해서 홍양지는 말하기를 "이것은 단지 '시작을 헤아리고 종말을 추리한다.〔窮其始 要其終〕'라고 하는 뜻이다.[148] 대개 음양을 부리되 시작이 있다고 한다면 음양이 태극과 반드시 떨어졌다가 합하는 때가 있는 것이요, 음양을 부리되 종말이 있다고 한다면 음양이 태극과 또 반드시 합했다가 떨어지는 때가 있는 것이다. 오직 음양은 시작도 없고 종말도 없기 때문에 그 시작을 헤아려 보아도 합하는 때를 알지 못하고, 그 종말을 추리해 보아도 떨어지는 때를 알지 못한 채, 그저 혼륜한 상태로 간격이 없이 무궁하게 순환하는 것이다."라고 하였다. 이 설이 지극히 명백하여 따를 만한데, 어떨는지 모르겠다.

《통서(通書)》에 "동하여 정한 것을 도라고 하고, 용하여 화한 것을 덕이라고 한다.〔動而正曰道 用而和曰德〕"[149]라고 하였다. 동이정(動而正)은 이른바 "발동하여 절도에 맞게 되는 것〔發而中節〕"[150]이라는 말이요, 용이화(用而和)는 종용(從容)히 자득하여 어긋나는 바가 없어서 "사체(四體)가 말하지 않아도 절로 알아서 움직여 준다."[151]라는 뜻이

148 사계(沙溪)가……뜻이다 : 김장생(金長生)의 말은 《석의(釋疑)》에 나온다. '궁기시 요기종(窮其始要其終)'은 《주역》 〈계사전 하(繫辭傳下)〉의 "사물의 발전 과정상에서의 시(始)와 말(末)을 탐구한다."라는 뜻의 원시요종(原始要終)이라는 말과 같다.

149 동(動)하여……한다 : 주돈이의 《통서》 〈신동(愼動)〉에 나온다.

150 발동하여……것 : 《중용장구》 제1장에 "희로애락의 감정이 발동하여 모두 절도에 맞게 되는 것을 화(和)라고 한다."라고 하였다.

151 사체(四體)가……준다 : 《맹자》 〈진심 상(盡心上)〉 수면앙배장(睟面盎背章)의 말을 인용한 것이다. 213쪽 주58 참조.

들어 있다. 도는 천연적으로 본래 있는 차원에서 말한 것이고, 덕은 이 도를 행하여 자득한 바가 있는 것이다.

《정몽(正蒙)》에서 "덕(德)이 그 기(氣)를 이긴다."라고 한 이 단락[152]은 알아보기가 매우 어렵다. 여기에서 성(性)은 인의예지의 성을 가리키고, 명(命)은 빈부귀천의 명을 가리킨다.

덕이 기를 이기지 못하면 성이 선하게 되기도 하고 악하게 되기도 하는 것과-이것은 '인의예지'에 선악이 있다는 말이 아니고, '인의예지'가 그 본연의 것을 이루기도 하고 불선으로 흐르기도 하는 등 일체 형기(形氣)의 청탁에 따를 뿐임을 말하는 것이다.- 명이 궁하게 되기도 하고 달하게 되기도 하는 것이 일체 기품(氣稟 기를 품수한 것)이 주장(主張 주도(主導))하는 대로 따르게 되니, 이것이 이른바 "성이 기에게서 명을 받는다."라고 하는 것이다.

반면에 덕이 그 기를 이기면 기품이 청(淸)하거나 탁(濁)하거나 후

152 정몽(正蒙)에서……단락 : 장재(張載)의 《정몽》 〈성명편(誠明篇)〉에 "덕이 기를 이기지 못하면 성이 기에게서 명을 받고, 덕이 그 기를 이기면 성이 덕에게서 명을 받는다. 이를 궁구하여 성을 극진히 하면 성이 천덕이 되고 명이 천리가 된다. 기 중에서 바꿀 수 없는 것은 단지 사생(死生)과 수요(脩夭)일 뿐이다."라고 하였다. 여기에서 기는 기질을 가리킨다. 수요는 장수와 요절을 말한다. 이 뒤에 "그러므로 사생을 논할 때에는 '명이 있다.〔有命〕'라고 하여 그 기를 말하고, 부귀를 논할 때에는 '하늘에 있다.〔在天〕'라고 하여 그 이를 말하는 것이다.……순우(舜禹)가 천하를 소유하되 거기에 간여하지 않았다는 것은 천리가 순치한 것일 뿐이요, 기품상 당연하다는 것도 아니고 지의가 간여한 바도 아님을 말한 것이다."라는 말이 이어진다. 여기에서 순우가 간여하지 않았다는 것은, 《논어》 〈태백(泰伯)〉의 "순 임금과 우 임금은 천하를 소유하되 간여하지 않았다."라는 공자의 말을 인용한 것인데, 이는 순우가 오직 본연의 도리만을 따랐을 뿐 사지(私智)를 개입시키지 않았다는 말이다. 주희의 집주에서는 불예(不與)를 "그 지위를 즐겁게 여기지 않았다."라는 뜻으로 풀었다.

(厚)하거나 박(薄)하거나 간에 모두 따질 것 없이 그 일동일정(一動一靜)이 모두 천덕(天德)의 유행 아님이 없어서, 반드시 이 세상에서 그 지위를 얻고 천지의 가운데에서 삼재(三才)의 자리를 이루는 것도 가능하니, -대덕(大德)이 천명을 받는 것은 바로 천리가 본래 그러한 것이다. 따라서 이 덕이 있기만 하다면, 품수한 것이 박하다 하더라도 반드시 그 자리를 얻게 될 것이니, 이것이 이른바 "사람의 힘이 조화를 뺏을 수 있다."[153]라고 하는 것이다.- 이것이 이른바 "성이 덕에게서 명을 받는다."라고 하는 것이요, "성이 천덕이 되고 명이 천리가 된다."라고 하는 것이다.

"기 중에서 바꿀 수 없는 것은 단지 사생(死生)과 수요(壽夭)일 뿐이다."라는 말은 귀천은 바꿀 수 있어도 수요는 바꿀 수 없음을 의미하니, 하문에서 "부귀를 논할 때에는 '하늘에 있다.'라고 하여 그 이(理)를 말한다."라고 말한 것과 "순우(舜禹)가 천하를 소유하되 거기에 간여하지 않았다는 것은 바로 천리가 순치(馴致)한 것일 뿐이요, 기품상 당연하다는 것이 아니다.……" 한 것을 가지고 살펴보면 너무나도 분명하다고 하겠다. 그런데 주자는 성과 명을 같은 것으로 간주하고는 수요와 귀천을 똑같이 바꿀 수 없는 것으로 여겼는데, 이는 우연히 조감(照勘 점검)을 잘못한 것이거나 아니면 기록에 잘못이 있는 것인 성싶다. -면재의 설도 주자와 같다.- "성이 기에게서 명을 받는다."라는 말은 선악과 귀천을 아울러서 설명해야 할 것이다.

153 사람의……있다 : 《관윤자(關尹子)》에 "사람의 힘이 천지의 조화를 뺏을 수도 있다."라고 하고는 그 예를 다수 거론한 글이 나온다. 관윤은 전국 시대 함곡관 윤(函谷關尹)으로 노자(老子)와 교유했다는 윤희(尹喜)를 말하는데, 후대 도가에서 그의 이름을 가탁하여 《관윤자》라는 책을 지어낸 것으로 보인다. 《史記 老子列傳》

한 고조와 당 태종은 기(氣)에게서 명을 받은 경우요, 순 임금과 우 임금은 이(理)에게서 명을 받은 경우이다. 순우의 덕이 있다면 기품의 후박(厚薄)은 물어보지 않아도 될 것이니, 이것이 이른바 "덕에게서 명을 받는다."라고 하는 것이다.

행하면서 분명하게 알고 익히면서 정밀하게 살펴서[154] 도심(道心)이 주가 되면 형기(形氣)가 그 명을 듣게 되는 법이니, 이것이 이른바 "덕이 그 기를 이긴다."라고 하는 것이다. 그런데 날마다 쓰면서도 알지 못하는 자의 경우는, 그의 소행이 선에서 나왔다고 하더라도 그것은 또한 기가 그렇게 한 것에 지나지 않으므로 "성(性)이 기에게서 명을 받는다."[155]라고 한 것이다.

궁리진성(窮理盡性)[156]을 하면 기질이 탁박(濁駁)한 것이 자연히 소화되어 털끝만큼도 의필(意必)의 싹이 움트는 일이 없어지면서[157] 연어

154 행하면서……살펴서 : 《맹자》 〈진심 상〉에 "행하면서도 분명하게 알지 못하고, 익히면서도 정밀하게 살피지 못하기 때문에, 종신토록 그 길을 따르면서도 도를 알지 못하는 자가 많은 것이다."라고 하였다.

155 성(性)이……받는다 : 대본에는 '性於氣'로 되어 있는데, 문맥에 근거하여 '性' 뒤에 '命'을 보충하여 번역하였다.

156 궁리진성(窮理盡性) : 《주역》 〈설괘전(說卦傳)〉에 "물리(物理)를 궁구하고 인성(人性)을 극진히 하여 모든 근원인 천명에 이른다."라고 하였다.

157 의필(意必)의……없어지면서 : 사의(私意)와 기필(期必)하는 것이 없어지면서 성인의 반열에 오를 것이라는 말이다. 《논어》 〈자한(子罕)〉에 "공자는 네 가지 일에서 완전히 자유로웠다. 그에게는 사적인 뜻과 기필하는 것과 집착하는 것과 이기적인 마음이 없었다."라고 하였다.

(鳶魚)[158]의 전체가 일용의 사이에 혼연해질 것이니, 이것이 바로 "육신은 비록 사람이지만 몸이 온통 한 덩어리의 천리로 뭉쳐졌다."[159]라고 하는 것이요, "성이 덕에게서 명을 받는다."[160]라고 하는 것이다. 이와 같이 할 수 있다면 그 기품과 시운이 어떠한지 따질 것도 없이 자연히 천하가 그 인(仁)에 귀의하여 반드시 천명을 받을 것인바, 이것이 곧 덕에게서 명을 받는다고 하는 것이니, 덕이 기를 이기는 것을 여기에서 또 확인할 수가 있다.

횡거(橫渠)가 "이 단계를 지나면 거의 자신에게 있는 것이 아니다."[161]라고 말한 것은 단지 "그만두려 해도 그만둘 수 없다."[162]는 뜻일 뿐이

158 연어(鳶魚) : 연비어약(鳶飛魚躍)의 준말로, 만물이 각각 제자리를 얻게 하는 천지의 성대한 덕을 비유한 말이다. 《시경》 〈대아(大雅) 한록(旱麓)〉에 "솔개는 하늘 위로 날아오르고, 물고기는 연못 속에서 뛰논다."라고 하였다.

159 육신은……뭉쳐졌다 : 《주자어류》 권29 〈논어 11 공야장 하(公冶長下)〉에 "성인은 표리 정추(表裏精粗)가 명철하지 않음이 없어서, 그 육신은 비록 사람이지만 사실은 단지 한 덩어리의 천리로 뭉쳐졌으니, 이것이 이른바 '종심소욕불유구(從心所欲不踰矩)'라는 것이다. 따라서 좌로 가든 우로 가든 모두 천리일 뿐이니 어찌 쾌활하지 않겠는가."라고 하였다.

160 성이……받는다 : 대본에는 '性於德'으로 되어 있는데, 문맥에 근거하여 '性' 뒤에 '命'을 보충하여 번역하였다.

161 이……아니다 : 《논어》 〈옹야(雍也)〉의 "안회(顔回)는 그 마음이 3개월 동안 인을 떠나지 않았고, 그 나머지 사람들은 하루나 한 달에 한 번 인에 이를 뿐이다."라는 공자의 말에 대하여, 장재(張載)가 "초학자의 요체는 삼월불위(三月不違)와 일월지언(日月至焉)의 내외와 빈주(賓主)의 구분을 알아서 마음과 뜻으로 하여금 힘쓰고 힘쓰며 순서대로 진행하여 그치지 말게 해야 할 것이니, 이 단계를 지나면 거의 자신에게 있는 것이 아니다."라고 하였다. 《張子全書 卷14 性理拾遺》

요, “이 단계를 지나 더 나아가면 그 경지를 혹 헤아릴 수도 없다.”[163]는 뜻이 아니다. 《주자어류》에 이 두 가지 설이 실려 있는데,[164] 초년과 만년의 설에 차이가 있어서 그런 것이 아닌가 싶다.

《정몽(正蒙)》에 과당(過當)한 곳이 있더라도, 그 지의(旨意)가 연심(淵深)하고 문자가 정절(精切)함은 물론이요, 모두 자득한 묘한 경지에서 나와서 털끝만큼도 흉내를 내거나 답습한 행태가 보이지 않기 때문에, 사람으로 하여금 그 글을 읽다 보면 정신이 융화되고 뜻이 즐거워지면서 완미할수록 더욱 맛이 나게 하니, 《통서(通書)》와 함께 당연히 후세에 전해질 것이다.

정자가 말하기를 “아래로 사람의 일을 배우면 위로 하늘의 이치를 터득하게 된다.〔下學人事 便是上達天理〕”[165]라고 하였으니, 그렇다면 하학

162 그만두려……없다 : 《논어》 〈자한〉에서 안회는 공자의 도에 대해서 감탄하며 술회한 뒤에 “선생님께서는 차근차근 사람을 잘 이끌어 주시면서, 학문으로 나의 지식을 넓혀 주시고 예법으로써 나의 행동을 단속하게 해 주셨다. 그래서 그 공부를 그만두려 해도 그만둘 수 없어서 나의 재주를 다하고 보니 부자의 도가 내 앞에 우뚝 서 있는 듯 보이긴 하는데, 아무리 따라가려 해도 그 길을 알지 못하겠다.”라고 하였다.

163 이……없다 : 《주역》 〈계사전 하〉 5장에 “자벌레가 몸을 굽히는 것은 펴기 위해서이고, 용과 뱀이 땅속에 들어앉은 것은 몸을 보존하기 위해서이다. 이와 마찬가지로 사람이 정의입신(精義入神하)는 것은 극진하게 쓰기 위해서이고, 이용안신(利用安身)하는 것은 덕을 높이기 위해서이다. 이 단계를 지나서 더 나아가면 헤아릴 수도 없으니, 궁신지화(窮神知化)하여 덕이 성대한 성인의 경지에까지 이를 것이다.”라고 하였다.

164 주자어류에……있는데 : 《주자어류》 권31 〈논어 13 옹야편(雍也篇) 2〉의 여러 군데에서 이 두 가지 설에 대해 문답의 형태로 자세한 설명이 나온다.

상달(下學上達)을 초학(初學)과 성덕(成德)으로 나누면 안 될 것이다. 대저 초학이나 성덕을 막론하고, 단지 인사를 하학하면 자연히 천리를 상달하게 되는 것이지만, 단지 지위가 더욱 높아지면 하학도 더욱 치밀해지고 상달도 더욱 정묘해지게 될 따름이다.

이천(伊川 정이(程頤))의 '망생순욕(忘生徇欲)'[166]이라는 답변은 그 의미도 물론 좋지만 어법이 더욱 좋으니, 체완(體玩)하기에 가장 좋다. 그리고 동래(東萊)의 이 일은-살림살이를 때려 부수던 일[167]이다.- 뜻을 세우

165 아래로……된다 : 《논어》 〈헌문(憲問)〉의 "나는 하늘을 원망하지도 않고 사람을 탓하지도 않는다. 아래로는 사람의 일을 배우고 위로는 하늘의 이치를 터득하려고 노력하는데, 나를 알아주는 분은 하늘뿐일 것이다."라는 공자의 말에 대해서, 정이가 "학자는 하학상달에 관한 이 말씀을 간수해야 할 것이니, 이것이 학문의 요점이다. 대개 아래로 사람의 일을 배우면 곧 위로 하늘의 이치를 터득하게 된다. 그러나 익히기만 하고 살피지 않으면 또한 상달할 수 없다."라고 하였다.

166 망생순욕(忘生徇欲) : 생을 잊고 욕심을 따른다는 뜻이다. 정이가 태어날 때에는 몸이 약했지만 72세가 된 지금에 와서 근력을 비교해 보면 젊었을 때보다 줄어든 것이 없다고 하자, 제자인 장역(張繹)이 양생(養生)을 잘해서 그런 것이냐고 물어보니, 정이가 말없이 있다가 "나는 생을 잊고 욕심을 따르는 것을 매우 부끄러워한다."라고 하였다. 《心經附註 卷1 懲忿窒慾章》

167 살림살이를……일 : 《심경부주(心經附註)》 권1 〈징분질욕장(懲忿窒慾章)〉에 주희가 여조겸(呂祖謙)에 대해서 "지난번에 여백공을 만났더니, 그가 이런 말을 하였다. 그가 젊었을 적에 성질이 거칠고 사나워서 음식이 마음에 안 들면 언짢게 여겨 집 안의 살림살이를 때려 부수곤 하였는데, 뒷날 오래도록 병을 앓으면서 《논어》만을 조석으로 익히 보다가, '자기를 책망함은 후하게 하고 남을 책망함은 적게 한다.'라는 대목에 이르러 홀연히 마음속 생각이 한순간에 평온해짐을 깨달았으며, 그 뒤로는 죽을 때까지 분노를 폭발하는 일이 없었다고 하였다. 이는 기질을 변화시키는 법으로 삼을 만하다."라고 하였다.

는 지보(地步 단계)요 성인이 되는 기지(基址)이니, 누구든지 이와 같이 한번 용맹스럽게 결단하는 일이 있은 뒤에야 뭔가 의미 있는 일을 할 수 있을 것이요, 그렇지 않으면 단지 화지누빙(畫脂鏤氷)[168]으로 끝나고 말 것이다.

백춘(伯春)[169]은 말하기를 "'사거여사(舍去如斯) 달거여사(達去如斯)'[170]를 해석한 것으로는 대개 두 가지 설이 있다. 하나는 '파도가 흉용한 와중에도 태연하게 마음이 동요되지 않았으니, 이와 같다면 영달해서 가든 버려져서 가든 모두 이와 같을 것이다.'라는 것이고, 또 하나는 '생을 버릴 수 있어서 그런 것인가, 아니면 능히 이치를 통달해서 그런 것인가?'라는 것이다. 이 두 가지 설이 모두 통하지만 나는 위의 설이 낫다고 생각한다."라고 하였고, 회형(晦兄)[171]은 말하기를 "퇴도(退陶)

168 화지누빙(畫脂鏤氷) : 비곗덩어리에 그림을 그리고 얼음 덩어리에 조각하면 나중에 녹아 버려 아무것도 남지 않는다는 뜻으로, 헛수고하는 것을 비유하는 말로 쓰인다.

169 백춘(伯春) : 김원행(金元行, 1702~1772)의 자로, 호는 미호(渼湖)·운루(雲樓), 시호는 문경(文敬)이다. 김창협의 손자이다.

170 사거여사(舍去如斯) 달거여사(達去如斯) : 생사를 초월한 경지를 비유하는 말로 쓴 것인데, 정이가 부주(涪州)에 배를 타고 귀양 갈 때의 고사에서 나온 것이다. 염여퇴(灩澦堆)를 지날 적에 풍랑이 극심하여 배가 전복될 위기에 처하자 배 안의 사람들 모두가 경악하여 어찌할 바를 몰랐으나, 정이만은 동요함이 없이 태연자약하였는데, 언덕 위의 어떤 초부(樵夫)가 정이의 그런 모습을 보고는 큰 소리로 '사거여사 달거여사'라고 외쳤으므로, 정이가 그에게 대답하려고 하였으나 배는 이미 떠난 뒤였다는 이야기가 나온 《심경부주》 권2 〈정심장(正心章)〉 주석에 보인다.

171 회형(晦兄) : 송명흠(宋明欽)으로, 자는 회가(晦可)이다. 송준길(宋浚吉)의 후손으로, 이재(李縡)의 문인이며, 녹문과는 이종사촌 간으로 녹문보다 6년 연상이다.

의 글을 상고해 보니, 거기에 말하기를 '주자는 「사와 달은 단지 같은 일일 뿐이니, 어떻게 분별할 수 있겠는가.」라고 하였고, 《학림옥로(鶴林玉露)》에는 「달은 지혜이고, 사는 용맹이니, 도를 들은 것이 달이고, 올바르게 죽는 것이 사이다.」라고 하였다. 이것을 가지고 살펴보건대 이 말은 도를 듣고서 사생의 이치에 통달했기 때문에 이와 같이 목숨을 버릴 수 있다고 말한 것이다. 거는 어사(語辭)이다.'[172]라고 하였다. 나는 이 글이 가장 본지를 얻은 것인 듯싶다."라고 하였다.

내가 살펴보건대 《학림(鶴林)》의 설이 예로부터 유전되어 온 설인 듯싶고 게다가 그 설명이 분명하며, 여기에 또 퇴도의 증정(證正)까지 거쳤으니 새로 억설을 지어내기보다는 우선 구문(舊聞)을 그대로 따르는 편이 나을 듯싶다.

'번지가 농사일을 배우려고 한 것〔樊遲學稼〕'과 관련하여, 주자가 "그 당시에 원래 일종의 설화가 있었을 것이니, 예컨대 허행(許行)의 군민병경(君民幷耕)과 같은 종류일 것이다."[173]라고 말하였는데, 아마도 이와 같은 사정이 있어서 그랬을 듯하다.

172 주자는……어사(語辭)이다 : 《퇴계집(退溪集)》 권37 〈답권장중심경문의(答權章仲心經問疑)〉에 나오는 내용을 인용한 것이다. 《학림옥로》는 남송(南宋)의 나대경(羅大經)이 지은 시문평론집이다.

173 그……것이다 : 《주자어류》 권43 〈논어 자로편(子路篇) 번지청학가장(樊遲請學稼章)〉에 나온다. 군민병경은 치자(治者)와 다스림을 받는 자가 모두 평등하게 농사를 지어야 한다는 농가(農家)의 주장을 말하는데, 《맹자》 〈등문공 상(滕文公上)〉에 이 주장에 대해서 맹자가 반박한 내용이 나온다.

이제(夷齊)의 일은 끝내 설명하기 어려운 점이 있다. 공자는 "중용의 덕 됨이 참으로 지극하다."[174]라고 말하였고, 또 태백(泰伯)을 지극한 덕의 소유자라고 칭찬하였다.[175] 그런데 주자는 태백의 일을 논하면서 "그 마음은 바로 이제가 상(商)나라를 정벌하려는 무왕(武王)의 말고삐를 잡고 간했던 그 마음이다.……"[176] 하였고, 또 태백에 대해서 "군신과 부자의 변고에 대처하매 중용을 잃지 않았다."[177]라고 평하였으며, 《어류》에서 또 "무왕과 이제의 도는 서로 어긋나지 않고 나란히 행할 수 있다."라는 뜻으로 많이 설하였는데, 또 "이제는 도무지 중용이 되지 못한다."[178]라고 한 것은 어째서인가? 어쩌면 '임금답지 않으면 섬기지 않고서 뒤돌아보지도 않고 떠난 것'[179]과 같은 종류를 가리킨 것이지, '나라를 사양한 것〔讓國〕'이나 '말고삐를 잡고 간했던〔叩馬〕' 그 일을 말한 것은 아닐지도 모르겠는데, 이에 대해서는 다시 상량해 보아야겠다.

174 중용의……지극하다 : 《논어》 〈옹야〉에 나온다.

175 태백(泰伯)을……칭찬하였다 : 《논어》 〈태백〉에 "태백은 지극한 덕을 지녔다고 이를 만하다. 세 번 천하를 사양하면서도 백성들이 그 덕을 칭송할 수 없게 하였으니."라고 하였다.

176 그……마음이다 : 《논어》 〈태백〉 1장의 집주에 나온다.

177 군신과……않았다 : 《사서혹문(四書或問)》 권13 〈논어 태백〉에 나온다.

178 이제는……못한다 : 《논어》 〈옹야〉의 중용지위덕장(中庸之爲德章)과 관련하여, 《주자어류》 권33 〈논어 15 옹야편 4〉에 주희가 "요순과 공자는 중용일 뿐이다. 그러나 이제가 행한 일은 도무지 중용이 되지 못한다.〔堯舜孔子只是庸 夷齊所爲都不是庸了〕"라고 하였다.

179 임금답지……것 : 맹자가 백이에 대해서 평한 말을 발췌한 것으로, 《맹자》 〈공손추 상(公孫丑上)〉에 나온다.

"나이 60이 되는 동안 60번 변화하였다."[180]라고 말한 그 뜻이 평실(平實)하지 못하고 너무 장황한 것 같다. 그래서 주자가 과당(過當)하다고 평한 것[181]인데, 그렇게 하는 것은 경지가 높으니 백옥(伯玉)이 미칠 수 있는 바가 아니라는 뜻으로 말한 것이 아니었다. 그러나 만약 이 화(化)를 '대이화지(大而化之)'[182]의 화로 받아들였다면 아무래도 정론(定論)이 아닐 듯싶다.

양주(楊朱)는 미치지 못했고 묵자(墨子)는 지나쳤다.[183] 인(仁)은 양에

180 나이……변화하였다 : 춘추 시대 위(衛)나라의 현대부(賢大夫) 거백옥(蘧伯玉)이 나이 60이 되도록 이전의 잘못을 깨닫고서 계속 고쳤다는 고사를 말한다. 《장자(莊子)》 〈칙양(則陽)〉에 "거백옥은 나이 60이 되는 동안 60번이나 잘못된 점을 고쳤다."라고 하였다. 《회남자(淮南子)》 〈원도훈(原道訓)〉에 "나이 50에 49년의 잘못을 깨달았다."라고 하였는데, 《논어》 〈헌문〉의 거백옥시인어공자장(蘧伯玉使人於孔子章)의 집주에서는 《장자》와 《회남자》에 나오는 이 두 가지 말을 모두 인용하여 해설하였다.

181 주자가……것 : "거백옥이 나이 50에 49년의 잘못을 깨달았다는 《장자》의 이 구절은 참으로 좋다. 그런데 또 나이 60이 되는 동안 60번 화(化)하였다고 하였는데, 이 화는 어떠한 것인가?"라는 질문에 대해서, 주희가 "지난 일을 모조리 청산했다는 말이다."라고 대답하고 또 "뒤의 이 구절도 설득한 것이 절실하지 못하다. 거백옥이 물론 내면으로 남몰래 공부해 나가는 사람이긴 하지만, 장자의 설은 원래 과당한 면이 있다."라고 대답한 것을 가리킨다. 《朱子語類 卷44 論語 憲問篇 蘧伯玉使人於孔子章》

182 대이화지(大而化之) : 대인(大人)으로서 화의 경지에 든다는 뜻이다. 《맹자》 〈진심 하(盡心下)〉의 "충실하여 광휘가 있는 이를 대인이라고 하고, 대인으로서 자취 없는 화의 경지에 들면 성인이라고 한다.〔充實而有光輝之謂大 大而化之之謂聖〕"라고 하였다.

183 양주(楊朱)는……지나쳤다 : 《맹자》 〈진심 상〉에 나온다. 정이가 이들 모두 과(過)와 불급(不及)이라서 중(中)이 되지 못한다고 평한 내용에 대해서는 244쪽 주119 참조.

속하고 의(義)는 음에 속하는데, 인은 발산을 주로 하고 의는 염축(斂縮 수축(收縮))을 주로 한다. 따라서 인에 지나치면 갈수록 더욱 밖으로 향해서 다시 자기가 있음을 알지 못하기 때문에 정수리로부터 시작해서 발꿈치까지 갈려서 닳아 없어지는 한이 있어도 기꺼이 하는 지경에 이르게 되니, 이것이 어찌 지나친 것〔過〕이 아니겠는가. 의에 지나치면 갈수록 더욱 뒤로 물러나서 다시 남이 있음을 알지 못하기 때문에, 마침내 터럭 하나를 뽑아서 할 수 있어도 하지 않는 지경에 이르게 되니, 이것이 미치지 못하는 것〔不及〕이 아니겠는가.

《예기(禮記)》〈간전(間傳)〉에 "담제(禫祭)[184]를 지내면 섬(纖)[185]의 복장을 착용한다."라고 하였는데, 그 소(疏)에 "담제를 지낼 때에는 현관(玄冠)을 쓰고 조복(朝服)을 입는다. 담제를 마친 뒤에는 머리에 섬관(纖冠)을 쓰고 몸에 소단(素端)[186]과 황상(黃裳)을 입는다."라고 하였다.

여기에 의거하면, 《비요(備要)》[187]에서 담제를 지낼 때에 길복(吉服)만을 진설하게 하고 제사 지낸 뒤에 섬의 복장을 착용하는 한 절목

184 담제(禫祭) : 대상(大祥)을 지낸 뒤에 한 달을 건너서 지내는 제사로, 초상부터 윤달을 따지지 않고 27개월이 되는 달 하순의 정일(丁日)이나 해일(亥日)에 지내는 제사를 말한다. 담제를 지내는 달을 담월(禫月)이라고 하고, 그때 입는 옷을 담복(禫服)이라고 한다. 대상은 죽은 뒤 2년, 정확하게는 25개월 만에 지내는 제사를 말한다.

185 섬(纖) : 세로 올〔經〕과 가로 올〔緯〕을 각각 검은색과 흰색으로 짠 천을 말한다.

186 소단(素端) : 꾸미지 않은 흰색의 제복(祭服)을 말한다. 소복(素服)과 같다. 검은색의 제복은 현단(玄端)이라고 한다.

187 비요(備要) : 김장생이 편찬한 《상례비요(喪禮備要)》를 말한다. 신의경(申義慶)이 편집한 《상제서(喪制書)》를 정리하고 《가례(家禮)》의 미비한 부분을 보충하였다.

(節目)을 빠뜨린 것은 온당치 못할 듯하니, 응당 칠립(漆笠)과 흑대(黑帶) 차림으로 제사를 행해야 할 것이요, 그 뒤에는 흑립(墨笠)과 흑대를 착용하고서 길제(吉祭)에 이른 뒤에 일상으로 복귀해야 할 것이다.

또 길복을 진설한 것을 살펴보건대 대개 제사 지낼 때에 착용하는 것만 지시하고 제사 지낸 뒤에 착용하는 것은 미길(微吉)[188]의 복장임을 말하지 않았는데, 이것이 물론 상문의 대상조(大祥條)에 그 내용이 이미 보이기 때문에 생략한 것이겠지만, '미길'이라는 두 글자가 분명하지 않은 데다가, 이 장(章)에서 제사 지낼 때와 제사 지낸 뒤를 구분하지 않은 채 그냥 길복을 진설한다고만 말하였으므로, 일을 당한 자들이 매양 이를 의심하고는 왕왕 길복을 그대로 착용하는 경우도 있으니, 이에 대한 내용을 보충해서 첨가하는 것이 옳을 듯싶다.

주자의 〈답채백정서(答蔡伯靜書)〉에 이르기를 "하늘의 형태는 일정하다. 그 사이에 사람이 바라보는 곳에 따라서 물론 조금 같지 않은 곳이 있기는 하겠지만, 남북의 고하는 절로 정해진 위치가 있는 것이다. 가령 사람으로 하여금 둥근 탄환과 같은 땅덩어리 아래로 들어가서 바라다보게 할 수 있다면, 남극이 비록 높아도 북극이 북방에 있어서 그래도 남극보다는 더 높을 것이니, 결단코 지하로 거꾸로 내려가 남방보다 더 아래로 이동하는 지경에는 이르지 않을 것이다. 그러나 탄환과 같은 땅덩어리 아래로 들어가는 자라도 이 사실을 스스로 확인하지는 못할 것이다.[189]"라고 하였다. 내가 살펴보건대 이 몇 마디 말만으로도

188 미길(微吉) : 조금 길하다는 뜻으로, 이때는 소복이 아니라 색깔이 조금 가미된 복장을 착용한다.

'서토(西土)의 지하에 사람이 살고 있고 거기에서는 동서(東西)의 위치가 반대로 뒤바뀐다.'라는 설을 깨뜨리기에 충분하다고 하겠다.

송(宋)나라에서는 납(臘)[190]에 술(戌)을 썼는데, 이 술은 월(月)이 아니고 일(日)이다. 대개 송나라는 화덕(火德)으로 왕이 되었는데, 화(火)는 묘(墓)[191]가 술(戌)에 있기 때문에 술일(戌日)로 납을 정한 것이다. 반면에 우리나라는 동방에 있어서 목(木)에 속하는데, 목은 묘(墓)가 미(未)에 있기 때문에 예로부터 미일(未日)로 납을 정하고 중국의 납은 쓰지 않았다.-《지봉유설(芝峯類說)》에 보인다.-

김유도(金幼道)[192]는 매양 본부(本賦)라는 두 글자를 설하기를 좋아한

189 그러나……것이다 : 대본에는 소자로 되어 있는데, 《회암집(晦庵集)》 속집 권3에 근거하여 대자로 바로잡아 번역하였다.

190 납(臘) : 백신(百神)을 제사 지내는 납제(臘祭)에서 유래한 말로, 보통 음력 12월 혹은 동월(冬月)을 지칭하며 6월의 복(伏)과 상대되는 말로 쓰이는데, 여기서는 납월(臘月)이 아니라 납일(臘日)을 가리키는 용어로 쓰였다.

191 묘(墓) : 음양가(陰陽家)에서 말하는 삼합(三合)의 용어이다. 삼합은 십이지를 오행과 배합하여 생(生), 왕(旺), 묘(墓)의 결과를 추산한 다음에 길한 일시를 선택하는 것을 말한다. 생은 시초, 왕은 기운이 일정 기간 지속되는 것, 묘는 소멸을 뜻한다. 묘는 사람이 죽어서 묘소에 들어가는 것처럼 기운이 쇠하여 없어지는 것을 말하므로 장(葬)이라고도 하고, 춘하추동 중 '겨울에는 곡물 등을 갈무리하여 곳간에 보관한다'는 뜻을 취해서 장(藏) 혹은 고(庫)를 덧붙여 쓰기도 한다. 이 주장에 따르면 오행 중 목덕(木德)은 해(亥)에서 생(生)하고 묘(卯)에서 왕(旺)하며 미(未)에서 묘(墓)하는 것으로 되어 있다. 감여가(堪輿家)들도 이 이론을 준용한다고 한다.

192 김유도(金幼道) : 김지행(金砥行, 1716~1774)으로, 자는 유도, 호는 밀암(密菴)이며, 윤봉구(尹鳳九)의 문인이다.

다. 대개 이 두 글자는 《어류》에 뿌리를 둔 것인데, 내 생각에는 차이가 있는 것같이 여겨진다. 그래서 매양 상문에 의거하여 본(本) 자를 품(稟) 자의 잘못이라고 생각하는데,[193] 이 생각이 옳은지 어쩐지 모르겠다.

유도(幼道)는 오상(五常)을 '사람과 물이 같지 않은 측면'에서의 성(性)이라고 하여 본부에 소속시키고, 지극히 선하여 거짓이 없는 것을 '천하가 동일한 성이라는 측면'에서의 성이라고 하여 본연에 소속시키고는, 성과 오상을 나누어 말하려고 한다. 이는 남당(南塘 한원진(韓元震))이 태극과 오상을 나누어 둘로 하는 것과 그다지 멀지 않은 주장인데, 명의(名義)로 보면 더욱 어긋날 듯싶다.

유도는 또 말하기를 "물물(物物)이 도(道)가 다르다면 위육(位育)과 참찬(參贊)[194]의 공(功)을 베풀 수 있는 여지가 더 이상 없게 될 것이다."라고 하였다. 그러나 성인(聖人)이 참찬하는 공이 필경 물(物)을 변화시켜 사람으로 만들 리는 없는 것이고 보면, 비록 '물물이 도가 다르다.'라고 말을 하더라도 일에 무슨 지장이 있겠는가. 그래서 《대학

193 상문에……생각하는데 : 본부는 품부(稟賦)의 착오일 것이라는 말이다. 《주자어류》 권62 〈중용(中庸) 1 제1장〉에 "사람과 물의 본성은 같다. 그러나 품부할 때에 와서는 다르다. 대개 본성은 이이고, 본부의 성은 기이기 때문이다.〔人與物之本性同 及至稟賦則異 蓋本性理也 而本賦之性則氣也〕"라고 하였다.

194 위육(位育)과 참찬(參贊) : 위육은 《중용장구》 제1장의 "중(中)과 화(和)의 지극한 경지를 이루면, 천지가 제자리를 찾아 편안하고 만물이 제대로 길러질 것이다."라는 말을 압축한 것이다. 참찬은 중화를 이룬 성인이 삼재(三才)에 참여하여 천지의 일을 찬조하는 것을 말한다.

혹문(大學或問)》에서도 "물물의 성정이 다른 것을 연구하지 않는다."[195] 라는 말로 여씨(呂氏)를 배척하였으니, 그 뜻이 어떠한지를 알 수가 있다.

맹자(孟子)가 말하기를 "형색에 천성이 깃들어 있다."[196]라고 하고,-소는 밭을 갈고 말은 치달리는데, 이것도 각기 그 형(形)을 체현하는 것이다.- 또 말하기를 "지(智)라는 것을 미워하는 이유는 괜히 파고 뚫기 때문이다."[197] 라고 하였으며,-우(禹)가 물길을 인도한 1단에 착안해야 할 것이다.- 정자가 말하기를 "천명에서 교(敎)에 이르기까지 내가 더하거나 줄일 수가 없다."[198]라고 하였는데, 이렇게 말한 그 뜻은 "똑같이 '동일한 이〔一理〕'라고 하더라도, 물(物)이 품수한 측면에서 말을 하면 '물은 똑같을 수 없는 것이 원래 물의 속성이니,'[199] '물을 각자 그 물에 맡겨 두는 것'[200]

195 물물의……않는다 : 분수(分殊)의 측면을 간과하면 안 된다는 뜻으로, 정이(程頤)가 문인 여대림(呂大臨)의 설을 논박한 말인데 249쪽 주128 참조.

196 형색에……있다 : 《맹자》 〈진심 상〉에 나온다.

197 지(智)라는……때문이다 : 《맹자》 〈이루 하(離婁下)〉에 "지라는 것을 미워하는 이유는 괜히 파고 뚫기 때문이다. 만약 지라는 것이 우가 물길을 인도하듯 순하게 한다면 그 지를 미워할 필요가 없을 것이다. 우가 물길을 인도한 것은 일이 없게 되는 방법을 행한 것이니, 만일 지라는 것이 또한 일이 없게 되는 방법을 행한다면 그 지가 또한 클 것이다."라고 하였다.

198 천명에서……없다 : 234쪽 주98 참조.

199 물은……속성이니 : 《맹자》 〈등문공 상〉에 나온다.

200 물을……것 : 물이 나에게 다가오면 그 물의 속성에 알맞게 반응하고, 그 물이 떠나가면 더 이상 마음속에 담아 두지 않는 것을 말한다. 《근사록(近思錄)》 권4 〈존양류(存養類)〉에 "사람들이 사에 그치지 못하는 것은 단지 사람들이 그 사를 잡고 있어서 물을 각자 그 물에 맡겨 두지 못해서이다. 물을 각자 그 물에 맡겨 두면 이는 내가 물을 부리는 것이요, 물을 내가 잡고 있어서 그 물에 부림을 당하면 이는 물에게 내가

이 '물의 성을 극진히 하는 것'[201]이 된다."라고 생각한 것이 아니겠는가. 지금 만약 "사람과 물은 성과 도가 같을 뿐이요 다른 것이 없다."라고 말한다면, '진물지성(盡物之性)'을 설명할 길이 없을 것이요, 성인이 참찬하는 공도 구차하게 미봉하는 것이 되고 말 뿐이다.

이천(伊川)이 "크고 작은 것과 높고 낮은 것이 각각 자기의 성명을 바르게 하여 어그러지고 망녕됨이 없게 되었다."라는 말을 가지고 "물(物)마다 무망(无妄)을 주었다."라는 말을 해석하였으니,[202] 그렇다면 무망은 같다고 하더라도 그 무망의 실제 내용은 자연히 천차만별이 되어도 문제 될 것이 없다고 하겠다. "천시(天時)에 합하여 만물을 기른다."라고 한 것 역시 각각 바르게 한 성에 따라서 기른다는 말이기 때문에, 본의(本義)에서 "물이 바르게 한 성을 따를 뿐, 사의(私意)를

사역을 당하는 것이다. 물이 있으면 반드시 법칙이 있으니, 모름지기 그 물에 그쳐야 한다."라는 정이의 말에 대해서 주희가 "이른바 물을 각자 물에 맡겨 둔다고 하는 것은 어떤 물이 나에게 다가올 때 허심탄회하게 받아들여 과도하게 반응하지 않고, 그 물이 떠나가면 또 그대로 가게 하면서 과거의 자취에 집착하지 않는 것이다. 이렇게 하면 내가 능동적으로 물을 부리게 되고 피동적으로 물에 부림을 받지 않게 된다."라고 하였다.

201 물의……것 : 《중용장구》 제22장에 "자기의 성을 극진히 할 수 있으면 타인의 성을 극진히 할 수 있으며, 타인의 성을 극진히 할 수 있으면 물의 성을 극진히 할 수 있으며, 물의 성을 극진히 할 수 있으면 천지의 화육(化育)을 도울 수 있으며, 천지의 화육을 도울 수 있으면 천지와 더불어 같은 반열에 참여할 수 있다."라고 하였다.

202 이천(伊川)이……해석하였으니 : 《주역》 〈무망괘(无妄卦) 상(象)〉에 "하늘 아래 우레가 행함에 물마다 무망을 주니, 선왕이 이를 보고서 천시에 성하게 합하여 만물을 기른다.〔天下雷行 物與无妄 先王 以 茂對時 育萬物〕"라고 하였는데, 정전(程傳)에 "크고 작은 것과 높고 낮은 것이 각각 자기의 성명을 바르게 하여 어그러지고 망녕됨이 없게 되었으니, 이는 물마다 무망을 준 것이다."라고 하였다.

개입시키지 않는다."라고 말한 것인데, 이는 《중용》에서 "물의 성을 극진히 한다."라고 말한 것으로서, 《맹자》의 '우(禹)가 물길을 인도한〔禹之行水〕' 1단도-언성즉고장(言性則故章)[203]에 나온다.- 이러한 뜻이라고 하겠다. 대저 이일분수(理一分殊)에 분명히 착안하면 이런 허다한 장애가 자연히 없어질 것이다.

정자의 "성(性)은 기(氣)이고 기는 성이다."[204]라는 말은 그가 "기도 도(道)이고 도도 기이다."[205]라고 말한 것과 같으니, 이는 이(理)와 기가 서로 떨어지지 않은 묘리(妙理)를 밝히려고 한 것일 뿐이다. 대개 이 말도 본성을 설한 것일 뿐이니, 하문의 "성 가운데에 원래 선과 악이라는 두 개의 요소가 상대하여 나오는 것은 아니다."라는 말을 가지고 살펴보면 알 수 있다. 이 말은 기를 가지고 성을 훈석(訓釋)한 것이 아니니, 이 경우도 성즉리(性卽理)의 예와 같다고 하겠다.

정추(精粗)가 없다고 하고 본말이 없다고 한 것[206]은 정추와 본말에

203 언성즉고장(言性則故章) : "천하에서 성(性)이라고 말하는 것은 고(故)일 뿐이다."의 장구를 말한다. 240쪽 주111 참조.

204 성(性)은……성이다 : "'생(生)을 성(性)이라고 한다.'라고 규정하였다. 성은 기이고 기는 성인 것이니, 이것이 그가 말한 생지위성의 의미이다. 사람이 태어날 때의 기품에는 이치상 선과 악이 있게 마련이지만, 그렇다고 해서 성 가운데에 원래 선과 악이라는 두 개의 요소가 상대하여 나오는 것은 아니다."라고 하였다. 《二程遺書 卷1》《近思錄集註 卷1 道體》

205 기도……기이다 : 187쪽 주6, 201쪽 주31 참조.

206 정추(精粗)가……것 : 《사서혹문》 권13 〈논어 태백〉에 나오는데, 녹문의 말도 그 논리와 비슷하다.

이(理)가 관통하지 않음이 없음을 말한 것일 뿐이지, 추가 정이고 말(末)이 본(本)이어서 서로 뒤범벅이 된 채 도무지 분별할 수 없음을 말한 것이 아니다.

남당(南塘)의 만년의 말 중에 "성인은 청기가 모여서 허령하고, 중인은 탁기가 모여서 허령하다."라는 내용이 있는데, 이는 명명백백하게 순양(荀揚)이 납공(納供)을 한 것이다.[207] 탁기가 모여서 허령하다니, 과연 '허령통철 만리함비(虛靈洞徹 萬理咸備)'[208]의 문자를 거기에다 쓸 수가 있겠는가.

사재(渣滓)를 본체에 상대해서 말하면, 품수하여 태어나는 초기에 있다고 하더라도 역시 말류(末流)인 것이다. 주자가 "성인의 심(心)과 같지 않다."라고 말한 것은, 심의 본체가 그렇다는 말이 아니다. 주자의 가르침 중에 "사람 중에 인(仁)하지 못한 자가 있다 해도 그 심은 인하지 않음이 없고, 심에 인하지 못한 점이 있어도 심의 본체는 인하지

207 이는……것이다 : 남당 한원진(韓元震) 자신이 순경(荀卿)과 양웅(揚雄)의 잘못된 인성론(人性論)에 빠졌음을 스스로 실토했다는 말이다. 납공은 죄인이 공초(供招), 즉 진술서를 바쳤다는 말이다. 순경은 성악설을 주장하고 양웅은 선악혼재설(善惡混在說)을 주장했는데, 《순자(荀子)》 〈성악편(性惡篇)〉과 《법언(法言)》 〈수신편(修身篇)〉에 그들의 주장이 나온다.

208 허령통철 만리함비(虛靈洞徹 萬理咸備) : 텅 비고 신령스러우며 막힘없이 통하는 가운데 온갖 이치가 모두 구비되어 있다는 뜻인데, 사람만이 정(正)하고 통(通)한 기를 얻어서 그 성(性)이 만물 중에 가장 귀하기 때문에 "방촌의 사이가 허령하고 통철하여 만 가지 이치가 모두 갖추어져 있으니,……이것이 이른바 명덕(明德)이라고 하는 것이다."라고 명덕을 해설한 주희의 말이 《대학혹문》에 나온다.

않음이 없다."라는 내용이 있는데,[209] 이와 같이 말을 한 뒤에야 혼전(渾全)하고 명확해서 어떤 공격을 당해도 무너지지 않을 것이다.

선(善)한 정(情)은 인의예지의 성(性)에 뿌리를 둔 것이고, 악(惡)한 정은 불인(不仁), 부지(不智), 무례(無禮), 무의(無義)의 성에 뿌리를 둔 것이다. 그런데 지금 "똑같이 심체(心體)의 위에 있고, 똑같이 미발(未發)의 때에 있다."라고 말한다면, 이것은 진짜로 '선과 악이 성 가운데에 있으면서 상대(相對)하여 각자 나오는 것'이 되고 말 것이다.[210]

사람들은 "남당(南塘)이 기(氣)의 분한(分限)을 과하게 설정했다."[211] 라고 말한다. 그러나 나는 "기의 분한을 과하게 설정한 것이 아니라, 이(理)와 기(氣)를 두 물건으로 오인한 것이다."라고 말하겠다.

209 주자의……있는데 : 《주자어류》 권95 〈정자지서(程子之書) 1〉에 호오봉(胡五峯)이 "사람 중에 인하지 못한 자가 있다 해도 그 심은 인하지 않음이 없다."라고 한 것에 대해 주희가 "하구는 병통이 있다.〔下句有病〕"라고 하였다. 문생인 정단몽(程端蒙)이 "오봉이 체와 발하는 곳을 전혀 분별하지 않고 말해서 그런 것입니까?"라고 묻자, 주희가 "단지 그의 설이 미비하기 때문이다. 만약 '사람 중에 인하지 못한 자가 있다 해도 그 심은 인하지 않음이 없고, 심에 인하지 못한 점이 있어도 심의 본체는 인하지 않음이 없다.'라고 말한다면 뜻이 비로소 충족될 것이다."라고 대답하였다.

210 진짜로……것이다 : 녹문이 정호의 설을 인용하여 반박한 것인데, 276쪽 주204 참조.

211 남당(南塘)이……설정했다 : 도암(陶菴) 이재(李縡)가 문인으로부터 남당 한원진의 학설을 듣고 지은 시에 "듣건대 남당은 심과 성의 사이에서, 기의 분한을 과하게 설정한 나머지, 편과 전을 본연으로 삼고는, 기질을 심의 본체에 해당시켰다나.〔蓋聞心性間 過占氣分界 偏全作本然 氣質當心體〕"라고 비평한 내용이 나온다. 《陶菴集 卷4 崔生叔固歸自南塘盛道講說聽之有作》

학자는 모름지기 자기를 세우는 일부터 먼저 해야 한다. 일동일지(一動一止)와 일어일묵(一語一默)이 중(中)에서 나오지 않음이 없게 하여 조금이라도 방과(放過 방기(放棄))함이 없게끔 하며 오래오래 익숙히 해 나가다 보면 주재처(主宰處)가 있게 되고 수립처(樹立處)가 있게 되어, 어떤 공부를 하든지 착실하게 되지 않음이 없고 어떤 일을 처리하든지 모두 낙착(落着)됨이 있을 것이다. 예컨대 징질(懲窒)[212]도 실제로 징질할 수가 있고, 천개(遷改 천선개과(遷善改過))도 실제로 천개할 수가 있으며, 외물의 유혹을 근절하는 것도 실제로 그렇게 할 수 있고, 병통을 제거하는 것도 실제로 그렇게 할 수 있게 되어, 점차로 조리가 서고 점차로 차서가 있게 되면서 두서가 점차로 이루어질 수 있을 것이다. 반면에 그렇게 하지 않을 경우에는, 나왔다 들어갔다 하고 시작했다 중단했다 한 나머지, 기(氣)가 지(志)를 이겨서 심(心)이 물(物)을 주재하지 못하게 될 것이요, 그렇게 되면 선(善)을 행하는 일이 있더라도 이는 세속에서 "맹인이 문안으로 곧장 들어간다.〔盲人直門〕"라고 말하는 격이 될 뿐이요 자기 스스로 하는 것은 되지 못하니, 명도(明道)가 "자기를 세우지 않으면 뒤에 좋을 일을 지향하더라도 물(物)에 동화된다."[213]라고 말한 것이 바로 이 뜻이라고 하겠다.－주자가 말하기를 "자기가 서 있지 않으면 내 안에 주재하는 것이 없게 된다. 따라서 좋은 일을 지향한다고 하더라

212 징질(懲窒) : 징분질욕(懲忿窒慾)의 준말이다. 《주역》 〈손괘(損卦) 상(象)〉에 "산 아래에 못이 있는 것이 손이다. 군자는 이것을 보고서 분노를 다스리고 욕심을 막는다.〔山下有澤 損君子以懲忿窒欲〕"라고 하였다. 《심경부주》 권1 〈징분질욕장〉에 "욕심을 막기를 구렁을 메우는 것처럼 하고, 분노를 다스리기를 산을 무너뜨리는 것처럼 해야 한다."라는 주희의 해설이 나온다.

213 자기를……동화된다 : 《이정유서(二程遺書)》 권6에 나온다.

도 그것 역시 저 사물이 좋은 것을 보고서 저 사물을 따라가는 것일 뿐이니, 이는 물에 동화되는 것이다."[214]라고 하였다.- 학자는 이 뜻을 먼저 영회(領會)해야 할 것이니, 그래야만 비로소 향하여 나아갈 곳이 있게 될 것이다.

나를 탓하고 후회하는 것이 물론 선을 행하는 단초가 될 수는 있다. 그러나 오래도록 가슴속에 담아 두기만 하면 오히려 날로 새로워지는 공부에 해가 되는 점이 있다. 따라서 통렬히 스스로 징려(懲勵)하여 뒷날 이 일을 당했을 때에 다시는 예전처럼 되지 않게 하는 동시에, 이 마음을 다잡아서 일물(一物)도 남아 있지 않게 텅 비워야 할 것이다. 그리하여 청화(淸和)한 기상을 불러오는 가운데 서서히 의리로 적셔 주고 북돋우며 중단되는 일이 없게 하면, 내외 양면으로 도움을 서로 받으면서 점차로 공효를 이룰 수 있게 될 것이다. 이것이 나의 구구한 졸법(拙法)이기에 그냥 여기에 기록해 둔다.

214 자기가……것이다 : 《주자어류》 권96 〈정자지서 2〉에 나온다.

녹문집

제20권

記기 序서 雜著잡저

잡저 雜著

무신년(1728, 영조4) 1월 초하루 새벽에 혼자 탄식하는 글
戊申正月朔曉自歎文

닭이 이미 울었으니, 이제 나도 18세가 되지 않았는가. 15세 이전이야 물론 세월이 아까운 줄을 알지 못했다 해도 15세 이후에는 그래도 세월이 아까운 줄을 알았고 또 걱정도 하였다. 그래서 매년 새해 아침이 되면 반드시 베개를 매만지며 혼자 탄식하기를 "내 나이가 이제 이만큼이나 되었건만, 평생을 되돌아보면 나이에 걸맞은 일을 하나도 하지 못했으니, 어찌 부끄러운 일이 아니겠는가."라고 하였다. 이렇게 보낸 것이 또한 몇 년이나 되었으니 당연히 공부하는 것이 이에 따라서 점차적으로 진보했어야 하는데, 지금 스스로 점검해 보면 최초에 탄식을 발했던 때와 그다지 큰 차이가 나지 않는다. 당시에도 나이에 걸맞지 않음을 부끄러워했지만 지금에 와서는 더더욱 나잇값도 하지 못함을 알 수 있으니, 이에 극도로 부끄럽고 두려워지면서 얼굴이 달아오르고 식은땀이 등줄기를 적신다.

대개 선(善)의 단초가 발해도 그것을 제대로 확충하지 못한 데다가 그동안 오염된 습관이 뒤따라 그 싹까지 없애 버렸으며, 여기에 또 독실하고 견고한 뜻은 없고 구차하게 인순(因循)하는 뜻만 있었으므로, 이와 같이 한 치를 나아가면 한 자를 물러나기만 할 뿐 끝내 실효를 거두지 못했던 것이다. 이에 맹서하건대 지금 이후로는 크게 더 독책하고 면려하여 옆 사람들의 시비는 거들떠보지 않고 자기 공부에만 열중할 것이다. 본래의 근원을 세척하며 외부의 유혹을 근절하고 예전의 습관을 쓸어버리며 새로 터득할 수 있도록 힘쓰면서 잠시라도 중단함이 없게끔 한다면 얼마 안 되는 공이나마 계속 쌓아 갈 수 있을 것이다.

아, 일월은 쉽게 흘러가고 때는 두 번 다시 오지 않는다. 지금 공부하지 않다가 나이가 모년에 이르러 기력이 쇠하면 뒤늦게 뉘우치면서 자력으로 남처럼 되려고 해도 될 수가 있겠는가. 대우(大禹)는 촌음을 아꼈고,[1] 증자(曾子)는 자기 몸을 세 번 뒤돌아본다고 하였으니,[2] 옛사람이 얼마나 급급해 하며 미치지 못할 것을 두려워했는지 알 수가 있다. 지금부터 또 몇 년이 지나서도 만약 다시 여전히 지금 지난날을 뒤돌아보는 것과 같이 된다면 이것은 뜻이 전혀 서 있지 않아서 공이 전혀 드러나지 않은 것이다. 이는 약속해 놓고도 스스로 식언한 것인 만큼, 끝내는 또한 사람이 되기에도 부족하다고 하겠다. 따라서 세상일을 죄다 포기하고 스스로 단절하며 폐기한 채 감히 다시는 사람 축에 끼지도 못할 것이니, 동지 여러분은 모두 이 말을 듣고서 좌계(左契 채무 계약서)를 손에 쥐고 채근하듯이 나를 질책하며 가르쳐 주시기 바란다.

1 대우(大禹)는 촌음을 아꼈고 : 우(禹)가 치수(治水)에 골몰하며 시간을 아껴 쓴 것을 말한다. 진(晉)나라의 도간(陶侃)이 항상 사람들에게 말하기를 "대우는 성인인데도 촌음을 아꼈으니, 보통 사람들의 경우에는 분음도 아껴야 할 것이다.〔大禹聖者 乃惜寸陰 至於衆人 當惜分陰〕"라고 하였다. 《晉書 陶侃列傳》

2 증자(曾子)는……하였으니 : 《논어》 〈학이(學而)〉에 "나는 하루에 세 번 나의 몸을 뒤돌아본다.〔吾日三省吾身〕"라고 하였다.

학문의 요체 신해년(1731, 영조7)

爲學之要 辛亥

“아침에 도를 들으면 저녁에 죽어도 좋다.”[3]라는 뜻이 있은 뒤에야 학문을 말할 수가 있다.-죽는 것이야 사람이 면하지 못하는 것이니 원래 두려울 것도 없다. 단지 두려운 것은 도를 듣기 전에 죽어서 황천(皇天)이 나에게 생을 내려 준 뜻을 저버리는 것이니, 참으로 도를 들을 수만 있다면 금방 죽어도 좋은 것이다. 학자가 이에 대해서 분명히 알면, 옛사람이 ‘인십기천(人十己千)’[4]이라고 하고 “촌음을 아껴야 한다.”[5]라고 말한 것이 진절(眞切)하게 맛이 있어서 일용의 사이에 자연히 털끝만큼도 사의(私意)를 용납할 수 없을 것이요, 외물이 분분한 것은 나에게 참으로 뜬구름과 같을 것이다. 그러나 이에 대해서 분명히 알지 못하면 뜻이 있다고 말하더라도 화지누빙(畫脂鏤氷)[6]일 따름이니, 무슨 일을 이룰 수가 있겠는가.-

○ 학문은 경(敬)보다 앞서는 것이 없다. 경이란 별건의 물사(物事)가 아니고, 단지 이 마음을 엄연(儼然)하게 하고 숙연하게 하는 것이니, 항상 상제와 귀신이 위에서 내려다보고 옆에서 증명하는 것처럼 여기는 것이 바로 이것이다.-주자(朱子)의 〈경재잠(敬齋箴)〉[7]이 보기에 가장

3 아침에……좋다 : 《논어》 〈이인(里仁)〉에 나온다.

4 인십기천(人十己千) : 남이 열 번을 하면 나는 천 번을 한다는 뜻으로, 다른 사람보다 훨씬 더 열심히 노력하겠다는 결의를 표현할 때 쓰는 말이다. 《중용장구》 제20장에 나온다.

5 촌음을 아껴야 한다 : 우(禹)의 고사를 인용한 것이다. 284쪽 주1 참조.

6 화지누빙(畫脂鏤氷) : 비곗덩어리에 그림을 그리거나 얼음 덩어리에 조각하면 나중에 녹아 버려 아무것도 남지 않는다는 뜻으로, 헛수고하는 것을 비유하는 말로 쓰인다.

좋으니, 이를 깊이 체득하면 지금 사람들이 얼마나 태만하고 해이한지 금방 깨달을 것이다.-

○ 정자(程子)가 말하기를 "성선을 알고 충신을 근본으로 삼으면 이것이 먼저 그 큰 것을 확립하는 것이다.〔知性善以忠信爲本 是先立其大者〕"[8]라고 하였다. 이 말을 완미해야 하니, 그러면 발판을 마련할 수 있을 것이다.-지난번에 도암(陶菴 이재(李縡))에게 들으니 "성선설에 대해서는 《중용》 수장(首章)의 장구(章句)와 《혹문(或問)》, 《맹자》 성선장(性善章)·사단장(四端章)·〈고자(告子)〉 제장(諸章)의 집주(集註) 및 《대학연의(大學衍義)》 사덕장(四德章)과 사단장(四端章) 아래의 서산(西山 진덕수(眞德秀))의 설, 그리고 《주자대전(朱子大全)》의 〈옥산강의(玉山講義)〉와 〈인설(仁說)〉 등의 편을 아침저녁으로 완미해야 한다."라고 하였다. ○도암이 또 말하기를 "모름지기 '도(道)라는 것은 잠시라도 떠날 수 없는 것이다.'의 의미를 먼저 알아야만 계구(戒懼)의 공부가 비로소 시행되어 자연히 중단하는 일이 없게 될 것이다.[9] 이것이 바로 정자가 '역행천근(力行淺近)'[10]을

7 경재잠(敬齋箴) : 주희(朱熹)가 경과 관련된 옛날의 격언들을 모아 자신을 경계하는 뜻으로 지은 글인데, 중국의 정주학자들이 많이 애송하였으며, 특히 이황(李滉) 등 조선의 성리학자들에게 지대한 영향을 끼쳤다. 장마다 4구씩 10장으로 되어 있으며, 《심경부주(心經附註)》 권4에도 전문(全文)이 소개되어 있다. 그 서문에 "장경부의 〈주일잠〉을 읽고는 그가 남긴 뜻을 재정리하여 〈경재잠〉을 지은 다음에 서재의 벽에 써서 스스로 경계하였다."라고 하였다. 《晦庵集 卷85》

8 성선(性善)을……것이다 : 《이정외서(二程外書)》 권2 〈주공섬문학습유(朱公掞問學拾遺)〉에 나오는 정호(程顥)의 말이다. 《근사록(近思錄)》 권2 〈위학(爲學)〉에도 나온다.

9 도(道)라는……것이다 : 《중용장구》 제1장에 "도라는 것은 잠시라도 떠날 수 없는 것이다. 떠날 수 있다면 도가 아니다. 그런 까닭에 군자는 자기가 보지 않는 바에도 경계하고 근신하는 것이며, 자기가 듣지 않는 바에도 걱정하고 두려워하는 것이다."라고 하였다. 계구(戒懼)는 계신(戒愼)과 공구(恐懼)의 병칭이다.

말한 뜻이다."라고 하였는데, 이 말이 매우 친절하여 맛이 있으니, 위의 경(敬) 자의 조목과 함께 보아야 할 것이다.○어떤 일이든 신심(身心)에 그다지 절실하지 않은 것이나, 사량(思量)하고 계려(計慮)하는 것도 지금 당장 해야 할 것이 아닌 것들은 우선 그냥 놔둠으로써 정력이 분산되지 않게 해야 할 것이다.-

○ 학문에 있어서 가장 금기해야 할 사항은 중간에 그만두는 것이다. 참으로 한마음 한뜻으로 싫어하지도 않고 잊지도 않으면서 매우 긴절(緊切)하게 공부하며 시작할 때와 마찬가지로 마지막까지 신중히 한다면-하단의 함양과 독서의 종류가 모두 이것이다.- 날로 깨닫는 의미가 정심(精深)해지면서 도리가 명백해지는 것을 느끼게 될 것이다. 그렇게 되면 자연히 그만두려고 해도 그만둘 수 없게 될 것이다.-《논어》의 수장을 집주 및 《혹문》과 함께 깊이 완미해야 할 것이니, 덕에 들어가는 문호는 단연코 여기 말고 다른 데에 있지 않다. 만약 이에 의거하여 머리를 숙이고 공부하며 우유(優游)하게 계속 쌓아 갈 수만 있으면 반드시 목표에 이를 수 있게 될 것이다. 지난번에 도암을 뵙고서 내가 말하기를 "학자가 참으로 때때로 익힐 수만 있으면 자연히 익숙해질 수 있고, 익숙해질 수 있으면 자연히 희열을 느끼게 될 것은 필연의 이치인데,[11] '때때로 익힌다.〔時習〕'라는 말을 내 것으로 만들기가 매우 어렵다."라고 하였더니, 선생이 내

10 역행천근(力行淺近) : 정이(程頤)가 "사람들은 역행이 필요하다고 말하지만, 이것도 천근한 말일 뿐이다. 사람들이 일체의 일 모두가 해야 할 것임을 알게 되었다면 뜻을 붙이기를 기다릴 필요가 없으니, 조금이라도 뜻을 붙이면 사심을 둔 것이다. 이 한 점의 의기가 얼마나 갈 수 있겠는가."라고 말한 내용을 간추려서 인용한 것이다. 《二程遺書 卷17》《近思錄 卷2 爲學》

11 학자가……이치인데 : 《논어》 〈학이(學而)〉의 "배우고 그것을 때때로 익히면 기쁘지 않겠는가."라는 공자의 말에 대해서, 주희가 집주에서 "배우고 나서 또 때때로 익히면 배운 것이 익숙해지면서 마음속으로 희열이 느껴져 그 일을 추진하는 것을 자연히 그만둘 수 없게 되는 것이다."라고 하였다.

말에 깊이 동의하였다.-

○ 함양은 성실하고 순숙(純熟)해지도록 노력해야 하고,-구용(九容) 구사(九思)[12]와 같은 것이 모두 함양하는 방법이다.- 독서는 명백하게 이해하고 자득할 수 있도록 노력해야 하며,-주자가 말하기를 "평심(平心)으로 그 문의가 어디로 향하는지를 살펴보아야지, 자기가 알고 있는 도리를 가지고 그 문의를 미리 짐작하여 그쪽으로 끌고 가려 하면 결코 안 될 것이다. 그 문의가 온당하고 분명하게 귀착하는 곳이 있을 때까지 기다려야 할 것이요, 그런 뒤에는 거기에 맞는 하나의 당연한 도리가 나올 것이니, 털끝만큼이라도 자기 뜻대로 증손(增損)하거나 억양하는 일이 있으면 안 될 것이다. 이런 대목이 완미하기에 좋은 곳이다."[13]-주자의 말은 여기까지이다-라고 하였다. 이 말은 그가 일찍이 몸으로 징험해서 이와 같이 진절(眞切)하게 일러 준 것인데, 이는 참으로 글을 읽는 지극한 방법이니 학자가 깊이 음미해야 할 것이다.- 강변(講辨 강의 논변)은 정절(精切)하고 간당(簡當)하게 되도록 노력해야 하고, 극기는 용맹스럽게 끊어 버릴 수 있도록 노력해야 하며,-극기를 용맹스럽게 한 뒤에야 독서와 함양에 동요됨이 없어서 날로 새로워지는 공이 있게 될 것이다.- 확충은 열린 마음으로 더욱 넓혀 나가려고 노력해야 한다.-《맹자》의 '푸줏간을 멀리함〔遠庖廚〕'의 주(註)에 나오는 '미리 기르는 것〔豫養〕'에 대한 설[14]도 함께 완미하면 좋을 것이다.- 이와 같이 계속 공부하여 오래오래 그만

12 구용(九容) 구사(九思) : 아홉 가지의 몸가짐과 아홉 가지의 마음가짐이라는 뜻으로, 《예기(禮記)》 〈옥조(玉藻)〉와 《논어》 〈계씨(季氏)〉에 나온다.

13 평심(平心)으로……곳이다 : 주희가 여자약(呂子約)에게 자기 논리를 앞세우지 말고 허심탄회한 마음으로 글을 보라면서 충고한 내용 중에 나오는 말이다. 《晦庵集 卷47 答呂子約》《朱子讀書法 卷4 虛心涵泳》

14 푸줏간을……설 : 제 선왕(齊宣王)이 흔종(釁鍾)을 하기 위해 끌려가는 소의 울음소리를 듣고 비감에 젖어 소를 양으로 바꾸게 한 일을 소재로 하여 맹자가 왕을 설득하는

두지 아니하면 자연히 기질이 변화되는 효과를 보게 될 것이다.

○ 기를 기르는 공부야말로 학자에게 가장 절실한 것이다. 낮에는 음식을 절제하고 언어를 신중히 하며 시시덕거리지도 말고 일을 두려워하지도 말 것이요, -주자가 병중에도 사람들을 응접하기를 게을리하지 않으며 말하기를 "지금 사람들은 일을 두려워하는 마음을 지레 지니고 있기 때문에 한 가지 일을 보기만 하면 그 순간에 곧장 어렵다고 생각하고서 하지 않는 것이다. 이것이 그들의 겁약한 습관이 이루어져서 해야 할 일을 하지 못하게 되는 이유이다."라고 하였는데,[15] 이 말을 깊이 체득해야 할 것이다. 그러나 그렇다고 해서 긴요하지 않은 일에까지 정력을 지나치게 쏟으면 안 될 것이다.- 밤에는 손과 발을 가지런히 거두어들이고 맑은 마음으로 기를 가다듬을 것이며, 이런저런 생각을 짓지 말고서 혼미하지도 말고 태타하지도 말 것이다. -김장 신겸(金丈信謙)[16]은 놓친

대목에 "이 때문에 군자는 푸줏간을 멀리하는 것이다."라고 하였는데, 주희가 "반드시 푸줏간을 멀리하는 까닭은 또한 미리 이 마음을 길러 둠으로써 인을 행하는 방법을 넓히려고 해서이다."라고 하였다. 《孟子 梁惠王上》

15 주자가……하였는데 : 주희가 병중에도 사람들을 응접하기를 게을리하지 않자, 좌우의 사람들이 조금 절제하기를 청하니, 주희가 목소리를 높여 "자네들이 게으르니, 나까지 게으르게 만들려고 하는구나."라고 하였다. 《朱子語類 卷107 朱子4 雜記言行》 또 게으름과 관련하여 주희가 말하기를 "나는 평소에 게을러 본 적이 없다. 그래서 심하게 병을 앓더라도 모두 종전대로 일하려고 한다. 지금 사람들이 게으른 까닭은 그들이 꼭 진짜로 겁약해서라기보다는 원래 일을 두려워하는 마음을 지레 지니고 있기 때문이다. 그래서 어떤 일을 보기만 하면 즉시 어렵다고 생각하고서 하지 않는 것이니, 그들의 겁약한 습관이 이루어져서 해야 할 일을 하지 못하게 되는 이유이다."라고 하였다. 《朱子語類 卷120 朱子17 訓門人8》 《심경부주》 권2 〈예악불가사수거신장(禮樂不可斯須去身章)〉에도 나온다.

16 김장 신겸(金丈信謙) : 1693~1738. 자는 존보(尊甫), 호는 증소(橧巢)·노천(櫓泉), 시호는 문경(文敬)으로, 김창업(金昌業)의 아들이다.

마음을 찾는 것〔求放心〕[17]과 야기(夜氣)[18]를 기르는 것을 가장 먼저 힘써야 할 곳으로 삼았다고 한다. ○서산(西山)의 〈야기잠(夜氣箴)〉이 매우 좋다.- 사씨(謝氏)가 "항상 깨어 있어야 한다.〔常惺惺〕"라고 말한 것[19]과 주자가 "몸과 마음을 수습하고 정신을 보존하고 아껴야 한다."[20]라고 말한 것과 같은 것이 바로 양기(養氣)의 요결(要訣)이다.-《예기》〈악기(樂記)〉에 "마음속이 잠시라도 화락하지 않으면 비사(鄙詐)해지는 마음이 들어오고, 외모가 잠시라도 장경(莊敬)하지 않으면 이만(易慢)해지는 마음이 들어온다."라고 하였는데, 이 말을 무엇보다도 깊이 체념해야 할 것이다.-

17 놓친……것 : 맹자가 "인은 사람의 마음이요, 의는 사람의 길이다.〔仁人心也 義人路也〕"라고 전제하고는 "학문의 도는 다른 것이 아니라 놓친 그 마음을 찾는 것일 뿐이다."라고 하였다. 《孟子 告子上》

18 야기(夜氣) : 밤사이에 생겨나는 천지의 맑은 기운을 말하는데, 유가(儒家)에서는 이 기운을 흔히 사람의 양심에 비겨서 중하게 여긴다. 그런데 외물을 접하기 이전의 청명한 새벽에는 이런 마음이 남아 있다가 낮에 불선한 행위를 하여 점점 사라지게 된다고 하는데, 이것을 제(齊)나라 우산(牛山)의 나무에 비유한 내용이 역시 《맹자》〈고자 상〉 우산장(牛山章)에 나온다. 서산 진덕수(眞德秀)가 이를 주제로 하여 〈야기잠〉을 지었는데, 그 내용이 《성리대전(性理大全)》 권70에 보인다.

19 사씨(謝氏)가……것 : 사양좌(謝良佐)가 "경은 항상 깨어 있게 하는 방법이요, 심재(心齋)는 일마다 놓아 버리는 것이니, 그 도리가 같지 않다."라고 하였다. 《上蔡先生語錄 卷中》《심경부주》 권1 〈경이직내장(敬以直內章)〉에도 나온다. 이 상채 사씨는 정호(程顥)의 문인으로, 선불교(禪佛敎)와 도가(道家)의 용어를 빌려서 유가(儒家)의 개념을 곧잘 설명하곤 하였는데, 이 상성성(常惺惺) 역시 "성성하면서도 적적하고 적적하면서도 성성해야 한다.〔惺惺寂寂 寂寂惺惺〕"라는 선종의 용어를 차용한 것이다.

20 몸과……한다 : 《회암집》 권29 〈여조상서서(與趙尙書書)〉의 "오늘날 첫 번째로 해야 할 일은 임금에게 몸과 마음을 수습하고 정신을 보존하고 아끼면서 항상 천하의 일을 염두에 두도록 권면하는 일이니, 그런 뒤에야 치도를 강론하며 점차로 개혁해 나갈 수 있을 것이다."라고 하였다.

○ 《맹자》의 한 책 중에서는 오직 심조지이도장(深造之以道章)[21]이 일용에 가장 절실하다. 주자가 일생 동안 수용(受用)한 것도 바로 여기에 있을 뿐이다.

○ 유유자적하며 진수를 만끽하는 재미를 느끼지 못한 채, 경조(輕躁)한 태도로 급박하게 구하는 마음만 갖고 있으면 비록 종신토록 열심히 수고하더라도 성학(聖學)의 경계를 결코 엿볼 수 없을 것이다.-《논어》의 '선난후획(先難後獲)'[22]과 《맹자》의 '물망물조장(勿忘勿助長)'[23]도 모두 이런 뜻이니, 반드시 깊이 생각해 보아야 할 것이다.-

21 심조지이도장(深造之以道章) : 《맹자》 〈이루 하(離婁下)〉의 "군자가 적절한 방법을 사용하여 학문의 세계에 깊이 나아가는 목적은 스스로 체득하려고 해서이다. 스스로 체득한 바가 있으면 거기에 거처하기를 편히 하게 되고, 거처하기를 편히 하면 거기에 자뢰(資賴)함이 많게 되고, 자뢰함이 많으면 몸의 좌우에서 취해 쓸 때 그 근원을 만날 수 있게 된다. 그러기 때문에 군자는 스스로 체득하려고 하는 것이다."라는 대목을 가리킨다.

22 선난후획(先難後獲) : 《논어》 〈옹야(雍也)〉에 "인자는 어려움을 먼저 하고 얻는 것은 뒤로 한다. 그렇게 하면 인이라고 말할 수 있을 것이다."라고 하였다.

23 물망물조장(勿忘勿助長) : 《맹자》 〈공손추 상(公孫丑上)〉에 "반드시 호연지기를 기르는 것을 일로 삼되 미리 기한을 정하지 말고서 마음속으로 잊지도 말고 억지로 조장하지도 말아야 한다."라고 하였다.

지나간 일을 서술하다

述舊

아, 유인(孺人 처(妻)의 통칭)이 나의 배우자가 된 것은 처음부터 끝까지 겨우 4년에 불과하다. 그런데 질병에 걸리고 사상(死喪)을 당하고 이별하고 우환을 당한 기간을 제외하면 한방에서 그와 함께 거처한 시간이라고 해야 앞뒤로 계산해서 몇 개월도 채 되지 않으니, 아, 정말 길지 않았다고 하겠다.

대저 사람이 다른 이와 사귈 적에는 반드시 서로 더불어 거처하고 서로 더불어 희유(嬉游)하고 서로 더불어 수작하며 이야기를 해 본 뒤에, 또 반드시 오랜 세월 동안 그 관계를 지속한 뒤에야 비로소 그가 어진지의 여부를 상세히 알 수 있는 법이다. 그런데 지금 내가 유인과 함께 거처한 것이 이처럼 오래지 않으니, 그에 대해서 상세히 알지 못하는 것이 실로 당연하다.

비록 그렇긴 하지만 옛날에 사람을 살필 때에는 미첩(眉睫) 사이에서 알아차린 경우도 있었고,[24] 그 하나의 단면만을 보고서 그 전체를

24 옛날에……있었고 : 노자(老子)가 경상초(庚桑楚)를 만났을 적에 "아까 나는 그대의 '눈썹과 속눈썹〔眉睫〕' 사이를 보고서 그대의 속마음을 파악하였는데, 지금 또 그대의 말을 듣고는 더욱 그렇다는 것을 확인하게 되었다."라고 하였다. 《莊子 庚桑楚》 《열자(列子)》 권8 〈설부(說符)〉에 "진나라가 도적에 시달렸는데, 극옹이라는 자가 도적의 외모를 보고 미첩 사이만 살펴도 그 속마음을 알아차렸다. 이에 진후가 그로 하여금 도적을 알아내게 하였는데, 천백 명 중에 하나도 빠뜨리는 법이 없었으므로, 진후가 크게 기뻐하였다."라고 하였다.

확인한 경우도 있었다.[25] 지금 내가 비록 유인과 함께 오래 거하지 못해서 상세히 알 수는 없다고 하더라도 어찌 그를 일단이나마 알아볼 수 있는 점이 없기야 하겠는가.

아, 자식이 되어 효도하고 어버이가 되어 자애하고 형제가 되어 우애하는 것도 물론 사람으로서 잘하기 어려운 일들이지만, 부부 사이에서 인륜의 구별을 지키는 덕목은 그중에서도 가장 어려운 일이라고 할 것이다. 왜냐하면 친애하면 허물이 없어져서 바르지 못하게 되고 예모(禮貌)를 차리면 사이가 멀어져서 화목하지 못하게 되기 때문이다.

따라서 친애하면서도 바르게 되고 예모를 차리면서도 화목하게 되는 것은 옛날의 군자들도 모두 난처하게 여겼던 일인데, 하물며 부인(婦人)의 경우야 더 말해 무엇 하겠는가. 그렇지만 유인은 매우 도리에 맞게 처신하였으니, 대개 그 덕성이 순수하고 안색이 온화한 데다가 재질과 식견이 또 확실하여 도(道)에 묵계(默契)하는 점이 원래 있었기 때문이다. 그래서 나를 대할 적에 기운이 온화하면서도 용모가 엄숙하였고 말씨가 온순하면서도 도리가 정대하였으며, 나의 뜻을 미상불 근실하게 받들면서도 자기를 굽혀서 구차하게 따르지는 않았고, 나의 뜻에 미상불 순종하며 따르면서도 허물이 있을 때마다 바로잡아 주곤 하였던 것이다.

비록 내가 연소하여 절조를 고수하지 못한 나머지 희학(戱謔)하는 말을 가하더라도, 그 기색을 살펴보면 담연(澹然)하고 숙연한 가운데

25 그……있었다 : 《시경》 〈주남(周南) 관저(關雎)〉에 대한 주희의 해설에 "실로 후비의 성정이 올바른 일단을 알 수 있다.〔后妃性情之正 固可以見其一端矣〕"라고 하였고, 또 "시인의 성정이 올바른 그 전체를 볼 수 있다."라고 하였다.

그 말이 더욱 엄숙했기 때문에, 나로 하여금 망연히 더 부끄러운 감정이 들도록 하여 발언했다가 도로 거두어들이게 한 것이 몇 번이나 되었다. 심지어는 어두컴컴하여 잘 안 보이는 곳에서나 침실의 이부자리 안에서도 혹 그렇지 않은 때가 없이 처음부터 끝까지 한결같아서, 친애할 때와 바르게 할 때 그리고 예모를 차릴 때와 화목해야 할 때에 모두 알맞게 처신하지 않은 적이 한 번도 없었다. 선유(先儒)가 "정욕의 감정이 용의(容儀)에 개입됨이 없고 연사(宴私)의 뜻이 동정에 드러나지 않는다."[26]라고 일컬은 것에 비추어 보아도 거의 부끄러울 것이 없다고 하겠다.

아, 한낱 부인의 몸이면서도 매우 난처한 일에 대해서 오히려 이와 같이 하였으니, 그렇다면 어버이에게 효도하고 자식에게 자애하고 형제에게 우애하는 일에도 미진한 점이 하나도 없었으리라는 것을 미루어 알 수가 있다. 이런 측면에서 말하면 비록 오래 함께 지내지 못해서 상세히 알 수 없었다고 하더라도, 오래 함께 지내어 상세히 알게 된 것과 무슨 차이가 있다고 하겠는가. 내가 본 것이 비록 일단이라고 하더라도 그 전체라는 것이 또 어찌 여기 말고 다른 데에 있겠는가. 따라서 이것을 가지고 입언하는 군자에게 질정하더라도 어찌 이를 의심하여 믿으려 하지 않겠는가.

26 정욕의……않는다 : 《시경》 〈주남 관저〉를 주희가 해설하면서 인용한 한(漢)나라 광형(匡衡)의 "'요조숙녀 군자호구'라고 표현한 것은 후비(后妃)가 정숙함을 지극히 하고 그 지조를 바꾸지 않아서, 정욕의 감정이 용의에 개입됨이 없고 연사의 뜻이 동정에 드러나지 않음을 말한 것이다. 이런 뒤에야 임금의 배필이 되어 종묘의 주인 노릇을 할 수 있는 것이니, 이것이 바로 기강의 으뜸이요, 왕교(王敎)의 단초가 되는 것이다."라는 상소문 내용에서 추출한 것이다.

단지 애석한 것은, 내가 고루하고 과문한 탓으로 근래에 다시 고독하게 은거하여 밖에서 나를 가르쳐 줄 밝은 스승과 좋은 친우가 없는 만큼, 오직 나가서는 조박(糟粕)이라 할 간편(簡編)이나 의지하고 들어와서는 유인의 규문(閨門)에서의 조력이 필수적이니, 이렇게 해야만 훈도(薰陶)가 되고 감화를 받아서 놓아 버려 없어지는 지경[27]에 이르지 않게 될 텐데, 유인이 거연(遽然)히 나를 버리고 떠남으로써 나로 하여금 갈팡질팡하며 다시 마음을 붙일 데가 없게 한 그것이다. 게다가 그 전형을 물려받을 자녀도 하나 두지 못하였으니, 아, 하늘이시여, 나의 마음속의 이 슬픔은 그냥 슬픈 것이 아니외다. 이에 눈물을 훔치며 이 내용을 기록해서 뒷날 지장(誌狀)을 작성할 때의 자료로 남겨 두는 바이다.

27 놓아……지경 : 마음을 보존할 줄 모르고 놓아 버려 없어진다는 뜻이다. 《맹자》 〈고자 상(告子上)〉에 "붙잡으면 있다가도 놓아 버리면 없어지고, 일정한 때가 없이 들락날락하면서 어디로 가는지 종잡을 수가 없는 것, 이것이 바로 마음이라는 것이다." 라고 하였다.

집에서 기거할 때의 예법 병진년(1736, 영조12)

居家儀節 丙辰

정조와 동지와 삭망 때의 예법 正至朔望儀

이날 참례(參禮)를 행한 뒤에 실당(室堂 앞뒤의 방사(房舍))을 쇄소(灑掃)하고 좌석을 북쪽 벽의 아래에 설치한다. 존장(尊長)이 자리에 앉으면 남녀가 각각 자리에 나아가되, 장부는 좌측 서쪽 위에 처하고, 부인은 우측 동쪽 위에 처한다. 모두 북향하고서-양자 모두 한 줄이다.- 장부는 재배(再拜)하고 부인은 사배(四拜)한다.-삭망 때에는 장부는 일배(一拜)를 하고, 부인은 재배한다.- 그러고 나서 장형(長兄)이 존장의 좌측에 서고 장수(長嫂)가 존장의 우측에 서서 모두 남향하는데, 그러면 여러 제(弟)와 부(婦) 및 매(妹)들이 북향하여 일배한다.-장형과 장수가 답배(答拜)한다.- 그 뒤에 남녀가 반열을 나누어 마주 보고 서되, 남자는 좌측에 서고 여자는 우측에 서서, 부인이 먼저 일배를 하면 장부가 답하여 일배를 한다. 그 뒤에 모두 북향하고 서서, 부인 중 한 사람이 계사(誡辭)를 읽으면-언해로 번역한 것이다.- 모두 두 손을 맞잡고 경청하고 나서 재배하고 자기 자리로 돌아간다. 비복들도 좌우로 나누어 북향하고 차례로 뜰아래에 서서 위의 의례(儀禮)와 같이 하고 재배한다. 그러고는 그대로 북향한 상태에서 남복(男僕) 중 한 사람이 계사를 읽으면-언해로 번역한 것이다.- 모두 공수하고 경청하고 나서 다시 재배한다. 의례가 끝나면 모두 물러간다.

생신 때의 예법 生朝儀

이날 닭이 울면 일어나서 신성(晨省)의 예를 행하고, 날이 밝으면 실당을 쇄소하고 나서 좌석을 북쪽 벽의 아래에 설치한다. 존장이 자리에 앉으면 남녀가 각각 자리에 나아가되, 장부는 좌측의 서쪽 위에 처하고, 부인은 우측의 동쪽 위에 처한다. 모두 북향하고서-양자 모두 한 줄이다.- 장부는 재배하고 부인은 사배하며,-아래도 모두 동일하다.- 마치면 물러나 자리에 나아간다. 비복들도 좌우로 나누어 북향하고 차례로 뜰아래에 서서 위의 의례와 같이 하고 재배한 뒤에 물러간다.

이어서 신수(晨羞 조찬)를 올리고 장수하기를 축원하며,-혹 오찬 때에 행하기도 한다.- 여러 아들과 부녀들이 차례로 서서 예법대로 절한다. 제자(諸子) 중에서 가장 연장자가 존장의 앞에 나아가서 서면 어린 한 사람이 술잔을 들고 그 좌측에 서고, 한 사람은 주전자를 들고서 그 우측에 선다. 연장자와 어린 두 사람이 모두 무릎을 꿇은 상태에서 연장자가 술잔을 받으면 주전자를 든 자가 술을 따른 뒤에 어린 두 사람은 일어나고 연장자는 손을 들어 잔을 받들고서 축원을 한다.-그 내용은 "삼가 원하건대 존친께서는 오늘 생신을 맞이하여, 오복을 갖추 받으시고 친족을 보전하시며 가족이 화목해지시기를 바랍니다."이다.-

축원이 끝나면 존장이 술잔을 받아 마시고 나서 술잔을 어린 사람에게 주는데, 그러면 어린 사람이 잔과 주전자를 원래 있던 자리에 되돌려 놓는다. 연장자가 머리 숙여 엎드렸다가 일어나서 제자리로 돌아온다. 부녀들 중에서 가장 연장자 한 사람이 앞으로 나아가 서서 술을 따르고 잔을 받들어 올린 뒤에 제자리로 돌아오는 것을 위의 예법과 같이 한다.-다만 축원하는 것은 없다. 술잔과 주전자를 드는 자는 모두 부녀 중에서

가려서 한다.- 그 뒤에 제자와 부녀들이 모두 예법대로 절하면, 존장이 제자와 부녀들에게 모두 앉으라고 명한다.

시자(侍者)가 술을 잔에 따라서 존장에게 올리면 존장이 제자 중에서 연장자를 앞으로 나오라고 명하여 직접 술잔을 건네준다. 연장자가 잔을 받아서 좌석의 끝에 놓아두고 절한 뒤에-단배(單拜)이다. 아래도 동일하다.- 술잔을 가져다가 무릎을 꿇고 마시고는 잔을 시자에게 주고 일어나서 제자리로 돌아온다. 시자가 또 술을 잔에 따라서 존장에게 올리면 존장이 또 부녀들 중에서 연장자를 앞으로 나오라고 명한다. 연장자가 절하고 무릎 꿇고 마시는 것을 위의 예법과 같이 한 뒤에, 일어나서 제자리로 돌아온다. 존장이 시자에게 명하여 차례로 술을 따르게 한다. 여러 비유(卑幼)들이 모두 자리에서 나와 절하고 무릎 꿇고 마시고 나서 일어나 제자리로 돌아간다. 제자와 부녀들이 모두 재배하고, 예가 끝나면 각각 물러나 자리에 나아간다.-이상 배례(拜禮)는 모두 의절(儀節)대로 해야 마땅하다. 다만 존장의 술잔을 받아 마실 때에 사람들이 모두 각각 재배하거나 사배를 하면 너무 번거로울 듯도 하기에 이를 고쳐서 일배로 하였다.-

매일 행하는 다양한 예법 逐日雜儀

매일 새벽에 모두 세수하고 양치질하고 나서, 장부는 도포와 입대(笠帶 관대(冠帶))를 갖추고, 부인은 머리를 빗고 비녀를 꽂고 당의(唐衣)를 착용하고서, 내침(內寢)에 가서 문후하며 안부를 살핀다.-장부는 첨례(瞻禮)를 행하고 한 번 읍하며, 부인과 유소(幼少)는 한 번 절을 한다.-○신성을 한 뒤에 주인이 장부들을 이끌고 가묘의 중문 밖에서 신알(晨謁)을 행한다.○밤에는 시자에게 명하여 침석을 펴게 하고 취침하시기를 기다렸다가 물러난다.○부모 및 형수와 제사(娣姒)가 출입할 때에는 모두 일어나서 영송(迎送)한다.-방 안의 사소한 기거와 같은 경우는 꼭 그렇게 하지 않는다.- 존장의 앞에서는 반드시 스스로 이름을 부르고 감히 나라고 칭하지 않는다.

객을 대하는 예법 接賓客儀

객이 이르면 주인이 뜰에 내려가서 맞는다. 주인은 동계(東階)로 나아가고 객은 서계(西階)로 나아가는데, 주인과 객이 먼저 오르라고 사양하다가 주인이 먼저 오르면 객이 따라간다.-객의 신분이 낮으면 객이 주인의 계단으로 나아갔다가 주인이 고사(固辭)한 뒤에 객이 돌아와서 서계로 나아간다.- 당에 오를 때와 침문(寢門)[28]에 들어갈 때에도 이와 같이 한다. 객이 사귀(辭歸 고별하며 돌아가는 것)할 때에도 계단을 내려와 전송하고, 객이 말에 오르면 들어온다.-평교(平交) 이상은 모두 이 예법을 적용한다. 비유에 대해서는 꼭 그럴 것은 없으나, 처음 만나 볼 때에는 역시 당에서 내려와 영송해야 한다.○이웃으로 살면서 수시로 드나드는 자의 경우에는, 존장 이외에는 당에서 내려올 필요가 없이 단지 일어나서 영송하면 되는데, 객이 존장일 경우에는 도포를 갖춰 입고 접견한다.-

28 침문(寢門) : 가장 안쪽의 문을 뜻하는데, 보통 내실(內室)의 문을 가리킨다.

임술년(1742, 영조18) 12월에 여강에서 청협 옥화대이다. 으로 가서 머물 때의 과정

壬戌臘月自驪江往留淸峽 玉華臺 時課程

일찍 잠에서 깨어 《논어》의 대문(大文) 1편을 묵송(默誦)한다.

날이 밝으면 일어나서 다시 암송한 《논어》의 의심스러운 곳에 대해 고구(考究)한 뒤 세수하고 머리를 빗는다.-이틀에 한 번씩 머리를 빗는다.- 〈계사(繫辭)〉 1장 혹은 2장, 3장을 힘닿는 대로 읽는데, 모두 30회씩 읽는 것을 목표로 한다.

아침 식사 뒤에 《주자대전(朱子大全)》과 《차의(箚疑)》[29]와 고증한 초고(草藁)를 가져다가 자세히 반복해서 검토하고 서너 장을 전사(傳寫)한다. 피곤하면 눈을 감고 정좌하기도 하고, 남헌(南軒 장식(張栻))의 문집에서 몇 판을 뒤적여 보기도 한다. 만약 밥 먹기 전에 읽은 것이 30회를 채우지 못했으면 추후에 읽어서 그 횟수를 채운다.

저녁 식사 뒤에 등불을 켜고 〈계사〉를 10회 숙독한다. 또 밤마다 그날 읽은 것들을 합송(合誦)하며 반복해서 완미한다.

29 차의(箚疑) : 송시열(宋時烈)의 《주자대전차의(朱子大全箚疑)》를 말한다. 송시열이 미처 손질하지 못한 초고를 권상하(權尙夏)가 정리하려다가 완성하지 못하였는데, 녹문이 《송자대전(宋子大全)》에서 본차(本箚)를 베껴 내용을 보충하고 교정하는 등 10여 년 동안 공력을 들인 끝에 이 일을 마치고 제목을 《차의보(箚疑補)》라고 하였다.

험천에서의 상례에 관한 설

險川禮說

병인년(1746, 영조22) 10월 보름께에 의인(醫人) 이도길(李道吉)이 한천(寒泉)에 와서 진맥하고 약을 처방하며 말하기를 "대감께서 다시 화전(花田)에 와서 기거하신다면 소인이 자주 찾아뵙고서 약을 의논하고 조치(調治)하는 방도가 여기에 있을 때보다는 분명히 나을 것입니다."라고 하니, 선생이 그 말을 옳게 여기고서 마침내 이사하는 계책을 정하였다. 그런데 이도길이 처방한 소귤음(蘇橘飮) 몇 첩을 연거푸 들자-소엽(蘇葉)이 2냥(兩), 목향(木香)이 5전(錢), 귤피(橘皮)가 5전이었다.- 마침내 땀이 많이 나면서 설사가 또 발작하여 자주 대변을 보는 바람에 원기를 수습할 수 없게 되었으며, 22일에는 크게 위태로운 지경을 겪고는 간신히 조금 안정을 취하였다.

28일에 문인 이행상(李行祥)이 선생을 보듬고 가마 안으로 들어갔다.-쌍가마이다.- 행차가 용인(龍仁) 읍내에 도착하여 묵으려 하였는데, 선생이 이르기를 "오늘은 매우 온화하니 판교(板橋)까지 가서 묵어도 좋겠다."라고 하였으므로, 마침내 앞으로 계속 나아갔다. 선생이 이행상의 손바닥에다 글자를 쓰기를 "험천(險川 광주(廣州)의 속읍)을 지났느냐?"라고 하니, 이행상이 "아직 지나지 않았습니다."라고 대답하였다.

얼마 지나지 않아 험천에 도착하여 갑자기 담(痰)이 올라왔으므로, 계란을 깨뜨려 주입해서 그 즉시 내려가긴 하였으나, 사태는 이미 어떻게 해 볼 수 없는 지경이 되었다. 이에 마침내 가마를 받들고 길가의 촌사(村舍)로 들어가서 물어보니 이돈(李墪)의 농막이었다. 제생(諸

生)이 말하기를 "비록 창졸간에 일어난 일이라 하더라도 이 집에 들어가서 선생의 마음을 상하게 할 수는 없다."라고 하였으므로, 문인 노이형(盧以亨)이 선생을 업고 다른 집으로 옮겨 들어가서 그곳에서 마침내 속광(屬纊)하였다. 복(復)[30]을 하기를 "도암(陶菴) 이 선생은 돌아오소서."라고 하였다. 치상(治喪)은 선생이 저술한 《사례편람(四禮便覽)》대로 일체 준행하였다. 이현정(李鉉貞)을 호상(護喪)으로 삼고, 송단(宋端)을 사서(司書)로 삼고, 조정세(趙靖世)를 축(祝)으로 삼았다.

11월 초하루 아침에 습(襲)과 소렴(小斂)을 하였는데, 습을 할 때에는 심의(深衣)를 썼고 염(斂)할 때에는 공복(公服)을 썼다. 이관(李灌)이 명정을 쓰기를 '자헌대부 좌참찬 겸 지경연춘추관사 세자좌빈객 도암 이선생지구(資憲大夫左參贊兼知經筵春秋館事世子左賓客陶菴李先生之柩)'라고 하였다. 2일 오후에 상(牀)에서 대렴(大斂)을 행하면서 야복(野服)을 쓰고, 이어서 입관하였다. 3일 새벽에 조곡(朝哭)을 행하는 것을 계기로 해서 성복하였는데, 가마(加麻)[31]를 한 자가 100여 인쯤 되었다. 대개 변고가 중로(中路 여행 도중)에서 발생하는 바람에, 거주지가 본읍이나 경중(京中)에 있는 자 이외에는 부음을 들을 길이 없었기 때문에 모인 자들이 많지 않았다. 이날 사시(巳時)에 반구(返柩)하여 한천으로 향하였다.

이에 앞서 문인 이의철(李宜哲)이 제생과 의논하기를 "예(禮)에 '임

30 복(復) : 옛날 상례(喪禮)에서 금방 죽은 자의 영혼이 육신으로 돌아오도록 소환하는 의식, 즉 초혼(招魂)하는 것을 말한다. 구체적으로는 죽은 자의 상의를 가지고 지붕 위에 올라가서 북쪽을 향해 돌아오라고 세 번 소리친 뒤 내려와 그 옷으로 시신을 덮는 것으로 되어 있다. 《禮記 檀弓下》《通典 禮98》

31 가마(加麻) : 마질(麻絰)과 마대(麻帶)를 착용하는 것을 말한다.

금이 국경을 나가서 죽었을 경우에는, 그 아들이 마변질(麻弁絰)과 소최(疏衰)와 비장(菲杖) 차림을 하며, 궐을 통해 들어와서 서계를 거쳐 올라간다. 이는 군(君), 대부(大夫), 사(士)에게 똑같이 적용되는 절차이다.'라고 하였는데,[32] -〈증자문(曾子問)〉에 상세히 보인다.- 정현(鄭玄)의 주(註)에 '관구(棺柩)를 안돈(安頓)하지 못했으므로 차마 밖에서 성복하지 못하는 것이다.'라고 하였다. 따라서 지금도 이 예법을 적용하여 입관한 뒤에 즉시 반구하여 한천에 도착하고 나서 비로소 성복을 하는 것이 마땅하다."라고 하였는데, 박성원(朴聖源)과 유언집(兪彦鏶) 등이 '국경을 나간다.〔出疆〕'라는 말에 집착하여 "지금은 출강(出疆)한 것이 아니니, 그것을 전거로 삼을 수 없다."라고 하여 서로 버티는 통에 결론을 내리지 못하였다. 그러다가 내가 도착하자 이의철이 이 문제를 거론하여 질문하면서 《예기(禮記)》를 꺼내어 보여 주기에 내가 즉시 그 주장에 극력 찬동하였다. 그러자 유언집과 박성원 등 여러 사람도 자못 귀일(歸一)하는 뜻을 보였는데, 주인(主人 상주(喪主))이 유언집과 박성원의 설을 먼저 받아들인 위에 사세(事勢)에 또 구애를 받은 나머지 끝내 따르지 않았다.

내가 나름대로 예의 뜻을 추리해 본 결과는 다음과 같다. 3일 만에

32 예(禮)에……하였는데 : 《예기》〈증자문〉에서, 증자가 "임금이 국경을 나갈 때에는 자기가 죽을 것에 대비하여 내관(內棺)을 가지고 따라오게 하는 법인데, 임금이 국경 밖에서 죽으면 시신이 들어올 적에 어떻게 해야 합니까?"라고 묻자, 공자가 대답한 것을 가리키는데, 이 대목을 보통 출강군훙장(出疆君薨章)이라고 칭한다. 여기에서 마변질은 포변(布弁)에 환질(環絰)을 가한 것이고, 소최는 자최복(齊衰服)이고, 비장은 짚신과 상장(喪杖)이다. 궐(闕)은 훼종(毁宗), 즉 빈궁(殯宮)의 문 서쪽의 지붕마루를 허무는 것을 말한다.

빈례를 행하는데〔三日而殯〕 이 빈례는 사자를 위주로 하는 일이고, 3일 만에 성복을 하는데〔三日而成〕 이 성복은 생자(生者)를 위주로 하는 일이다. 사자의 일은 죽은 그날부터 계산하는 것이고 보면 죽은 날부터 빈례까지가 3일인 것이고, 생자의 일은 죽은 다음 날부터 계산하는 것이고 보면 죽은 다음 날부터 성복까지가 또한 3일인 것이다.[33] 생자와 사자의 조건이 이미 다르고 선후의 차서가 판이하기 때문에 선유(先儒)가 "같은 날에 행하면 안 된다."[34]라고 말한 것이니, 날도 같게 하면 안 되는데 하물며 차서를 바꾼대서야 말이 되겠는가.

대저 입관하고 도빈(塗殯)[35]을 하여 시구(尸柩)가 안정을 얻게끔 사자에 대한 일을 대략 마무리한 뒤에야 주인이 각기 상차(喪次)로 돌아가는 것이고, 또 하룻밤을 지낸 뒤에야 비로소 성복하는 것이니, 이것

33 3일 만에 빈례를……것이다 : 《예기》 〈곡례 상(曲禮上)〉에 "생자의 일은 죽은 다음 날부터 계산하고, 사자의 일은 죽은 그날부터 계산한다.〔生與來日 死與往日〕"라고 하였는데, 여기에서 여(與)는 세다〔數〕라는 뜻이다. 성복(成服)은 죽은 다음 날부터 세는 까닭에 '삼일성복(三日成服)'이라고 하니 이것이 이른바 '생여내일(生與來日)'이라는 것이고, 빈렴(殯斂)은 죽은 날까지 합쳐서 세는 까닭에 '삼일이빈(三日而殯)'이라고 하니 이것이 이른바 '사여왕일(死與往日)'이라는 것이다. '삼일이빈'과 '삼일성복'이라는 용어는 《예기》 〈단궁 상(檀弓上)〉과 〈분상(奔喪)〉에 나온다.

34 같은……된다 : 김장생(金長生)이 편찬한 《상례비요(喪禮備要)》에 "대렴과 성복은 같은 날에 함께 행하면 안 된다. 세상 사람들이 염의 도구가 미비하다는 이유로 3일이 지나서 대렴하고는 그대로 그날 성복하기도 하는데, 이는 예의 뜻을 매우 잃은 것이다."라고 하였다.

35 도빈(塗殯) : 옛날 상례(喪禮)의 하나로, 소렴과 대렴을 행하고 입관하고 나서 빈궁(殯宮)의 화재 등 만약의 사태에 대비하여 장례 때까지 관을 보호하기 위해 관 주위에다 임시로 진흙을 발라서 밀봉하는 것을 말한다. 진흙 대신 모래로 덮는 것은 사빈(沙殯)이라고 한다.

이 바로 정씨가 "관구를 안돈하지 못했으므로 차마 밖에서 성복하지 못하는 것이다."라고 말한 의미이다. 대저 성빈(成殯)[36]하지도 않았는데 성복할 수 있다고 한다면 이는 입관하지 않았는데도 성복할 수 있다는 말이 되고 말 것이다.-이 말이 지나친 것 같기도 하지만, 사실은 이 속에 정밀한 뜻이 담겨 있다.-

지금 사람들이 으레 입관과 성복을 짝 지어 말하는 것은 입관과 성빈이 일시에 행하는 일이기 때문에 그런 것일 뿐이요, 사실은 성빈과 성복을 짝 지어 말해야 마땅한 것이다. 설령 정침(正寢)에서 죽었다고 하더라도 입관한 뒤에 일이 생겨서 즉시 성빈하지 못했다면, 비록 2, 3일 동안이나 오래 지체하더라도 지레 먼저 성복하면 결코 안 되는 것이요, 반드시 성빈하기를 기다리고 또 하룻밤을 지낸 뒤에야 비로소 성복할 수 있는 것이니, 이 뜻은 너무도 명백해서 더 이상 의심할 것이 없다. 더군다나 지금 시구가 밖에 있으면서 길가에서 방황하는 처지에서는 관구를 안돈하지 못한 것이-정씨(鄭氏)의 '관구미안(棺柩未安)'이라는 말을 쓴 것이다.- 단지 성빈을 아직 하지 못한 정도에 그치는 것이 아닌데야 더 말해 무엇 하겠는가.

《사례편람(四禮便覽)》을 아직 보지는 못했는데, 이 책은 《가례(家禮)》를 한결같이 따랐기 때문에 소렴을 행한 뒤에 빈(賓)에게 절하고 습질(襲絰)[37]을 하는 하나의 절목이 없고, 혼백(魂帛)도 우옹(尤翁 송시

36 성빈(成殯) : 빈궁, 즉 빈소(殯所)를 만드는 것을 말한다. 원래 빈궁은 구덩이 속에다 관을 넣고는 벽돌을 쌓고 진흙으로 밀봉한 것을 지칭하였다.

37 습질(襲絰) : 벗었던 것을 다시 착용하고, 수질(首絰)과 요질(腰絰) 등을 두르는 것을 말한다.

열(宋時烈))의 설을 따라서 뉘어 놓는 것으로 정했다고 한다.[38]

38 혼백(魂帛)도……한다 : 혼백은 초상 때에 흰 비단을 사람 모양으로 적당히 묶어서 사용하던 임시 신위(神位)를 말하는데, 이때부터는 망자를 사후의 귀신으로 대하는 것이다. 그런데 이 혼백은 신주와는 같지 않은 만큼, 항상 상(箱) 안에 뉘어 놓았다가 사용할 때에만 그 보자기〔帕〕를 열어야 한다는 것이 송시열의 설인데, 이재(李縡)의 《사례편람》에서도 이 설을 따랐다는 것이다.

인물성도 병설 신미년(1751, 영조27)

人物性圖竝說 辛未

위의 1개 도(圖)는 인의예지(仁義禮智)를 사방에 나누어 쓰고, 태극(太極)과 일원(一原)을 중앙에 배치하였으니, 그렇다면 성(性)과 태극, 분수(分殊)와 일원이 '하나같이 원만한 것〔同一圓〕'이다. 아래의 2개 도는 수(守)와 순(順)의 두 글자를 견(犬)과 우(牛)의 글자에 부착하였으니, 그렇다면 성이 치우쳐서〔偏〕 단지 '한쪽으로만 통하는 것〔通

一路]'이다. 그렇지만 태극과 일원을 동그라미 안의 좌우에 나누어 썼고 보면 이(理)가 원만하여 전체 아님이 없고, 성과 태극이 똑같이 하나의 동그라미 안에 있어서 가로막히는 것이 없고 보면 성이 곧 태극이요 태극이 곧 성으로서 2개의 물(物)이 없는 것이다.

남당(南塘 한원진(韓元震))의 〈기문록(記聞錄)〉에 〈일원분수도(一原分殊圖)〉가 있는데,[39] 대의는 타당함을 얻었을지라도 나누어 배열한 것이 좋지 못하고 그 사이에 의심할 만한 곳이 많이 있었으므로 경사(敬思)[40]가 개정하였으나 그것도 흡당(恰當)한지 알지 못하겠기에 여기에

39 남당(南塘)의……있는데 :《경의기문록(經義記聞錄)》 권6에 〈일원분수도〉가 있다. 한원진은 여기에서 일원분수(一原分殊)를 세 개의 원[三圈]으로 나누어 설명하고 있다. 1권(圈)은, 즉 태극이 형기(形氣)를 범하지 않은 것으로서 이(理)를 단지(單指)한 것이니 이것을 일원이라 하고, 2권은, 즉 건순(健順)과 오상(五常)으로서 음양오행의 이(理)를 각지(各指)하는 동시에 그 기의 선악을 '뒤섞지 않고[不雜]' 말한 것이니 이것을 분수라고 하고, 3권은, 즉 선악의 성으로서 이기(理氣)를 겸지(兼指)하여 말한 것이니 이것을 '분수의 분수[分殊之分殊]'라고 하였다. 이에 대해 녹문이 다시 구체적으로 비판한 내용이 《녹문집》 권26 〈미호의 시에 차운하여 〈신기음〉 3편을 짓고 나서……[次渼湖神氣吟三篇……]〉에 보인다. 단지는 '기질은 제외하고 이(理)만을 가리켜 말한다.'라는 뜻이고, 겸지는 '기질도 포함해서 이(理)와 함께 가리켜 말한다.'라는 뜻이다.

40 경사(敬思) : 이상목(李商穆, ?~?)의 자로, 본관은 전주(全州), 호는 평호(泙湖)이다. 현감 이황중(李黃中)의 아들이다. 《녹문집》 권4의 〈답이백눌(答李伯訥)〉 중 무술년(1778, 정조2)과 임인년(1782)의 서한에 이상목의 글에 대해 녹문이 써 준 발문(跋文)에 대한 내용이 언급되어 있고, 권6에 〈여이경사(與李敬思)〉라는 글이 수록되어 있으며, 권8 〈답이임지(答李任之)〉 중 무진년(1748, 영조24)의 서한에서 '심(心)과 성(性)과 기질(氣質)'에 대한 이상목의 설이 명백하고 상세하여 거의 여지가 없게 하였으니 지극히 감탄할 만하다는 녹문의 평가가 주목된다. 김원행(金元行)의 《미호집(渼湖集)》 권6에 〈답이경사(答李敬思)〉라는 제목으로 그를 상대로 경학(經學)을 논한

나의 의견을 써서 이와 같이 경정(更定)해 보았다.

대개 개의 성(性)이 소의 성이 아니고, 소의 성이 사람의 성이 아닌 것은 나뉨이 다른 것이고, 개의 이(理)가 소의 이이고 소의 이가 사람의 이인 것은 근원이 같은 것이다. 사람과 개와 소의 성이 편(偏)하고 전(全)한 면에서는 비록 다르지만 똑같이 천(天)이 명하여 부여한 것인 까닭에 그것을 본연지성(本然之性)이라고 말하고, 강유(剛柔)와 순포(馴暴)가 만 가지로 같지 않아 선악이 나뉘는 것은 모두 기(氣)가 하는 것인 까닭에 그것을 기질지성(氣質之性)이라고 말하고 또 '분수의 분수〔分殊之分殊〕'라고 말하는 것이다. 단지 이 하나의 도(圖)에 나아가서 이합(離合 분리되고 통합됨)과 활협(濶狹 영역의 넓고 좁음)의 상관관계를 살펴보면, 단지(單指), 각지(各指), 겸지(兼指)의 설과 같이 명목을 어수선하게 설정할 필요도 없이 일원분수(一原分殊)의 이치가 간단명료하게 눈 안에 들어올 것이다.

동자(董子)가 "성(性)은 생(生)의 질(質)이다."라고 말하였는데,[41] 이 말이 비록 완전하지는 못하지만 대의는 의외로 좋다. 대개 성은 단지

편지 두 통이 들어 있으며, 송명흠(宋明欽)의 《역천집(櫟泉集)》 권9 〈답김원지(答金遠之)〉에도 외척인 그가 성리학을 잘 잇고 있다는 말이 나온다.

41 동자(董子)가……말하였는데 : 동중서(董仲舒)가 한 무제(漢武帝)에게 올린 〈대현량책(對賢良策)〉에 "명은 하늘의 영이고, 성은 생의 질이고, 정은 사람의 욕이다.〔命者天之令也 性者生之質也 情者人之欲也〕"라고 하였고, "하늘이 영(令)한 것을 명(命)이라 하는데 이 명은 성인이 아니면 행해지지 않고, 질박한 것을 성이라 하는데 이 성은 교화가 아니면 이루어지지 않으며, 인욕을 정이라 하는데 이 정은 제도가 아니면 조절하지 못한다."라고 하였다. 《漢書 董仲舒傳》

기(氣)의 덕(德 속성)일 뿐이니, 이 기를 놔두고서는 이 성을 어디에서도 토구(討究)할 수가 없다. 예를 들자면, 양의 성은 건(健)한 것이고 음의 성은 순(順)한 것이지만 음양을 제거해 버리면 다시 건순(健順)이라는 것을 말할 것이 없고 '건순' 이외에 다시 음양의 성이라는 것이 없는 것과 같으며, 수(水)의 성이 내려가는 것〔下〕이고 화(火)의 성이 올라가는 것〔上〕이지만 수화를 제거해 버리면 다시 상하라는 것을 말할 것이 없고 상하 이외에 다시 수화의 성이라는 것이 없는 것과 같다.

사람은 오행의 정(正)하고 통(通)한 기를 얻었기 때문에, 그 성이 자연히 인과 의와 예와 지에 능한 것이지만, 사람의 몸을 제거해 버리면 어떻게 다시 인의예지라는 것을 말할 것이 있겠으며, 인의예지 이외에 어떻게 다시 사람의 성이라는 것을 말할 것이 있겠는가. 개와 소는 오행의 편(偏)하고 색(塞)한 기를 얻었어도 금(金)이나 토(土)의 부문에 조금쯤 통하는 면이 있기 때문에 그 성이 자연히 지키는 것〔守〕에 능하기도 하고 따르는 것〔順〕에 능하기도 하지만, 개와 소를 제거해 버리면 어떻게 다시 수(守)와 순(順)이라는 것을 말할 것이 있겠으며, 그 수와 순 이외에 어떻게 다시 개와 소의 성이 있겠는가.-수순(守順)이라는 두 글자가 옛 주소(註疏)에 나오기 때문에[42] 그대로 받아서 썼다. 그러나 개와 소의

42 수순(守順)이라는……때문에 : 《맹자》〈고자 상(告子上)〉에서 맹자가 "그렇다면 개의 성이 소의 성과 같으며, 소의 성이 사람의 성과 같은가?"라고 고자에게 질문하며 반박한 내용과 관련하여, 후한 말 조기(趙岐)의 주(註)와 송나라 손석(孫奭)의 소(疏)로 이루어진 《맹자주소(孟子註疏)》 권14에 "맹자가 이렇게 말한 이유는 개의 성은 금이 쌓인 것이라서 그 성이 지키는 것이고, 소의 성은 토가 쌓인 것이라서 그 성이 순하기 때문이었다.〔孟子所以言此者 以其犬之性 金畜也 故其性守 牛之性 土畜也 故其性順〕"라는 말이 나온다.

성 역시 이 일단(一端)에 그치는 것이 아니니, 그 대의만을 살펴보아야 할 것이다.-

그렇다면 개의 수(守)와 소의 순(順), 음양의 건순, 수화의 상하, 인(人)의 인의예지가 똑같이 동등한 지위가 되고 똑같이 본성이 된다는 것을 알 수 있다. 만약 형기(形氣)를 친첩(襯貼 부착(附着))하지 않고 그저 범연히 혼륜(渾淪)의 이(理)를 설한다면, 이라고 불러야 옳지 성이라고 부르면 안 될 것이다.

맹자가 성을 논할 적에 왕왕 성이라는 글자를 거론하지 않고서 곧장 "사람은 불선한 사람이 없으며, 물은 아래로 나아가지 않는 물이 없다."[43] 라고 하고, 또 "사람을 상하고 해쳐서 인(仁)이나 의(義)를 한다고 주장할 것인가."[44]라고 하였는데, 이런 곳이야말로 눈여겨보아야 할 대목이라고 하겠다. 명도(明道)가 "성은 바로 기이고 기는 바로 성이다."[45] 라고 말한 것도, 그 뜻이 바로 이것과 같다고 할 것이다. 그러고 보면

43 사람은……없다 : 맹자가 고자의 "성은 여울물과 같다."라는 설을 반박하면서 "물은 실로 동과 서에 분별이 없지만, 상과 하에도 분별이 없는가. 인성이 선한 것은 물이 아래로 나아가는 것과 같으니, 사람은 불선한 사람이 없으며, 물은 아래로 흐르지 않는 물이 없다."라고 비판하였다. 《孟子 告子上》

44 사람을……것인가 : 맹자가 고자의 "성은 버드나무와 같고, 의는 그릇과 같다."라고 주장한 것에 대해 "그대가 만일 버드나무를 상하게 하면서 그릇을 만든다고 주장한다면 또한 사람을 상하게 하면서 인이나 의를 한다고 주장할 것인가."라고 비판하였다. 《孟子 告子上》

45 성은……성이다 : "'생을 성이라고 한다.'라고 규정하였다. 성은 바로 기이고 기는 바로 성인 것이니, 이것이 그가 말한 생지위성의 의미이다. 사람이 태어날 때의 기품에는 이치상 선과 악이 있게 마련이지만, 그렇다고 해서 성 가운데에 원래 선과 악이라는 이 두 개의 요소가 있어서 서로 짝이 되어 나오는 것은 아니다."라고 하였다. 《二程遺書 卷1》《近思錄集註 卷1 道體》

동자의 말은 필시 옛날의 유훈(遺訓)일 터이니 이를 말살해서는 안 될 것이다.-명도가 일찍이 성과 도를 논하여 말하기를 "자기의 본질은 원래 완전하고 자족한 존재이다."[46]라고 하고, 또 "사람은 어린아이 때부터 성인의 질(質)이 모두 완비되어 있다."[47]라고 하였는데, 성(性)에도 질(質)이라는 글자를 사용하여 설명한 이 뜻이 매우 좋다.-

지금 사람들은 이러한 뜻을 알지 못하고서, 개와 소와 사람의 성이 다른 것을 가지고 그것을 기질지성이라고만 말할 뿐이요, 성이라는 글자를 말하는 순간 거기에는 벌써 기질의 요소를 띠고 있다는 사실에 대해서는 전혀 알지 못하고 있다. 천하에 어찌 기가 없는 성이 있겠는가. 이 기가 있으면 이 성이 있는 것이고, 이 기가 없으면 이 성도 없는 것이며, 이 기가 많으면 이 성도 많은 것이고 이 기가 적으면 이 성도 적은 것이니, 이것이 성의 본색(本色)인 것이다. 그런데도 지금 형기(形氣)에 관련되기만 하면 곧장 기질지성이라고 주장하는데, 그렇다면 필경 천건(天乾)과 지곤(地坤)도 본성이 될 수 없을 것이요,

46 자기의……존재이다 : 《이정유서(二程遺書)》 권1 〈단백부사설(端伯傳師說)〉의 첫머리에서 정호(程顥)가 한지국(韓持國)의 설을 비판하며 "도가 곧 성이니, 만약 도 밖에서 성을 찾거나 성 밖에서 도를 찾는다면 성현이 천덕을 논한 것이 못 된다."라고 전제한 뒤에 "자기 자신은 원래 천연적으로 완전하고 자족한 존재이다."라고 하고, 또 "자기의 본질은 원래 완전하고 자족한 존재이다."라고 정의하면서, 유학과 선학의 차이를 설명해 준 내용이 나온다.

47 사람은……있다 : 《중용장구》 제23장의 치곡(致曲)에 대해서 주희(朱熹)가 "사람은 성이 같더라도 기품은 혹 다를 수 있다. 그 성의 측면에서 말하면 사람은 어린아이 때부터 성인의 질이 모두 완비되어 있지만, 그 기의 측면에서 말하면 성인만이 그 전체를 거행하여 미진한 점이 없을 수 있는 것이다."라고 해설한 내용이 《중용혹문(中庸或問)》에 나온다. 정호의 설이라고 인용한 것은 녹문의 착오이다.

본성이라고 하는 것은 장차 형기를 도탈(掉脫 탈락(脫落))해 버리고 공중에 매달려 홀로 서 있은 다음에야 가능할 것이니, 주자(朱子)가 '부자(附子)는 뜨겁게 하고 대황(大黃)은 차게 하는 것'을 기질지성이라고 말한 혹자의 주장을 비웃은 것도 참으로 이 때문이라고 하겠다.[48]

대저 기질지성이라고 하는 것은 대개 이런 것을 의미한다. 사람이 이미 이 성을 지니긴 하였지만 품수한 그 기로 말하면 정(正)하고 통(通)한 가운데에서도 영핍(贏乏 다소(多少))과 후박(厚薄)의 차이가 없을 수 없기 때문에, 이 성이 발동할 때에 그 기의 차이에 따라 강유(剛柔)와 선악의 구별이 없을 수 없는데, 이른바 영핍과 후박의 차이가 나는 것으로 말하면 또 생질(生質 품수)의 처음부터 이미 그런 것이기 때문에 이를 명명하여 기질지성이라고 한 것이니, 이런 이름을 붙인 것은 바로 같은 것 중의 다름을 분변하기 위해서이다.-기질지성은 본래 사람에 대해서 설한 것이지만, 금수의 경우도 이 뜻을 미루어 적용해야 할 것이다.-

그러니 만약 사람과 소와 개가 본래 같지 않은 것까지 싸잡아서 기질지성이라고 간주한다면-주자도 이와 같이 설한 것이 있지만, 그것은 그냥 한 단계 올려 말을 바꿔서 언급한 것일 뿐이지 기질지성을 정식으로 설한 것은 아니다.- 도대체 무엇을 같다고 여기고서 이처럼 다른 것들을 '같은 것 중의 다름'이

48 주자(朱子)가……하겠다 : 혹자는 서자융(徐子融)을 가리킨다. 그가 "고고한 가운데에도 성(性)이 있고 기(氣)가 있기 때문에, 부자는 뜨겁게 하고 대황은 차게 하는 것이니, 이 성이 기질지성이다."라면서 주희에게 서신을 보내 질정을 청하자, 주희가 "지각을 성으로 오인했기 때문에 이것을 기질지성이라고 한 것이다."라고 그의 오류를 지적하며 설명해 준 일화를 녹문이 소개한 것이다.《朱子語類 卷4 性理1 人物之性氣質之性》 "참으로 이 때문이라고 하겠다."의 원문이 대본에는 '良以比也'로 되어 있는데, 문맥에 근거하여 '比'를 '此'로 바로잡아 번역하였다.

라고 말할 것인가. '부자는 뜨겁게 하고 대황은 차게 하는 것'을 본성이 아니라고 하면서 "부자의 성은 인의예지이고 대황의 성도 인의예지이다."라고 말한다면 그것이 도대체 말이 되겠는가.

개와 소와 사람의 성이 같다고 주장하는 것이 말이 되지 않는 것도 이와 같다. 그래서 맹자가 곧장 고자(告子)를 절복(折伏)하여 말하기를 "개의 성이 소의 성과 같으며, 소의 성이 사람의 성과 같은가?"라고 한 것이니, '이는 사람마다 공통으로 알고 있는 사실인 만큼 변론할 필요도 없이 고자가 굴복할 것이다.'라고 맹자가 생각했으리라는 것을 알 수 있다.–혹자는 말하기를 "고자가 기질지성을 설했기 때문에 맹자도 기질지성으로 대답한 것이다."라고 하는데, 이는 단지 문리를 알지 못해서 그렇게 말하는 것이다. 대개 고자가 전후로 말한바 버드나무, 여울물, 식색(食色)의 종류와 같은 것들은 모두 이 본성을 말함으로써 맹자의 성선론(性善論)에 대항한 것일 뿐이니, 일찍이 기질지성이라는 것이 있다는 것을 언제 알았겠는가. 다만 그가 성이라고 인식한 것이 고작 기였기 때문에 맹자가 이와 같이 절복한 것이니, 이는 대개 개와 소와 사람의 성이 같지 않다는 것을 사람들이 모두 알고 있고 고자 역시 평소에 잘 알고 있을 것인 만큼, 이에 대해서 그가 반성하면 그 기는 성이라고 말할 수 없음을 깨달을 가능성이 있기 때문에 그렇게 말한 것이었다.–

그런데 '성이 곧 이(理)인 것'이고 보면 성과 태극은 하나일 뿐이니, 어찌 두 개의 물건이 있겠는가. 그렇지만 그것이 그런 이름을 얻게 된 것으로 말하면, 허(虛)가 기와 합해지는 과정[49]에서–장자(張子)의 말이

49 허(虛)가……과정 : 허는 태허(太虛), 기는 기화(氣化)를 가리킨다. 장재(張載)의 《정몽(正蒙)》 〈태화편(太和篇)〉에 "태허를 말미암아 천이라는 명칭이 있게 되었고, 기화를 말미암아 도라는 명칭이 있게 되었으며, 태허와 기화를 합해서 성이라는 명칭이

다.- 같지 않은 점이 있으므로, 그런 측면에서 말할 때에는 동이(同異)와 활협(濶狹 다소(多少))의 차이가 없을 수 없는 것이다. 대개 태극은 본연지묘(本然之妙)로서 혼연(渾然)한 전체를 말하는 것이요, 성은 기의 측면에서 그것이 품수한 이(理)를 명명한 것으로 그 기에 따라 '각자 하나의 성이 된 것'을 말하는 것이다.

그런데 '각자 하나의 성이 된 것'이라고 말은 했지만, 이런 측면에서의 성은 천지 만물의 성이 된 그것으로서 원래 두 개의 이(理)가 없는 것이다. 예를 들면 타오르는 것〔炎上〕이 화(火)의 성이지만 이처럼 '절로 그렇게〔自然〕' 타오르는 측면에서 말하면 이는 곧 수(水)가 절로 그렇게 흘러내리는 것인 동시에 천지 만물이 절로 그렇게 천지 만물이 된 그것이며, 뜨겁게 하는 것이 부자(附子)의 성이지만 이처럼 절로 그렇게 뜨겁게 하는 측면에서 말하면 뜨겁게 하는 것은 대황이 절로 그렇게 차게 하는 것인 동시에 천지 만물이 절로 그렇게 천지 만물이 된 그것이다. 그렇다면 화의 측면에서나 부자의 측면에서 말한 성은 곧 태극의 혼연한 전체인 것이 분명하다고 하겠다.

그러나 여기에서 '혼연한 전체'라고 말한 것은 단지 그 이(理)가 이 태극에서 벗어나지 않는다는 의미에서 말한 것일 뿐이요, 이 물(物)이 품수하여 수용한 것으로 말한다면 단지 이 물의 이(理)일 뿐이니, 예컨대 화가 품수하여 수용한 것은 단지 염상(炎上)하는 것일 뿐이고, 부자가 품수하여 수용한 것은 단지 열(熱)일 뿐인 것과 같다. 그 밖에 천지

있게 되었고, 성과 지각을 합해서 심이라는 명칭이 있게 되었다.〔由太虛有天之名 由氣化有道之名 合虛與氣有性之名 合性與知覺有心之名〕"라고 하였다. 《맹자집주(孟子集註)》〈진심 상(盡心上)〉 1장의 해설에도 이 말이 인용되어 있다.

만물의 이(理)라는 것 역시 이 태극에서 벗어나지 않는다고 말은 하더라도 이 기가 없으면 원래 화와 부자의 일에 간여하지 못하는 만큼 "화의 성은 이와 같고 부자의 성은 이와 같다."라고 말할 수가 없는 것이다.

이 때문에 기의 측면에서 그것이 품수한 성을 가리키면 혹은 편(偏)하고 혹은 전(全)하며 혹은 대(大)하고 혹은 소(小)하여 동일할 수가 없는 것이고, 기를 떨어 버리고서 그것의 본연지묘를 가리키면 편도 없고 전도 없으며 대도 없고 소도 없어서 혼전(渾全)하지 않음이 없는 것이다. 다만 사람의 경우는 기가 전(全)하고 성도 전(全)하기 때문에, 사람의 성은 태극의 전체와 비교해서 원래 활협을 말할 것이 없을 뿐이다. 지금 만약 성이 곧 태극이라는 것을 모른 채 태극의 전체를 천(天)의 영역으로 밀어 올린다면 그것도 물론 안 될 일이지만, 만약 성이 이(理)라는 것만 알고서 성이 그런 이름을 얻게 된 실상은 살피지 않은 채 "물(物)마다 이 오상(五常)의 전덕(全德)을 품수하지 않은 것이 없다."라고 말한다면 그것도 《중용》과 《맹자》의 본지(本指)가 아닐 듯싶다. -태극의 체(體)가 오상의 이(理)이고 보면 "오상의 '이'가 각각 일물(一物)에 갖춰져 있다."라고 말해도 안 될 것이 없지만, 이것을 이 물의 성으로 삼을 수는 없다. 범연히 뭉뚱그려서 설명한다면 이와 같이 말하는 것이 그래도 가능하겠지만, 그것이 성의 본색은 아닌 것이다.-

주자가 《태극해(太極解)》에서 "오행이 생겨남에 각기 그 성을 하나씩 간직하였다.〔五行之生 各一其性〕"[50]라는 말을 해석하여 말하기를

50 오행(五行)이……간직하였다 : 주돈이(周敦頤)의 〈태극도설(太極圖說)〉 본문에 나오는 말이다.

"그 기질에 따라서 품수한 것이 같지 않으니, 이것이 이른바 '각각 그 성을 하나씩 간직한다.〔各一其性〕'라는 것이다. 그런데 각일기성(各一其性)하는 것이고 보면, 혼연한 태극의 전체가 일물의 안에 각각 갖추어지지 않음이 없음을 또 알 수 있다."라고 하였는데, 이 1단을 자세히 살펴보아야 할 것이다.

대개 '그 기질에 따라서 품수한 것이 같지 않다는 것'은 성이 다름을 말한 것이고, '혼연한 태극이 각각 갖추어지지 않음이 없다는 것'은 성은 달라도 실제로는 이(理)가 하나임을 말한 것이다. 그런데 상구를 먼저 말하고 하구를 뒤에 설했고 보면 빈주(賓主)의 관계가 실로 이미 분명하고, 중간에 '즉(則)'이라는 글자를 놓았고 보면 성과 태극이 두 개의 물건이 아니라는 것을 또 명확하게 알 수 있다. 그러니 지금 만약 상구만 알고 하구는 알지 못한 채 성과 태극을 분리해서 두 개의 물건으로 만들어 버리면 실로 성을 기로 오인하는 병통에 떨어질 것이요, 하구만 알고 상구를 알지 못한 채 "수(水)의 성도 혼연한 전체이고, 화(火)의 성도 혼연한 전체이다."라고 말한다면 이는 주자가 "같은 것만 믿고 다른 것은 의심하며, 합하는 것만 좋아하고 분리하는 것은 싫어한다면 그 주장이 매양 한쪽으로 치우치는 데에 빠져서 끝내는 눈금 없는 저울이나 치수 없는 자처럼 되고 말 것이다."[51]라고 배척한 것에 해당될 것이다.

대저 이일분수(理一分殊)라는 네 글자 속에 모든 설명이 다 들어 있는데, 나정암(羅整庵 나흠순(羅欽順))이 이 네 글자 안에 담긴 의미를 드러내 밝힌 그 뜻이 지극히 좋다. 그가 기질지성이라고 말한 것과

51 같은……것이다 : 《성리대전(性理大全)》 권1 〈태극도(太極圖)〉에 나온다.

같은 것은 부득이해서 내놓은 주장이니, 참으로 잘 살펴보지 않으면 거꾸로 병통을 이루고 말 것이다.

남당(南塘)의 도설(圖說)에는 실로 의심할 만한 점이 많이 있다. 그런데 그중에서도 선악지성(善惡之性)을 태극의 동그라미 안에 적어 넣었고, 또 아래의 〈일원분수일치도(一原分殊一致圖)〉에서 태극과 오상과 선악을 똑같이 한곳에 적어 넣고는 이를 나누어 해설하며 말하기를 "단지(單指)와 각지(各指)와 겸지(兼指)가 한곳에 있을 뿐이다."라고 하였으니, 이는 참으로 '성 가운데에 원래 선과 악이라는 이 두 개의 요소가 있어서 서로 짝이 되어 나오는 것'[52]이라고 지적한 것에 해당한다.

대개 이 노인은 단지 이(理)와 기(氣)가 두 개의 물건이 아니라는 것만 알기 때문에, 대본(大本)의 지두(地頭 영역)에 기질과 선악의 글자를 붙이려고만 했을 뿐이요, 기의 본체는 본래 그 자체로 선만 있지 악은 없으며 성선의 선은 바로 기가 선한 것이라는 사실은 전혀 알지 못하였다. 대개 성은 기의 덕일 따름이니, '기'가 참으로 악하다면 어느 곳에서 선한 성을 찾아낼 수가 있겠는가.

그가 대본의 지두에 기질이라는 글자를 붙여 놓았지만 그래도 대본을 순선(純善)으로 해 놓지 않을 수 없자, 어쩔 수 없이 "악기(惡氣)에도 선성(善性)이 있다."라는 이론을 만들어 낸 것인데, '악기'에도 '선성'이 있다면 "이와 기가 두 개의 물건이 아니다."라는 명제는 또 어떻게 성립하겠는가.-악기에 선성이 있다고 해서 문제 될 것이 없다고 한다면 유독 편기(偏氣)에 전성(全性)이 있다고 해서 괴이하게 여길 것이 있겠는가. 그럼에도 편기에

52 성……것 : 정호(程顥)가 그렇게 생각할까 봐 경계한 것이다. 311쪽 주45 참조.

전성이 있을 수 없다는 것만 알고, 악기에 선성이 있을 수 없다는 것은 모르고 있으니, 나는 그것이 도대체 무슨 설인지 알지 못하겠다.-

경사(敬思)가 그의 선악지성(善惡之性) 1도(圖)에서 또한 남당의 설을 답습하였는데, 어쩌면 미처 살피지 못해서 그런지도 모르겠다. 경사는 또 천명지성(天命之性)을 일원(一原)에 소속시키고 개와 소와 사람의 성을 분수(分殊)에 소속시켰는데, 그렇다면 천명지성과 성선지성(性善之性)이 동일한 성이 되지 못할 것이다. 백정자(伯程子)가 천명(天命)과 솔성(率性)과 소와 말의 성을 합해서 말한 것[53]도 정론(定論)이 될 수 없다는 말인가. 이것 역시 깊이 살피지 못한 탓이 아닌가 한다.

53 백정자(伯程子)가……것 : 《이정유서》 권2 상(上)의 생지위성장(生之謂性章)에 대한 정호의 해설에 이 내용이 상세히 나온다. 주희가 지은 《맹자정의(孟子精義)》 권11의 생지위성장에도 같은 내용이 실려 있다. 생지위성장은 《맹자집주》 〈고자 상〉의 3장을 말한다.

오공 희길의 사적 병자년(1756, 영조32)

吳公希吉事蹟 丙子

오공 희길(吳公希吉)은 자(字)가 길지(吉之)이고, 도암(韜庵)이 그의 호(號)이니, 나주(羅州) 사람이다. 그는 외모가 우람하고 성품이 소탈하였다. 정 선생 운룡(鄭先生雲龍)을 사사하였고, 또 율곡(栗谷 이이(李珥))과 우계(牛溪 성혼(成渾)) 두 분 선생을 따라 노닐었는데, 마침내는 과거 공부에 염증을 내고는 성리(性理)의 학문에 잠심하였다.

당시에 정여립(鄭汝立)이 남몰래 다른 뜻을 품고서 한 세상을 농락하였는데, 당시에 조야에서 조금 명성이 있는 자들은 그를 존모하지 않은 자가 없었다. 공도 일찍이 그 집에 왕래했는데, 정해년(1587, 선조20) 봄에 이르러 그의 심술(心術)이 바르지 못함을 깨닫고는 글을 보내 배척하며 관계를 끊으면서 말하기를 "지금부터는 나의 발길이 다시는 문하에 닿지 않을 것이다."라고 하였다. 그 뒤에 정여립이 복법(伏法)을 당하면서 그의 집에 보관된 문서를 적몰하였는데, 공이 보낸 서한도 그 안에 들어 있었다. 선묘(宣廟)가 그 내용을 보고서 크게 찬탄하고는 즉시 일소(馹召)하며 분부하기를,

"그대가 정여립에게 보낸 글을 보고는 나도 모르게 가탄(嘉歎)하였다." 하고, 또 승정원에 하교하기를,

"역괴(逆魁) 집안의 문서를 보건대 그 안에 오희길이라는 자가 역괴에게 글을 보냈는데, 그 말이 평정(平正)하고 적확하였으니, 조정에서는 이런 의론을 찾아볼 수 없었다. 그의 학술이 바르고 소견이 높은 것이 속유(俗儒)가 미칠 바가 아니었으므로, 내가 보고 가탄하

며 남중(南中 남쪽 지방)에 인물이 있다고 여겼다. 이자는 필시 기사(奇士)일 것인 만큼 내가 관직을 제수하고 싶으니, 의계(議啓)하도록 하라."

하였다. 대신(大臣)이 의계하자 분부하기를,

"고창(高敞)의 오희길은 정해년 연간에 간당(奸黨)이 득실거려 이이와 성혼이 모함을 당할 적에 조정 위에는 한 사람도 이이와 성혼을 구제하며 정여립을 배척하는 자가 없었는데, 그런 때에 오희길이 역괴에게 글을 보내어 이이와 성혼을 추존하고 정여립의 심술이 요망하고 간특함을 배척하는 등 그 정상을 더할 나위 없이 드러내 표현하였다. 내가 매우 가상하게 여겨 그를 포상하지 않을 수 없다."

하고는, 즉시 후릉 참봉(厚陵參奉)을 제수하였고, 얼마 지나지 않아 경기전 참봉(慶基殿參奉)으로 바꿔 주었다. 임진왜란 때에 공은 전주(全州)의 임소(任所)에 있었다. 이때 왜적의 칼날이 날로 가까워 오자 사람들이 모두 사방으로 도피하였는데, 공이 감사에게 청하기를,

"근래에 방어사(防禦使)가 얻은 왜적의 행장(行裝) 중에 실록 2판이 있는 것을 보면, 다른 곳의 실록도 다 함께 잿더미가 된 것이 의심할 여지가 없다. 참봉은 전(殿)을 지키는 관원이니 어용(御容 임금의 초상화)과 같은 것은 내가 물론 팔로 껴안고 등에 지며 산을 넘고 물을 건너 목숨을 걸고 지켜야 마땅하다. 그런데 실록은 나의 직분이 아니기는 하지만, 성상의 망극한 은혜를 받아 이 직책에 제수되었는데, 미천한 말직 관원으로서 달리 보답해 드릴 길이 없으니, 실록도 함께 받들고 갔으면 한다. 다행히 온전하게 될 수 있다면 그런대로 조금이나마 은혜를 갚을 수 있을 것이다."

하니, 감사가 허락하였다. 이에 마침내 어용과 제기(祭器) 및 실록을

받들고 정읍(井邑) 내장산(內藏山) 꼭대기의 은적암(隱寂庵)에다 옮겨 모셨다. 그리고 날래고 용감한 승도(僧徒) 및 가까운 고을의 산척(山尺) 100여 명을 모집하여 지키게 해서 무사히 보전할 수가 있었다. 그 뒤에 조정의 명령에 따라 선박에 싣고 행재(行在)에 도달하니, 상이 배곡(拜哭)하고 친제(親祭)를 행하고 나서 영변(寧邊)에 이안(移安)하였다.

광해(光海) 임자년(1612, 광해군4)에 실록을 수정할 때에, 공이 상소하여 전후의 사적을 진달하고, 이와 함께 선조(先朝) 때에 내린 비망기를 정리해서 올렸다. 이에 해당 조(曹)가 "나라 안의 세 곳에 소장한 실록이 모두 왜적의 병화(兵火)를 당했는데, 이 1본만 완연히 온전함을 얻었으니, 그의 공이 실로 크다."라는 내용으로 아뢰니, 마침내 공을 6품으로 올려 동부 주부(東部主簿)에 제수하였다.

갑인년(1614)에 경기전을 중건하고, 영정을 봉안한 뒤에 제사를 올렸다. 광해가 공에게 처음부터 끝까지 보위한 공로가 있다고 하여, 특명으로 수헌관(首獻官)을 삼았으며, 또 위성 원종이등공신(衛聖原從二等功臣)에 녹훈하고 화공에게 명하여 공의 상을 그리게 해서 하사하는 한편, 태인 현감(泰仁縣監)에 임명하였다. 뒤에 역적 허균(許筠)이 권세를 휘두르며 청류(淸流)를 모두 잡아들일 적에 공도 배척을 받아 거제(巨濟)로 귀양 가서 죽었다.

임실현의 군자당에 현판을 걸고 제생에게 유시한 글 정축년(1757, 영조33)

任實縣君子堂揭板諭諸生 丁丑

군자당(君子堂)은 본현에서 양사재(養士齋)라고 불러 오던 것을 새로 바꿔서 편액한 당호이다. 옛날에 공자가 자하(子夏)에게 이르기를 "너는 군자다운 유자(儒者)가 되어야지, 소인과 같은 유자는 되지 말라."라고 하였는데,[54] 정자가 해석하기를 "군자다운 유자는 자신을 위해 공부하고, 소인과 같은 유자는 남을 의식하고서 공부하는 것이다."라고 하였다.[55]

본현의 사자(士子)는 과거(科擧)가 있는 것만 알 뿐이요 도의(道義)가 있는 것은 알지 못하며, 표절하며 그럴듯하게 꾸미는 글을 좋아할 줄만 알 뿐이요 격물치지(格物致知), 성의정심(誠意正心)의 공부를 즐길 줄은 알지 못한다. 그런데 거기에 빠져든 것이 워낙 공고해서 그런 것이 잘못인 줄도 알지 못하니, 아무리 태수가 입이 닳도록 힘써 말해 줘도 그 말을 믿으려고 하지 않는다.

그래서 부자(夫子 공자)의 말을 취하여 '군자(君子)'라고 그 당을 이름 짓고, 또 염계(濂溪)의 말을 취하여 그 당의 실(室)을 이름 짓되, 동쪽은 '지이(志伊)'라 하고 서쪽은 '학안(學顔)'이라 하였다.[56] 이렇게

54 공자가……하였는데 : 《논어》 〈옹야(雍也)〉에 나온다.

55 정자가……하였다 : 정자는 이천(伊川) 정이(程頤)를 가리킨다. 주희(朱熹)가 지은 《논어정의(論語精義)》에 정이의 말로 소개하였다.

함으로써 여기에서 노닐며 거하는 자들이 이름을 돌아보고 그 뜻을 생각하여 늘 두려워하는 마음으로 생각을 고쳐서 취사(取捨)와 향배(向背)의 사이에서 태도를 분명히 하는 점이 있기를 소망하는 바인데, 일향(一鄕)의 사우(士友)들은 이를 보고 어떻게 생각할지 모르겠다.

56 염계(濂溪)의……하였다 : 지이는 이윤(伊尹)이 품은 뜻을 품는다는 말이고, 학안은 안회(顔回)가 공부한 것을 공부한다는 말인데, 《근사록집해(近思錄集解)》 권2 〈위학(爲學)〉의 "이윤이 뜻한 바를 뜻하고, 안연이 공부한 것을 공부해야 할 것이니, 이보다 나으면 성인(聖人)이 될 것이고, 이와 같으면 현인(賢人)이 될 것이고, 여기에 미치지 못하더라도 아름다운 이름을 잃지 않을 것이다."라는 염계 주돈이(周敦頤)의 말에서 추출한 것이다.

방생 석필에게 써 준 글
書贈房生錫弼

모쪼록 마음을 크게 하여 활짝 열리게 하라. 비유하면 9층의 누대를 만들 적에 토대를 크게 쌓아야만 제대로 되는 것과 같다.[57]

성선(性善)을 알고 충신을 근본으로 삼으면 이것이 먼저 그 큰 것을 확립하는 것이다.[58]

경(敬)으로써 안의 마음을 곧게 하고, 의(義)로써 밖의 일을 바르게 하라. 이 경의를 좌우에 끼고서 곧장 올라갈 것이니, 천덕에 도달하는 것이 이로부터 시작된다.[59]

천지(天地)를 위하여 마음을 세우고 생민을 위하여 도를 세우며, 옛 성인을 위하여 끊어진 학술을 잇고, 만세를 위하여 태평을 열라.[60]

57 모쪼록……같다 : 《근사록집해(近思錄集解)》 권2 〈위학(爲學)〉에 나오는 정호(程顥)의 말이다.

58 성선(性善)을……것이다 : 《근사록집해》 권2 〈위학〉에 나오는 정호의 말이다.

59 경(敬)으로써……시작된다 : 《근사록집해》 권2 〈위학〉에 나오는 정호의 말이다. 경의는 《주역》 〈곤괘(坤卦) 문언(文言)〉의 "군자는 경으로써 안의 마음을 곧게 하고, 의로써 밖의 일을 바르게 하니, 경과 의가 확립되면 그 덕이 외롭지 않다."라는 말에서 나온 것이다.

60 천지(天地)를……열라 : 장재(張載)의 말로, 《근사록집해》 권2 〈위학〉에 나온다.

일을 처리할 즈음에는 이해가 있고 시비가 있게 마련이다. 이해를 위주로 하면 물(物)만 보이고 이(理)는 보이지 않으며, 시비를 위주로 하면 이는 보이나 물이 보이지 않는 법이다.[61]

무인년(1758, 영조34) 여름에 설산(雪山)[62]의 방군 여량(房君汝良)이 운수(雲水 임실(任實))의 현아(縣衙)로 찾아와서 며칠 머물며 군자당의 제생과 더불어 강학하고 습례(習禮)하였는데, 그 뜻을 살펴보건대 매우 정민(精敏)하였으므로 앞으로의 발전을 자못 헤아릴 수 없을 정도였다. 그가 헤어질 즈음에 매우 근실하게 한마디 말을 청하였는데, 내가 사양할 수 없었으므로 '규모를 크게 하라.〔大規模〕'라는 세 글자를 써 주었다. 그런데 여량이 또 힘을 쓰는 방법을 알려 달라고 하기에, 마침내 옛사람이 시를 읊어서 작별 선물로 주었던 뜻[63]을 모방하여, 대략 정(程), 장(張), 호(胡) 세 분 선생의 격언(格言) 몇 조목을 읊어 주었는데, 여량은 어떻게 생각할지 모르겠다.

61 일을……법이다 : 《논어》 〈팔일(八佾)〉의 "자공이 곡삭의 희생양을 없애고자 하였다.〔子貢欲去告朔之餼羊〕"의 소주(小註)에 나오는 호씨(胡氏)의 말이다.

62 설산(雪山) : 전남 곡성군(谷城君) 옥과(玉果)의 옛 이름이다.

63 옛사람이……뜻 : 옛날에 헤어질 때에는 서로 격려하는 뜻으로 좋은 말을 주고받았다는 말이다. 증언(贈言)이라고도 한다. 《순자(荀子)》 〈비상(非相)〉에 "떠나는 사람에게 좋은 말을 선물하는 것은 금석이나 주옥을 주는 것보다도 더 중하다."라는 말이 나온다.

기해년[64]의 공부 계획
己亥課程

밥 먹기 전에 《역(易)》 1괘(卦)를 두 번씩 읽되, 정전(程傳), 본의(本義) 및 소주(小註), 《어류(語類)》, 내역(來易)[65]을 함께 보며 모두 10괘를 읽는다. 그 뒤에 또 재차 날마다 2괘 혹은 3, 4괘를 힘닿는 대로 보되, 이때는 정전과 본의만 본다.

밥 먹은 뒤에는 《주자대전(朱子大全)》을 점차(點箚)[66]하되, 점은 2일에 1책을 끝내고, 차는 매일 10판 혹은 15～20판씩 힘닿는 대로 한다.

64 기해년 : 1779년(정조3)으로 녹문이 69세 되던 해이다. 이해 가을 정언 이양재(李亮載)가 홍국영(洪國榮)의 사주를 받고 녹문이 홍계능(洪啓能)과 친했다는 이유로 논척을 하였으나, 정조가 근거 없다고 받아들이지 않아 다행히 당쟁의 화를 면하였다.

65 내역(來易) : 내씨역(來氏易), 즉 명나라 내지덕(來知德)의 역을 말한다. 그는 30여 년 동안 은둔하며 《주역》 연구에 몰두하여 독창적인 해석으로 당대에 절학(絶學)이라는 칭송을 받았다. 그는 상수(象數)에 의리(義理)를 결합시켜서 《주역》을 해석하였는데, 지나치게 상을 중시한 나머지 상 이외에는 이(理)가 없다고 하는 등 다소 편파적으로 천착하는 경향을 보였으나, 상수 이론을 체계화했다는 점에서 역학의 역사에 한 획을 그었다. 그의 저술 중에 특히 《내주주역집주(來註周易集註)》가 후대에 많은 영향을 끼쳤는데, 《내구당선생역주(來瞿塘先生易註)》, 《내선생역경(來先生易經)》이라고도 한다. 녹문은 일찍부터 이 내역을 통해서 《주역》 연구에 많은 계발을 받았는데, 이 점을 스스로 술회한 내용이 《녹문집》 권2의 기사년(1749, 영조25) 1월 〈역천 송형에게 보내는 글〔與櫟泉宋兄〕〉에 나온다.

66 점차(點箚) : 점(點)은 표점을 찍는 것이고, 차(箚)는 자기 의견을 기록해 두는 것을 말한다.

저녁에는 《논어》 2편을 송독한다. 역(易)은 고역(古易)[67]을 쓰되, 상경(上經), 하경(下經)과 상(象)의 상전(上傳), 상의 하전(下傳)은 각각 3일마다 끝내고, 단(彖)의 상전, 단의 하전은 각각 2일마다 끝내어, 모두 16일 동안에 한 바퀴를 돌고 나서 처음부터 다시 시작한다.

67 고역(古易) : 원래 《역》은 상경, 하경과 공자가 지은 십익(十翼)이 본래 각자 편을 이루어서 모두 12권이었는데, 이것을 고역이라고 한다. 그 뒤에 정현(鄭玄)과 왕필(王弼)에 이르러 처음으로 전(傳)을 경(經)에다 붙여 갈라놓고는 종류대로 소속시켰다. 정이(程頤)는 왕필본(王弼本)을 가지고 정전을 지었고, 주희는 여조겸(呂祖謙)이 경정(更定)한 고역을 가지고 본의(本義)를 지었는데, 《영락대전(永樂大全)》을 편찬할 적에는 왕필본을 사용하면서 정전과 본의를 한데 끌어다 붙였다.

한남당 원진 의 예설에 대한 변론 신축년(1781, 정조5)
韓南塘 元震 禮說辨 辛丑

한남당(韓南塘)의 "심(心)에 선(善)과 악(惡)이 있다."라는 주장이 순양(荀揚)[68]에 빠져들어서 오도(吾道)에 크게 해가 되는 점에 대해서는 내가 전에 이미 갖추어 변론하였다. 그런데 지금 그의 별집을 보건대 〈심신부에게 답하는 글〔答沈信夫書〕〉[69] 중에 예(禮)를 논한 두 조목이 있었는데, 하나는 "천자와 제후는 장자를 위해 참최복(斬衰服)을 입어 줄 수 없다."라고 주장하는 것과, 하나는 "방지(旁支)를 통해 들어와 대통을 이어서 선군(先君)을 부(父)로 할 수 없는 경우에는 그 사친을 부라고 칭하고서 그를 위해 삼년복을 입어야 한다."라고 주장하는 것이었다. 그는 이에 대해서 장황하게 많은 말을 늘어놓았는데, 경(經)에 근거한 것이 하나도 없고 증거를 댈 만한 선유(先儒)의 설도 없이 곧장 자기 머릿속으로만 생각하여 결론을 내렸을 뿐, 자하(子夏) 이하의 제가가 제시한 전주(傳註)의 설과 정주(程朱) 이래로 간곡하게 드러내 밝혀 준 뜻을 완전히 쓸어버리고 그 단안(斷案)을 뒤집어엎었으므로, 이를 읽어 나가는 동안 심장과 간담이 모두 두려워 떨리게 하였다.

아, '평상에서 염습하는 것〔襲於牀〕'은 예 중에 하나의 작은 절목일

68 순양(荀揚) : 순자(荀子)와 양웅(揚雄)의 병칭이다. 순자는 성악설을 주장하고 양웅은 선악혼재설(善惡混在說)의 인성론을 주장하였다.

69 심신부(沈信夫)에게 답하는 글 : 경신년(1740, 영조16) 6월과 12월에 두 차례 보냈는데, 녹문이 인용한 것은 6월의 서신이다. 12월의 것은 문답 형식을 취해 보다 자세히 설명하고 있다. 《南塘集 拾遺 卷3》

뿐이고, 또 경문에 분명히 실려 있는데도 현자(縣子)는 오히려 자유(子游)가 예에 맞지 않게 전단(專斷)하여 남에게 허락했다면서 참람하다고 평하였다.[70] 그런데 더구나 왕가(王家)의 이 중대한 전례(典禮)로 말하면 주공(周公)이 제정한 것이고 공문(孔門)이 전해 온 것으로서 수천 년 동안 준수하며 시행한 것인 데야 더 말할 것이 있겠는가. 그럼에도 불구하고 하루아침에 자기의 알량한 견해를 가지고 예에 근거한 바도 없이 곧장 붓을 휘둘러 한 문구로 결단하여 말하기를 "장자는 군처럼 존엄하지도 않고, 부처럼 존엄하지도 않으니, 어떻게 그를 위해 참최복을 입겠는가."라고 하고 "부라고 칭할 곳이 없는 상태에서 그 소생을 부로 하지 않는다면 이는 근본이 없는 것이다."라고 하였으니, 그 참람한 정도가 심하다고 하겠다. 가령 현자가 이를 본다면 당장에 뭐라고 할 것인가.

비록 그가 지은 설이 성글고 얕아서 남을 현혹하기에는 부족한 것같이 보이기도 하지만, 이 세상에 예에 밝은 자가 없는 상황에서는 뒷날 사람에게 이끌려 방가(邦家)의 예를 그르치고 부자의 윤기(倫紀)를 무너뜨리지 않을 줄 또 어떻게 알겠는가. 내가 이 때문에 부득불 간략히 변론하게 되었다.

70 평상에서……평하였다 : 사사분(司士賁)이 자유에게 "평상에서 염습하고 싶다."라고 의견을 묻자, 자유가 그렇게 하라고 허락하였는데, 현자가 이 말을 듣고는 "참람하도다, 숙씨여. 예에 본래 있는 것을 자기가 제정한 것처럼 전단하여 남에게 허락하다니.〔汰哉叔氏 專以禮許人〕"라고 비평하였다.《禮記 檀弓上》 땅 위에서 염습하지 않고 평상 위에서 하는 것이 본래 바른 예법으로 경문에 전해 오는 만큼, 질문한 자에게 전거를 들어서 친절하게 설명해 주어야 마땅할 텐데, 자유가 자기 생각에 그렇게 해도 좋을 것 같다는 식으로 대답하여 자긍하는 인상을 준 것을 풍자한 것이다.

남당은 이렇게 말하였다.

"천자와 제후는 본래 장자를 위해 참최복을 입을 수 없는 것이 아닐까."라고 나는 의심해 본다. 그 이유는 무엇이겠는가. 천자와 국군(國君)은 가장 존귀한 자이니, 지존의 입장에서는 그보다 낮은 자를 위해서 복을 입어 줄 수가 없다. 그러므로 단지 자기보다 존귀한 자나 존귀함이 자기와 같은 자에게만 복을 입을 뿐이고, 기타의 사람들에 대해서는 복을 입지 않는 것이다. 부친은 자기보다 존귀하기 때문에 참최복을 입고 임금은 자기보다 존귀하기 때문에 참최복을 입으니, 천자와 국군이 참최복을 입는 경우는 오직 이 두 가지일 뿐이다. 장자는 임금의 존귀함이 있는 것도 아니고 부친의 존귀함이 있는 것도 아니니, 그렇다면 어떻게 그를 위해 참최복을 입어 줄 수가 있겠는가.

대부(大夫)와 사서(士庶)가 장자를 위해 가륭(加隆)[71]을 하는 까닭은 그 장자가 비록 전중(傳重)[72]에 미처 미치지 못했어도, 죽어서

71 가륭(加隆) : 융숭하게 예를 가한다는 뜻으로, 삼년상의 복제(服制)를 비유할 때 쓰는 말이다. 《예기(禮記)》 〈삼년문(三年問)〉에 "그렇다면 어찌하여 3년으로 하는가? 융숭한 예를 가하려고 그렇게 하는 것이다."라고 하였다.

72 전중(傳重) : 중(重)을 전한다는 뜻으로, 상제(喪祭)와 종묘의 중책을 자손에게 전하는 것을 말한다. 여기에서 중은 종법 사회(宗法社會)에서 적장자의 대종(大宗) 계승권을 말하는 것으로, 전하는 주체는 본인이 될 수도 있고, 부친 혹은 조부가 될 수도 있으며, 따라서 중을 받는 대상 역시 본인 혹은 아들이나 손자가 될 수도 있다. 옛날에는 적서의 구별이 엄격해서 적자의 계통으로만 이 중이 전해졌는데, 적자가 폐질에 걸렸거나 사망하여 전중하지 못했을 경우에는 서자(庶子), 즉 적자 이외의 아들에게 전중하지 않고 적손(嫡孫)에게 전중하였다. 이런 때에 조(祖)의 입장에서는 전중이라고 칭하였고, 손(孫)의 입장에서는 승중(承重)이라고 칭하였다.

사당에 들어가고 또 그를 위해 입후(立後)를 해 주는 만큼 일찍이 전중의 종통(宗統)에서 끊어진 적이 없기 때문이다. 그러나 천자나 제후의 장자가 살아서 즉위하지 못하고 죽어서 종묘에 들어가지 못했다면, 이는 실로 전중의 종통에서 끊어진 것이니, 또 어떻게 그를 위해 가륭을 하겠는가.

천자와 제후가 중자(衆子)를 위해 기년복(期年服)을 입어 주지 않는데도 장자를 위해서는 기년복을 입어 주니, 그렇다면 적자를 중시하는 것이 그것만으로도 이미 지극하다고 할 것이다. 정설(鄭說)에 "정통(正統)을 위해 입는 기년복은 강복(降服)하지 않는다."[73] 라고 말한 것이 여기에 합치되니, 이를 적용해도 잘못이 있다고 할 수 없다.

나의 변론은 다음과 같다.

부친이 장자를 위해 참최복을 입는 것은 그가 선조의 정체(正體)에 해당하기 때문이고 장차 종묘의 중책을 전할 사람이기 때문이니,[74] 이

73 정통(正統)을……않는다 : 《주례(周禮)》〈춘관종백(春官宗伯) 사복(司服)〉의 "무릇 흉사에는 변복을 착용한다.〔凡兇事 服弁服〕"라는 경문에 대해 한나라 정현(鄭玄)이 "그 복은 참최와 자최이다.〔其服斬衰齊衰〕"라고 주(註)를 달았는데, 이 주에 대해서 당나라 가공언(賈公彦)이 소(疏)에서 "천자와 제후는 방친(旁親)을 위한 기년복을 입지 않지만, 정통을 위한 기년복은 그래도 강복하지 않기 때문에 자최를 아울러 말한 것이다.〔天子諸侯絶旁期 正統之期猶不降 故兼云齊衰〕"라고 하였다. 정통은 적통(嫡統), 즉 적자 계통의 자손을 말한다. 정현의 주라고 한 것은 한원진의 착오이다.

74 부친이……때문이니 : 《의례(儀禮)》〈상복(喪服)〉 참최장(斬衰章)의 경문에 "아버지가 장자를 위해서 입는다."라고 하였는데, 전(傳)은 "위에 대하여 정체이고, 또 장차 전중하려고 한 자이기 때문이다.〔正體於上 又乃將所傳重也〕"라고 하였고, 주(註)는 "그가 선조의 정체에 해당하고, 또 장차 자기를 대신하여 종묘의 주인이 되는 것을

런 두 가지의 중한 점이 있는 까닭에 감히 강복하지 못하는 것이다. 그렇다면 부친이 장자를 위해 참최복을 입는 것은 선조를 중시하고 종묘를 중시해서 그런 것이지 아들을 중시해서 그런 것이 아니다. 그런데 남당은 지금 "지존의 입장에서는 그보다 낮은 자를 위해서 복을 입어 줄 수 없다. 부친은 자기보다 존귀하기 때문에 참최복을 입고 임금은 자기보다 존귀하기 때문에 참최복을 입는다. 그러나 장자는 임금의 존귀함이 있는 것도 아니고 부친의 존귀함이 있는 것도 아니니, 그렇다면 어떻게 그를 위해서 참최복을 입어 줄 수 있겠는가."라고 하니, 그가 주장하는 것이 어쩌면 그렇게도 엉성하단 말인가.

아들의 입장에서 보면 부친이 지존인 것은 애당초 귀천의 차이가 없으니, 부친이 아들을 위해서 참최복을 입을 수 없다면 그것이 어찌 천자와 제후에게만 해당되겠는가. 그 선조와 종묘의 측면에서 보면 도읍(都邑)의 사(士)는 부친을 높일 줄을 알고, 학사(學士)와 대부(大夫)는 조부를 높일 줄을 알며, 제후는 그들의 태조에게까지 제사를 올리고, 천자는 그들의 시조를 나오게 한 분에게까지 제사를 올린다.[75]

소중하게 여겨서이다."라고 하였으며, 소(疏)에는 "주에서 말한 이 두 가지 일이 있어야 삼년복에 해당된다."라고 하였다. 전에서 말한 위〔上〕는 선조를 말한다. 정체, 즉 정과 체를 하나로 보느냐 둘로 나누어 보느냐 하는 논란이 있는데, 녹문은 '정적(正嫡)의 일체'라는 말과 같다면서 하나로 보는 입장을 취하였다. 《鹿門集 卷6 答金伯高》 여기에서 장자는 부친의 후사가 되어야 마땅한 적자를 말한다. 그 이외의 아들들은 모두 서자로 칭한다.

75 도읍(都邑)의……올린다 : 《의례》 〈상복〉 부장기장(不杖期章)의 "남의 후사가 된 사람은 그 부모를 위해 기년복으로 보답한다."라는 경문의 전(傳)에 "금수는 어미가 있는 것만 알고 아비가 있는 것은 모른다. 시골 사람들은 부모에게 무슨 구별이 있느냐고 한다. 도읍의 사는 부친을 높일 줄을 안다. 대부와 학사는 조부를 높일 줄을 안다.

이와 같이 신분이 높은 자는 존통(尊統 높이는 선조의 종통(宗統))이 위에 있고 신분이 낮은 자는 존통이 아래에 있으니, 천자와 제후의 장자가 선조의 정체에 해당하고 그 칠묘(七廟)와 오묘(五廟)의 중책을 전하는 것이, 또 어찌 고작 대부와 사의 제사가 겨우 몇 세대에 미칠 뿐인 것과 같겠는가. 선조를 위하고 종묘를 위한다고 한다면 존통이 아래에 있는 자는 장자를 위해서 참최복을 입고 존통이 위에 있는 자는 거꾸로 그를 위해 참최복을 입지 않는다고 하는 그 설이 도대체 무슨 설인지 나는 알지 못하겠다.

장자의 중(重)은 그가 태어나는 날부터 시작되는 것이다. 따라서 상사(殤死)하지 않고 또 폐질과 다른 연고가 없어서 생시에 폐(廢)해지지만 않는다면 정체의 신분으로 전중하는 것이 바로 그 몸에 있으니 삼년복을 입어야 하는 의리가 이미 정해진 것이다. 대개 그 자신이 미처 전중하지 못했더라도 '장차 전중하려고 한 자〔將所傳重〕'이고 보면 그 중이 이 사람에게 있기 때문이다. 더군다나 의문태자(懿文太子)[76]처럼 즉위해야 마땅한 아들인 경우에, 자기는 미처 전중하지 못했더라도 그 중이 자기를 통해서 전해졌고 보면, 자기가 전중한 것과 무슨 분별이 있기에 남당은 "전중의 종통에서 끊어졌으므로 그를 위해 가륭을 하지 않는 것이다."라고 말했단 말인가.-내가 살펴보건대 〈상복소기(喪服小記)〉에 "적부(嫡婦)로서 시아버지의 후사를 낳아 기르지 못한 자는 시어머니가

제후는 그들의 태조에게까지 제사를 올린다. 천자는 그들의 시조를 나오게 한 분에게까지 제사를 올린다."라고 하였다.

76 의문태자(懿文太子) : 명나라 태조(太祖) 주원장(朱元璋)의 적장자로 홍무(洪武) 1년(1368) 황태자에 책봉된 주표(朱標)이다. 혜제(惠帝)의 부친이고 성조(成祖)의 형인데, 태조 25년(1392)에 병으로 죽었으며, 혜제에 의해 흥종(興宗)으로 추존되었다.

그녀를 위해 소공복을 입는다."라고 하였는데, 정현(鄭玄)의 주에 "남편에게 폐질이 있거나 다른 연고가 있거나 죽어서 아들이 없어 수중(受重)하지 못한 경우이다."라고 하였으며, 가공언(賈公彦)의 소에서는 "적부에 대해서 이미 소공복을 입는 것으로 하였다면 남편이 죽었을 때에도 삼년복을 입지 않음을 알 수 있다."라고 하였다.[77] 이에 의거하면 장자가 죽었는데 아들이 없어서 전중할 수 없는 경우에는 상량할 여지가 있으니 다시 자세히 살펴볼 필요가 있다.- 그러니 또 더군다나 태상(太上 부왕(父王))과 모후(母后)의 입장에서 수선(受禪)한 임금[78]인 자기 아들에게 삼년복을 입어 주는 것이야 더 말할 필요가 있겠는가.

대저 가륭에 관한 설은 《대기(戴記 《예기》)》에 보이는데, 이는 대개 지친에 대해서는 기년복으로 정했지만, 부모를 위해서는 삼년복으로 가륭하는 것을 말한다. 가령 부모가 아들에 대해서는 그를 위하여 기년복만 입을 뿐 그가 부모에게 가륭을 하는 것에 대한 보복(報服 되갚아 입어 주는 복)을 입지 않으니 존귀한 신분이라서 낮추는 것이다. 낮춘다는 것은 부모에 대한 아들의 복보다 낮추는 것인데, 오직 장자에 대해서만은 감히 낮추지 않으니, 부친이 참최(斬衰)의 보복을 입고 모친이 자최(齊衰)의 보복을 입어 주는 것은 그 존통을 중하게 여겨서이다. 조부모와 적손의 관계도 이와 마찬가지이다. 손자가 조부모를 위해서 기년복을 입는데 조부모는 손자를 위하여 대공복을 입는 것은 존귀한

77 상복소기(喪服小記)에……하였다 : 〈상복소기〉는 《예기》의 편명이다. 적부에 대한 복은 대공복(大功服)인데, 적자인 장자에게 사정이 있어서 전중하지 못한 경우에는 맏며느리의 상을 당해서 시부모가 서자와 서부(庶婦)에 대한 상복인 소공복(小功服)을 입고, 이와 마찬가지로 장자에 대해서도 삼년복 대신 기년복을 입는다는 말이다.

78 수선(受禪)한 임금 : 건문제(建文帝) 혜제를 축출하고 제위에 오른 영락제(永樂帝) 성조를 가리킨다.

신분이라서 낮추는 것이다. 그러나 적손에 대해서만은 감히 낮추지 않고 그를 위하여 기년의 보복을 입어 주는데, 이것 역시 그 존통을 중하게 여겨서이다. 그러므로 《의례(儀禮)》 〈상복(喪服)〉 자최삼년장(齊衰三年章)의 "모친이 장자를 위해 입는다."의 전(傳)에 "부친이 낮추지 못하는 것에 대해서는 모친 역시 감히 낮추지 못해서 그런 것이다."라고 하고, 부장기장(不杖期章)의 "조부모가 적손을 위해 입는다."의 전에 "적손에게는 감히 낮추지 못해서 그런 것이다."라고 한 것이다.

대저 천자와 제후의 신분이 물론 존귀하기는 하지만, 선조를 높이고 종통을 중시하는 면에서야 어찌 두 가지 다른 길이 있겠는가. 그런데 지금 남당은 말하기를 "천자와 제후가 중자를 위해 기년복을 입어 주지 않는데도 장자를 위해서는 기년복을 입어 주니, 그렇다면 적자를 중시하는 것이 지극한 것이다."라고 하였다. 대저 중자를 위해 기년복을 입지 않는 것은 임금을 공경하는 의리에 입각한 것이고, 장자를 위해 참최복을 입는 것은 선조를 높이는 도리에 입각한 것으로서, 각기 타당한 이유가 있는 만큼 그 의리들은 서로 상관이 없는 것이다. 따라서 안 입어야 하면 안 입는 것이고 참최복을 입어야 하면 입는 것일 뿐이니, -상복과 관련하여 천자와 제후는 안 입으면 안 입고 입으면 입을 뿐이지, 그 본복(本服)을 낮춰서 입는 예(例)는 원래 없다.- 어찌 그 사이에서 이것과 저것을 견주고 헤아려 방편으로 올리고 낮춤으로써 성경(聖經)의 본지를 어지럽혀서야 되겠는가. 단지 그 지친에 대한 기년복을 입기만 하고 그 가륭을 낮춰 입는다면 적통을 중히 여기는 그 뜻이 어디에 있다고 하겠는가.

남당이 인용한 "정통을 위해 입는 기년복은 강복하지 않는다.……"라고 한 정씨의 설은 어떤 경의 어떤 주를 가리키는 것인지 모르겠으나, 내가 상고한 바에 의하면 〈상복도식(喪服圖式)〉의 '천자제후정통방기복도(天子諸侯正統旁期服圖)'의 아래에 인용한 《주례(周禮)》〈춘관종백(春官宗伯) 사복(司服)〉의 글에 대한 가공언의 소의 설을 정씨의 주로 잘못 인용한 것 같다. 여기에서 말한 '정통을 위해 입는 기년복'이라는 것은 장손(長孫)을 가리켜 말한 것이다. 장자의 경우는 애당초 기년복이 아닌데, 어찌 낮추고 낮추지 않는 것을 논하겠는가. 장손을 위해서 기년복을 입는데 장자를 위해서도 기년복을 입는다면, 또 어떻게 그 친소와 경중의 차이를 보여 줄 수 있겠는가.

남당은 이렇게 말하였다.

"장자가 미처 임금이 되기도 전에 죽은 경우야 물론 그렇다고 하더라도 임금이 되어 죽었는데 부왕과 모후가 살아 있는 경우에는 그 복(服)이 어떠한가?"라고 묻는다면 나는 다음과 같이 말하겠다.

그 경우 역시 기년복으로 그칠 뿐이다. 왕가의 예는 군신의 관계에 입각해서 예제(禮制)를 정할 뿐 다시 부자의 관계를 감안해서 정하지 않으니, 그런 까닭에 사군(嗣君)은 부왕과 모후에 대해서 여전히 신(臣)인 것이다. 사서(士庶)가 장자를 위해 참최복을 입는 것은 그들이 부자일 뿐 군신이 아니기 때문이다. 부자 관계에서는 은혜를 위주로 하기 때문에 부친이 아들에게 가륭할 수 있지만 군신관계에서는 의리를 위주로 하는 만큼 임금이 신하에게 가륭할 수 없는 것이다.

천자가 천하에 자칭하여 '나 한 사람'이라고 하는 것은 천하에 자기와 동등한 자가 또 없다는 말이다. 만약 자기 신하에게 가륭을 하여 신하가 임금을 위해 입는 복으로 그의 복을 입어 준다면 이는 임금과 신하가 서로 돌아가며 군신이 되는 것인 만큼 천자가 '한 사람'이 될 수 없는 것이다. 천자가 한 사람이 될 수 없다면 이는 군신이 없는 것이니, 군신이 없는데도 천하와 국가를 다스릴 수가 있겠는가.

주자가 말하기를 "하(夏)나라와 상(商)나라 이전에는 대개 친한 이를 친하게 대하고 어른을 어른으로 대하는 뜻만 있었는데, 주(周)나라 때에 와서 또 허다하게 귀한 이를 귀하게 대하는〔貴貴〕 예법을 더하였다. 기년(期年)의 상복에 대해서 천자와 제후는 끊어 버리고 대부는 강복하는데, 모두 귀귀(貴貴)의 의리에 입각한 것이다. 앞 시대에 갖춰지지 않았던 것을 주공(周公) 때에 와서 샅샅이 가려내어 예제로 확립한 것이니, 다시 바꿀 수 없다."[79]라고 하였으니, 이를 통해서 주공이 예를 제정한 본의를 알 수가 있다. 만약 천자의 존귀한 신분을 지니고서 거꾸로 그 신자(臣子)에게 군부(君父)의 복을 입어 준다면 귀귀의 뜻이 어디에 있다고 하겠으며, 이것이 과연 주공이 예를 제정한 뜻과 비슷하다고나 하겠는가.

공자는 말하기를 "하늘에는 두 개의 태양이 없고, 땅에는 두 사람의 왕이 없으며, 존귀한 자리에는 두 명의 윗분을 모실 수가 없다.〔天無二日 土無二王 尊無二上〕"[80]라고 하였고, 《예기》에 이르기를 "나라에는 두 명의 군주가 없고, 집에는 두 명의 존자(尊者)가 없으니,

79 하(夏)나라와……없다 : 《주자어류》 권63 〈중용(中庸) 18장〉에 나온다.

80 하늘에는……없다 : 《예기》 〈증자문(曾子問)〉에 증자(曾子)가 "상에는 두 명의 상주(喪主)가 있고, 사당에는 두 개의 신주(神主)가 있다고 하는데, 그것이 예에 맞는 일입니까?〔喪有二孤 廟有二主 禮與〕"라고 묻자, 공자가 대답한 말이다.

하나를 가지고 다스리는 것이다.〔國無二君 家無二尊 以一治之〕"[81]라고 하였다. 사해의 안에서 모두 똑같이 천자를 위해 참최복을 입고 있는 터에, 천자가 또 신자를 위하여 참최복을 입는다면 이것을 존무이상(尊無二上)이며 이일치지(以一治之)라고 말할 수가 있겠는가.

이에 대한 나의 변론은 다음과 같다.

윗글에서 남당이 전중(傳重)과 중적(重嫡 적통을 중시하는 것)을 가지고 설명한 것은 그래도 부자의 관계로 말하였는데, 여기에서는 또 갑자기 군신의 측면에서 설명하면서 심지어는 "왕가의 예는 군신의 관계에 입각해서 예제를 정할 뿐 다시 부자의 관계를 감안해서 정하지 않는다."라고 말하기까지 하였으니, 이는 상문과 스스로 모순이 될 뿐만 아니라, 군신과 부자의 윤기(倫紀)가 엉망으로 뒤섞여서 윤리도 이루지 못하고 무슨 말인지도 알 수 없게 될 것이다. 이 노인이 집요하게 강변하는 줄은 원래 알고 있었지만 이렇게까지 심한 정도일 줄은 또한 생각하지 못하였다.

대저 군신에 대한 설은 《춘추(春秋)》의 '제희공(躋僖公)'[82]의 주설(註說)에 처음 나오는데, 전에서는 단지 "아들이 총명하고 성철한 자이

81 나라에는……것이다 : 《예기》 〈상복사제(喪服四制)〉에 나온다.

82 제희공(躋僖公) : 《춘추》 문공(文公) 2년의 경문에 나오는 말로, 노(魯)나라 희공의 신주를 민공의 앞자리로 올려놓았다는 뜻이다. 이에 대해 《춘추좌씨전(春秋左氏傳)》에서는 상하의 위차를 위배한 역사(逆祀)라고 규정한 뒤에 "아들이 총명하고 성철한 자이더라도 자기 부친보다 먼저 제사를 받아먹지 않는 것이 오래된 법도이다."라며 실례(失禮)라고 비평하였다. 《춘추공양전(春秋公羊傳)》에서도 문공이 "부친인 희공의 신주를 앞자리에 놓아두고 조부에 해당하는 민공의 신주를 뒤에 배치한 것"은 역사라고 비판하였다.

더라도 자기 부친보다 먼저 제사를 받지 않는다."라고만 말하였고,-《좌전(左傳)》의 기록이다.- "아버지를 먼저 하고 할아버지를 뒤로 했다."라고만 말하였을 뿐,-《공양전(公羊傳)》의 기록이다.- 애당초 군신에 대한 설은 없었다. 대저 희공(僖公)이 비록 형의 신분이라도 민공(閔公)의 뒤를 이어 즉위했고 보면 부자의 의리가 성립되는 만큼, 문공(文公)의 입장에서는 희공이 예(禰)가 되어야 마땅하고 민공이 조(祖)가 되어야 마땅하며, 희공이 민공의 복을 입는 것도 계체(繼體)[83]의 복(服)을 입어야 마땅하지-즉 인후(人後)의 복이다.- 군신의 복을 입는 것은 부당한 것이다.

더군다나 아들의 신분으로 부친의 뒤를 잇고 손자의 신분으로 조부의 뒤를 이었을 때에, 부친을 위한 정복(正服)인 참최복을 입지 않고 방상(方喪)[84]으로 의복(義服)인 최복(衰服)을 입는다면 어찌 말이 될 것이며, 또 더군다나 임금이 신하에 대해서는 애당초 복을 논할 것이 없다고 한다면, 참최복이나 기년복을 막론하고 군신 사이에 해당하는 것이 뭐가 있기에 가륭이 가(可)하고 불가(不可)함을 말할 수가 있겠는가. 만약 "기년은 부자의 관계를 감안하여 입는 것이고, 가륭은 군신의 관계를 감안하여 강복하는 것이다."라고 말한다면 이는 참으로 "반쯤 올라갔다가 아래로 떨어지고, 띠풀로 감고 종이로 싼 것처럼 모양을 이루지 못한다."[85]라는 격에 해당되고 말 것이다.

83 계체(繼體) : 적자(嫡子)가 선제(先帝)의 정체(正體)를 계승하여 즉위하는 것을 말한다.

84 방상(方喪) : 정복을 입는 대신에, 통상(通喪)인 부모상에 견주어 임금의 상복을 입는 것을 말한다. 정복은 고대의 예의(禮儀)에 규정된 정식 복장으로, 조복(朝服), 제복(祭服), 상복(喪服) 등을 모두 포괄한다.

85 반쯤……못한다 : 이것도 아니고 저것도 아니게 중도에 말을 바꿔서 임시방편으로

대저 천자와 국군은 지극히 존귀하고 지극히 공정한 자리이다. 그러므로 부자의 친(親)한 관계라도 군(君)의 도(道)로 대하기 때문에 후왕(後王)이 선왕에 대해서는 스스로 '사왕신(嗣王臣)'이라고 칭하는 것이요, 오속(五屬 오복(五服) 이내의 친속)의 친척들도 감히 자기의 친척이라고 하여 임금을 친척으로 대하지 않고 모두 임금을 위해서 참최복을 입는 것이다. 그렇기는 하지만 또 어떻게 그렇다고 해서 친친(親親)의 의리를 무시할 수야 있겠는가. 그러므로 책봉된 임금〔封君〕은 제부(諸父)와 곤제를 신하로 대하지 않으며, 봉군(封君)의 아들은 제부를 신하로 대하지 않고 곤제만을 신하로 대하는 것이다. 천자도 제후에 대해서, 동성인 경우에는 백부, 숙부라고 칭하고, 이성인 경우에는 백구(伯舅), 숙구(叔舅)라고 칭하는 것이다. 그래서 한 혜제(漢惠帝)가 궁중에서는 제왕(齊王)의 아래에 앉았던 것인데,[86] 이러한 예를 들자면 어찌 다 거론할 수가 있겠는가.

구차하게 핑계 대며 빠져나가는 것을 비유한 말이다. 《주자전서(朱子全書)》 권9에 "사람마다 가지고 있는 지식을 모쪼록 더욱 확충하여 지극한 경지에 이르러야 한다. 그렇게 하지 않고 반상낙하하면 끝내 일을 이루지 못할 것이다."라고 하였고, 또 권15에 "성인은 반상낙하하려 하지 않고서 곧장 밑바닥까지 파고들어 간다."라고 하였다. 《회암집(晦庵集)》 권46 〈답황상백(答黃商伯)〉에 "띠풀로 감고 종이로 싼 것처럼 갈피를 잡을 수 없다."라고 하였다.

86 한……것인데 : 혜제 2년(기원전 193) 10월 혜제가 내조(來朝)한 제왕과 함께 여태후(呂太后)의 앞에서 연음(宴飮)을 하였는데, 이때 제왕을 형으로 대하여 상좌에 앉히고 가인(家人)의 예처럼 대하자, 태후가 노하여 제왕에게 독주를 마시게 하려다가 미수에 그친 사건이 《사기(史記)》 〈여태후본기(呂太后本紀)〉에 나온다. 한 고조 유방의 8남 중 둘째인 혜제는 여태후 소생이고, 서장자(庶長子)인 제왕 유비(劉肥)는 정부(情婦) 조씨(曹氏) 소생이다.

그리고 상복(喪服)을 가지고 말해 보건대 천자와 제후가 방친(旁親)의 기년복을 입지 않는 것은 존존(尊尊)[87]이고, 삼년상을 천자에게까지 적용하는 것과 정통(正統)을 위해 입는 기년복은 강복하지 않는 것은 친친(親親)인데, 이 존존과 친친에는 각각 그 의리가 있어서 병행하더라도 서로 모순이 되지 않으니, 성인이 예를 제정한 그 정밀한 뜻과 오묘한 도리가 어디에나 충만한 것이 대개 이와 같다. 그런데 지금 군신을 가지고 부자 관계를 논하며 말하기를 "군신은 의리를 위주로 하기 때문에 신하에게 가륭할 수 없다."라고 하니, 이는 존존이 있는 것만 알 뿐이요 친친이 있는 것은 알지 못하는 것이다. 이런 식으로 나아가다 보면 의(義)만 있고 인(仁)은 없어질 것이며, 위(威)만 있고 은(恩)은 없어질 것이며, 군신만 있고 부자는 없어질 것이니, 이렇게 하고서야 어떻게 천하와 국가를 다스릴 수 있겠는가.

천자가 자칭하여 '나 한 사람'이라고 하는 것은 원래 〈옥조(玉藻)〉에 나오는데, 정강성(鄭康成 정현(鄭玄))은 이를 해석하여 "천자가 겸양하여 스스로 남과 구별한 것일 뿐이다."라고 하였고, 공영달(孔穎達)의 소에서는 "스스로 겸양하여 다른 사람과 다름이 없음을 말한 것이다."라고 하였으니, 성인의 기상은 본래 이와 같은 것이다. 진호(陳澔)의 "상대할 자가 없는 것이다.〔無對〕"[88]와 같은 해설은 크게 경문의 본지를

87 존존(尊尊) : 존귀한 이를 존귀하게 대한다는 뜻으로, 신분이 높은 자와 낮은 자를 구별하는 것을 말하는데, 《예기》 〈상복소기〉에 "친소(親疎)와 존비(尊卑)와 장유(長幼)와 남녀를 구별하는 것이야말로 인간의 도덕에서 지극히 중대한 질서라고 할 것이다."라고 하였다.

88 진호(陳澔)의……것이다 : 《진씨예기집설(陳氏禮記集說)》 권6 〈옥조〉에 "하나라는 것은 상대할 자가 없다는 것의 칭호이다.〔一者 無對之稱〕"라고 하였다.

잃은 것인데, 남당은 지금 또 이를 부회하여 장황하게 설명하였다. 과연 이 설과 같다고 한다면 이는 천자 스스로 자기와 동등한 존재는 없다고 말한 것이 되니, 비록 조녜(祖禰)의 존귀함이나 종묘의 막중함이라 할지라도 장차 그가 존귀하다고 하여 그를 위해 가복(加服)[89]해야 할 처지에 놓일 것이니, 천하에 어찌 이런 이치가 있겠는가. 이런 식으로 나아간다면 《맹자》에서 "한 사람이 횡행한다."[90]라고 한 것이나, 진(秦)나라가 천하의 백성들을 동원하여 한 사람의 임금을 받들게 한 것[91]도 꼭 이런 말이 빌미가 되지 않았다고 할 수 없으니, 이렇게 하고서야 어떻게 천하와 국가를 다스릴 수가 있겠는가.

남당은 이렇게 말하였다.

중서(衆庶)는 중자(衆子)를 위해 기년복을 입기 때문에 장자를 위해서는 참최복을 입으니, 이는 한 등급을 더한 것으로 3년이 아니면 서자와 구별하여 그 적통을 중하게 할 수 없기 때문이다. 천자와

89 가복(加服) : 본복(本服)의 기간을 늘리는 것을 말한다. 반대로 본복의 기간을 줄이는 것은 강복(降服)이라고 한다. 본복은 법전에 규정되어 있는 대로 본래 상복을 입는 기간을 말하는데, 정복(正服)이라고도 한다.

90 한 사람이 횡행한다 : 《맹자》 〈양혜왕 하(梁惠王下)〉에 " 한 사람이 천하에 횡행하자, 무왕이 이것을 부끄러워하였다. 이것이 무왕의 용(勇)이니, 무왕이 또한 한 번 노하여 천하의 백성들을 편안하게 해 주었다."라고 하였다.

91 진(秦)나라가……것 : 당나라 장온고(張蘊古)의 〈대보잠(大寶箴)〉에 "한 사람의 임금을 부려서 천하를 다스리게 해야지, 천하의 백성들을 동원하여 한 사람의 임금을 받들게 해서는 안 된다."라는 말이 나오고, 또 《문헌통고(文獻通考)》 〈자서(自序)〉와 권1 〈전부고(田賦考) 1〉에 "진나라가 봉건 제도를 폐지하고 처음으로 천하의 백성들을 동원하여 한 사람의 임금을 받들게 하였다."라는 말이 나온다.

제후는 중자를 위해 기년복을 입지 않기 때문에 장자를 위해서는 기년복을 입으니, 이것 역시 한 등급을 더한 것으로 서자와 구별하여 그 적통을 중하게 하려 함이다. 따라서 여기에 다시 3년으로 더해 준다면 이는 두 등급을 더한 것이 되어 거꾸로 중서가 장자를 위하는 것보다 지나친 점이 있게 된다. 천자와 제후의 기년복은 중서의 삼년복에 해당하는 만큼 이보다 더해 주면 안 되는 것이다.

이에 대한 나의 변론은 다음과 같다.

부친이 아들을 위해서는 본래 기년복이 당연하지만, 그 장자를 위해 삼년복을 입어 주는 것은 그 중(重) 때문에 감히 낮추지 못하고서 보복(報服)으로 참최를 입어 주는 것이다. 그렇다면 부친이 장자를 위해서 삼년복을 입는 것은 애당초 중자보다 더해 준 것이 아닌데, 남당은 지금 낮추지 않은 것을 더해 준 것으로 여기고서 이를 확대 해석하여 "두 등급을 더해야 삼년복에 해당한다.……"라고까지 하였으니, 이것이 도대체 무슨 설이란 말인가. 예경(禮經)의 정미한 본의를 연구해 보지도 않고 사의(私意)와 억견(臆見)으로 그 사이에서 저앙(低仰)하고 진퇴하려 하였으니, 이 또한 자기 분수를 헤아리지 못한 것이라고 하겠다. 나머지는 이미 제1조에 보이니, 참조해 보기 바란다.

남당은 이렇게 말하였다.

"부왕과 모후가 그 사군(嗣君)을 위해 입는 복(服)은 또한 적자에서 적자로 계승한 경우와 방지(旁支)로 들어와 계승한 경우에 따라서 서로 같지 않은 점이 있는 것인가."라고 묻는다면 나는 다음과 같이 답하겠다.

두 경우 모두 다를 것이 없다. 천자와 국군은 지극히 존귀한 자이니 지존이라면 그 위에 설 자가 없는 것〔無上〕이고, 나라를 전하고 대통을 받는 것은 지극히 중한 것이니 지중하다면 거기에 더할 바가 없는 것〔無加〕이다. 무상(無上)과 무가(無加)라는 측면에서 서로 같다고 한다면 복을 입는 것도 둘 다 같지 않음이 없다. 그들이 군신 관계인 점을 감안하면 그 복은 기년복으로 그쳐야 하는데, 만약 삼년복을 입어 줄 수 있다고 한다면 두 경우 모두 똑같이 입어 주어야 할 것이다.

이에 대한 나의 변론은 다음과 같다.

소가(疏家)의 사종설(四種說)[92]이 꼭 경문의 뜻을 얻었는지는 알 수 없다고 하더라도 그것이 꼭 경문의 뜻을 얻지 못한 것인지 또 어떻게 알겠는가. 더군다나 우옹(尤翁 송시열(宋時烈))의 팔대군불이참(八大君不貳斬)의 설[93]은 끝내 '풀리지 않는 큰 안건'으로서 통할 수 있는 설이

92 사종설(四種說) : 가통(家統)을 이은 아들이라도 부모가 그를 위해 삼년복을 입지 않는 네 가지 경우가 있다는 설을 말하는데, 여기서는 이 사종설에 해당하지 않는다면 그 아들에게는 부모가 삼년복을 입어 주어야 한다는 근거로 녹문이 언급한 것이다. 이 사종설은 가공언의 《의례소(儀禮疏)》 권29 〈상복〉에 나오는데, 1659년(현종 즉위년) 기해예송(己亥禮訟) 때에 당시 집권 세력이었던 송시열(宋時烈) 등의 서인(西人) 쪽에서는 이 사종설 가운데 세 번째가 효종(孝宗)에게 해당한다고 하여, 인조(仁祖)의 계비(繼妃)인 자의대비(慈懿大妃) 조씨(趙氏)가 효종을 위해 삼년복 대신에 기년복을 입어야 한다고 주장하여 관철시켰다.

93 우옹(尤翁)의 팔대군불이참(八大君不貳斬)의 설 : 부왕이 생존해 있고 여러 명의 대군이 차례로 보위에 오른다고 가정할 경우, 아들이 죽을 때마다 부왕이 모두 참최복을 입어 줄 수는 없으니, 따라서 '참최복은 한 번만 입는 것이지 두 번은 입지 않는 것〔不貳斬〕'이라는 우암(尤庵) 송시열의 주장을 말하는데, 녹문이 같은 서인 계열이면서도 송시열의 주장을 정면으로 비판하였다. 《宋子大全 卷26 獻議 大王大妃服制議》 세종에게는 왕위를 이은 문종 이외에 여덟 명의 대군이 있었는데, 세조 역시 수양대군(首陽大君)으로서 팔대군에 속하였다.

없는 데야 더 말할 것이 있겠는가. 그렇다면 면재(勉齋 황간(黃榦))가 사종설을 채택하여 〈상복도식(喪服圖式)〉에 기입한 것이 어찌 소견이 없이 그렇게 한 것이겠는가. 또 더군다나 기해년(1659, 현종 즉위년) 이후로 이미 국조 전례의 큰 시빗거리가 되어 있는 상황에서, 경문에 근거한 이론을 분명하게 제시할 수 없다면 아무렇게나 주장해서 상대방의 논리를 깨뜨릴 수는 없을 듯하다. 그런데 지금 남당은 '무상무가(無上無加)'라는 네 글자를 가지고 무리하게 단안을 내려 "그들의 복에 같지 않음이 없다.〔服無不同〕"라고 말함으로써 예(禮)에 대해서는 드러내 밝힌 것이 없이 그저 생각이 다른 사람들의 구설에 오르는 자료만 제공하고 말았다. 이는 참으로 주자가 말한 대로 "관(冠)을 훼손하고 면(冕)을 찢으며, 뿌리를 뽑고 근원을 막으려는 심보"[94]라고나 할 것이니, 참으로 기이한 일이라고 하겠다.

남당은 이렇게 말하였다.

혹자가 "자하(子夏)의 전(傳)에서 처음 장자를 위해 참최복을 입

94 관(冠)을……심보 : 《회암집》 권43 〈답이백간(答李伯諫)〉에 "감히 정자(程子)의 이학(理學)을 비난하면서도 감히 공맹은 비난하지 못하고 있는데, 이는 다만 온 세상이 그들을 존중하고 내가 또 유자인 신분이기 때문에 감히 못하는 것이니, 어찌 참으로 공맹은 믿을 만하다는 것을 알아서 믿는 것이겠는가. 이는 감히 공개적으로 배반하지는 못했어도, '관을 훼손하고 면을 찢으며, 뿌리를 뽑고 근원을 막으려는 심보'가 이미 남몰래 발동한 것과 같으니, 학자가 어떻게 이런 마음을 가슴속에서 싹트게 해서야 되겠는가."라며 주희가 문인 이백간(李伯諫)이 유학의 정통을 벗어나서 점차 이단으로 빠져드는 것을 경계하며 통렬히 비평하였다. 여기서는 치열한 당쟁의 와중에서 남당이 어리석게도 상대편을 이롭게 하는 치명적인 잘못을 범했다는 뜻으로 녹문이 인용한 것으로 보인다.

어야 한다고 말하였는데, 그 이후로 정가(鄭賈)[95]와 황양(黃楊)[96]의 설을 보아도 모두 그렇지 않은 것이 없다. 그런데 지금 그대는 이를 의심하고 있으니, 그 의심에도 어쩌면 근거하는 바가 있는 것인가." 라고 말한다면, 나는 이렇게 말하겠다.

이것이 내가 전전긍긍하며 감히 말하지 못하는 것이다. 그러나 주와 소의 설 가운데 주자가 취하지 않은 것이 이미 많고, 경문의 잘못된 글자와 전문(傳文)의 잘못된 해석을 정주(鄭註)에서도 논의하였고 보면, 전문과 주소(註疏)가 혹 잘못되었을 수도 있음을 알 만하다. 그럼에도 황양의 도설(圖說 도식(圖式)과 예설(禮說))은 구설(舊說)을 그대로 따르기만 할 뿐 그 잘못을 깨닫지 못하였는데, 이런 것이야 괴이하게 여길 것도 없다고 하겠다. 하지만 주공의 경문을 상고해 보면 그런 내용이 보이지 않고, 또 공자와 자사(子思)와 주자의 설을 보더라도 천자와 제후가 장자를 위해 참최복을 입지 않는 것이 또 분명할 뿐만이 아니다.

《중용》에 "삼년상은 천자에게도 적용되는 복제이니, 부모에 대한 상제는 귀천에 관계없이 똑같은 것이다."라고 하였는데, 만정순(萬

95 정가(鄭賈) : 《의례》의 내용에 대한, 한나라 정현의 주(註)와 당나라 가공언의 소(疏)를 말한다.

96 황양(黃楊) : 송나라 황간(黃榦)과 양복(楊復)이 편찬한 《의례경전통해속(儀禮經傳通解續)》을 말한다. 주희가 《의례》를 중심으로 《예기》와 경사(經史)의 예설(禮說) 및 선유의 학설 등을 모아 《의례경전통해》를 편찬하였는데, 그의 사후에 황간이 편찬한 《상례(喪禮)》 15권과 양복이 편찬한 《의례상복도식(儀禮喪服圖式)》 2권 및 《제례(祭禮)》 13권을 합쳐서 속집을 만들었다. 그런데 뒤의 변론에 나오는 것처럼 이 속집의 〈상례〉와 〈제례〉가 책으로 나오기 이전에 주희의 문인이며 사위이기도 한 황간이 주희 생전에 결재를 받았을 것이라는 것이 녹문의 생각이다.

正淳)이 이 설을 거론하여 질문하면서 숙향(叔向)이 제기한 '왕목후(王穆后)와 왕태자(王太子)를 위한 삼년복의 설'[97]을 인용하여, 《중용》의 삼년의 설은 장자를 위한 삼년복을 포함하는 것임을 증명하려고 하자, 선생이 이에 답하기를 "삼년상은 부모의 상을 가리켜 말한 것일 뿐이다. 하문에서 '부모에 대한 상제는 귀천에 관계없이 똑같은 것이다.'라고 말한 것은 천자에게도 적용되는 복제라는 뜻을 해설한 것이니, 맹자가 등 문공(滕文公)에게 답한 말과 또한 서로 비슷하다."[98]라고 하였다. 천자에게 실제로 장자를 위한 삼년의 복제가 있

97 숙향(叔向)이……설 : 《춘추좌씨전》 소공(昭公) 15년에 의하면, 6월 주나라 경왕(景王)의 아들인 왕태자 수(壽)가 죽고, 두 달 뒤인 8월 태자 수의 모친인 왕목후가 죽었는데, 진(晉)나라 적담(籍談)이 왕목후의 장례식에 참석하고 돌아와서 보고한 말을 듣고 숙향이 "주왕(周王)은 아마도 선종(善終)하지 못할 것이다. 내가 듣건대 '즐기는 것이 있으면 반드시 그로 인해 죽게 된다.'라고 하였다. 그런데 지금 왕은 근심을 즐기고 있으니, 근심으로 인해 죽는다면 선종했다고 말할 수 없다. 왕은 한 해 동안 삼년상을 두 번이나 당했는데도, 이런 때에 조문을 온 빈객과 주연을 베푸는가 하면, 또 이기를 요구하기도 하였으니, 근심을 즐기는 정도가 심하고 또 예에도 어긋난다. 이기를 바치는 것은 공훈을 아름답게 여겨서 그런 것이지 상사(喪事) 때문은 아닌 것이다. 삼년상은 귀한 신분이라고 할지라도 수복을 하는 것이 예이다. 왕이 설령 수복은 하지 않는다 해도 주연을 베풀어 즐긴 것은 너무 이르니, 이 또한 예가 아니다. 예는 왕의 대경인데, 한 번의 행동에서 두 가지의 예를 잃었으니, 이는 대경을 무시한 것이다."라고 하였다. 천자와 제후의 제상(除喪), 즉 탈상은 졸곡(卒哭) 때에나 가능한 것인데, 지금 왕은 장례를 치르고 나서 금방 제상하였기 때문에 수복을 하지 않았다고 비난한 것이다. 지금 수복은 하지 않는다고 하더라도 침묵을 지키며 근신해야 마땅한데, 금방 잔치를 열어 노닥거렸으니 또 실례했다는 말이다. 두 가지 예를 잃었다는 것은 수복하지 않은 것과 잔치를 열어 즐긴 것을 가리킨다. 수복은 정해진 상기를 다 채워 복상(服喪)하는 것을 말한다. 대경(大經)은 상도(常道)나 상규(常規)라는 말과 같다.

98 삼년상은……비슷하다 : 《회암집》 권51 〈답만정순(答萬正淳)〉에 나오는 내용을

다면 《중용》의 말이 이 '삼년'을 포함해야 할 터인데, 주자의 해설이 그야말로 이와 같이 되어 있다. 그렇다면 장자를 위한 참최복이 없다는 것이 어찌 분명하지 아니한가.

이에 대한 나의 변론은 다음과 같다.

내가 이 글을 가만히 살펴보건대 자하의 전문을 비롯해서 그 이하의 주소들을 모두 무시해 버리고는 경문에 대해서만 감히 언급하지 못한 채 단지 그런 내용이 보이지 않는다고 말하였다. 그러나 내가 보기에는 경문에 보이는 것이 이보다 더 분명할 수가 없는데, 어째서 보이지 않는다고 말했는지 모르겠다.

대개 상복(喪服)의 1편은 윗사람과 아랫사람을 모두 통틀어서 말한 것이다. 그렇기 때문에 '방친(旁親)에 대한 기년복' 이하에 대해서 천자와 제후가 끊어 버리고 그 복을 입지 않는 경우를 제외하면, 예컨대 '부친을 위해서'라고 하고, '부친이 장자를 위해서'라고 하고, '인후(人後)가 된 자를 위해서'라고 하고, '모친을 위해서'라고 하고, '모친이 장자를 위해서'라고 하고, '처를 위해서'라고 하고, '적손을 위해서'라고 하고, '적부(嫡婦)를 위해서'라고 말한 것 모두가 천자에까지 적용되는 것들이다. 그 밖에 존귀한 신분의 정도가 서로 같아서 그를 위해 복을 입어 주어야 할 자가 있을 경우에는 또 특별히 언급하였으니, 예컨대 '임금이 고모와 자매와 딸자식 가운데 국군에게 시집간 자를 위하여

발췌한 것으로, 정순은 만인걸(萬人傑)의 자이다. 등 문공의 부왕인 정공(定公)이 죽었을 때 문공이 맹자에게 상례에 대해서 묻자, 맹자가 "삼년상은 천자로부터 서인에 이르기까지 삼대에서 공통적으로 행하였다."라고 한 내용이 《맹자》 〈등문공 상(滕文公上)〉에 나온다.

입는 복'과 같은 것이 이것이다.

임금이 장자를 위해서 과연 삼년복을 입을 수 없다면 어째서 부장기장(不杖期章)에 "천자나 제후가 장자를 위해 입는다."라는 한 조목을 첨가하지 않았겠는가. 지금 그렇게 하지 않았고 보면, 경문에서 허다하게 열거한 것들 중에서 장자의 경우만 유독 이 예문(禮文)을 적용할 수 없다는 것을 어떻게 알겠는가. 장자가 중자(衆子)가 아닌 상황에서, 또 "부친이 장자를 위해 입는다."라는 예문을 쓸 수 없다고 한다면 천자와 제후의 장자에 대해서는 궐문(闕文)으로 처리하고 말 것인가. 경문의 상면(上面)에 명명백백하게 "부친이 장자를 위해 입는다."라고 설해 놓았는데, 억지를 부리며 궐문이라고 강변한다면, 그렇게 말하는 근거는 도대체 무엇이란 말인가. 이런 것을 믿을 수 없다면서 궐문이라고 한다면 '부친을 위해서'나 '모친을 위해서'나 '처를 위해서'와 같은 것들도 모두 믿을 수 없는 것이 되고 말 것이다.

부장기장에 "임금의 부모와 처와 장자와 조부모를 위해서 입는다."라는 경문이 있는데, 이에 대해 전(傳)에서 말하기를 "어째서 기년복을 입는가? 종복(從服)[99]이기 때문이니, 부모와 적장자에 대해서는 임금이 참최복을 입어서 그런 것이다."라고 하였다.-인용문은 여기까지이다.- 임금이 참최복을 입기 때문에 종복이 기년복인 것이니, 임금이 기년복을 입는다면 종복이 어떻게 해서 기년복이 되겠는가. 전문을 믿기에 부족하다고 하더라도 종복의 예(例) 가운데에 가령 '며느리가 시부모

99 종복(從服) : 남을 따라서 복을 입는다는 뜻으로, 인친(姻親)이나 군상(君上) 등의 친족을 위해 당사자보다 한 등급 낮춰서 입어 주는 상복 여섯 가지를 말하는데, 《예기》 〈대전(大傳)〉에 나온다.

를 위해서'와 '남편의 조부모와 백숙부모(伯叔父母)를 위해서'와 같은 경우라든가 '신하가 임금의 부모와 처를 위해서'와 같은 경우에 모두 한 등급 낮춰서 입는다는 것을 경에서 상고해 보면 분명히 알 수 있는데, 이런 것들도 모조리 말살해 버릴 것인가.

춘추 시대에 상례의 법도가 비록 무너졌다고 하더라도 좌씨(左氏《춘추좌씨전》)의 기록과 소대(小戴《예기》)의 기록을 가지고 고찰해 보면 학사와 대부들 자신이 서로 강명(講明)하는 것이 원래 없어진 적이 있지 않았다. 그런데 더군다나 공문(孔門)에서는 평소에 시서(詩書)를 얘기하고 예(禮)를 집행해서 유비(孺悲)까지도 일찍이 사상례(士喪禮)를 배웠고 보면,[100] 자하처럼 문학으로 이름난 자가 이와 같이 중대한 절목에 대하여 유독 강명하지 않고 애매모호하게 책에다 기록해서 뒷사람들을 오도하였겠는가.

남당이 주자의 해설을 인용한 것으로 말하면 더더욱 한번 웃기에도 부족하다. 대저 《중용》에서 "삼년상은 천자에게도 적용된다."라고 말한 것은 대개 대강으로 말한 것일 뿐이요, 원래 처와 장자에 대해서는 미처 언급하지 못한 것이었다. 그런데 정순(正淳)이 질문한 것이 《중용》의 본의와는 동떨어진 것이었기 때문에 선생의 답변이 이러했던 것인데, 그런 답변을 남당이 여기에 끌어다 썼으니 어찌 타당하다고 하겠는가.

100 유비(孺悲)까지도……보면 : 《논어》 〈양화(陽貨)〉에 유비가 공자를 만나려 하였으나, 공자가 병을 핑계 대고 거절하면서 그를 무시하여 간접적으로 깨닫게 하는 가르침을 내렸다는 내용이 나온다. 그 집주에 "유비는 노나라 사람으로, 일찍이 공자에게 사상례를 배웠는데, 이때에 필시 죄지은 것이 있어서 그랬을 것이다."라고 하였다.

대저《통해(通解)》의〈상례〉와〈제례〉는, 선생이 면재(勉齋)에게 편정(編定)하도록 위촉하기는 했지만, 그 체례를 제시하고 절목을 분류한 것은 실로 선생 자신이 만들어 낸 것이었다. 선생의 생전에 초고가 완성되자 선생이 주도면밀하다고 극구 칭찬하였고 보면, 선생이 만든 책이라고 말해도 좋을 것이다. 또 '대부의 첩이 임금의 서자를 위해 입는 복'이라든가 하순(賀循)이 '양자(養子)의 부인이 남편의 본생부모를 위해 대공복을 입는 것'을 논한 설 등은 예(禮)의 한 절목에 지나지 않는 것으로 관계되는 바가 그다지 중하지 않은 것인데도 선생은 이런 것까지도 그 고본(藁本)을 직접 써서 바로잡았다. 더군다나 "천자와 제후가 장자를 위해 참최복을 입는다."라는 이 항목이야말로 대전례(大典禮)에 관계되는 것인 만큼, 만약 의심스러운 곳이 있었다면 어찌 가만히 놔두고 볼 수만 있었겠는가. 설혹 글을 지어 논하지는 못했더라도 함장(函丈 사석(師席))에서 강설할 즈음에 어찌 한마디라도 이에 대해서 언급한 것이 없었겠는가.〈상복도식〉의 '천자제후복도'에서 "장자에게는 참최복이다.〔長子斬衰〕"라는 말을 공개적으로 게시하여 명확하게 드러냄으로써 후세에 보여 주었고 보면, 선생의 평일의 뜻이 어떠했을지 알 수가 있다. 남당은 주자의 글을 깊이 통달한 사람이니, 어찌 이에 대해서 알지 못하였겠는가. 그럼에도 불구하고 인용해서는 안 될 설을 거꾸로 인용하여 자기도 속이고 남도 속이다니, 참으로 이해할 수가 없다.

남당은 이렇게 말하였다.

"숙향(叔向)과 자하(子夏)의 시대에 주나라 왕실이 쇠미하긴 했지만, 제도는 남아 있는 것이 있었다. 생각건대 그들이 말한 것은 그때 본 것에 의거해서 말한 것일 터인데, 그대는 오히려 그 말을 믿지 않으니 여기에도 그럴 만한 이유가 있는 것인가?"라고 묻는다면, 나는 이렇게 말하겠다.

《좌씨전(左氏傳)》에 의하면, 6월에 왕태자 수(壽)가 졸(卒)하고 8월에 왕목후(王穆后)가 붕하였는데, 왕이 장례를 치른 뒤에 제상(除喪)하고 연회를 베풀자, 숙향이 "왕은 한 해 동안에 삼년상을 두 번이나 당했는데, 삼년상은 비록 귀한 신분이라고 할지라도 수복(遂服)을 해야 한다. 왕이 설령 수복은 하지 않는다고 해도 주연을 베풀어 즐긴 것은 너무 이르니, 이는 예가 아니다."라고 하였다.[101] 대개 천자는 기년복은 안 입고 삼년복만 입게 되어 있지만, 처의 상은 3년의 체(體)를 갖췄고 장자는 본복이 3년이기 때문에 그 상을 중히 여겨 말하면서 삼년이라고 이른 것일 뿐이지, 후와 태자에게 모두 부모의 상처럼 삼년복을 입어야 한다고 진정으로 말한 것은 아니다.

자하의 시대는 또 숙향의 시대와 멀리 떨어졌다. 숙향의 시대에도 오히려 장례를 치른 뒤에 제상하고 기년복조차 안 입었고 보면, 더군다나 자하의 시대에 거꾸로 삼년의 복제를 행하였겠는가. 그때 벌써 상제(喪制)가 무너져서 기년과 삼년의 복제가 모두 행해지지 않았음을 이를 통해 알 수 있다. 자하는 단지 추후에 주공의 경(經)에 의거하여 전(傳)을 만들어 내는 과정에서 "장자를 위하여 삼년복을 입는다."의 예문(禮文)을 잘못 끌어와 천자와 국군에 적용하였을 뿐, 천자와 국군의 예는 중서(衆庶)와는 다르다는 것을 알지 못했던 것이다. 내가 이와 같이 말하는 것이 곡변(曲辯)처럼 들릴지 몰라도 성인

101 좌씨전(左氏傳)에……하였다 : 348쪽 주97 참조.

이 예법을 제정한 뜻의 근본을 추리하고 당시 세상에 따라 오르내린 변화를 참작해서 살펴본다면 그다지 동떨어진 설은 아닐 듯도 싶다. 이에 대한 나의 변론은 다음과 같다.

무릇 고서를 볼 적에는 반드시 마음을 비우고 체인(體認)하면서 그 글이 자재(自在 자연스럽게 되는 것)하게 해야 하고, 털끝만큼이라도 자기의 사의를 거기에 끼워 넣지 말아야 한다. 그런 뒤에야 성현의 뜻을 터득하여 그 문리가 차질이 없게 될 것이다. 그런데 남당은 그렇지 않아서 매양 자기의 선입견을 위주로 하고 성현의 말을 강제로 몰아와서 자기의 뜻을 따르게 하곤 한다. 그렇기 때문에 그의 선입견이 없는 곳에서는 깊이 터득한 대목이 많이 보이기도 하지만, 선입견을 가지고 대의론(大議論)을 내놓는 곳을 보면 번번이 성현이 제시한 가르침과 배치되는데도 여전히 강변하여 마지않는데, 이 대목을 보더라도 그런 점을 확인할 수 있다.

숙향이 말한 것을 보면, "왕은 한 해 동안에 삼년상을 두 번이나 당했다."라고 말했을 뿐만 아니라, 또 "삼년상은 귀한 신분이라도 반드시 수복을 해야 한다."라고 말하였다. 만약에 실제로 '장자를 위해 삼년복을 입는 것'이 천자에게 적용되지 않는다면 무엇 때문에 "당했다."라고 말을 하였겠으며 무엇 때문에 "귀한 신분이라도 반드시 수복을 해야 한다."라고 말을 하였겠는가. 대부와 사가 장자를 위해 입는 복을 무리하게 천자에게 적용하여 왕이 불수(不遂)했다고 책망한 것이라고 한다면 이는 숙향이 병에 걸려서 정신이 이상해졌다고 가정해야만 말이 될 것이다. 당시의 상제가 무너져 어지럽게 되었다고 하더라도 삼년상은 천경지의(天經地義)[102]로서 만고에 걸쳐 바뀔 수 없는 것이니, 어찌 한때의 시군(時君 당시의 임금)이 행하지 않은 것이라고 해서 무턱대고 없애 버릴 수가 있겠는가.

숙향이 "삼년상은 귀한 신분이라도 반드시 수복을 해야 한다. 왕이 설령 수복은 하지 않는다 해도,……"라고 한 말을 가지고 살펴보더라도 삼년상을 행하지 않은 것은 왕뿐이라는 것을 알 수가 있다. 만약 온 세상 사람들이 행하지 않았다면 그의 말이 당연히 이와 같지는 않았을 것이다. 또 설령 온 세상 사람들이 모두 그렇게 했다고 하더라도 주공 이래로 경생(經生 경학을 연구하는 서생)과 학자(學子 학생)들이 자기 스승의 설을 서로 번갈아 전수해 온 것에는 그 연원이 멀리 있을 것이고, 전인이 실행해 온 것에도 반드시 눈과 귀로 보고 들으면서 기억한 것이 있을 것이니, 숙향이 어찌 배워서 얻은 것도 없이 이런 말을 하였겠는가.

부모의 상을 가지고 말해 보건대 "우리의 종주국인 노나라 선군도 이것을 행하지 않았고, 우리 선군도 행하지 않았다."[103]라고 했고 보면, 삼년상이 행해지지 않은 것이 아마도 오래되었을 것이다. 그렇기는 하지만 자사와 맹자의 무리가 일관되게 의논해 온 것이 미상불 그 사이에 함께 행해져서 저 부형과 백관들도 그런 예가 없다고는 하지 않았으니, 장자의 상에 대한 것도 어찌 이와 달랐겠는가.

공자와 숙향의 관계는 선후배 사이에 지나지 않았을 뿐이다. 숙향이

102 천경지의(天經地義) : 천지간의 당연한 이치로써 변할 수 없는 법도라는 뜻으로, 삼강(三綱) 오상(五常)과 같은 예(禮)를 가리킨다. 《춘추좌씨전》 소공(昭公) 25년에 "대저 예라는 것은 하늘의 떳떳한 도이고, 땅의 후한 덕이며, 사람이 행하는 길이다."라고 하였다.

103 우리의……않았다 : 등 문공(滕文公)이 부왕인 정공(定公)의 상을 당하여 맹자에게 들은 대로 삼년상을 행하려 하자 부형과 백관이 반대하면서 말한 내용 중에 나오는 말이다. 《孟子 滕文公上》

이것을 말할 때에 공자의 나이가 벌써 25세였으니, 숙향이 아는 것을 공자가 어찌 몰랐겠으며, 공자가 평소에 말한 것을 자하가 어찌 듣지 못하였겠는가. 그런데 남당은 지금 "자하의 시대는 숙향의 시대와 또 멀리 떨어졌다."라고 하였으니, 이 말 역시 소루하다고 평할 만하다.

자하가 성사(聖師)에게 들은 것을 가지고 전을 만들어서, 그 전문(傳文)이 성경(聖經 주공의 경문)과 함께 나란히 전하는 것이, 마치 일월이 하늘에 걸려 떠 있는 것과 같고 강하가 대지를 가르며 흐르는 것과 같다. 그런데 지금 볼품없는 지식을 가지고 억눌러 넘어뜨리려 하고 있으니, 그저 자신의 역량을 헤아리지 못함을 드러내기에 적당할 뿐이다. 그가 글의 말미에서 "내가 이와 같이 말하는 것이 곡변처럼 들릴지 몰라도……"라고 하였으니, 그것이 곡변이 되는 줄을 자신도 원래 알고 있었을 터인데, 어찌하여 이를 인하여 돌이켜 생각해 보지 않았는지 또한 애석할 따름이다.

남당은 이렇게 말하였다.

천자와 제후 중에서 '부자가 서로 전한 것〔父子相傳〕'이 아니라 '들어와서 대통을 계승한 경우〔入承大統〕'에는 물론 그 사친(私親)에게 강복해야 마땅하지만, 그 가운데에도 강복하지 않는 경우가 있다. 부친이 폐질에 걸렸거나 일찍 죽어 즉위하지 못하고 자기가 조부에게서 나라를 전해 받았을 경우에는 자기 부모에게 강복하지 않으며, 방지(旁支)로 입승대통(入承大統)하여 선군(先君)과 선후(先后)를 부모로 삼을 수 없을 경우에도 자기 부모에게 강복하지 않는다. 따라서 반드시 그 윤서(倫序)에 따라 서로 이어서 '자신을 후계자로 삼은 자〔所繼〕'를 부모로 한 뒤에야 비로소 '자기를 낳아 준〔所生〕' 부모에게 강복하는 것이다. 그렇다는 것을 어떻게 알 수 있는가?

사람은 근본이 없이〔無本〕 태어나는 자도 있지 않지만, 근본을 둘로 해서〔二本〕 태어나는 자도 있지 않다. 부친에 대해서 칭할 곳이 없는데도 그 소생을 부친으로 대하지 않는다면 이것은 무본(無本)이 되는 것이고, 부친에 대해서 칭할 곳이 있는데도 다시 그 소생을 부친으로 대한다면 이것은 이본(二本)이 되는 것이다. 이본도 물론 있을 수 없는 일이지만, 무본인 그런 이치가 또 어디에 있겠는가. 이 두 가지만 제대로 행해져도 천하의 부자가 된 자들을 안정시킬 수 있을 것이다.[104]

혹자는 말하기를 "선군과 선후에게 나라를 받고 전중한 경우에는 당연히 선군과 선후를 부모로 삼는 것이니, 무본이 될 염려는 하지 않아도 된다."라고 하지만, 이는 공자의 정명(正名)의 가르침[105]을 제대로 살피지 못한 것이다. 이른바 정명이라는 것은 그 부자의 명분을 바르게 하는 것인데, 나라를 전하는 의리가 비록 중하다 하더라도 부자의 명분 또한 중대한 것이니, 저것 때문에 이것을 엄폐할 수는

104 천하의……것이다 : 《맹자》 〈이루 상(離婁上)〉에 "순이 어버이 섬기는 도리를 다하매 그 부친인 고수(瞽叟)가 즐거워하기에 이르렀는데,……이렇게 해서 천하의 부자가 된 자들이 안정되었으니, 이것을 대효(大孝)라고 하는 것이다."라고 하였다.

105 공자의 정명(正名)의 가르침 : 정명은 명분을 바로잡는다는 말이다. 공자가 위(衛)나라에 있을 적에 마침 출공(出公) 첩(輒)이 망명 중인 자기 부친 괴외(蒯聵)를 귀국하지 못하게 하고서 나라를 다스리고 있었는데, 자로(子路)가 공자에게 만약 위나라에서 정치를 행한다면 무엇부터 먼저 하겠느냐고 묻자, 공자가 "반드시 명분을 바로잡겠다."라고 하였다. 이에 대해서 주희가 집주에서 "이때에 출공이 자기 부친을 부친으로 여기지 않고서 자기 조부를 부친으로 삼아 명분과 실상이 문란해졌기 때문에, 공자가 명분을 바로잡는 것을 급선무로 여긴 것이다."라고 하였다.

없는 일이다.

주나라의 환왕(桓王)과 한(漢)나라의 선제(宣帝)는 손자의 신분으로 조부의 뒤를 이었는데, 조부를 부친이라고 칭할 수 있겠는가. 노나라의 희공(僖公)은 형의 신분으로 아우의 뒤를 이었고, 진(晉)나라의 간문제(簡文帝)는 조부의 신분으로 손자의 뒤를 이었고, 당(唐)나라의 선종(宣宗)은 숙부의 신분으로 조카의 뒤를 이었으며, 그 밖에 아우의 신분으로 형의 뒤를 이은 경우는 삼대 이후로 이루 헤아릴 수 없이 많은데, 아우와 손자와 조카와 형을 모두 부친이라고 칭할 수 있겠는가.

소계(所繼)를 부친이라고 칭할 수 없는 상황에서 소생에게 또 부친이라고 칭하지 않는다면 이는 부자라고 칭할 곳이 없게 되는 것이다. 소계를 부친이라고 칭할 수 없는데도 그렇게 칭하거나, 부친이라고 칭할 곳이 없는데도 소생에게 그렇게 칭하지 않는 것은 모두 부자의 명분을 바르게 하는 것이 아니다. 부자의 명분을 바르게 하지 못하면 이는 부자가 없는 것이니, 부자가 없는데도 천하를 소유하는 것은 성인이 반드시 하루도 편안히 여기려 하지 않을 것이다. 맹자가 대순(大舜)의 마음을 논하여 말하기를 "부친을 몰래 등에 업고 도망쳐서 바닷가를 따라 거처하며 흔쾌히 즐거워하면서 천하를 잊었을 것이다."라고 하였다.[106] 성인의 마음이 이와 같고 보면 어찌 천하를 위한답시고 부자 관계를 끊을 수가 있겠는가.

106 맹자가……하였다 : 어떤 사람이 순(舜) 임금의 부친인 고수(瞽瞍)가 만약 살인하여 처형당할 상황에 처했다면 순은 어떻게 했겠느냐고 묻자, 맹자가 대답한 말이다. 《孟子 盡心上》

대저 나라를 다스리려면 반드시 정명을 우선해야 하고, 정명을 하려면 반드시 부자를 우선해야 한다. 그리하여 부자의 명분을 정하게 되면 응당 부자의 복(服)을 입어야 하는 것이니, 이것이 천자와 제후가 '윤서에 따라 서로 잇는 경우' 이외에는 다시 자기 부모에 대해서 강복하면 안 되는 이유이다.

혹자는 "천자와 제후가 선군에게 나라를 받아 전중하였는데, 또 자기 사친을 돌아보고서 부자의 도리를 다한다면 국통을 범하는 혐의가 있지 않겠는가."라고 의문을 제기하는데, 이에 대해서도 나의 의견은 다르다. 군신과 부자는 어느 한쪽을 무시하면 안 되는데, 국통과 사은(私恩)의 이 양자는 서로 저촉되는 것이 아니다. 임금을 두 사람으로 만들면 무군(無君)이 되고, 부친이라고 칭할 곳이 없으면 무부(無父)가 되는데, 무부와 무군은 똑같이 윤기가 없는 것이다. 자기 사친을 높여서 제호(帝號)를 가하고 종묘에서 제향하는 것을 후세의 임금처럼 한다면 이는 물론 국통을 범하는 것으로 무군의 경우에 해당된다고 하겠지만, 만약 그렇게 하지 않고 단지 부친이라고 칭할 곳이 없어서 소생을 부친이라고 칭하고 자기를 낳아 준 은혜를 생각해서 그에 대한 복(服)을 입어서 보답한다면 거기에 또 무슨 국통을 범하는 혐의가 있겠는가.

이에 대한 나의 변론은 다음과 같다.

〈상복(喪服)〉 참최장(斬衰章)에 "인후(人後)가 된 자를 위하여 입는다."라고 하였는데, 전(傳)에 이르기를 "왜 3년인가? 중(重)을 받는 자에 대해서는 반드시 존복(尊服 참최 삼년복)으로 복을 입기 때문이다."라고 하였다. 부장기장(不杖期章)에 "인후가 된 자가 그 부모를 위해서 입는다. 보복(報服)이다."라고 하였는데, 전(傳)에 이르기를 "어째서 기년복을 입는가? 부친에 대한 참최복을 두 번 입을 수는 없기 때문이다. 어째서 두 번 입을 수 없는 것인가? 대종(大宗)에서 중을 지니게 되었을 경우에는 소종(小宗)에 대해서 상복의 등급을 낮춰야 하기 때문이다."라고 하였고, 또 "인후가 된 자는 누구의 후사인가? 대종의 후사이다. 어째서 대종의 뒤를 잇는 것인가? 대종은 존귀한 혈통이기 때문이다."라고 하였다. 따라서 지금 만약 들어와 대통을 이으면서〔入承大統〕 그 사친을 부친이라고 칭하고 또 그를 위해 참최복을 입는다면 이는 참최복을 두 번 입는 것이고 근본이 둘이 되는 것이다. 이는 그 의리가 분명한 것이 마치 천지(天地 음양(陰陽))를 범할 수 없는 것과 같다.

그렇다면 입승대통을 하되 아우의 신분으로 형의 뒤를 잇고 손자의 신분으로 조부의 뒤를 잇거나 혹 숙부의 신분으로 조카의 뒤를 잇고 조부의 신분으로 손자의 뒤를 이은 경우에는, 이미 선군을 부친이라고 칭할 수 없는 상황에서 또 자기 소생을 부친으로 대하지도 못한다면 남당이 말한 것처럼 '근본이 없게 되는〔無本〕' 혐의가 없을 수 있겠느냐는 의심이 들 만도 하다. 그러나 이와 같은 경우는 선군에 대해서 곧바로 부자의 이름을 가할 수는 없다고 하더라도 이미 계체(繼體)[107]하여 즉위하였고 보면 부자의 도가 있게 되는 것이니, 부자의 도가 있게 되면 무본이 될 혐의는 걱정할 필요가 없다.-사계(沙溪)도 "대통을 계승하면 부자의 도가 있게 되니, 고위(考位)가 빠졌다고 말할 수 없다."[108]라고 하였다.- 이것

107 계체(繼體) : 적자(嫡子)가 선제(先帝)의 정체(正體)를 계승하여 즉위하는 것을 말한다.

108 대통을……없다 : 인조(仁祖)가 자기 생부(生父)인 정원군(定遠君)을 추숭하려

이 바로 제왕(帝王)의 집안의 예(禮)가 중서(衆庶)의 예와는 다른 소이인 것이요, 좌공(左公)에서 "부친을 앞에 하고 조부를 뒤로 했다."라고 하고 "부친보다 먼저 제사를 받아먹지 않는 법이다."라고 하면서, 희공의 신주를 앞자리에 올려놓은 것을 매우 비난하고 엄히 배척한 소이인 것이다.[109]

한 선제(漢宣帝)가 사황손(史皇孫)을 부친으로 삼지 못하는 것은 바로 남당이 "부친이라고 칭할 곳이 없다."라고 말한 경우에 해당하는데, 이에 대해서 정자(程子)는 황고(皇考)의 명칭을 붙이는 것을 '인륜을 어지럽히고 예법을 잃은 것'이라고 하면서 백숙부(伯叔父)라고 칭해야 마땅하다고 하였고, 범씨(范氏)는 "선제가 소제(昭帝)에게 손자가 되는 만큼 그 부친을 황고라고 칭할 수도 있을 터인데, 의논하는 자들이 끝내 이렇게 하는 것을 옳게 여기지 않은 것은 그렇게 할 경우에 소종을 대종의 계통에 합치는 것이 되기 때문이었다."라고 하였다.[110]

할 적에, 사계 김장생(金長生)이 올린 상소 중에 "제왕의 집안은 단지 대통을 계승하는 것을 위주로 한다. 따라서 숙부가 조카의 뒤를 잇고 형이 아우의 뒤를 잇더라도 거기에는 또한 부자의 도가 있게 되는 것이니, 어찌 고위가 빠졌다고 말할 수 있겠는가."라는 내용이 있다. 《愼獨齋遺稿 卷11 皇考沙溪先生行狀》

109 좌공(左公)에서……것이다 : 《춘추좌씨전》과 《춘추공양전》에서 역사(逆祀)라고 비판한 것을 말한다. 339쪽 주82 참조.

110 한……하였다 : 선제는 무제(武帝)의 아들인 여 태자(戾太子) 거(據)의 손자로서, 무제의 아들인 소제(昭帝)의 뒤를 이었으니, 종손(從孫)의 신분으로 종조(從祖)를 계승한 경우에 속한다. 선제의 생부는 여 태자의 아들인 사황손 유진(劉進)이다. 그런데 선제가 사황손을 추존(追尊)하여 황고라고 칭하고 사묘(私廟)를 지어 제사를 받들게 하였는데, 이에 대해서 범진(范鎭)은 "선제가 소제에게 손자가 되는 만큼 그 부친을 황고라고 칭할 수도 있을 것이다. 그러나 의논하는 자들이 끝내 이렇게 하는 것을 옳다

그런데 주자가 이 두 개의 설을 《강목(綱目)》에 실어 놓았으니, 그렇다면 주자의 뜻이 또 어떠한지 알 수 있는 것이다.

삼가 《의례》 〈상복〉의 경문을 살펴보건대 "인후가 된 자를 위해서 입는다."라고만 말하였고, "소후(所後)가 되는 부친을 위해서 입는다."라고는 말하지 않았다. 이에 대해서 가공언의 소(疏)에서 "그 소후인 부친이 일찍 죽었거나 지금 소후하는 그 사람이 정해지지 않은 상태에서 조부의 뒤를 잇거나 증조 혹은 고조의 뒤를 이어야 하기 때문에 비워 둔 것이다."라고 하였는데, 내 생각에는 이 말 속에 천자와 제후가 방지(旁支)의 신분으로 들어와 대통을 계승하는 경우에 소후하는 그 사람이 정해지지 않은 경우도 모두 포함되어 있다고 여겨진다. 대개 제왕의 집안에서는 종묘를 중하게 여기기 때문에 후계자를 세울 적에 꼭 소목(昭穆)의 차서에 구애받지 않는데, 이는 예법으로 볼 때 당연한 일이다. 그렇다면 위에서 말한 아우가 형의 뒤를 잇거나 손자가 조부의 뒤를 잇는 것과 같은 경우는, 부자가 아니더라도 실제로는 부자의 도가 있기 때문에 모두 '부친을 위해 입는 참최복'으로 복을 입는 것이다.

고 여기지 않은 것은 그렇게 할 경우에 소종을 대종의 계통에 합치는 것이 되기 때문이었다."라고 평하였고, 정이(程頤)는 "인후가 된 자가 그 소후를 부모라고 하고 그 소생에 대해서는 백숙부모라고 하는 이 일이야말로 천지의 대의이고 생인의 대륜이니 결코 변역할 수가 없는 것이다.……그런데 선제가 소생을 황고라고 칭하였으니, 이는 인륜을 어지럽히고 예법을 잃은 것이 너무도 심했다고 하겠다.……요컨대는 일의 체모를 헤아려서 별도로 다른 호칭을 정하는 것이 마땅할 것이니, 가령 황백숙부 모국대왕(皇伯叔父某國大王)이라고 하고는 그 자손으로 하여금 작위(爵位)를 승습(承襲)하고 제사를 지내게 한다면, 대통에 있어서도 부모를 둘로 하는 잘못이 없게 되고 소생에 있어서도 존숭하는 도리를 다할 수 있게 될 것이다."라고 평하였다. 《資治通鑑綱目 卷5下 元康元年 夏五月追尊悼考爲皇考立寢廟條》

그러니 이미 부친의 복으로 소후에게 복을 입었는데, 또 부친을 칭할 곳이 없다는 이유로 자기 소생을 부친으로 대하여 참최복을 입는다면 그에게 제호를 가하지 않고 종묘에서 제향하지 않는다고 하더라도-남당의 설이다.- 그것이 이참(貳斬)과 이본이 되는 것이라고 말하지 않을 수 있겠으며, 그것이 소종을 대종에 합친 것이 된다고 말하지 않을 수 있겠는가. 그러므로 칭할 곳이 있건 칭할 곳이 없건 간에 모두 따질 것 없이 일체 백숙부로 그 사친을 칭하고 그 사친의 복을 입어야만 비로소 '인륜을 어지럽히고 예법을 잃는' 결과가 되는 잘못을 면하고 이본과 무본의 혐의가 모두 없게 될 것이다. 이것이 정주(程朱) 두 분 선생의 뜻인데, 아조(我朝)의 사계 선생도 이러한 내용으로 대례(大禮)의 단안을 내렸으니, 비록 유속(流俗)의 견해와는 합치되지 않더라도 대체가 탁월하여 천하 후세에 할 말이 있을 수 있게 되었다.

이렇게 행하되 그래도 부친을 칭할 곳이 없다는 것을 혐의스럽게 여긴다면, 칭호를 따로 세워서 지금 세속에서 소생을 본생부모(本生父母)라고 칭하는 것처럼 한다고 해서-《가례(家禮)》의 〈오복도(五服圖)〉에서 본생부모라고 하였고, 주자가 직접 쓴 고본(藁本)에도 본생구고(本生舅姑)의 설이 있다.- 그것 역시 안 될 것이 없을 듯싶기도 하다.

대저 고경(古經)을 살펴보면 대종을 지극히 존중하여 사친에 대한 사정(私情)을 깊이 억누른 것이 이처럼 엄격하였고, 후현(後賢)의 의론을 살펴보면 정주 이하 여러 선생이 경문에 근거하여 대의를 결단한 것이 이처럼 분명하고 엄중하였다. 따라서 후유(後儒)가 이에 대해 소견이 미치지 못할 경우에 자기 혼자서 의심을 한다면 그래도 이해할 수 있겠지만, 남당은 지금 제멋대로 붓을 휘두르며 곧장 예경(禮經)의 명문과 정주의 정론을 무부의 죄목으로 몰아가고 있으니, 또한 어떻게 된 일이란 말인가.

아, 성인은 인륜의 표준이 되는 분이니, 사람을 위한다면 성인의 가르침대로 해야 옳을 것이다. 그런데 지금 성경(聖經)을 벗어나서 인도(人道)를 논하려 하였으니, 이는 그저 총악(璁萼)[111]의 효시가 되어 만세토록 인주(人主)의 사의(私意)를 맞춰 주기에 적당할 따름인데도, 이를 집요하게 강변하여 그 폐단이 끝내는 이 지경에 이르게 하고 말았다. 옛날에 어떤 사람이 소씨(蘇氏)의 문사(問社)에 대한 설[112]을 거론하며 윤화정(尹和靖)에게 묻자, 화정이 정색하고 한참 있다가 "경을 해설하면서 신기한 것을 좋아하면 무슨 짓인들 못 하겠는가."라고 하였는데, 주자가 화정의 이 말을 되뇌면서 "사람으로 하여금 두려워서 식은땀이 흐르게 한다."라고 하였다. 모르겠다만, 남당은 이 고사를 일찍이 보지 못했단 말인가. 아, 생각하면 두려운 일이다.

111 총악(璁萼) : 명 세종(明世宗) 때에 활약한 장총(張璁)과 계악(桂萼)의 병칭이다. 무종(武宗)이 후계자를 남기지 못하고 죽자, 흥헌왕(興獻王) 주우원(朱祐杬)의 장자인 주후총(朱厚熜)을 무종의 부친인 효종(孝宗)의 양자로 들여서 즉위시키니, 이 사람이 세종이다. 흥원왕은 헌종(憲宗)의 넷째 아들로서, 효종의 아우이며, 무종에게는 숙부가 되니, 세종은 무종의 종제(從弟)가 되는 셈이다. 세종이 자신의 생부인 흥헌왕을 추숭하려고 했을 때, 이 두 사람이 다른 신하들의 반대를 무릅쓰고 《대례혹문(大禮或問)》을 짓는가 하면 누차 상소를 올려 적극 찬동한 결과, 효종을 황백고(皇伯考)라고 칭하고, 흥원왕을 황고(皇考) 공목헌황제(恭穆獻皇帝)로 추숭하였다. 《明史 楊廷和列傳, 張璁桂萼列傳》

112 소씨(蘇氏)의……설 : 《사서혹문(四書或問)》 권8 〈논어 팔일(八佾)〉에서 소식(蘇軾)이 문사장(問社章)의 "백성이 전율하게 한다."라는 말을 애공(哀公)의 말로 간주하고서 "애공이 재아와 함께 삼환을 죽이려고 모의하면서 은어를 사용하여 서로 얘기한 것이다.〔公與宰我謀誅三桓 而爲隱辭以相語〕"라고 설명한 내용을 말한다. 《회암집》 권71에 해당 내용이 나온다.

김유도의 일원분수설[113]에 붙인 찌 병오년(1786, 정조10) 2월
金幼道一原分殊說籤 丙午二月

공자가 이르기를 "한 번 음이 되고 한 번 양이 되는 것을 도라고 한다."[114]라고 하고 "역(易)에 태극이 있다."[115]라고 하고 "신(神)이 만물 속에서 묘하게 작동한다."[116]라고 하고, "물(物)마다 무망(无妄)을 준다."[117]라고 하였다. 따라서 '기를 탄〔乘氣〕' 그 가운데에 본연이 유행하는 것이고, '다르게 나뉜〔分殊〕' 그 가운데에 체일(體一)

113 김유도(金幼道)의 일원분수설(一原分殊說) : 김지행(金砥行, 1716~1774)으로, 자는 유도, 호는 밀암(密菴)·밀옹(密翁)이다. 김상용(金尙容)의 후손으로, 미호(渼湖) 김원행(金元行)의 종제(從弟)이며, 병계(屛溪) 윤봉구(尹鳳九)의 문인이다. 일원분수설은 녹문이 《밀암집(密菴集)》 권4의 〈상미호종형(上渼湖宗兄)〉에서 발췌한 것이다.

114 한 번 음이……한다 : 《주역》 〈계사전 상(繫辭傳上)〉에 나온다.

115 역(易)에 태극이 있다 : 《주역》 〈계사전 상〉에 "역에 태극이 있으니, 이것이 양의를 내고, 양의가 사상을 내고, 사상이 팔괘를 낸다.〔易有太極 是生兩儀 兩儀生四象 四象生八卦〕"라고 하였다.

116 신(神)이……작동한다 : 《주역》 〈설괘전(說卦傳)〉에 "신이란 만물 속에서 묘하게 작동하는 것을 말한다."라고 하였다. 신에 관해서, 주희는 소이연(所以然)으로 풀었고, 주돈이(周敦頤)의 《통서(通書)》의 주(註)에서는 "신은 태극이다."라고 하였으며, 정전(程傳)에도 이와 같이 말한 것이 많다.

117 물(物)마다 무망(无妄)을 준다 : 《주역》 〈무망괘(无妄卦) 상(象)〉에 "하늘 아래 우레가 행함에 물마다 무망을 주니, 선왕이 이를 보고서 천시(天時)에 성하게 합하여 만물을 기른다.〔天下雷行 物與无妄 先王 以 茂對時 育萬物〕"라고 하였다. 이에 대해 정전에서는 "크고 작은 것과 높고 낮은 것이 각각 자기의 성명을 바르게 하여 어그러지고 망녕됨이 없게 되었으니, 이것이 물마다 무망을 준 것이다."라고 하였다.

이 관통하는 것이다. 만약 승기(乘氣)를 벗어나서 절로 본연이 될 수 있거나, 분수(分殊)와 관계없이 별도로 일원(一原)이 있을 수 있다면 그것은 사이비의 일원임을 또 알 수 있다.

이미 분수를 기질지성이라고 하였는데, 그렇다면 태극과 무망이 본연과 일원으로 되는 것이, 승기를 벗어나서 절로 본연이 되고 분수와 관계없이 별도의 일원이 되는 혐의를 어떻게 면할 수 있겠는가.

미유(未唯)의 증자(曾子)[118]

만 가지로 다른 곳〔萬殊處〕에 나아가 하나하나 궁리하고 하나하나 실천함으로써 일물(一物)도 궁리하지 못함이 없고 일리(一理)도 실천하지 못함이 없는 경지에 이르렀지만, 유독 그 만수(萬殊)가 실로 일원에서 나온 것임을 깨닫지 못했던 것인데, 그렇기 때문에 부자(夫子)가

118 미유(未唯)의 증자(曾子) : 유(唯)라고 하기 이전의 증자라는 말이다. 그 이후의 증자는 '이유(已唯)의 증자'라고 한다. 《논어》〈이인(里仁)〉에 공자가 제자인 증삼(曾參), 즉 증자를 불러서 "나의 도는 하나로 모두를 꿰뚫고 있다."라고 하자, 증삼이 "예, 알겠습니다.〔唯〕"라고 곧장 대답하고는, 다른 문인에게 "부자의 도는 바로 충서(忠恕)이다."라고 하였다. 《밀암집》 권4 〈상미호종형〉에 "정주도 청년 시절에는 선불교(禪佛教)와 육상산(陸象山)에 대해서 잘 대처하지 못했는데, 당신은 그만 '미유의 증자'에게 그것을 요구하려 한다.……이들은 모두 성이 분수라는 것만 말했을 뿐 일원의 묘는 언급하지 못했으니, 이는 증자가 '일관의 말씀을 듣고 유라고 하기 이전'의 소견인 것이다.-가령 증자로 하여금 미유일관의 시절에 성을 논하게 하였다면, 그 말이 분명히 우옹 선사와 똑같았으리라는 것은 의심할 여지가 없다.- 선배의 의론을 보면 이 정도의 수준에 머문 것들이 많다. 그들이 도에 나아간 경지에는 원래 심천이 있는데 이런 것들을 보고서 어떻게 무턱대고 이언이라고 단정해서야 되겠는가."라는 내용이 나온다.

일러 주는 말을 계기로 해서 한마디 말을 듣자마자 곧바로 "예, 알겠습니다.〔唯〕"라고 하였으니, 이것이 증자가 증자로 된 소이인 것이다. 만약 의리의 명목상에 나아가 만물이 '각각 하나의 이(理)를 갖추었다.'라는 것과 '만 가지 이치가 똑같이 하나의 근원에서 나왔다.'라는 것만을 알 뿐인데, 이것을 가지고 그들을 미유와 이유(已唯)로 나누어 소속시킨다면, 지금 초학인 소생(少生)들 중에도 이를 아는 자들은 많을 것이니, 어찌 그렇게 증자가 많을 수 있겠는가. 그저 웃음만 나올 뿐이다.

> 우옹(尤翁 송시열(宋時烈))이 오행이 같지 않은 성(性)을 본연지성으로 삼은 것은 주자가 물이 흘러내려 가고 불이 타오르는 것을 본연지성이라고 한 것과 차이가 없는 것처럼 보이기도 한다. 그러나 주자의 뜻은 실로 일원이 되는 그것을 본연으로 한 것인데, 지금은 분수인 그것을 본연으로 하였고 보면, 분별하는 데에 미진한 점이 있었다고 하겠다.……

일원이나 분수나 모두 기(氣)에 나아가서 이(理)를 가리킨 것이니, 일원에 나아가도 분수가 포함되고, 분수에 나아가도 일원이 들어 있는 것이다. 기와 분리되지 않는〔不離〕 측면에서 말한다면 분수만 불리(不離)인 것이 아니라 일원도 불리인 것이며, 기와 뒤섞이지 않는〔不雜〕 측면에서 말한다면 일원만 부잡(不雜)인 것이 아니라 분수도 부잡인 것이다. 그러니 어떻게 그것을 둘로 나누어서 하나는 본연에 소속시키고 하나는 기질에 소속시킬 수 있겠는가. 이를 통해서도 그가 대원(大原)[119]을 파악하는 데에 상당히 투철하지 못한 점이 있음을 알 수 있

119 대원(大原) : 하늘에서 나오는 도의 큰 근원(根源)이라는 말이다. 한(漢)나라

다.-분수는 본연이 아니라는 이 설을 살펴보건대 그는 종신토록 이 하나의 설만을 주장하였을 뿐이요, 초년과 만년의 설에 차이가 없다는 것을 확인할 수 있다.-

> 이른바 성(性)이라는 것은 '안에 갖추고 있는〔成之〕' 이(理)이니,[120] 따를 수 없는 것이 없다. 성에는 따를 수 없는 것이 없어서 성을 따르는 것이 도(道)이기 때문에 "떠날 수 있다면 도가 아니다."라고 말한 것이니,[121] 따를 수 없는 성이 있다면 떠날 수 있는 도가 있는 것이 된다.

"성에는 따를 수 없는 것이 없다.……"라고 한 단락은 지극히 경절(警切)하여 기뻐할 만하다. 그러나 분수를 기질지성이라고 단정해 버리면 이른바 "일원이 본연이 된다."라고 하는 그것도 내용이 공허해져서 따를 수 없게 되어, 금수의 오상(五常)이 그래도 찾아볼 단서가 있는 것[122]보다도 훨씬 못하게 된다. 그렇다면 금수에게 웃음거리가 되지

동중서(董仲舒)가 '천인삼책(天人三策)'의 글 속에서 이른바 '천인감응(天人感應)'의 이론을 제시하며 "도의 큰 근원은 하늘에서 나오는데, 하늘이 불변하는 만큼 도 역시 불변한다."라고 말한 데에서 유래한 것이다. 《漢書 董仲舒傳》

120 이른바……이(理)이니 : 《주역》 〈계사전 상〉의 "한 번 음이 되고 한 번 양이 되는 것을 도라고 한다. 계속 행하는 것이 선이요, 안에 갖추고 있는 것이 성이다.〔一陰一陽之謂道 繼之者善 成之者性也〕"라는 말을 응용한 것이다.

121 성에는……것이니 : 《중용장구》 제1장에 "성을 따르는 것을 도라고 한다.〔率性之謂道〕"라고 하였고, 그 뒤에 "도라는 것은 잠시도 떠날 수 없는 것이다. 떠날 수 있다면 도가 아니다."라고 하였다.

122 금수의……것 : 금수에게도 오상의 전체는 아니더라도 어느 정도는 그런 요소가 들어 있다는 말이다. 오상은 인의예지신(仁義禮智信)을 말한다. 《주자어류(朱子語類)》 권4에 주희가 인물지성(人物之性)을 논한 대목 중에 "기는 서로 비슷하다. 예컨대

않을 수 있겠는가. 분수를 따를 수 있는 성이라고 한다면 기질지성도 따를 수가 있단 말인가. 이렇게 하든 저렇게 하든 모두 통할 수가 없는데, 그 밖에 여러 가지 구어(句語)를 보더라도 나눈 것 같기도 하고 합한 것 같기도 하며 같은 것 같기도 하고 다른 것 같기도 하여 정신이 어수선해서 종잡을 수 없는 것들이 매우 많다. 당초에 그의 심성시설(心性詩說)을 가지고 상호 참작하고 고증해서 그 전 과정에 걸쳐 의론이 귀결되는 바를 구명해 보려고 하였는데, 길 떠날 임시에 뒤숭숭해서 이를 언급할 여유가 없었던 것이 개탄스럽다.[123]

오상(五常)이 일원(一原)이라는 주장은 말세의 와언일 뿐이다. 오상의 전체를 인(人)과 물(物)이 똑같이 품수했다는 주장을 말세의 와언이라고 한 것은 물론 일리가 있는 의견이다. 그렇지만 소가 밭갈고 말이 치달리는 것과 물이 내려가고 불이 올라가는 것과 부자(附子)는 열을 내고 대황(大黃)은 차게 하는 것 등을 기질지성이라고 주장하는 것 역시 말세의 와언이 됨을 면치 못할 듯싶다.

춥고 따스한 것을 느끼는 것이나, 배고프고 배부른 것을 아는 것이나, 사는 것을 좋아하고 죽는 것을 싫어하는 것이나, 이익을 좇고 해를 피하는 것 등은 인과 물이 모두 같다. 반면에 이는 같지 않다. 예컨대 벌과 개미의 군신은 그 의에 대해서 아주 조금만 아는 것이 있을 뿐이며 범과 이리의 부자는 그 인에 아주 조금만 아는 것이 있을 뿐이다."라고 하였다. 《朱子語類 卷4 性理1 人物之性氣質之性》

123 당초에……개탄스럽다 : 1761년(영조37) 녹문이 김지행의 심성시설을 얻어 보고 나서, 모두 네 차례에 걸쳐 서신을 주고받으며 토론한 내용이 《녹문집》 권3 〈김유도에게 답하는 글〔答金幼道〕〉과 1770년 〈김유도에게 보내는 글〉에 자세히 수록되어 있다. '길 떠날 임시에……것'은 녹문이 위솔(衛率), 주부(主簿), 군수(郡守) 등 여러 관직에 부름을 받고 나아가느라 일일이 응대할 겨를이 없었던 아쉬움을 말한다.

> 그 일원의 논(論)이 처음 나올 적에 또 오상을 가지고 말했고 보면, 이른바 천명지성(天命之性)이라 하고 본연지체(本然之體)라고 하는 것과 이른바 각정성지(各正成之)의 실체라고 하는 것들이 '솔개가 날고 물고기가 뛰며〔鳶飛魚躍〕 물은 차갑고 불은 뜨거운 것〔水寒火熱〕처럼 환히 드러나 활발하게 일용(日用) 중에 유행하는 것'과 관련이 없게 되어, 기(器)를 떠나 공중에 매달린 채 따를 수 없는 잉여의 물건이 되고 말았다. 따라서 지금 오상을 일원으로 만들어 버린다면, 천지 만물의 크고 작고 높고 낮은 것들이 굴신(屈伸)하며 유행하는 것 모두가 단지 기질지성일 뿐이라서……[124]

비록 "태극과 무망이 비약(飛躍)과 한열(寒熱)의 밖에 있지 않다."라고 말하더라도, 이미 태극과 무망을 본연에 소속시키고 '비약'과 '한열'을 기질에 소속시킨 이상에는, 태극과 무망이 여전히 공중에 걸려 동떨어져서 실체와는 아무 관계가 없게 되고, 크고 작고 높고 낮은 것이 고금에 유행하는 것이 여전히 기질지성이 될 따름이니, 어느 겨를에 이것을 가지고 오상은 일원이라는 설을 논의할 수 있겠는가. 일원과 분수를 모두 본연으로 간주한다면 오상과 일원이 꼭 허(虛)하게 되지는 않겠지만, 일원과 분수를 본연과 기질에 나누어 소속시킨다면 태극과 무망이 꼭 실(實)하게 되지는 않을 것이다.

124 그……뿐이라서 : 《밀암집》 권4 〈상미호종형〉에 나오는 내용이다. '각정성지'는 각정성명(各正性命)과 성지자성(成之者性)을 합친 말이다. 각정성명은 각각 성(性)과 명(命)을 바르게 한다는 뜻으로, 《주역》 〈건괘(乾卦) 단(彖)〉에 "하늘의 도가 변화함에 각각 성과 명을 바르게 하여 큰 화기(和氣)를 보전케 해 준다."라고 하였다. 성지자성에 대해서는 368쪽 주120 참조.

서 序

자서 병오년(1726, 영조2)

自序 丙午

나는 올해 16세이다. 어려서부터 자못 글 짓는 작은 재주가 있었는데, 스스로 "사람이 한세상 사는 동안 배부르게 먹고 따뜻하게 옷 입으며 하고 싶은 대로 하면서 그 낙을 끝까지 즐기면 그만이다."라고 생각하였으며, 그렇게 될 수 있는 방법을 추구해 보니 또 문장을 지어 남의 이목을 즐겁게 해서 과거에 급제하고 명성을 취하는 데에 있었다.

이에 고문 가운데에서 오늘날에 적당한 것을 골라내어 하루 종일 읽으며 의기양양하여 말하기를 "이것을 읽으면 문장을 지을 수 있고, 문장을 지으면 과거에 급제하여 부귀를 취할 수 있으니, 내가 크게 하고자 하는 것을 얻을 수 있다."라고 하였다. 사람들이 경전을 읽기라도 하면 번번이 기롱하여 비웃고 배척하여 비난하면서 세상 물정에 어두운 사람으로 간주하고는 말하기를 "지금 세상에서 몸을 일으키고 영예를 취하는 도리는 오직 장구(章句)를 잘 다듬는 데에 있는데, 저 경전을 공부해서 무얼 하겠는가. 내 몸에 이로운 대우(對偶)나 기교를 부린 글도 오히려 읽지 못하고 있는데, 한가하게 경전을 읽을 겨를이 어디에 있겠는가."라고 하였다.

또 어쩌다 여유가 생겨서 경전을 읽더라도 구법(句法)이나 훈고(訓詁)의 사이에서 취하여 눈으로 스쳐 지나가고 입으로 웅얼거리는 데에 지나지 않았을 뿐이다. 일찍이 마음으로 파악하고 몸으로 체득하여 그 계훈(戒訓)의 엄절함을 인지하거나 그 의리의 정미(精微)함을 사색해 본 적이 없이, 한갓 그 문자들이 문장을 엮어 내는 데에 쓸 만하다는 것만 알았을 뿐, 그 명법(明法)이 일상으로 응용하며 동정(動靜)하는 사이에 긴절하다는 것은 알지 못하였다. 그리하여 저쪽으로 달려가는 것은 더욱 깊어지고 이쪽을 이탈하는 것은 더욱 심해지는 가운데, 날마다 위지(危地)를 밟으면서도 스스로 편안하게 여기고 날마다 우하(愚下)로 빠져들면서도 스스로 고상하게 여기다 보니, 하루 이틀 지나며 병근(病根)이 이미 깊어지고 반복하는 과정에서 고질병이 된 나머지 이제는 약을 쓸 여지도 없게 되어 한세상을 헛되이 보내면서도 스스로 깨닫지 못할 처지를 면하지 못하게 되었다.

그러다가 요즈음 병으로 누워 있는 여가에 한가로이 율곡(栗谷 이이(李珥))의 책을 취하여 몇 차례 펼쳐 보던 중에, 그가 질의(質疑)하고 문난(問難)할 때에는 반드시 궁리(窮理)를 위주로 하고, 입언(立言)하고 저론(著論)할 때에는 반드시 지경(持敬)을 근본으로 하여, 장구를 표절하여 작문하는 일에는 아예 붓을 적시지 않고, 이욕(利欲)을 분변하는 일은 입에서 끊이지 않은 그것이, 내가 그동안 익혀 왔던 것과 비교해 볼 때에 하늘과 땅처럼 서로 같지 않을 정도만이 아니라는 사실을 알게 되었다. 그런 뒤에야 비로소 유자의 일은 원래 당연히 해야 할 바가 있다는 것과 내가 전일에 범한 죄는 이 몸이 죽어 없어진다 해도 결코 면할 수 없다는 사실을 깨닫게 되었다.

이에 육경을 연구하여 그 근본을 탐색하고 사서를 상고하여 그 취지를 이해하는 동시에, 백가의 제서(諸書)를 참고하여 그 동이를 바로잡으면서 그 귀취(歸趣)를 알아보았더니, 시비의 구분과 의리의 분변이 가슴속에 환해지면서 수기치인(修己治人)의 요도(要道)와 희성희천(希聖希天)[125]의 극공(極功)을 파악할 수도 있었는데, 이는 기타의 전적들을 상고해 보아도 숨길 수 없이 분명한 사실이었다.

그러고 나서 그 의리가 지극히 정미한 것들을 모아서 어떻게 힘써야 할지 그 방법을 생각해 보았더니, 그것은 또 모두 지경과 궁리라는 두 가지에서 벗어나지 않았는데, 이른바 지경과 궁리라는 것도 사람의 일심(一心)에 근원하는 것일 뿐이었다. 이에 만 가지로 다른 것이 하나로 꿰어지는 묘리와 하늘과 사람이 혼연히 합치되는 도리에 대해서도 그 변두리를 엿보아 어렴풋이 알게 되었으니, 성현의 말씀이 분명하여 속일 수 없고 확실하여 바꿀 수 없는 그것이, 참으로 일월이 밝게 빛나고 천지가 장구한 것과 같았다. 그리하여 전일에는 생각하지 못했던 것을 지금은 생각하게 되었고 전일에는 알지 못했던 것을 지금은 알게 되었으니, 구자(句字)에 스며 있는 지리(至理)와 간책(簡冊)에 펼쳐진 대도(大道)를 종신토록 배워도 다 하지 못할 염려가 있는데, 어느 겨를에 또 그 이외의 것을 좋아할 수가 있겠는가.

아, 하늘이 만물을 낼 적에 각각 그 이치를 갖추게 하였으니, 사람이 되었으면 또한 당연히 사람이 된 그 이치를 구하여 사람이 된 그 도리를 다해야만 할 것이다. 만약 이욕의 굴속으로 점점 빠져들어 가서 단지

125 희성희천(希聖希天) : 주돈이(周敦頤)의 《통서(通書)》 〈지학(志學)〉에 "선비는 현인이 되기를 원하고, 현인은 성인이 되기를 원하고, 성인은 하늘처럼 되기를 원한다.〔士希賢 賢希聖 聖希天〕"라고 하였다.

그 명위(名位)만을 귀중하게 여기고 식록을 받아먹을 줄만 알 뿐, 사람이 사람으로 된 소이와 사람이 되어서 당연히 해야 할 바에 대해서는 어떻게 해야 할지 까마득히 알지 못한 채, 한세상을 흐리멍덩하게 보내다가 초목이 썩어 없어지는 길로 똑같이 돌아간다면 이름은 비록 사람이라고 할지라도 실제로는 금수에 지나지 않을 따름이니, 어떻게 만물의 영장이 되고 삼재(三才 천지인(天地人))의 하나로 참여하여 위로는 하늘에 부끄럽지 않고 아래로는 사람들에게 부끄럽지 않은 가운데, 그 형색을 체현(體現)하고[126] 그 본성을 보전할 수가 있겠는가.

그렇다면 사람이 된 자가 그 이치를 밝히려고 노력하고 그 도리를 다 행하려고 노력하여 성인의 경지에 기필코 이르는 것을 어떻게 그만둘 수 있겠는가. 탁강폭양(濯江曝陽)[127]처럼 성인의 덕은 빛나는데 나는 이와 같이 오염되었고, 망운취일(望雲就日)[128]처럼 성인의 도는 드높은데 나는 저와 같이 비천하기만 하다. 아, 이목구비의 형체는 나와 성인이 한가지요 인의예지의 본성은 나와 성인이 한가지인데, 성인이 소유한 것을 나는 소유하지 못하였고 성인이 잘하는 일을 나는 잘하지 못하

126 그 형색을 체현(體現)하고 : 《맹자》 〈진심 상(盡心上)〉에 "형과 색에 천성이 깃들어 있나니, 오직 성인인 뒤에야 이 형과 색을 체현할 수 있는 것이다."라고 하였다.

127 탁강폭양(濯江曝陽) : 공자와 같은 성인의 경지를 비유한 말로, 증자가 공자의 인품을 찬양하면서 "장강(長江)과 한수(漢水)의 물에 깨끗이 세탁해서 따가운 가을 햇볕에 말리면 그보다 더 하얀 것이 있을 수 없는 것과 같다."라고 하였다. 《孟子 滕文公上》

128 망운취일(望雲就日) : 성인의 도덕을 비유한 말로, 《사기(史記)》 〈오제본기(五帝本紀)〉에 "제요(帝堯)라는 분은 이름이 방훈(放勳)이니, 그 인덕(仁德)은 하늘과 같고, 그 지혜는 신과 같았으며, 가까이 나아가면 따스한 햇볕과 같고, 멀리 바라보면 촉촉이 비를 내려 주는 구름 같았다."라고 하였다.

고 있으니, 이 어찌 걱정해야 하고 부끄러워해야 할 일이 아니겠는가.

이를 걱정한다면 어떻게 해야 하겠는가, 성인의 글을 읽어야만 할 것이요, 이를 부끄러워한다면 어떻게 해야 하겠는가, 성인의 행동을 본받아야만 할 것이다. 글은 이치를 싣는 도구이니 이것을 읽으면 그 이치를 궁구할 수 있을 것이요, 행동은 도를 행하는 일이니 이것을 본받으면 그 도를 준행할 수 있을 것이다. 그리하여 참으로 오래도록 계속 힘을 쌓아 가며 나태하지 않고 더욱 경건한 마음가짐으로 성인의 뜻이 아니면 감히 마음속에 싹트지 못하게 하고 성인의 글이 아니면 감히 눈앞에 어른거리지 못하게 하는 한편, 학문이 정밀해지더라도 성인의 경지에 미치지 못하면 그만두지 아니하고 덕업이 광대해지더라도 성인의 경지에 이르지 못하면 태만하지 않으면서 나의 재질을 다하고 나의 마음을 다하여 나의 수명이 다할 때까지 그만두지 않는다면, 나의 형체가 성인의 형체와 같고 나의 본성이 성인의 본성과 같은 만큼, 내 안에 있는 이치를 밝힐 수 있고 내 안에 있는 도를 다할 수 있을 것이니, 그 형색을 체현하지 못하고 그 본성을 보전하지 못하여 성인과 똑같이 돌아가지 못할 걱정이 또 어디에 있다고 하겠는가.

이 이치가 매우 분명해서 알기 어려운 것이 아닌데도 숙계(叔季)에 들어와서 도학이 밝아지지 못한 탓으로 사람들 중에 이런 설을 아는 자가 지극히 적었다. 이 때문에 이름은 유자이면서 행동은 묵자처럼 행하는 자가 있고, 글을 읽고서도 이익만을 추구하는 자가 있는가 하면, 심지어는 성인의 말씀을 모욕하고 성인의 도를 비난하면서 스스로 거리낌 없이 하는 지경에까지 이르렀으니, 비참한 일이라고 하겠다. 내가 전일에 깨닫지 못했던 것은 이런 설을 알지 못했기 때문이요, 오늘 자각하게 된 것은 이런 설을 알게 되었기 때문이다. 참으로 이런 설을 알게 되었다면 크게 뜻을 세워야 할 것이요, 크게 뜻을 세우면 큰일이 따라서 이루어질 것이니, 이것이 바로 율곡이 반드시 입지(立志)를 학문의 시발점으로 삼은 까닭이요, 내가 스스로 확신하면서 미혹되지 않는 이유 역시 바로 이 때문이라고 하겠다.

그러나 그 실공(實功)에 힘쓰지 않고 그 요도는 생각하지 않은 채, "나의 뜻이 이미 수립되었으니 나의 학문도 절로 진보할 것이다."라고 말할 뿐이라면 이는 밭을 갈지도 않고 수확을 기대하거나 낚시질하지도 않고 물고기를 구하는 것과 다름없어서 끝내는 그 공을 이루지 못할 뿐만 아니라 세운 그 뜻도 반드시 이에 따라서 해태(懈怠)해지고 말 것이다. 그렇다면 어떻게 해야 옳겠는가? 《역(易)》에 "공경히 하여 안을 곧게 하고, 의롭게 하여 밖을 방정하게 한다.〔敬以直內 義以方外〕"라고 하였는데, 이에 대해서 주자가 "계근(戒謹)과 공구(恐懼)는 경(敬)을 간수하는 방법이요, 격물(格物)과 치지(致知)는 의(義)를 밝히는 방법이다."라고 하였으니,[129] 이것이 바로 내가 의당 종신토록 종사하며 조금이라도 방기하거나 한순간이라도 단절됨이 있게 해서는 안 되는 것이라고 하겠다. 이에 그 설을 기록하여 스스로 경책하는 동시에, 동지들 중에 인순하며 퇴탁(退托)하는 이들에게도 아울러 권면하는 바이다.

129 주자가……하였으니 : 《심경부주(心經附註)》 권1 〈경이직내장(敬以直內章)〉에 주희(朱熹)가 《주역》 〈곤괘(坤卦) 육이(六二)〉에 나오는 이 말을 취하여, 두 협실(夾室)의 이름을 경재(敬齋)와 의재(義齋)로 짓고는, "《중용》을 읽다가 수도지교(修道之敎)를 논할 적에 반드시 계신과 공구로부터 시작하는 것을 본 뒤에 지경(持敬)의 근본을 알았고, 또 《대학》을 읽다가 명덕의 순서를 논할 적에 반드시 격물과 치지를 우선하는 것을 본 뒤에 명의(明義)의 단서를 알게 되었다."라고 하였다.

이군 문서에게 주는 글 계축년(1733, 영조9)

贈李君文西序 癸丑

이군 문서(李君文西)가 나에게 시 두 편을 보내면서 글을 요구하기를 "나를 위해 이 시를 평해 주기 바란다."라고 하였다. 내가 그 시를 정중히 받아서 읽고는 여러 차례 반복하여 완미해 보니, 대개 도연명(陶淵明)과 두보(杜甫)의 작품을 흠모하여 잘 배운 것이었다.

저 삼백편(三百篇 《시경(詩經)》)이 멀어진 뒤로부터 시의 도가 점차 그 올바름을 잃어버린 나머지, 신기함을 숭상하는 자는 뾰족하고 삐딱한 기교에 빠져들고 화려한 수식에 힘쓰는 자는 섬세하고 화미(華靡)한 경향으로 흘러들었는데, 그 화평하고 충담(沖淡)하며 웅혼하고 아중(雅重)하여 옛 시인의 뜻을 잃지 않은 자를 찾는다면, 도연명과 두보 두 사람만이 있을 뿐이었다. 그래서 세상에서 시를 짓는 자들이 그들을 다투어 흠모하며 본받는 가운데, 조금 문묵(文墨)을 쥐고 성률(聲律)을 다스릴 줄 아는 자들이라면 "나는 도연명처럼 짓는다."라고 하거나 "나는 두보처럼 짓는다."라고 하지 않는 자가 없었다. 그렇지만 거의 대부분이 그 외면만을 따르고 그 내면은 추구하지 않았으며, 그 언사만을 모방하고 그 의취는 탐색하지 않았으므로 이 때문에 성조와 장구의 격식 사이에서는 비슷한 경우도 없지 않았지만, 그 정미한 오의(奧義)로 말하면 그 경지에 이른 자를 찾기가 어려웠다.

그런데 지금 이군이 배운 것은 그렇지 않아서 그 외면만을 따르지 않고 그 내면도 잘 추구하였으며, 그 언사만 모방하지 않고 의취도 잘 탐색하였으므로 성조와 구격이 비슷할 뿐만 아니라 그 정미한 데에 나아가 심오한 경지를 엿보기까지 하였다. 그래서 그 시를 읽고 완미하는 자로 하여금 불현듯 서하부자(西河夫子)의 의심[130]이 들게까지 하였으니, 참으로 깊이 흠모하며 잘 배운 자가 아니라면 어떻게 이런 정도에까지 이를 수 있었겠는가.

비록 그렇지만 경계해야 할 점도 없지는 않으니, 흐름을 따라가려는 뜻이 아직도 왕성하고 근원을 탐색하려는 공부는 부족한 것이 바로 그것이라고 하겠다. 대저 도연명과 두보가 도연명과 두보가 된 소이는 저절로 그렇게 된 것이 아니고 거기에는 또 반드시 그들이 배운 것이 있어서 그런 것이다. 따라서 지금 도연명과 두보를 배우려고 한다면 먼저 그들이 배웠던 것을 배워야 하니, 그런 뒤에야 안목이 높아지고 공력이 도저(到底)해져서 그들의 경지에 어려움 없이 다가갈 수 있을 것이다. 그렇게 하지 않고서 한갓 그들의 발밑을 기어 다니기나 하며 그 말이 근사해지기만을 바란다면 모의(摸擬)하는 것이 비록 지극해지고 편찬하는 것이 비록 공교해질지라도 끝내는 대가의 비웃음을 면치 못하고 말 것이다.

도연명과 두보가 배웠던 것은 어떠한 것들인가? 육경, 사서, 《좌전》, 《장자》, 《사기》, 《이소(離騷)》로부터 한위(漢魏)의 악부(樂府)에 이르는 것들이 그것이요, 그 밖에 구류(九流) 잡가(雜家)의 기서(奇

130 서하부자(西河夫子)의 의심 : 제자가 스승과 비슷하게 되었다는 의심을 말한다. 서하는 노년에 물러나 서하 지역에 거했던 공자의 제자 자하(子夏)를 가리킨다. 자하가 아들을 잃고 너무 슬퍼하다가 시력을 상실하자 "죄가 없는데 왜 이 지경에까지 이르렀는지 모르겠다."라고 한탄하니, 증자(曾子)가 "너는 서하의 백성들로 하여금 너를 우리 선생님과 비슷하다고 의심하게 하였으니, 그것이 너의 첫 번째 죄이다."라고 꾸짖었던 고사가 전한다. 《禮記 檀弓上》

書)와 벽경(僻經)의 설 등도 모두 그들이 배운 것들이다. 이군이 재질을 발휘하여 먼저 이에 대해서 탐색하며 힘을 한번 써 본 뒤에 나와서 시를 짓는다면, 근본이 이미 깊어져서 지엽이 저절로 무성해질 것이다. 그렇게 되면 이군이 비록 구하지 않더라도 도연명과 두보와 비슷해지게 될 것이요, 나아가 도연명과 두보가 이군과 비슷해지는 것을 보게 될 것이니, 이군이 성취하는 것이 어찌 오늘날과 같은 정도일 뿐이겠는가. 이군은 더욱 노력하기 바란다.

이군이 나에게 시를 보낸 목적은 본래 평을 구하려고 한 것이기 때문에 내가 답할 적에 시로 하지 않고 문으로 하였으며, 그가 평을 구한 이유도 그 병통을 들어 보려고 한 것이기 때문에 내가 글로 답할 적에도 칭송 위주로 하지 않고 규계(規戒)를 아울러 가하였다.

사봉 연구의 서문

社峯聯句序

계축년(1733, 영조9) 4월에 내가 일이 있어서 사봉(社峯)에 갔다가 그 마을 안의 한(韓), 이(李) 두 군자와 송씨(宋氏)의 정사(精舍)에서 회동하였다. 그때에 봄과 여름이 교차하여 일찍 핀 꽃은 시들었지만 늦게 핀 꽃이 아직도 번성하였으며, 우거진 숲과 무성한 풀에 연하(煙霞)가 청신한 가운데, 맑은 물이 격동하고 따스한 바람이 불어오며 금어(禽魚)와 조수도 스스로 사람에게 가까이 다가와서 멀리 날아갈 듯한 기분이 마치 호복(濠濮)[131]의 사이에 와 있는 것 같았다. 이에 서로 더불어 주홍색 난간에 기대어 남쪽 산을 바라다보고 술을 따라 서로 권하면서 도연(陶然)히 이는 흥취를 즐겼다. 내가 마침내 그들에게 먼저 청하기를,

"오늘의 모임은 참으로 즐겁다. 즐거우면 전할 방도를 생각하게 되는데, 전하는 방도라면 시를 놔두고 또 어떻게 하겠는가. 시 짓는 방식

131 호복(濠濮) : 호량(濠梁)과 복수(濮水)의 병칭으로, 속세를 벗어나 한가히 소요(逍遙)할 만한 공간을 비유할 때 쓰는 말이다. 호량은 장자(莊子)와 혜자(惠子)가 징검다리 위에서 물고기의 즐거움에 대해서 논한 곳이고, 복수는 장자가 초(楚)나라 왕의 초빙도 거절한 채 낚시하던 곳인데, 《장자(莊子)》 〈추수(秋水)〉에 이 내용이 자세히 나온다. 또 진(晉)나라 간문제(簡文帝)가 화림원(華林園)에 들어가서 좌우를 돌아보며 "마음에 맞는 곳을 찾으려면 굳이 멀리 갈 필요가 없다. 울창하게 우거진 이 숲과 물 사이에 들어서니, 호량과 복수 가에 와 있는 느낌이 저절로 든다."라고 말한 고사가 전한다. 《世說新語 言語》

이야 실로 다양하지만, 염운(拈韻 운자에 맞추는 것)하여 연구(聯句)로 짓는 것만 한 것이 없으니, 염운을 하면 그 일이 공정하게 되고 연구로 지으면 그 정이 통하게 되기 때문이다."

하니, 모두 좋다고 하였다. 이에 교대로 불러 가며 번갈아 화운한 결과, 각기 8운 16구를 얻어 모두 24운 48구를 이루었으며, 여기에 다시 그 운으로 각기 시를 지어 그 뒤에 붙임으로써 앞의 시에서 미처 언급하지 못한 소회를 죄다 토로하였다. 이렇게 해서 시어를 연결하여 배열하며 새기고 그려 넣고 갈고 쪼아서 대소를 모두 포함하고 원근을 모두 거론하였다. 시를 다 지은 뒤에 내가 다시 제안하여 말하기를,

"옛날 난정(蘭亭)의 모임[132]이 고금에 으뜸으로 꼽히지만, 그때 모인 자들 중에는 시를 짓지 못하는 자들이 많았으므로, 지금에 와서도 문인과 운사(韻士)가 유감스럽게 여기는 바이다. 그런데 오늘의 모임은 난정의 그것과 비교하면 훨씬 멋들어져서, 그야말로 사람마다 시를 지으며 스스로 뽐낼 수 있어서, 나처럼 박야(朴野)하고 비눌(鄙訥)한 사람마저도 잘 짓지 못하는 시나마 억지로 지어 세 말의 벌주[133]를 면하였으니, 어찌 영예롭고 성대한 일이 아니겠는가. 이 모임의

132 난정(蘭亭)의 모임 : 진(晉)나라 왕희지(王羲之)가 목제(穆帝) 영화(永和) 9년(353) 3월 3일 사안(謝安), 손작(孫綽) 등 당대의 명사 40여 인과 함께 회계(會稽) 산음(山陰)의 난정에 모여서 재앙을 쫓는 계사(禊事)를 행하고 곡수(曲水)에 술잔을 띄워 돌려 마셨는데, 왕희지가 지은 〈난정기(蘭亭記)〉에 그 내용이 상세하다.

133 세 말의 벌주 : 진(晉)나라의 대부호인 석숭(石崇)이 자신의 별장인 금곡원(金谷園)으로 빈객을 초청해서 주연을 베풀 적에, 시제(詩題)를 걸어 놓고는 정해진 시간 안에 시를 짓지 못하면 벌주가 세 말이라고 약조하였는데, 이백(李白)이 〈춘야연도리원서(春夜宴桃李園序)〉에서 "만약 시를 이루지 못하면 금곡원의 벌주 숫자대로 마시게 하겠다."라고 말한 뒤로 이 고사가 더욱 사람들 입에 오르내렸다.

일은 멀리 오래도록 전해지며 사라지지 않을 것이 분명하니, 그 시가 전해질지 전해지지 않을지는 원래 논할 것이 없다고 하겠다."

하니, 모두 좋다고 하면서 나에게 그 설을 기록하여 시축(詩軸)의 첫머리에 올리게 하였다.

문장은 유자의 하찮은 기예이고, 시는 또 문장의 지엽에 속하는 것이다. 선유가 문장을 짓는 것도 완물(玩物)이라고 하였으니,[134] 시를 짓는 것이야 더 말할 것이 있겠는가. 이 때문에 내가 감히 사람들과 어울려 문장을 짓거나 가시(歌詩)를 지어서 남의 집 벽을 가리고 사람의 안목을 번거롭게 한 적이 한 번도 없었다. 그런데 지금 여러 군자의 뒤를 따라 시를 짓고는 또 서문까지 지었으니, 구구하게 평생 지켜 온 것이 하루아침에 모두 허사가 되고 말았다.

비록 그렇긴 하지만 일찍이 옛날 군자의 일을 살펴보건대 그들도 수창을 아예 폐하지는 않았었다. 그래서 명도(明道)처럼 영탈(穎脫)한 분이나 이천(伊川)처럼 근엄한 분으로서도 진공이(陳公廙)의 사계(社稧)의 석상에서 모두 각자 술작(述作)하여 그 일을 찬양하였으

134 선유가……하였으니 : 선유는 정이(程頤)를 가리킨다. 완물은 완물상지(玩物喪志)의 준말로, 쓸데없는 물건을 가지고 노는 데에 몰두한 나머지 소중한 자기의 본심을 잃어버리는 것을 말한다. 《서경》 〈여오(旅獒)〉의 "사람 때문에 정신이 팔려서 노닐다 보면 자기의 덕을 상실하고, 물건 때문에 정신이 팔려서 노닐다 보면 본래의 뜻을 잃게 된다."라고 하였다. 《이정유서(二程遺書)》 권18에 혹자가 문장을 짓는 것이 도에 해로운지 묻자, 정이가 "해롭다. 무릇 문장을 지을 때에 전심하지 않고서는 잘 짓지 못하는데, 만약 전심하면 뜻이 여기에 국한되니, 또 어떻게 천지와 더불어 그 광대함을 함께할 수 있겠는가. 《서경》에 '완물상지'라고 하였는데, 문장을 짓는 것도 '완물'에 속하는 것이다."라고 하였다. 《근사록(近思錄)》 권2 〈위학(爲學)〉에도 이 말이 나온다.

니,[135] 그렇다면 지금의 나의 일도 혹 크게 잘못된 것은 아닐 수도 있겠다. 그러나 고인은 무심의 경지에서 그 일을 하였고 나는 유심(有心)의 단계를 면하지 못하였는데, 이 '유심'과 '무심'의 사이에서 천리와 인욕이 나뉘는 것이고 보면, 스스로 핑계 대고서 자신을 용서할 수는 없는 일이다. 그래서 우선 이렇게 기록하여 보는 이들의 판단을 기다리기로 한다.

135 명도(明道)처럼……찬양하였으니 : 영천(穎川)의 진공이가 처음 낙양(洛陽)에 거하면서, 송 신종(宋神宗) 원풍(元豐) 기미년(1079)에 난정(蘭亭)의 고사를 본받아 수계(修禊)하였는데, 이에 대해서 명도 정호(程顥)가 "옛날에는 난정의 성대한 모임이 있었다면, 지금은 낙사의 멋진 풍류가 있도다.〔盛集蘭亭舊 風流洛社今〕"라고 시작하는 오언 율시를 지었다.《二程文集 卷1 明道文集 陳公廙園修禊事席上賦》이에 이천 정이가 "나는 시를 짓지 못하므로 옛날과 지금의 다른 점을 논하여 평한다."라고 하면서, 말미에 "후일에 금일의 일을 보는 것이, 금인이 석인을 사모함만 같지 않으리라고 어찌 알겠는가.〔安知後日之視今日 不若今人之慕昔人也哉〕"라고 하였다.《二程文集 卷9 伊川文集 禊飮詩序》

김군 효술에게 주는 글 정묘년(1747, 영조23) 여름
贈金君孝述序 丁卯夏

절재(節齋) 김공(金公)[136]이 충의(忠義)를 위해 죽은 지 200여 년이 되었는데, 복관의 논의가 전후로 여러 차례 일어났지만 그때마다 저지되었으므로 국인으로서 원망하지 않는 이가 없었다.

그런데 지금 그 후손인 경조(景祖) 효술(孝述)이 도보로 서울에 가서 피눈물을 흘리며 임금에게 호소한 결과 다행히도 윤허를 받게 되었다. 그리하여 열성조에서 미처 행할 겨를이 없었던 전례가 하루아침에 거행되어 충절이 이로 말미암아 더욱 드러나고 인륜이 이로 말미암아 추락하지 않았으니, 효술과 같은 자는 효손이라고 말할 수 있을 것이요, 절재공도 이렇게 해서 제대로 된 후손을 두었다고 하겠다.

비록 그렇다고 하더라도 사람의 품행 중에서 물론 효보다 큰 것은 없지만, 효는 또 선조의 뜻과 사업을 잘 계승하는 것보다 더 큰 것이 없다. 대저 선조의 마음을 드러내고 선조의 억울함을 신설(伸雪)하는 것도 물론 효라고 하겠지만 그것은 효의 한 부분일 뿐이니, 그보다는 그 뜻과 그 사업을 잘 계승하여 선조가 남긴 그 업적을 빛나게 함으로써 사람들로 하여금 "아무개의 초손(肖孫 훌륭한 손자)이 효 중에서도 큰 것을 행했다."라고 칭하게 하는 것이 훨씬 낫지 않겠는가.

136 절재(節齋) 김공(金公) : 김종서(金宗瑞, 1390～1453)로, 자는 국경(國卿), 호는 절재이다. 1453년(단종1) 10월 수양대군에 의해 살해되었는데, 1746년(영조22) 황보인(皇甫仁)과 함께 복관되었다.

대저 절재공이 성취한 것이 참으로 고대하니 도저히 따라잡을 수 없을 것 같기도 하다. 그렇긴 하지만 돌이켜 구해 보면 일상생활을 하는 가운데에서 이욕을 버리고 의리를 취하며 그른 것을 버리고 옳은 것을 따르는 것이 모두 이 일이니만큼, 이를 계속 쌓아 익히고 확대하여 채움으로써 고대하여 천지간에 우뚝 서는 경지에 이르게 되는 것이니, 이는 애초에 두 가지 일이 아니다. 대개 사물에는 크고 작은 것이 있어도 이치에는 정(精)하고 추(粗)한 것이 없으니, 지극히 천근한 곳에 나아가서도 지고 지대한 이치가 존재하는 것은 실로 의심할 여지가 없는 것이다.

그런데 효술이 매우 빈궁하여 살아갈 방도가 없다고 걱정하면서 대처할 도리를 나에게 묻기에, 내가 다음과 같이 말하였다.

"이것이 참으로 걱정스러운 일이긴 하다. 그러나 사람은 태어나면서부터 바로 이 몸을 갖게 되는데, 이 몸을 갖게 된 이상에는 옷을 입고 밥을 먹는 방도가 반드시 있게 마련이다. 가령 농상(農商) 등의 일을 가지고 살아갈 밑천을 마련할 수도 있으니, 이를 적당히 알아서 행하더라도 본래 상관이 없는 것이다.

다만 그 가운데에서도 의리와 시비를 분변하는 일만큼은 엄격하고 분명하게 하지 않으면 안 된다. 만약 의리를 해치는 일이라면 비록 죽는 한이 있어도 결코 행해서는 안 되니, 이것이 바로 정자(程子)가 '굶어 죽는 일은 작다.'라고 말한 그것이다.[137] 진후산(陳后山)

137 정자(程子)가……그것이다 : 빈궁한데 의탁할 곳이 없는 과부는 개가해도 되지 않겠느냐는 질문에 대해, 정이(程頤)가 "굶어 죽는 일은 지극히 작고 절개를 잃는 일은 지극히 크다."라고 하였다. 《二程遺書 卷22下 附雜錄後》《近思錄 卷6 家道》

은 조정지(趙挺之)의 갖옷을 입지 않고 얼어 죽기까지 하였는데,[138] 이것이 백이(伯夷)의 죽음과 비교해서 비록 대소의 구분은 있을지라도 도에 있어서는 하나인 것이다.

가령 효술이 실제로 그 뜻을 굳게 정하고 일에 따라 힘을 써서 의를 보면 반드시 행하고 이(利)를 보면 반드시 끊으며, 옳으면 반드시 따르고 그르면 반드시 제거하면서 빈궁할수록 더욱 견고해지고 시간이 갈수록 더욱 분발할 수만 있다면 곧 절재의 초손이라고 말해도 좋을 것이니, 어찌 꼭 환란에 임하여 목숨을 바친 뒤에야 비로소 계지술사(繼志述事)했다고 말할 수 있겠는가.

그런데 만약 이렇게 하지 않고서 옳은 일을 따르지 못하거나 그른 일을 제거하지 못하며 의를 행하지 못하거나 이(利)를 끊어 버리지 못한다면 선조의 업적을 떨어뜨리는 것이 크다고 할 것이니, 오늘 행한 일이 또 어떻게 효가 될 수 있겠는가.

효술이 누차 나를 찾아와서 한마디 말을 해 주기를 청하였는데 그 뜻이 매우 간절하고 또 극력 요청하기에, 헤어질 무렵에 마침내 이런 내용을 써서 그에게 줌으로써 그의 걱정을 덜어 주고 그의 효도를 넓히고자 하였다."

138 진후산(陳后山)은……하였는데 : 후산은 송(宋)나라 진사도(陳師道)의 호이다. 그가 관직을 맡아서 천자의 천제(天祭)를 배종할 때에 갖옷을 두 겹 껴입지 않으면 추위를 막을 수 없자, 그의 부인이 조정지의 부인과 친자매였으므로 조정지의 갖옷을 빌려 와서 그에게 입혀 주었다. 후산이 옷의 출처를 묻자 부인이 사실대로 고하니, 후산이 "당신은 어찌 나를 모르느냐."라고 꾸짖으며 벗어 버리고는 갖옷 하나만 입고 참석했다가 결국 한질(寒疾)에 걸려 죽은 고사가 전한다.《鶴林玉露 卷4》《何氏語林 卷3 德行 第1下》

기 記

불염재기 신해년(1731, 영조7)
不厭齋記 辛亥

우리 마을에 박사홍(朴士弘)이라는 자가 있다. 그는 매우 빈궁하여 하루 동안에 요행히 친척이나 붕우에게서 먹을 것을 얻으면 한 끼 식사를 때우고, 그렇지 않으면 며칠 동안 밥을 해 먹지 못하는 경우도 종종 있었다. 그의 집 몇 칸은 비좁아서 무릎을 펴기에도 부족하였고, 이따금 비바람이 몰아치기라도 하면 의관이 모두 빗물에 젖어서 사람이 실로 하루도 견딜 수가 없었다. 그럼에도 사홍은 태연히 개의하지 않았으며, 그의 안색을 살펴보아도 흔연히 자득한 듯하였고 그의 말을 들어보아도 걱정하는 기색이 보이지 않았다.

오직 날마다 향리의 수재들을 모아 놓고 경사를 토론하는 일을 거르지 않았으므로, 책을 들고 문에서 대기하는 자들이 항상 수십 명이나 되었다. 그는 또 술 마시기를 좋아해서 뜻에 맞는 사람을 만나면 득의의 말을 토로하곤 하였는데, 그때마다 외상으로 술을 사서 잔 가득 채워 마시는 등 의기가 호방하였다. 그리고 한가한 날에는 오뚝이처럼 꼿꼿이 앉아서 옛 성현의 글을 가져다가 열심히 읽어 마지않았으며, 사람들이 가난을 구제해 보라고 권하기라도 하면 마음속으로 비루하게 여기면서 무심한 표정으로 못 들은 척하였다.

아, 세상 사람들을 보면 스스로 글을 읽어서 도리를 안다고 말하다가도 정작 득실과 흔척(欣戚)에 관계되는 상황을 당하면 그 일이 지극히 미세하여 겨우 터럭 같은 것이라고 하더라도 곧바로 부산하게 소란을 떨며 어떻게든 빠져나가려고 도모하는 것이 너 나 할 것 없이 모두 그러하니, 이 세상에서 사홍과 같은 자를 어떻게 쉽게 얻을 수 있겠는가. 이 때문에 내가 일찍이 사홍을 추중(推重)하여 오늘날의 고사(高士)라고 칭하였다.

지난해에 내가 화산(華山)에 우거하느라 6, 7개월 동안 사홍을 보지 못하다가 돌아와서 보니, 사홍이 뜰 몇 이랑의 땅을 일궈서 한 칸의 집을 지어 놓았기에 어찌된 영문인지 사연을 물어보니 "학생들이 갹출해서 지어 주었다."라고 대답하였다. 그러고는 그 집의 편액을 '불염(不厭)'이라고 걸어 놓고는 나에게 기문을 써 달라고 청하기에, 내가 다음과 같이 말하였다.

"기문을 쓰는 일이야 내가 감히 사양할 수 없지만, 그대가 '싫어하지 않는 것〔不厭〕'이 하나가 아니니, 내가 무엇을 취해서 글을 써야 옳겠는가.

대저 그대는 가난한 정도가 너무 심해서 한 그릇의 밥과 한 바가지의 물도 때로는 얻어먹지 못하는데, 그대는 편안히 누워서 털끝만큼도 마음이 동요되지 않으니, 이 정도면 가난을 싫어하지 않는다고 말할 수 있을 것이다.

양식이 떨어져서 아궁이가 썰렁할 적에는 기운이 나른해지고 배속이 텅 빌 터인데, 쌀 한 줌과 돈 한 닢을 얻기라도 하면 으레 술을 사서 실컷 마시면서 차라리 몇 날 저녁의 밥을 먹지 못할지언정 하루라도 술이 없으면 안 될 것처럼 마음속으로 생각하니, 이 정도면 술을 싫어하지 않는다고 말해도 좋을 것이다.

또 동이 트기 전에 일어나 의관을 차려 입고 마루에 올라 높이 앉아 있으면 향리의 자제들이 차례로 나아와 순종하며 좌우에 모시고 앉아서 의문 나는 점을 물어보곤 하는데, 그럴 때마다 입을 열어 강론하며 빠짐없이 반복해서 가르쳐 주기 때문에 향인 중에 사홍의 구술을 얻어듣고 경사(經史)에 능통하여 세상에 자립한 자가 셀 수도 없이 많으니, 이 정도면 가르치는 것을 싫어하지 않는다고 말해도 옳을 것이다.

그리고 곤궁할수록 더욱 견고해지고 빈한할수록 더욱 각고(刻苦)하면서 뜻을 고수하여 바꾸지 않고 절조를 힘써 좌절하지 않고는 하루 종일 부지런히 침식도 잊은 채 오직 시서와 육예에 종사하는 한편, 이따금 흥이 일어나면 가시(歌詩)를 지어 부르기도 하는데, 그 함영(涵泳)하는 것을 보면 깊이 나아간 경지가 엿보이고 그 음롱(吟弄)하는 것을 보면 자득한 정취를 느끼게 한다. 비록 예로부터 칭해지는 명유(名儒)나 도인이라고 할지라도 이보다 더할 수는 없을 것이니, 이 정도면 학문을 싫어하지 않는다고 말해도 좋을 것이다. 이상 네 가지는 모두 그대가 싫어하지 않는 것으로 하나도 빼놓을 수가 없으니, 내가 어떤 것을 취해서 글을 지어야 옳겠는가."

내가 이렇게 말하자 사홍이 빙그레 웃으면서 말하기를 "기문을 이와 같이 지어 준다면 족하겠다. 어찌 꼭 줄여서 쓸 것이 있겠는가."라고 하기에, 마침내 그 설을 수습하여 불염재(不厭齋)의 기문으로 삼았다. -사홍의 이름은 태제(泰濟)이다.-

임실현의 사직단을 중수하고 지은 기문 무인년(1758, 영조34) 5월
任實縣社稷壇重修記 戊寅五月

주현(州縣)에 사직(社稷)을 설치한 것은 예로부터의 일이다. 그러나 그 제도는 경(經)에 보이지 않고 오직 송(宋)나라의 《정화신의(政和新儀)》에서 갖추 말하였는데, 주 부자(朱夫子 주희(朱熹))가 여기에 주석을 가한 뒤로 단유(壇壝)의 척도와 계폐(階陛)의 등급 및 문표(門表)와 예감(瘞坎)[139]과 재청(齋廳)의 규모 등이 모두 손바닥을 가리키듯 분명해져서 이대로 거행하면 제대로 조치할 수 있게끔 되었다. 그럼에도 불구하고 주현에서 건설한 것을 보면 그 제도가 잘못된 것이 많으며 이치에 어긋나고 의리를 해치는 경우도 있으니 개탄할 만한 일이다.

갑술년(1754, 영조30) 겨울에 내가 임실(任實)의 수령으로 와서 정사를 행하고는 곧바로 사단(社壇)을 봉심하였더니, 단의 사방이 겨우 10여 자에 불과하였고, 동쪽을 등진 채 서쪽을 향해 있었으며, 단 위에는 또 초옥(草屋) 몇 칸을 지어서 제사를 행하는 장소로 삼고 있었다.

대저 사(社)는 반드시 북쪽을 향하게 해서 음기를 주관하도록 해야 한다. 그리고 반드시 서리와 이슬과 바람과 비를 직접 맞게 해야 하니, 하늘과 땅의 기운을 통하게 하기 위함이다. 그래서 망국(亡國)의 사에는 지붕을 설치하는데, 하늘로부터 양기를 끊어 버리려고 그런 것이

139 예감(瘞坎) : 옛날 토지신(土地神)을 제사 지낼 때에 희생의 털과 피, 옥백(玉帛)을 묻었던 구덩이를 말한다.

다.[140] 지금 이곳의 단을 보면 서쪽을 향하게 하고 지붕을 얹어 놓았는데, 음기를 주관하게 하는 의리에 어긋나는 것으로, 박사(薄社)[141]의 제도와 비등하게 만들어 놓은 것이니, 이는 이치에 어긋나고 의리를 손상한 것인 만큼 참으로 이웃 고을에 알려지게 할 수 없는 점이 있다고 하겠다. 대체적인 것이 이와 같으니, 그 소소한 도수(度數)의 잘못됨이야 또 어찌 말할 것이 있겠는가. 이와 같이 해 놓고는 우양(雨暘)이 때에 맞아서 한 해의 농사가 풍년이 들기를 바란다면 어려운 일이 아니겠는가.

이에 마침내 사우(士友)와 의논하고 영문(營門)에 품달하여 바로잡아 고칠 방도를 강구하였는데, 그 뒤에 바로 흉년을 만나는 바람에 그렇게 할 경황이 없었다. 그러다가 병자년(1756) 8월에 이르러 비로소 추향(秋享)에 고유(告由)하는 일을 계기로 즉시 예전의 단을 철거하고 남문 안으로 옮겨 설치하며 북쪽을 향하게 하였다. 단은 사방 25자로 하고, 높이는 3자로 하였으며, 사방으로 폐(陛 층계)를 내되 폐마다 3급(級)으로 하고 급은 1자로 하였다. 임방(壬方)에 예감을 파고, 단 위의 초옥을 철거하였으며, 재청 2칸을 북문의 밖에 짓고

140 대저……것이다 : 《예기(禮記)》〈교특생(郊特牲)〉에 "사(社)는 토지의 신을 제사하는 곳인 만큼 음기를 주관하게 해야 한다.……천자의 대사는 반드시 서리와 이슬과 바람과 비를 직접 맞게 해서 하늘과 땅의 기운을 통하게 해야 한다. 이 때문에 망국의 사는 지붕을 덮어서 하늘의 양기를 받지 못하게 하였으니, 박사(薄社)의 경우는 북쪽으로 창문을 내어 음기가 성하게 하였다."라고 하였다.

141 박사(薄社) : 박(薄), 즉 상탕(商湯) 시대의 도성이었던 박(亳)의 사(社)라는 뜻으로, 주(周)나라의 입장에서는 망국의 사직을 가리킨다. 박(薄)은 박(亳)과 통한다. 원(元)나라 진호(陳澔)는 《예기집설(禮記集說)》에서 "음기가 성하면 생물이 죽는다."라고 하였다.

기와를 덮어서 풍우에 대비하였으니, 모두 대체로 주자의 설을 따른 것이었다. 다만 《정화(政和)》의 제도에는 사와 직에 각각 단을 설치하였는데, 이번에 그 둘을 합쳐서 만든 것은 현재의 임금의 제도를 따른 것이다. 유(壝)는 예전 그대로 하고 더 넓혀서 예(禮)를 따르지 않은 것은 공간이 비좁았기 때문이다.

아, 백 리의 지역에는 민인이 있고 사직이 있는데, 그것이 중한 것은 한가지이다. 그러나 이 세상의 수령이 된 자들은 한갓 민인이 중한 줄만 알 뿐, 사직에 대해서는 제대로 유의하는 자가 드물다. 그래서 옛날의 제도와 어긋나게 날조하며 잘못된 줄 알면서도 그대로 답습해 오다가 수백여 년이 지난 오늘에 와서야 비로소 고치게 되었으니, 어찌 개탄할 일이 아니겠는가. 이 뒤로 계속해서 이 고을의 수령이 되는 자들은 서로 권면하며 정성을 바쳐 복을 구할 도리를 생각하지 않아서야 되겠는가. 공사를 모두 끝낸 뒤에 현(縣)의 인사가 나에게 기문을 부탁하기에, 그 전말을 이와 같이 간략하게 기록하였다.

세한정기 정해년(1767, 영조43)
歲寒亭記 丁亥

광산(光山)의 김양여(金養汝)가 그의 거처인 직하(稷下 사직동(社稷洞))의 작은 동산에 있는 두 그루 잣나무 옆에다 정자를 지어 놓고는 그 이름을 세한(歲寒)이라고 하였으니, 대개 부자(夫子)의 후조(後凋)[142]에서 뜻을 취한 것이었다.

일찍이 그 정자에 한번 올라가서 살펴보건대 그 지역이 그다지 높지는 않았지만 사방을 바라보매 앞을 가로막는 것이 없어서 한 성 안의 승관(勝觀)이 눈앞에 모두 나열되어 펼쳐져 있었고, 유심(幽深)하고 상개(爽塏)한 그 속에 다양한 볼거리가 모두 갖추어져 있었으며, 정원의 사이에 나아가면 아리따움과 향기로움을 투기(妬忌)하면서 서로 다투는 이름난 꽃들과 향초들을 또 눈으로 죄다 영접할 수 없을 정도였다. 그런데 양여가 이런 것들은 전혀 취하지 않고 유독 저 푸르게 우뚝 솟은 잣나무를 취하여 그 이름을 지었으니, 그 뜻이 어찌 우연한 것이라고 하겠는가.

아, 사군자(士君子)가 입신하는 제일의(第一義)는 오직 명절(名節)일 뿐이다. 이 명절이 한번 무너지면 나머지는 볼 것도 없으니, 박학다문하여 아는 것이 많다거나 소렴곡근(小廉曲謹)[143]하여 행동거지가 그

142 후조(後凋) : 뒤에 시든다는 뜻으로, 송백(松柏)처럼 변함없이 굳은 지사(志士)의 절조를 비유한다. 《논어》 〈자한(子罕)〉에 "한 해가 다하여 날씨가 추워진 뒤에야 소나무와 잣나무가 뒤에 시드는 것을 안다."라고 하였다.

럴듯하다고 해도, 어찌 창가(娼家)의 예(禮)와 다를 것이 있다고 하겠는가.

국조(國朝)에서 예교(禮敎)를 일으켜 시행한 뒤로 진유(眞儒)가 배출되면서 '명절'이라는 두 글자가 사부(士夫)의 집에서 으레 행하는 일상사가 되었는데, 불행히도 수십 년 이래로 풍성(風聲)과 습기(習氣)가 날이 갈수록 점차 타락한 나머지, 이욕만 알고 의리는 알지 못하며 작록이 있는 줄만 알고 명절이 있는 줄은 알지 못하게 되었다. 만약 이런 상황이 계속해서 그치지 않는다면 설령 조정에 비상사태가 발생하고 변경에 위급한 경보가 있더라도 어찌 안색을 바로 하고 어전에서서 다툴 수 있는 자[144]가 나오겠으며, 시체가 말가죽에 싸인 채로 돌아오는 자[145]와 죽을 때까지 적을 꾸짖으며 굴복하지 않을 수 있는 자[146]가 나오겠는가.

143 소렴곡근(小廉曲謹) : 사소한 일에 청렴하고 근신하는 것을 말하는데, 보통 큰일은 제대로 하지 못한다고 폄하하는 뜻으로 쓰인다. 송(宋)나라 왕안석(王安石)의 〈왕심보묘지명(王深父墓志銘)〉에 "소렴곡근하여 사람들의 이목에 영합하지 않고, 취사와 진퇴와 거취를 반드시 인의(仁義) 위주로 하였다."라는 말이 나온다.

144 안색을……자 : 송나라 구양수(歐陽脩)의 〈상범사간서(上范司諫書)〉에 "천자가 옳다고 하더라도 간관은 그르다고 말하고, 천자가 반드시 행해야 한다고 하더라도 간관은 반드시 행하면 안 된다고 말하는 것이니, 어전에 서서 천자와 시비를 다투는 자는 간관인 것이다."라고 하였다.

145 시체가……자 : 전장에서 용감하게 싸우다 죽어 고향에 시신으로 돌아오는 자를 말한다. 후한(後漢)의 복파장군(伏波將軍) 마원(馬援)이 "사나이는 변방의 들판에서 쓰러져 죽어 시체가 말가죽에 싸인 채로 돌아와 땅에 묻히는 것이 마땅하다. 어찌 침상 위에 누워 아녀자의 손에 맡겨서야 되겠는가."라고 하였다. 《後漢書 馬援列傳》

146 죽을……자 : 당(唐)나라 안고경(顔杲卿)이 죽을 때까지 적을 꾸짖은 고사를 인용한 것이다. 현종(玄宗) 때 안녹산(安祿山)의 난이 일어나자 상산 태수(常山太守)

양여는 어려서부터 학문에 뜻을 두고서 그 뜻이 고결함을 숭상하였는데, 거처하는 곳이 경화(京華)에 있었던 만큼 사변을 두루 겪어 본 것이 많을 터이니, 그의 마음속에는 감개하여 마지않는 점이 분명히 있었을 것이다. 그래서 정자에 그런 이름을 지은 뒤에 동시대 사우(士友)들의 글을 두루 구하여 이에 대한 기록으로 삼아서 첩(帖)에다 써 두었는데, 내가 이 첩 안에 들어 있는 사람들을 살펴보건대 조사(朝士)들이 많았으니, 어쩌면 양여가 이들을 돌아보며 경책(警策)하려고 한 것인지도 모르겠다. 그렇다면 이는 장차 집에서 전하고 사람마다 외움으로써 세한의 이름과 후조의 뜻이 구설에 오르고 이목에 익숙해지게 해 주려 함이니, 세도(世道)를 돕는 효과가 어찌 적다고 하겠는가.

비록 그렇긴 하지만 이른바 명절이라는 것에는 또한 그 근본이 있다. 만약 이치를 궁구하여 세상의 말을 분변할 줄 알지 못한 채, 우뚝 푸르게 서 있는 잣나무 사이에서 외물에 의탁하여 흥을 돋우려 하면서 "이만하면 명절을 완전히 보존하기에 충분하다."라고 할 뿐이라면 이욕을 의리로 삼지 않는 경우가 드물 터이니, 한때 일어난 의기(意氣)를 또한 믿을 것이 뭐가 있다고 하겠는가.

바라건대 양여는 정자 안에 오롯이 앉아서 맹자와 주자의 책을 가지고 익히 읽고 깊이 완미하여 모든 시비와 사정을 분변하는 일과 관련해서, 일체 모두 명백하게 분석하여 판단하기를 이른바 '손을 대는 대로

안고경이 불리한 상황 속에서도 6일 동안 밤낮으로 격전을 벌이다가 마침내는 식량과 화살이 떨어져 성이 함락되면서 포로로 붙잡힌 뒤에 갖은 악형을 받으면서도 끝까지 굴복하지 않고 혀가 끊어질 때까지 준열하게 꾸짖다가 죽음을 당하였다.《新唐書 顔杲卿列傳》

두 조각을 내는 것'[147]처럼 하면서 스스로 격앙하고 연마하며 돈독히 믿어 흔들리지 않음은 물론이요, 이를 또 미루어 첩 안의 사람들에게 일러 주어 그들과 함께 공동으로 노력했으면 한다. 그렇게 하면 언행으로 발동하고 사변에 대처함에 자연히 광명하고 준결(峻潔)하며 뇌락(磊落)하고 직절(直截)해서, 세한이라는 이름에 부끄러움이 없을 것이요, 이 정자를 지은 것 역시 참으로 이 세상에 공을 세우는 일이 될 것이니, 내가 장차 눈을 씻고서 이를 기대해 보고자 한다.-양여의 이름은 상직(相直)이다.-

147 손을……것 : 주희가 "일상생활 중에 생각이 일어나는 곳에 나아가서 공사와 의리의 소재를 분별해야 한다.……그리하여 어떤 사물이나 어떤 상황에서도 이와 같이 체찰하지 않음이 없어서, 손을 대는 대로 곧장 두 조각을 내버린다면, 천리가 날로 분명하게 보여서 이른바 물욕의 유혹이라는 것도 통렬히 끊어 버릴 필요 없이 자연히 깨뜨려질 것이다."라고 하였다.《晦庵集 卷59 答余正叔》

존존감기
存存龕記

정자(程子)가 천인합일(天人合一)의 이치를 논한 것이 완비되었다. 예컨대 정자가 “상천(上天)의 일은 소리도 없고 냄새도 없는데, 그 체(體)의 측면에서는 역(易)이라고 이르고, 그 이(理)의 측면에서는 도(道)라고 이르고, 그 용(用)의 측면에서는 신(神)이라고 이르고, 사람에게 명한 측면에서는 성(性)이라고 이른다.”라고 말하고, 또 “하늘에 있으면 명(命)이 되고, 물(物)에 있으면 이가 되고, 사람에게 있으면 성이 되고, 몸에서 주재(主宰)하면 심(心)이 되니, 사실은 하나인 것이다.”라고 말하였는데, 이는 심과 성이 천(天)과 하나임을 말한 것이다.[148] 또 말하기를 “하늘과 사람은 하나이니, 다시 분별할 것이 없다. 따라서 호연지기는 바로 나의 기이니, 이를 길러서 해침이 없게 하면 천지에 가득 차게 된다.”[149]라고 하였는데, 기가 천과 하나임을 말한 것이다.

그런데 정자는 또 말하기를 “‘천지가 자리를 베풀면 역이 그 가운데에

148 정자(程子)가……것이다 : 녹문은 정호(程顥)와 정이(程頤)를 구분해서 말하지 않았는데, 문맥으로 볼 때 녹문은 이 정자(程子)를 정호로 여긴 듯하다. 그런데 위의 ‘상천(上天)의……이른다.’라는 인용문은 정호의 말이고, 뒤의 ‘하늘에……것이다.’ 한 것은 정이의 말인데, 이에 대해서는 《근사록집해(近思錄集解)》 권1 〈도체(道體)〉에서 확인할 수 있다. 아마도 녹문은 정이의 말도 정호의 말로 여긴 듯하다.

149 하늘과……된다 : 《이정유서(二程遺書)》 권2 상(上)과 《맹자》 〈공손추 상(公孫丑上)〉 호연장(浩然章)의 집주(集註)에 나온다. 정자 형제 중 누구의 말인지 분명치 않으나 정이일 개연성이 높은데, 녹문은 이 말도 정호의 말로 여긴 듯하다.

행해진다.'라고 하였는데, 이것은 천지의 경(敬)만을 말한 것이다."[150]라고 하였으니, 또 경이 천과 하나임을 말한 것이다. 그런데 "심이나 성이나 기는 본체이니 천과 인(人)이 물론 하나이겠지만, 저 경으로 말하면 공부인데 천에도 공부가 있다는 말인가."라는 의문이 있을 법도 한데, 이에 대해 나는 다음과 같이 생각한다.

본체와 공부는 원래 두 가지 일이 아니니, 본체에 나아가도 공부가 그 안에 들어 있고, 공부에 나아가도 본체가 또한 그 안에 들어 있다. 공부라고 하는 것이 본래 학자의 처지에서 말하는 것이고 보면, 천지와 성인에 대해서는 본래 공부를 말할 수 없을 법도 하다. 그러나 잘 살펴보면 "하늘의 명은 심원하여 그치는 때가 없다."라고 하였으니 바로 천의 경이 아니겠으며, "아, 뚜렷하지 않은가, 문왕의 덕의 순수함이여."라고 하였으니 바로 문왕의 경이 아니겠는가.[151] 순역불이(純亦不已)하는 측면에서 보면 천과 인이 위와 아래에서 혼연히 한 덩어리의 경이 되지만, 학자의 처지에서 보면 인욕으로 발동하는 것일 뿐이다.[152]

150 천지가……것이다 : 사람에게만 경이 있는 것이 아니라, 천지에도 경이 있다는 뜻으로, 녹문이 정호의 말을 인용해서 설명한 것이다. 《二程全書 卷11》《近思錄集解 卷4 存養》 이는 《주역》〈계사전 상(繫辭傳上)〉의 "천지가 자리를 베풀면 역이 그 가운데 행해지니, 성성(成性)을 보존하고 보존함이 도의(道義)의 문이다."라는 경문을 정호가 해설하며 평한 것인데, 주희의 본의(本義)에서는 이 경문에 대해 "존존(存存)은 보존하고 또 보존함을 이르니, 그치지 않는다는 뜻이다."라고 하고, "성성(成性)은 본래 이루어진 성이다."라고 하였다. 본래 이루어진 성이란 이 경문의 위 구절에 나오는 지(智)와 예(禮)를 가리킨다. 존존감(存存龕)의 '존존'은 여기에서 유래한 것이다.

151 하늘의……아니겠는가 : 두 인용문 모두 《시경》〈주송(周頌) 유천지명(維天之命)〉에 나온다.

152 순역불이(純亦不已)하는……뿐이다 : 성인은 일체 천리를 따르기 때문에 천의

대개 정자가 상기(上記)의 말을 한 것은 공중에서 지어낸 것이 아니라, 바로 아래 구절의 '존존(存存)'이라는 두 글자를 말미암아서 그 뜻을 발휘하여 드러낸 것일 뿐이다. 존존은 '보존하고 또 보존하는 것'으로 곧 '그치지 않는다.'라는 뜻이기 때문에, 아래에서 곧바로 이 말을 이어받아서 "경하면 간단(間斷)함이 없는 것이다."라고 하였으니, 바로 '위와 아래를 완벽하게 관통하는' 말이라고 할 것이다. 정자가 이와 같이 경 자의 뜻을 드러내 밝혀 성학의 본령으로 삼았으니, 그의 공적은 이것만으로도 참으로 엄청나다고 할 것이다. 경을 논한 설로 말하면 이천(伊川)의 주일(主一)[153]이라는 한마디 말이 지극하지만, 그것도 명도(明道)의 이 말을 적용해야만 비로소 '초탈하면서 미묘한 도체(道體)가 생생히 드러나는 것'을 확인할 수 있고, 주일의 취지도 이 말을 말미암아서 빠짐없이 명백해질 수 있으니, 이 말 역시 천기를 너무 누설했다고 말해도 좋을 것이다.[154]

경과 인의 경이 일체가 되지만, 학자의 입장에서 보면 아직도 인욕에 이끌리는 존재이기 때문에 그 경이 천의 경과 하나가 되지 못한다는 말이다. 순역불이는 《중용장구》 제26장에 나오는 말로, 순수함이 천도와 똑같이 계속해서 유지되는 것을 의미하는데, 유천지명장(維天之命章)의 주에 "오목불이(於穆不已)는 하늘이 하늘 된 소이이고, 순역불이는 문왕이 문왕 된 소이이다."라고 하였다.

153 주일(主一) : 주일무적(主一無適)의 준말이다. 이는 정이가 경을 설명하기 위해서 제시한 명제인데, 주일은 순일을 위주로 함을 말한다. 《이정수언(二程粹言)》 권상에 "주일을 경이라 하고, 무적을 일이라 한다.〔主一之謂敬 無適之謂一〕"라는 정이의 말이 나오고, 《주자어류(朱子語類)》 권120에 "정자가 말한 주일무적의 주일은 단지 전일(專一)하게 하는 것을 의미한다."라는 주희의 말이 나온다. 안으로는 주일무적을 지향하고, 밖으로는 몸가짐을 정돈하여 바르게 하는 것이 성리학의 수양법이다. 녹문은 주일무적의 적(適) 자를 휘(諱)하여 주일무지(主一無之)라는 표현을 쓰고 있다.

정자가 일찍이 '솔개는 날아서 하늘에 이르고, 물고기는 못에서 뛰는 것'에 대해 논하면서 "'반드시 일삼는 것이 있어야 하지만 미리 효과를 기대하지 말아야 한다는 것'과 활발발(活潑潑)한 경지를 함께하는 것이다."[155]라고 하고, 또 말하기를 "물망(勿忘)과 물조(勿助)의 사이가 바로 정당(正當)한 곳이다."라고 하였는데, 그 뜻이 이것과 서로 응하여 드러나는 것이다. 대저 "'천지가 자리를 베풀면 역이 그 가운데에 행해진다.'라고 하였는데, 이것은 단지 천지의 경을 말한 것이다."라고 하였고 보면 이는 본체가 곧 공부인 것이고, "'반드시 일삼는 것이 있어야 하지만 미리 효과를 기대하지 말아야 한다.'라는 것이 '솔개가 날고 물고기가 뛰는 것'과 활발발한 경지를 함께하는 것이다."라고 하였고 보면 이는

154 이 말……것이다 : 정호의 이 말도 천기를 너무 누설한 혐의가 있다는 말이다. "소요부(邵堯夫)가 물의 이에 대해서 완벽하게 설명한 것도 천기를 대단히 누설한 것이다."라는 정자의 비평이 《이정유서》 권2 상에 보이고, 정이의 문인인 윤화정(尹和靖), 즉 윤돈(尹焞)이 정이의 《역전(易傳)》 서문을 읽고 나서 "'지극히 은미한 것은 이(理)이고, 지극히 드러난 것은 상(象)이다. 체와 용이 하나의 근원이고, 드러남과 은미함이 간격이 없다.'라고 말씀한 것은 천기를 너무 누설한 듯하다."라고 하자, 정이가 그 말을 탄미하면서 "근일에 학자가 언제 이렇게 언급한 적이 있었던가. 나도 부득이해서 그렇게 말한 것일 뿐이다.〔近日學者 何嘗及此 某亦不得已而言焉耳〕"라고 말했다는 내용이 《이정외서(二程外書)》 권12에 나온다.

155 솔개는……것이다 : 《중용장구》 제12장의 "《시경》에 이르기를 '솔개는 날아서 하늘에 이르고, 물고기는 못에서 뛴다.'라고 하였으니, 이는 천지의 도가 높은 하늘이나 낮은 못이나 모두 똑같이 행해지고 있음을 말한 것이다."라는 말에 대해서, 《이정유서》 권3 〈사현도기억평일어(謝顯道記憶平日語)〉 첫머리에 정호가 "이 한 단락은 자사가 긴요하게 사람을 위해 말해 준 것으로, '반드시 일삼는 것이 있어야 하지만 미리 효과를 기대하지 말고서 마음속으로 잊지도 말고 억지로 조장하지도 말아야 한다.'라는 뜻과 활발발한 경지를 함께하는 것인데, 이런 도리를 체득할 때에는 활발발해지겠지만, 체득하지 못할 때에는 그저 정신만 수고롭게 할 것이다."라고 하였다.

공부가 곧 본체인 것이다. 이 도리를 안 뒤에야 비로소 경을 말할 수 있고, 이 도리를 안 뒤에야 비로소 심을 말하고 성을 말하고 기를 말할 수 있어서, 천지와 성인이 바로 내 안에 들어 있게 될 것이다.

이를 확충하여 숙달하면 심광체반(心廣體胖)[156]하여 동용(動容)과 주선(周旋)이 자연스럽게 예에 맞게 될 것이요,[157] 이를 체득하여 통달하면 수기이안백성(修己以安百姓)[158]하고, 독공이천하평(篤恭而天下平)[159]하고, '성인이 신묘한 하늘의 도리를 관찰하여 교화를 베풂에 천하가 모두 복종하는 것〔聖人以神道設教而天下服〕'[160]이 될 것이니, 이것이 곧 '존존'의 지극한 공으로 '사람이면서도 하늘이 되는〔人而天〕' 바로 그것이다. 정자의 말에 느낀 바가 있어서, 존존이라는 말로 내가 거하는 작은 방에다 이름을 붙이고는, 이를 추론하여 이와 같이 설을 지어서 〈존존감기〉로 삼았다.

기해년(1779, 정조3) 11월에 감(龕)의 주인이 기록하다.

156 심광체반(心廣體胖) : 마음속이 널찍하게 관대해지고 신체가 여유 있게 펴진다는 뜻이다. 《대학장구》 전(傳) 6장 성의장(誠意章)에 나오는데, 부끄러울 것이 하나도 없는 군자의 모습을 형용한 것이다.

157 동용(動容)과……것이요 : 《맹자》 〈진심 하(盡心下)〉에 "동용과 주선이 예에 맞는 것은 성덕(盛德)이 지극한 것이다."라고 하였다.

158 수기이안백성(修己以安百姓) : 《논어》 〈헌문(憲問)〉에 자로(子路)가 군자의 일에 대해서 묻자, 공자가 "경에 입각하여 자기를 닦는 것이다."라고 대답하였는데, 자로가 그것뿐이냐고 계속해서 다시 묻자, "자기를 닦아서 남을 안정시키는 것이다."라고 대답하고, 또 "자기를 닦아서 백성들 모두를 안정시키는 것이다."라고 하였다.

159 독공이천하평(篤恭而天下平) : "군자는 스스로 독실하고 공경하게 행함으로써 세상 사람들이 이를 본받아 안정되게끔 한다."라는 뜻이다. 《中庸章句 第33章》

160 성인(聖人)이……것 : 《주역》 〈관괘(觀卦) 단(彖)〉에 나오는 말이다.

지은이 **임성주(任聖周)**

1711년(숙종37)~1788년(정조12). 조선 후기의 학자로, 본관은 풍천(豐川), 자는 중사(仲思), 호는 녹문(鹿門)이다. 도암(陶菴) 이재(李縡)의 문인이며, 송명흠(宋明欽), 송문흠(宋文欽), 김원행(金元行) 등과 교유하였다. 1733년 사마시에 입격하였다. 1750년 익위사 세마가 되었고 이어 익위사 시직, 공조 좌랑, 임실 현감 등을 지냈다. 1758년 공주 녹문(鹿門)에 은거하였다. 1762년 익위사 위솔이 되어 세손이었던 정조(正祖)를 보도하였다. 이후 사옹원 주부, 전주 판관, 성주 부사 등을 역임하였다. 1774년 사직하고 공주 녹문, 원주 산호(山湖) 등지에서 은거하며 학문에 전념하였다. 초년에는 스승인 이재의 인물성동론(人物性同論)에 동조하였으나, 점차 기존 학설을 비판하고 이기동실(理氣同實)의 이기론(理氣論)을 정립하여 조선 성리학 6대가의 한 사람으로 일컬어진다. 1845년 대사헌 겸 성균관좨주에 추증되었다. 저서로 《녹문집》 등이 있다. 시호는 문경(文敬)이다.

옮긴이 **이상현(李相鉉)**

한문고전번역가. 1949년 전주에서 태어났다. 본관은 경주, 초명은 거출(巨出), 호는 저곡(杼谷)이다. 친구의 죽음을 접한 뒤 생사의 문제에 빠져들어 종교에 심취했다가 1968년 서울대 종교학과에 입학하였으며, 이후 자아의식의 기원 문제를 화두로 잡고 골몰하다가 1980년 몽환에서 깨어났다. 1982년부터 동국대 불교대학원과 민족문화추진회 국역연수원을 다녔으며, 1984년 삼계교(三界敎)에 관한 논문으로 석사과정을 마치고, 국역연수원 상임연구원이 되었다. 현재 진정한 광복을 이룬다는 신념으로, 우리 고전의 번역과 교육에 힘쓰고 있다. 신문에 연재한 한국역사인물 유적탐방기행문을 묶어 《역사의 고향(상하)》을 냈으며, 〈추사의 불교관〉 등의 논문이 있다. 조선왕조실록 번역 사업에 참여한 뒤에, 한국문집총간 중 《상촌집》, 《계곡집》, 《택당집》, 《간이집》, 《목은집》, 《포저집》, 《가정집》, 《도은집》, 《고운집》, 《계원필경집》, 《죽석관유집》, 《고산유고》 등을 번역하였고, 한국불교전서 중 《원감국사집》, 《대각국사집》, 《기암집》, 《부휴당대사집》, 《침굉집》, 《사명당대사집》, 《송운대사분충서난록》, 《무용당유고》, 《청허당집》 등을 번역하였다.

녹문집 5

임성주 지음 | 이상현 옮김

2020년 10월 30일 초판 1쇄 발행

발행인 신승운 | 발행처 한국고전번역원
등록 2008. 3. 12. 제25100-2018-000049호
주소 (03310) 서울시 은평구 진관1로 85
전화 02-350-4800 | 팩스 02-350-4994 | 홈페이지 www.itkc.or.kr

연구총괄 양기정 | 연구기획 정미경

책임편집 하현주 | 편집진행 박정열
편집교정 김상순 박성희 송숙희 | 조판 김지현 | 제작 김형석
디자인 씨디자인 | 인쇄 ㈜가나씨앤피

값 20,000원
ISBN 978-89-284-0766-8 94810
978-89-284-0317-2 (세트)